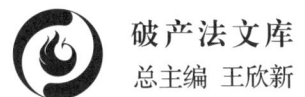
破产法文库
总主编 王欣新

| 论坛系列 |
王欣新　郑志斌　主编

BANKRUPTCY
LAW
FORUM

破产法论坛
第二十二辑

王欣新　郑志斌　主编

法律出版社
LAW PRESS·CHINA
——北京——

图书在版编目（CIP）数据

破产法论坛. 第二十二辑 / 王欣新, 郑志斌主编.
北京：法律出版社, 2025. -- （破产法文库 / 王欣新总主编）. -- ISBN 978-7-5244-0398-2

Ⅰ. D922.291.924-53

中国国家版本馆 CIP 数据核字第 2025D5T842 号

破产法论坛（第二十二辑）
POCHANFA LUNTAN（DI-ERSHIER JI）

王欣新　郑志斌　主编

策划编辑　沈小英
责任编辑　任　娜　王惠诗涵
装帧设计　臧晓飞

出版发行　法律出版社	开本　710毫米×1000毫米　1/16
编辑统筹　法治与经济出版分社	印张　31.75　字数　588千
责任校对　杨锦华	版本　2025年8月第1版
责任印制　吕亚莉	印次　2025年8月第1次印刷
经　　销　新华书店	印刷　固安华明印业有限公司

地址：北京市丰台区莲花池西里7号（100073）
网址：www.lawpress.com.cn　　　　　　　　销售电话：010-83938349
投稿邮箱：info@lawpress.com.cn　　　　　　客服电话：010-83938350
举报盗版邮箱：jbwq@lawpress.com.cn　　　　咨询电话：010-63939796
版权所有·侵权必究

书号：ISBN 978-7-5244-0398-2　　　　　　　定价：198.00元

凡购买本社图书，如有印装错误，我社负责退换。电话：010-83938349

总　序

现代破产法融清算退出与挽救更生程序于一体,是警醒正常市场主体"向死而生"之法,是帮助困境企业"涅槃重生"之法,是促使失败企业"规范退出"之法。破产法律制度是市场经济法律体系不可或缺的重要组成部分,甚至被称为市场经济之"宪法"。市场经济社会的基本法则乃公平竞争、优胜劣汰。故,凡市场经济之法治国家,无不将破产法视为其法律体系不可或缺之重要组成部分,并将其作为评价一国市场经济地位和营商环境水准的重要标志。

中国自改革开放以来,高度重视营商环境建设。1986年12月2日第六届全国人民代表大会常务委员会审议通过了《中华人民共和国企业破产法(试行)》,于1988年11月1日起施行。2006年8月27日第十届全国人民代表大会常务委员会第二十三次会议审议通过了《中华人民共和国企业破产法》,自2007年6月1日起施行,《中华人民共和国企业破产法(试行)》同时废止。2013年11月《中共中央关于全面深化改革若干重大问题的决定》指出:"健全优胜劣汰市场化退出机制,完善企业破产制度。"2014年10月《中共中央关于全面推进依法治国若干重大问题的决定》指出:"社会主义市场经济本质上是法治经济。使市场在资源配置中起决定性作用和更好发挥政府作用,必须以保护产权、维护契约、统一市场、平等交换、公平竞争、有效监管为基本导向,完善社会主义市场经济法律制度。"2018年9月第十三届全国人大常委会立法规划发布,《中华人民共和国企业破产法》的修订纳入立法规划,属于"需要抓紧工作、条件成熟时提请审议"的项目。2018年11月中央全面深化改革委员会第五次会议审议通过了《加快完善市场主体退出制度改革方案》,将加快以破产法为核心的市场主体退出制度建立健全的步伐,以更好地服务供给侧结构性改革和营商环境优化建设。

我国破产法的历史虽然短暂,但也已走过了30余个春秋,《中华人民共和国企业破产法》及其司法解释构成了较为完整的破产法制度体系,全国各地各级法院组建了约100家破产审判庭,北京、上海、深圳三地更是在最高人民法院的批准下组建了破产法庭,破产审判的法治化、专业化建设取得了长足的进步,破产案件数量逐渐上升,破产法的理念、文化与制度规则也得到了更广泛的传播和认可。

破产法律制度的建立健全和破产审判的法治化、常态化推进,是市场经济可持续发展、营商环境优化建设的重要保障,市场经济之发展亦注定离不开破产法学研究之繁荣。中国人民大学破产法研究中心和北京市破产法学会自成立以来,始终坚持学术为本、理论联系实际和以问题为导向的研究理念,不遗余力地创办"中国破产法论坛"及其专题研讨会等权威交流平台,多年来持续编辑出版《破产法论坛》等图书,凝聚了中国破产法理论与实务界之顶尖研究力量,致力于破产法治事业之发展与进步,赢得了全体"破人"之赞誉与支持。

为进一步整合中国破产法理论界与实务界之研究力量,经与浙江省高级人民法院民四庭庭长章恒筑法官、中国人民大学破产法研究中心副主任郑志斌律师、中国人民大学破产法研究中心副主任兼秘书长徐阳光教授、法律出版社法治与经济出版分社社长沈小英编审反复商议,中国人民大学破产法研究中心、北京市破产法学会决定联合法律出版社创办"破产法文库",面向国内外同仁开放。

"破产法文库"设置5个子系列,其中,学术系列希冀广纳中国学界高水准之破产法专著;译著系列拟推介域外之经典破产法文献与法典;论坛文集系列继续推出"中国破产法论坛"及其专题研讨会之优秀论文;实务系列侧重出版破产法实务经验总结之佳作;茶座系列则旨在分享破产法实施中的趣闻轶事以及破产法同仁办理破产案件的心得体会。

从历史上看,中国缺乏破产法文化传统与理论实务研究积淀。"破产法为一重要之法律,然学者研究之者,远不如研究民刑之法之夥;良以向者适用较少,兴趣遂减。"民国法学家吴传颐先生数十年前之感慨,仍让今人有现实之叹。而今,破产法的社会调整作用日益得到人们的认可与重视,破产法的研究也日益深入。破产法是一个综合性的法学领域,破产法治建设是我们共同的事业追求。但愿"破产法文库"之创办能够团结更多法学同仁来关注和研究破产法理论与实践之重点难点问题,并将自己高水平的研究成果纳入文库中出版,共同推动中国破产法学术之繁荣、立法之完善与司法之进步。

是为序!

王欣新[*]

2016 年 7 月 16 日撰写
2019 年 2 月 26 日修订

---

[*] 中国人民大学法学院教授、博士研究生导师,中国人民大学破产法研究中心主任,北京市破产法学会名誉会长。

序　言

2021年9月4~5日,第十二届中国破产法论坛在北京举办,这是继中国人民大学破产法研究中心、北京市破产法学会等单位在当年8月成功举办全网收看人数2300万+的第二届"MAX价值云峰会"之后,在新冠疫情防控期间举行的年度现场盛会。我们衷心感谢中国人民大学法学院、中国人民大学破产法研究中心、中国国际贸易促进委员会法律事务部、北京破产法庭、北京市破产法学会等共同主办单位,是他们的责任担当精神使论坛得以在特殊时期成功举办。

本届论坛邀请了时任最高人民法院民二庭庭长林文学出席开幕式并发表主旨演讲。中国破产法论坛组委会主任王欣新教授,时任北京市法学会专职副会长、一级巡视员李宁,时任北京市高级人民法院副院长刘双玉,时任中国国际促进贸易委员会法律事务部部长刘超,北京市第一中级人民法院院长马强,时任中国人民大学法学院副院长高圣平教授等领导应邀出席开幕式并致辞。中国破产法论坛组委会秘书长徐阳光教授主持开幕式,时任北京破产法庭副庭长常洁主持闭幕式。来自全国各地的500余位专家学者围绕《中华人民共和国企业破产法》修改问题、个人破产立法、破产法与相关法律法规衔接协调等问题进行了为期一天半的深入研讨。

本届论坛特别邀请人民法院新闻传媒总社、《人民司法》杂志社、《法律适用》编辑部、《中国审判》杂志社、《中国人民大学学报》编辑部、法律出版社法治与经济分社作为论坛支持单位,并得到北京市金杜律师事务所、北京大成律师事务所、北京市中伦律师事务所、北京市康达律师事务所、江苏新天伦律师事务所、浙江京衡律师事务所、北京华信破产清算服务有限公司的协办支持。

本届论坛共征集会议论文700余篇,其中,513篇收入论文集,反映出理论界和实务界对我国破产法治建设的热情与情怀。我们依惯例组织了优秀论文的评选和表彰,并在论坛结束之后推荐发表了部分优秀论文。在此基础上,论坛组委会秘书处对论文进行了两轮遴选:第一轮遴选出的论文,由秘书处逐一发给作者修改完善;第二轮遴选出的论文最终编入本书公开出版。在遴选出版过程中,考虑部分参会论文已经公开发表,为了避免出版内容的重复,也为了尊重作者和报社、杂志社的著作权,我们原则上不收入已发表论文,而是制成清单附后,以方便大家检索阅读。

衷心感谢所有作者的理解和支持,感谢中国人民大学破产法研究中心副主任兼秘书长徐阳光教授及其团队成员的编辑整理,感谢法律出版社社务委员、法治与经济分社社长、编审沈小英老师及其团队成员的精心编辑出版。

中国破产法论坛作为全体破产法同仁共同的精神家园,一年一次的相聚,既交流专业、分享知识,又增进友谊、凝聚共识。学术乃公器,公益、开放、包容、共享是中国破产法论坛一贯坚持的理念。我们坚持精心举办每届论坛和每次专题研讨会,一心只为传播破产法文化,推动总结破产法成果,培养破产法人才,促进理论界与实务界的交流,助推国家立法和司法完善。期待有更多的志士同仁加入破产法队伍,一起为破产法发展与营商环境优化建设贡献力量。

是为序。

王欣新　郑志斌

2025年4月

目 录

一、破产法的适用范围

个人破产法的法政策学分析 …………………………… 崔文涛 王斐民 3
个人破产与强制执行之聚合与分离 ………………………………… 王亚萌 13
刍议经商型夫妻核心家庭破产 ……………………………………… 季中旭 23
个人破产程序与债务人人格权保护 ………………………………… 徐根才 34
创设个人破产数字化监管机制的构想
　　——以破产债务人考察期价值回归展开 ………………… 翟玲娜 43
传统破产习惯的嵌入与破产法律修订 ………… 于语和 宋 宁 王申萌 50
法国个人破产的立法模式和管理机制 ……………………………… 梁春瑾 68

二、预重整与重整制度

预重整中司法介入路径探讨 ………………………………………… 王 璇 81
政府主导预重整模式的实证探析
　　——以温州市预重整案例为样本 ………… 陈 斌 方飞潮 贾约瑞 90
论参与预重整程序的债权人范围 ……………………… 方达预重整研究小组 100
预重整期间的债务人涉诉案件问题及解决思路 ………… 李乐敏 刘梦群 110
重整程序中自行管理模式下的财产处置问题研究 ………………… 张思明 119

重整中原出资人权益保护制度的体系构建 …………… 曹爱民　孔琳雪　129
企业重整中绝对优先原则适用的反思与完善 …………… 胡继泽　陈科林　139
中小企业重整中出资人权益调整的相对优先原则研究
　　…………………………………………………… 毛雪华　杨旻畅　149
重整计划外出售式重整的司法审查和制度完善 ………… 孙　建　黄建东　159
重整计划执行监督规则的反思与重塑 ……………………………… 汪　晶　168
破产重整余债风险的法律问题慎思 ………………………………… 张学军　180

三、债务人财产与破产债权

破产衍生诉讼中待履行租赁合同处理的规则建构 ……… 张时春　王秦豫　191
论信用交易中待履行合同解除权的限制原理 …………… 赵凤海　冯成丰　202
承租人破产清算语境下管理人解除融资租赁合同的法律问题
　　…………………………………………………… 高传法　秦启辉　213
商品房买卖合同继续履行的破产法逻辑 ………………… 刘加桓　王　平　222
房地产企业破产不动产买受人权利保护研究
　　——与案外人执行异议之诉衔接协调视角 ……………… 于　淼　231
企业破产法与民法典的衔接和修正
　　——以所有权保留买卖合同为视角 ……………………… 王　昊　243
所有权保留买卖中买受人破产时出卖人别除权的借鉴 …………… 王中煜　253
房企破产程序中的"以房抵债"问题 ……………………………… 季　晖　263
管理人对行政协议的合同解除权
　　——以 PPP 协议为例 …………………………………… 江星燕　275
破产财产网络拍卖的现状及改进路径 …………… 高美丽　刘纾含　王鑫磊　285
破产法的有效实施与金融监管规则之完善 ……………… 赵坤成　胡荣杰　298
债权人权益保障语境下破产程序中注册资本的追缴
　　………………………………………… 杭州市富阳区人民法院课题组　310
论破产程序中浮动抵押分配制度的探索与完善 ………… 贾丽丽　刘博文　321
破产审理中所涉劳动债权争议的程序适用
　　——以破产法、劳动争议调解仲裁法及民诉法的衔接为视角
　　……………………………………………………………… 李丽丽　329

一般保证人破产后保证责任承担诉讼问题之探析 ……… 黄 燕 王 赟 340
破产清算中保证金抵销的效力及抵销权行使程序的研究
　　——基于司法裁判案件的实证分析 ………… 王贤成 赵心琪 350
破产案件中国有土地出让金债权之认定 ………………… 刘昌贵 362
破产撤销权与民法典债权人撤销权的衔接 ……………… 袁雨萌 370
破产程序中对仲裁裁决确认债权的审查及救济 ………… 何江文 379

四、管理人履职与破产监督

破产程序权利人推荐管理人制度问题研究 …………… 丁希军 夏文杰 391
论破产监督及其"六元"体系构建 …………………… 宋 洋 陈钦昱 401
重塑破产管理人履职风险的边界 ………………………… 叶国庆 413
破产案件无法清算责任裁判规则研究 …………………… 梁 斌 421
破产程序中无法清算的赔偿问题探析 …………………… 李 慧 431
破产企业经营者相关民事责任之现状考察与司法规制
　　………………………………………… 孔 政 祝继萍 高 雅 440
简单破产清算案件独任审理的实践需求与制度完善 …… 张宏宇 451

第十二届中国破产法论坛综述 ……………………………………… 464
已发表的会议论文检索清单 ………………………………………… 486

一、破产法的适用范围

个人破产法的法政策学分析

崔文涛* 王斐民**

一、法政策学的分析框架

法政策学是研究法律与政策之间关系的方法的学科。平井宜雄认为,"法政策学是有关下列内容的一般性理论框架和技法:从法的角度对意思决定理论进行重构、并与现行的实体法体系相联系,设计出法律制度或者规则,由此控制当今社会面临的公共问题、社会问题,或者提供解决这些问题的各种方法、策略,或者就这些方法、策略向法律意思决定者提供建议"。[①] 陈铭祥认为,法政策学的研究目的是"从政策之观点看法律着眼于法律之工具性以及合目的性,探究如何使法律能顺利达成其所代表的政策。从法律之观点看政策,重点在政策之适法性及可行性,究明政策是否适合或有必要以立法之方式出之"。[②] 笔者认为,法政策学是在界定法律与政策关系

---

* 中国人民大学法学院博士研究生。
** 北方工业大学文法学院教授,北方工业大学经济法研究所所长,北京市破产法学会副会长。
① 解亘:《法政策学——有关制度设计的学问》,载《环球法律评论》2005年第2期。
② 陈铭祥:《法政策学》,台北,元照出版有限公司2011年版,第6页。

的基础上,更好研究法律制度设计与实现的学问。例如,以经济法与经济政策之间关系的认识而言,法政策学的研究不仅关注"经济政策自身制定、实施上的法治化程度不断提高",还关注"经济政策应对经济社会实践问题的灵活性、有效性"以及"可以转换为法律制度、机制的空间与方式"。[①] 我国的政策发展经历了法治化的过程,政策本身亦具有层次性,因此,对法律与政策二者关系的认识应作出历史性、阶段性分析,而不能以简单的"同质"或"冲突对立"作为定论,不同阶段、不同位阶的政策承担着不同的任务,与法律的互动亦呈现不同形式。据此,笔者建构了"基本政策——法律——配套政策"的分析框架。

"基本政策"即党和国家制定的大政方针、顶层制度设计,如国家发展规划、改革方案等,"配套政策"即为了更好保障法律实施和实现,依法制定的辅助性举措。二者各有其子系统,又同时包含于政策系统整体。基本政策具有宏观指导性意义,原则性强,把握社会经济发展的大方向,但可直接援引实施的程度低,其转换为法律制度的可能空间、方式还需研究、考察。法律与基本政策相比,确定性、具体性更强,可以针对性解决社会问题,且其实质和程序上都是法治的直接表现。然而,法律相较于社会发展的滞后性决定了其不能一览无遗地解决社会所有问题,为了不让新情况、新问题失去规制,法律制度一般具有较强的包容性,集中体现在"等""其他"以及引致条款的表述。相较于基本政策,配套政策有弥补法律灵活性不足的功能,以明确的可执行性举措实现法律目的。因此,为了更具体地实施法律,解决实际问题,配套政策得以应用。基本政策、法律以及配套政策都在民主法治等理念框架下制定和实施。

二、法政策学下的个人破产政策

(一)个人破产政策类型化分析

有学者指出,"政策就是政府的策略,亦即政府为进行有效治理而采取的各种对策。由于政策是政府为了实现公共职能而实施的策略,因而也可称为公共政策。按照许多学者的共识,公共政策就是政府在特定时期为实现一定的目标

[①] 崔文涛、王斐民:《经济政策与经济法理念的统合问题》,载史际春主编:《经济法学评论》(第21卷第1辑),中国法制出版社2023年版。

而采取的行动或制定的行为准则"。① 政策具有多个类型化标准,广义的政策不仅包含国家的顶层设计、发展规划,政府机关发布的规范性文件等,还包含立法机关制定的法律、司法机关制定的司法解释、司法政策等内容。狭义的政策即非法律政策,多是由有关主体发布的具有一定指导意义的文件。在推动个人破产法律制度建构过程中,可以对政策进行系统分类,如根据与个人破产制度的相关性程度可以分为直接政策与间接政策,根据政策制定的主体可以分为国家(中央)政策与地方政策等。

1. 直接政策

一是中央基本政策。国家层面的基本政策往往起到引领性、推动性作用,这些政策在位阶上属于国家治理体系的顶层设计。中央层面多部门、多主体频繁发布涉及个人破产内容的政策文件,为个人破产法律制度建构奠定了基础、指明了方向。其中,《加快完善市场主体退出制度改革方案》针对实践中存在的突出问题,提出了分步骤式的解决方案,为进一步推进个人破产制度建设提供可行路径。

二是地方配套政策。与中央政策同步,各地方也积极试点在制度目标上具有与个人破产制度类似功能的"个人债务集中清理"工作,出台在一定地域内适用的司法实施指引。典型的如,浙江省高级人民法院发布《浙江法院个人债务集中清理(类个人破产)工作指引(试行)》,在此之前,浙江省温州市中级人民法院、台州市中级人民法院等法院已相继发布关于个人债务集中清理的实施意见,在有关文件指导下的司法案例实践也大批涌现。

2. 间接政策

除上述直接表述个人破产制度的政策之外,还有间接影响个人破产法律制度的政策。例如,"供给侧结构性改革""新发展格局"等政策方针虽与个人破产制度不直接相关,但具有间接关系。"从最根本的意义上来看,个人破产其实是在保护市场经济的需求侧(最终的责任和债务,都会集中于个人或者消费者,他们是风险传导的终端和实际承受者),需求侧出了问题,供给侧无论如何都不可能'独善其身'。"②再如,"新发展格局""优化营商环境"等政策亦对个人破产制

---

① 张守文:《经济法理论的重构》,人民出版社 2004 年版,第 107 页。
② 齐砺杰:《个人破产的金融维度》,载《中国政法大学学报》2019 年第 4 期。

度的建构以及整个破产制度体系的完善产生重要影响,有学者敏锐地观察到,"法律对上述经济政策回应不足"的问题。①

(二)配套政策与基本政策"附条件"的一脉相承

政策系统自身内部具有高度契合性,但这种契合性并不是充分、无条件的。

1. 基本政策的合目的性、合法性分析

个人破产基本政策的目标主要有两方面:(1)完善社会主义市场经济基本法律制度体系,解决现有法律制度体系中的矛盾和难题,典型如执行难问题;(2)建设有序开放的统一市场体系,充分发挥市场在资源配置中的决定性作用,激发市场主体活力。就前者而言,"解决执行难"的政策文件反映了现实法治体系不够完善,尤其是欠缺个人破产救济制度。党的十八届四中全会《中共中央关于全面推进依法治国若干重大问题的决定》明确提出,"切实解决执行难"依法保障胜诉当事人及时实现权益。2016年3月,最高人民法院在十二届全国人大四次会议上提出"用两到三年时间基本解决执行难问题"。执行难问题难以解决且越发严峻是因为化解债务问题方面的制度供给不充分,"大量破产案件进入了执行程序,这是执行效果不好的主要原因"。② 作为我国解决债务过度问题的法律制度,民事执行程序相比破产程序,确实具备进入门槛低、执行效率相对较高、大部分协调成本和执行不能的成本由法院承担等优点,③但是历经长期的制度适用,现有法律框架下执行程序的功效已经得到最大限度发挥,其存在的不足如引发重复诉讼、重复执行、债权人不公平保护等也为深度化解债务难题提出了新的成本和实效考验,人力、财力等各方面的投入不断增加,但效果却难以符合化解纠纷、解决债务负担的预期。实际上,执行程序已经在履行破产法制度的功能,由于缺乏系统理论的支撑,即使有失信被执行人、限制高消费等措施,也难以实现化解债务负担的目的。此时,个人破产制度的理论和实践便成为新的"药方",以其"有条件的宽容"实现债权人债务人的利益以及社会公共利益。就后者而言,在

---

① 参见李曙光:《从破产法实施评估谈破产法改革方向》,载财新网,https://opinion.caixin.com/2021-02-22/101665513.html。

② 唐应茂:《法院执行为什么难——转型国家中的政府、市场与法院》,北京大学出版社2009年版,第116页。

③ 参见齐砺杰:《债务危机、信用体系和中国的个人破产问题》,中国政法大学出版社2017年版,第84页。

统一大市场建设与激发市场主体活力的问题上,不同区域的市场主体得到的金融资源不平等,个体工商户和中小企业得不到公平融资机会,融资难、融资贵、融资需要企业的经营者及其亲属朋友担保,一旦企业不能清偿到期债务,不仅经营者个人承担无限连带责任,而且亲属朋友也承担担保责任。在没有个人破产制度保护的情况下,市场主体缺乏内在活力。诸如此类的问题是基本政策目标制定的现实依据。

基本政策具有原则性、指导性、非直接法律适用等特征,使其非经法定程序和法定形式无法在司法程序中得到落实,因此,从法治视角上看,基本政策不仅需要通过党和政府体系推进落实,还需要通过立法、司法等程序转化为可以适用的法律。

2. 配套政策的合目的性、合法性分析

配套政策作为"基本政策——法律——配套政策"框架内的关键一环,不仅合乎基本政策的目的性,还应符合社会主义市场经济法治体系的要求。

在个人债务集中清理的地方配套政策文件中,其直接目的是公平处理债权债务问题以保障债权人利益与促进债务人重生,处理企业破产引发的自然人保证人连带债务清偿问题以推动自然人执行不能案件退出,其间接目的融入地方政府"优化营商环境"的总体目标,以保障社会经济有序、高效运行。这些配套政策的目的与基本政策的目的一脉相承且更为细化。

经分析各个地方配套政策文件的文本,《中华人民共和国民事诉讼法》《中华人民共和国企业破产法》的"规定""精神""原则"是其主要依据,有些亦将基本政策作为制度依据,如《泸州市龙马潭区人民法院〈个人破产和解实施办法(试行)〉》第1条明确规定,其制定依据包括《加快完善市场主体退出制度改革方案》。地方个人债务集中清理配套政策遵循基本政策要求,并在现行法律体系框架内拓展试点工作的运行空间。但是,从法政策学角度观察,地方配套政策的法律依据不充足仍是问题,且其实施中的法律工具欠缺也导致配套政策施行难且效果不彰。"所谓个人债务集中清理,在现有法律框架内应当属于执行和解的范畴,但其试点的目的在于获得与实施个人破产制度类似的社会效果",[①]因此,这些属于执行和解范畴的配套政策施行起来作用有限。如果将个人破产法律中的

---

① 王欣新:《个人破产法的立法模式与路径》,载《人民司法》2020年第10期。

一些关键制度要素纳入配套政策框架内,其法律依据不充分或与其他部门法的规定相冲突的问题就凸显出来。一些地方探索采取当事人"意思自治"作为底层法理并制定解决方案,如浙江省等地区创造性地设立了"双重表决规则",①但是受制于债权人的个体利益最大化倾向、国有财产监管的规则约束,加之"欠债还钱"、对债务人严苛追责的历史文化传统,导致依赖"意思自治""执行和解"等途径解决诸如余债免除等关键问题时的低效乃至失败。

"个人破产立法首要目标应定位于保障债务人的生存权和发展权""个人破产立法需把'人的因素'放在首位",②这是个人破产法律制度理念层面上的应然要求,但是,实践中还存在诸如金融机构债权人"债权处置权"缺位,和解协议中利益受损害的债权人缺乏救济途径等问题,③因此,在平衡权利冲突时,地方配套政策主要在配套基本政策,其上位法依据不足的问题一直困扰着基层的司法审判人员和管理人,也困扰着债务人、债权人以及利害关系人。

地方债务集中清理配套政策试行中,其与整个法律体系存在的紧张关系主要有:(1)个债集中清理试点政策多由地方司法机关推动,不仅有司法文件效力不足的问题,而且对其他民事法律制度(如所有权制度、担保制度)产生冲击;(2)个债集中清理试点政策的灵活性、即时性、应急性与法律所要求的稳定性之间存有张力;(3)个债集中清理试点政策仅在该试点地区适用,试点地区外的主体则无机会获得"制度红利"。从宪法维度进行考量,"我国现行破产法律制度以及试行地方个人破产立法的做法与宪法要求的平等保护原则之间的关系需要重新审视",④避免政策的过多实施导致"法律空洞化"⑤等方面的问题。

法政策学视角下,政策与法律之间的关系应当是和谐共处、具有同一性的,

---

① "双重表决规则"即首先由全体债权人一致同意通过一项表决规则,然后再根据通过的表决规则对财产分配方案等事项进行表决。

② 殷慧芬:《个人破产立法的现实基础和基本理念》,载《法律适用》2019 年第 11 期。

③ 例如,《泸州市龙马潭区人民法院〈个人破产和解实施办法(试行)〉》第 15 条规定,"个人破产和解过程中,债权处置指引:(一)金融机构为债权人且有担保的情况下,金融机构收取本金、放弃其他利息及罚息;(二)类金融机构为债权人且有担保的情况下,类金融机构收取本金的 70%、放弃其他本金、利息及罚息……"尽管以"指引"的形式可以避免许多法源上的争论,但是,在实践中,由于制度供给不足、管理权限制、国有资产保护等因素使该指引难以真正落实。

④ 王斐民:《个人破产法的宪法维度》,载《中国法律评论》2020 年第 6 期。

⑤ 邢会强:《政策增长与法律空洞化——以经济法为例的观察》,载《法制与社会发展》2012 年第 3 期。

至少二者之间的矛盾和张力并非不可调和,尤其是"经济法作为现代法,与政策的联系更为密切,具有与传统法治理念不同的现代性"。① 因此,笔者认为,从法政策学的整体主义、系统主义观察,将个人破产政策的合法性分析纳入"基本政策——法律——配套政策"的全过程,纳入法治的全历程、全领域分析,以社会主义市场经济法治体系思维来探索建立中国个人破产制度的特殊路径,并深刻理解、缓解个人破产地方立法试点、个人债务清理地方试点工作与现行法律框架体系的关系。

三、法政策学下个人破产法的地方试点及其不足

个人破产立法是完善现阶段"基本政策——法律——配套政策"制度框架的中心一环,科学完善的个人破产法律,一方面,是对个人破产基本政策的落实;另一方面,是为个人破产配套政策的合法性提供保障,"个人破产法"成为配套政策与基本政策一脉相承的关键条件。

(一)地方立法试点的依据

广东省深圳市是地方进行个人破产立法试点的典型。《深圳经济特区个人破产条例》作为中国个人破产立法的先行先试规范,其在立法依据上仅提及"根据法律、行政法规的基本原则,结合深圳经济特区实际",这说明其缺乏明确的上位法依据,但是其具备完整的立法体系依据和政策性依据。

广东省深圳市制定个人破产条例的立法体系依据是全国人大立法授权和《中华人民共和国立法法》。1992年,七届全国人大常委会第二十六次会议通过关于授权深圳市人大及其常委会和深圳市政府分别制定法规和规章在深圳经济特区实施的决定。2000年通过的《中华人民共和国立法法》第65条、第81条对经济特区授权立法作了直接规定,并在2015年修订的《中华人民共和国立法法》第74条、第90条第2款的承接。广东省深圳市制定个人破产条例有两个明确的政策依据:一是《中共中央、国务院关于支持深圳建设中国特色社会主义先行示范区的意见》第(八)条明确规定,"用足用好经济特区立法权,在遵循宪法和法

---

① 张守文:《经济法理论的重构》,人民出版社2004年版,第105页。

律、行政法规基本原则前提下,允许深圳立足改革创新实践需要,根据授权对法律、行政法规、地方性法规作变通规定";二是中共中央办公厅、国务院办公厅印发的《深圳建设中国特色社会主义先行示范区综合改革试点实施方案(2020－2025 年)》第(十)条规定,"推进破产制度和机制的综合配套改革,试行破产预重整制度,完善自然人破产制度"。

(二)地方立法试点的不足

个人破产立法地方先行试点中存在的问题也不容忽视。有学者认为,中国个人破产立法很有必要避开美国破产法发展过程中的教训,"破产法的中央化、联邦化,是稳定有序清理债权债务关系的前提。如果放任破产法地方化,那么一定会有差异的产生;只要有差异产生,就一定会有'破产移民'的崛起"。[①] 有学者从《中华人民共和国宪法》维度进行考察,认为个人破产地方试行与平等保护原则相悖,在深圳申请或被申请破产的个人享有破产保护效力,而且破产程序效力及于深圳之外,造成了国内个人破产保护因为地域而出现不平等……同为中国公民但是与深圳经济特区连接点的差异而导致其在破产保护上的不平等。[②] 2021 年 5 月 14 日,最高人民法院与香港特别行政区政府签署了《关于内地与香港特别行政区法院相互认可和协助破产程序的会谈纪要》,最高人民法院同时发布了《关于开展认可和协助香港特别行政区破产程序试点工作的意见》,为深圳和香港特别行政区地区之间的跨境破产合作提供了政策性依据。

四、个人破产法与政策的互动

从狭义的政策角度观察,党和国家的基本政策以及地方个人债务集中清理配套政策与社会主义法治体系有两个方面的互动关系。

(一)个人破产政策试行中的"功能不足"急需个人破产立法的补足

地方在试行的功能上类似"个人破产"债务集中清理制度是对基本政策目标

[①] 陈夏红:《地方"试点"个人破产宜缓行》,载中国政法大学法治政府网 2019 年 7 月 30 日,http://fzzfyjy.cupl.edu.cn/info/1038/10973.htm。

[②] 参见王斐民:《个人破产法的宪法维度》,载《中国法律评论》2020 年第 6 期。

的具体化落实,实质是实现个人破产法的部分功能。就个人破产法的功能而言,学者们就其有效解决我国社会债务等问题作出集中论述。① 笔者认为,与个人破产制度功能相当的个人债务集中清理制度试点受限于现行法律体系框架还不足以实现个人破产的核心功能:一是识别、筛选"失能之人"(诚信且失去偿债能力的人)、"失信之人"(不诚信且失去偿债能力的人)、"失德之人"(不诚信且未失去偿债能力的人)的功能;二是债务、信用风险配置、化解功能,即促进公平信贷、适度负债、信用风险与信贷收益平衡、高效化债的功能。因此,探索建立中国特色的个人破产制度急需在国家层面统一立法。

(二)个人破产法的有效施行急需配套政策支撑

在国家层面未颁行个人破产法的情形下,地方配套政策主要在基本政策指引和现行法律体系框架规范下探索"个人可破产、可重整、更可再创业"的有效路径,其做法、经验及释放的效应为探索个人破产制度提供了必要性、可行性、紧迫性的实践基础。② 从个人破产法律制度试点、建构及其有效施行而言,相关配套政策不足:(1)信用类配套政策,即个人征信公平报告、失信惩戒和信用修复等制度;(2)财产类配套政策,即个人暨家庭财产登记制度、财产查询系统以及财产权属变动追踪系统等;(3)保险类配套政策,即社会保障和社会福利系统以及商业保险新险种引入等;(4)府院联动类配套政策,即府院联动机制和相关涉及个人破产事项的信息交流、共享、办理的信息系统等。

五、结论与展望

"法治乃人之所向,但如果仅对法治做狭隘的理解,全面排斥政策,则不仅是

---

① 参见刘冰:《论我国个人破产制度的构建》,载《中国法学》2019 年第 4 期;齐砺杰:《个人破产的金融维度》,载《中国政法大学学报》2019 年第 4 期;蔡嘉炜:《个人破产立法与民营企业发展:价值与限度》,载《中国政法大学学报》2019 年第 4 期;徐阳光:《个人破产立法的英国经验与启示》,载《法学杂志》2020 年第 7 期;徐阳光:《个人破产免责的理论基础与规范构建》,载《中国法学》2021 年第 4 期。

② 参见最高人民法院咨询委第四调研组等:《关于个人破产审判试点工作情况的调研报告》,载《中国应用法学》2025 年第 1 期。

错误的,而且也是不合社会现实的",①个人债务清理试点政策在基本政策和现行法治框架体系的支持下,其本身构成了法治化的一环,增强了社会的法治化、制度化水平。正如有学者认为,"改革开放以来,我国从人治走向法治,建设法治国家,政策和狭义的法律都要在法治框架内运行,具体而言,它们都要受问责制度概念和机制约束",②在"基本政策——法律——配套政策"的法政策学分析框架下,我国个人破产法律制度是"完善市场经济基础制度、推动构建高水平社会主义市场经济体制"的党和国家政策的组成部分,在国家层面建立个人破产制度可以两条腿走路:在《中华人民共和国企业破产法》修订中解决企业破产涉及个人连带责任导致个人破产的问题(合伙企业、个人独资企业等非法人组织破产时,其承担无限连带责任的合伙人、投资人的破产问题;公司破产时,因为担保公司债务承担连带责任的个人股东及其近亲属的破产问题);在《中华人民共和国企业破产法》之外制定《个人债务清理法》。个人破产法律作为"基本政策——法律——配套政策"框架的中枢,其与政策实践的互动达至最佳。

---

① 张守文:《经济法理论的重构》,人民出版社2004年版,第236页。
② 史际春:《法的政策化与政策法治化》,载《经济法论丛》2018年第1期。

个人破产与强制执行之聚合与分离

王亚萌[*]

个人破产制度与强制执行程序都是债务清偿制度，在兑现债务清偿目的、打击转移财产等欺诈行为、维护基本生存权益等方面，具有一些相同之处，但在程序功能、适用对象、运行机制、终结程序等方面也有不同之处。总的来看，个人破产制度在债务清理上具有独特价值。在推进个人破产制度建立过程中，有必要对二者进行梳理。

一、个人破产较强制执行之制度价值

现代个人破产制度的核心精神在于：一是保护自己的某些财产不被债权人强制执行，以维持继续生存所需；二是破产免责，又称"重新开始"，即通过破产程序免除旧债，使将来的收入和财产不再受债权人的追夺。[①] 但是个人破产制度并非简单赋予债务人益处，对债权人和社会与国家也会产生正向效应。

（一）个人破产对债权人的制度价值

执行程序讲究"先来后到"，意味着一部分债权人能

---

[*] 上海铁路运输法院破产审判庭法官助理。
[①] 参见许德风：《论个人破产免责制度》，载《中外法学》2011年第4期。

够受偿,另一部分债权人难以获得清偿。随着执行惩戒措施的严密,对于暂时不能执行到位的案件,都纳入终结本次执行案件库中予以管理,对被执行人采取限制高消费、纳入失信被执行人名单的惩戒措施。当债务人背负巨额债务而又无法清偿时,可能消极应对法院执行。如此一来,债权人的债权在法律上虽受到保护,但是实现的可能性较小。

个人破产制度是概括性清偿机制,可以实现对各债权人的公平清偿。通过破产程序中撤销权等的行使,减少偏颇清偿的可能性,使债权人得到更加公平有效的清偿。个人破产制度中,则会增加诉讼经验不足和执行在后债权人的债权清偿。通过一次性考虑所有债权人的利益,破产制度能够更好地保证在所有债权人之间实现可得价值的公平分配。[1] 个人破产程序是概括程序,债务人财产集中处理,减少了分散执行的费用支出,增加债权人清偿率。在个人破产程序中,特殊债权还可以获得特别保护。在破产制度免除其他债务后,对于特定类型债权来说,则有了较高清偿可能性。例如,《美国破产法典》规定,对国家所应负担的税收、儿童抚养金、赡养费等特定债务不予免责。[2]《深圳经济特区个人破产条例》第97条对特殊债权保护也作出特别规定,规定了8种不予免除的债权。

此外,个人破产制度不仅旨在解决债务困境,还通过激发债务人的再生动力,促使其积极创造财富以清偿债务。在债务人陷入资不抵债的困境时,相较于单纯查明可供执行的财产,破产制度的核心价值体现在它能够激发债务人的生产积极性,鼓励他们创造新的财产;同时,推动债权人接受以未来价值为考量的清偿方案,并对这一方案在多年内的实施情况进行监督。相较于惩罚措施,积极鼓励的作用可能更为有效。

(二)个人破产对债务人的制度价值

与增加对债权人清偿的目的相比,为"诚实而不幸"的债务人提供救济是自然人破产制度更为主要的目的。破产免责制度和自由财产制度是保护债务人利益的两大核心制度。破产免责免除了诚实债务人继续清偿剩余债务的责任,自

---

[1] 参见自然人破产处理工作小组:《世界银行自然人破产问题处理报告》,殷慧芬、张达译,中国政法大学出版社2016年版,第30页。

[2] 参见殷慧芬:《个人破产立法的利益平衡机制探究》,载《山西省政法管理干部学院报》2015年第4期。

由财产保证了债务人在破产后的继续生活、生产。① 个人破产制度给债务人带来的利益是显而易见的,归纳起来表现在以下两个方面。

一方面,债务人能够享受到更为人道主义的关怀。沉重的债务负担往往给债务人带来深重的心理负担,一旦债务人陷入债务危机,债务人的生活几乎不可避免地陷入困境。在此期间,债务人不仅要承受来自债权人持续不断的追债压力,还可能面临国家公权力机关所采取的严厉执行措施。然而,个人破产制度的引入,通过设立自有财产保留、债务部分或全部免除等机制,为债务人筑起防护网,为债务人提供更为宽容的解决方案。另一方面,债务人能够获得重生的机会。无法偿还债务可能使债务人长期处于焦虑状态,进一步削弱债务人的恢复能力,妨碍其以负责任的态度应对财务困境,形成恶性循环。个人破产制度为债权人提供更为直接且及时的救济途径,更重要的是,它可以采取措施缓解债务人的负面情绪。该制度对债务人在一定期限内确实难以偿还的债务予以免除,使债务人重新燃起生活的希望之火,为其提供重新开始的机会。

(三)个人破产对社会与国家的制度价值

个人破产制度产生的影响不仅有利于债权人和债务人双方,还会产生外溢效益,对社会与国家产生有益影响。

在当代银行金融体系内,对债务进行风险评级是普遍做法。当债务无法收回时,会通过核销等方式将不良资产"出表",以此优化财务数据,释放新的贷款额度。当前坏账核销制度中,个人债务核销难度大,使大量不良个人债务仍然沉淀在银行账务之中。建立个人破产制度,可以促进个人不良债务核销,及时释放贷款额度,优化贷款结构,促进金融体系功能发挥。②

个人破产制度还可以激发创新。创新就意味着可能失败,创业也意味着风险。但是社会的发展进步,离不开大胆创新创业人士。对于创新创业人士来说,如何防止和控制创新创业的风险,是重要的问题。个人破产法的引入对促进我国民营企业发展极具现实意义,其中彰显为限制民营企业家商事失败风险、提升

---

① 参见殷慧芬:《个人破产立法的利益平衡机制探究》,载《山西省政法管理干部学院报》2015年第4期。
② 参见齐砺杰:《个人破产的金融维度》,载《中国政法大学学报》2019年第4期。

创新创业收益等方面的价值。① 美国破产制度发展表明，个人破产制度不仅是一项债务解决制度，对社会创新创业的影响巨大，它在立法理念上鼓励失败和个人东山再起。在一次甚至两次不成功时，再给他们一个机会，天生的冒险者不会因为赚取第一桶金失败而气馁，今天的失败者很可能就是明天的亿万富翁。②

此外，个人破产制度还可以促进社会和谐。在个人破产制度缺失的情况下，债务人无法免除巨额债务，可能要面对债权人的严厉催收。例如，2017年3月，轰动一时的"辱母杀人"案，就是因为非法催收债务而引发的恶性暴力事件。建立个人破产制度以后，债务人可以积极主动运用破产制度免除难以清偿的债务，有助于铲除暴力催收的土壤，维护社会的和谐稳定。

二、个人破产制度对强制执行已有规则之借鉴

(一)自由财产的界定

个人破产与企业破产之间最大的不同在于个人债务人的人格不会因为破产而消灭，债务人作为自然人需要在破产结束后继续生存下去，这时法律允许把本应用来清偿债权人的部分财产拿出来保留给债务人，以使其维持一段时间内的基本生计。保留给债务人的那部分财产，就是自由财产，也称为豁免财产。正是由于债务人为自然人的法律主体特殊性，在现代法治文明之下，个人生命权高于财产权，执行程序中也有与个人破产制度中自由财产相类似的制度设计。

执行程序中，考虑保障被执行人生存权、人格尊严等，需要为被执行人保留基本的生活资料和物质保障，对特定财产不得执行，这些财产也被称为豁免执行的财产。《中华人民共和国民事诉讼法》第254条、第255条规定，人民法院在执行被执行人的财产时，应当保留被执行人及其所扶养家属的生活必须费用、生活必需品。最高人民法院《关于人民法院民事执行中查封、扣押、冻结财产的规定》第3条、第5条规定了被执行人不得查封、扣押和冻结的财产。同时，在平衡申请执行人权益与被执行人权益之间，需要作出妥当的处理。唯一住房的执行，就较好体现了这一精神。从以往意见看来，唯一的住房，为被执行人提供居住保障，

---

① 参见蔡嘉炜：《个人破产立法与民营企业发展：价值与限度》，载《中国政法大学学报》2019年第4期。

② 参见符望：《五彩缤纷的破产法：企业有生必有死》，载《法律与生活》2019年第10期。

不能执行。当前的司法意见是,被执行人唯一住房,并非不能作为强制执行的标的物。在符合最高人民法院《关于人民法院办理执行异议和复议案件若干问题的规定》第 20 条规定的条件下,也可以对生活必需的住房强制执行。该条规定的条件是,要给被执行人保留 5~8 年的租金。这就较好地平衡了申请执行人的债权和被执行人的居住权。

在个人破产制度中,自由财产的界定直接影响债权人权益的实现程度。如果自由财产范围较小,清偿债权人的责任财产就较多,债权实现就较充分。但是,自由财产少,就会影响被执行人的生活情况,也会限制被执行人开展一些较为积极的财务投资,限制债务人获取较丰厚收益的可能。为了平衡二者之间的利益,在构建个人破产制度的时候,自由财产的范围可以根据个案情况予以调整,但是法律须划定一个区间。自由财产的最低限度,应该不低于执行程序中的豁免财产,可以参照执行程序中的规范。自由财产的最高限度,则可以适当增加债务人劳动工具、交通工具、创业启动资金等财产,以促进债务人重生。《深圳经济特区个人破产条例》中,对个人破产程序中的自由财产作了界定。对比执行程序中的豁免财产,很多方面都有重合。但是,从限制上看,这一条例还在价值上作了规定,除勋章表彰荣誉物品和专属的人身损害赔偿金、社会保障金及最低生活保障金以外,豁免财产累计总价值不得超过 20 万元。

由于执行程序形成了一套较为完善的制度,执行豁免制度也较为完善,在构建个人破产制度中,可以充分借鉴执行豁免财产的范围界定。《深圳经济特区个人破产条例》已经作了良好的探索,在执行豁免制度的基础上,对豁免的财产价值总额进行限定,这是一种较好的制度探索。

(二) 失权制度的确立

失权制度,从字面意思来看,就是民事主体的权益受到一定的限制和剥夺。就不同的法律制度而言,失权的内容和效果并不相同。从刑法角度来说,失权可能是政治性权利的剥夺,如剥夺政治权利的刑罚措施。就执行领域而言,失权是为了达到倒逼债务人履行债务的目的,而对被执行人权益作一定的限制,如限制高消费、限制享有一定待遇或者优待。

执行程序的失权制度,主要是限制高消费制度和失信联合惩戒制度。前者是对经济行为的限制,后者是对信用权利的限制,进而衍生出诸多联合惩戒措施。就信用约束和惩戒方式而言,分为行政性、市场性、行业性以及社会性约束和惩戒。市场性、行业性、社会性约束和惩戒取决于私权主体的意思自治,失权主要体现在行政约束和惩戒。第一,限制或禁止失信当事人的市场准入、行政许可,如限制取得认证机构资质、限制参与基础设施和公共事业特许经营、依法限制新网站开办、依法限制取得政府供应土地、限制不动产交易及国有产权交易、禁止参加政府采购活动、限制保险金融等部分经营行为等。第二,限制获得补贴性资金和社会保障资金的支持,限制、暂停或取消政策性资金、政府补贴性资金和社会保障资金支持。第三,对失信当事人加强日常监管,限制融资和消费,如将失信机构及其相关失信人员信息作为银行评级授信、信贷融资、管理和退出的重要参考依据。

就个人破产失权制度构建而言,域外有人格破产的概念。人格破产,是破产人的"失格"或"人格贬损",具体是指破产人在破产期间受到的权利或资格限制,主要包括相关任职资格的限制、消费行为限制以及借贷行为的限制等内容。例如,法国1985年《破产法》规定,个人破产则剥夺其在国会与各级地方议院的选举权,担任商事法院的法官、司法官、行政官和律师的权利。[①] 人格破产或者失权的目的,应服务于个人破产制度的目的。在破产程序中,对债务人施加一定失权措施,一方面,是督促其勤勉偿还债务,尽量增加偿还债务的责任财产,降低债务人不必要的支出。另一方面,也含有一定惩戒的因素,通过对行为自由和资格的剥夺与限制,起到了惩戒、预防作用,倒逼个人信用体系建设。《深圳经济特区个人破产条例》中,也规定了不得进行的高消费行为,与执行程序基本一致。但是对于失信惩戒措施,则相对较少。考虑破产制度主要是挽救诚实而不幸之人,在信用层面上,进入破产程序之人,相较于失信被执行人,信用状况和表现更好,所以失信惩戒或者失权就少一些。

(三)债务人监督制约体系的建立

被宣告破产的个人,其权利能力和行为能力应该受到一定限制,而且要处于监督之下。从国外立法例来看,将债务人置于监督之下,是个人破产制度的一大

[①] 参见沈达明、郑淑君:《比较破产法初论》,对外经济贸易大学出版社2015年版,第311~312页。转引自江国华、陈佳青:《中国个人破产立法之取向与趋向——兼议〈深圳经济特区个人破产条例〉之价值》,载《深圳社会科学》2021年第4卷第4期。

共性。也就是说,自然债务人的债务并不因为宣告破产而直接豁免,只有在满足法定条件的前提下,经过3~5年的监督期,债务人才获得完全豁免,进而恢复完全的民事权利能力和民事行为能力。① 监督被执行人行为的范围,大致可以分为消费性行为监督、日常生活行为监督等。

就消费性行为监督而言,可以借鉴限制消费、失信联合惩戒等制度。当前,在执行制度建设过程中,为了限制被执行人高消费,最高人民法院依托联合惩戒机制,对被执行人的高消费开展信息化的限制。随着互联网在各个行业的深度运用,依托大数据实现消费性行为监管已经基本可以实现。在个人破产制度中,也可以考虑将宣告破产的债务人纳入限制高消费系统,对其日常消费进行限制。

就日常生活行为监督而言,深圳市在试点期间,是以成立深圳市破产事务管理署来实现的。根据《深圳经济特区个人破产条例》第99条规定,在考察期内,债务人应当每月在破产事务管理部门的破产信息系统登记申报个人收入、支出和财产状况等信息。管理人负责监督债务人考察期内的相关行为,审核债务人提交的年度个人收入、支出和财产报告,按照破产财产分配方案对债务人年度新增或者新发现的破产财产进行接管分配。破产事务管理部门应当对债务人的收入、支出、财产等的变动情况以及管理人履行职责行为进行检查监督,并依法予以公开。成立专门破产管理机构,可以实现破产事务的专业化,是一种理想状况。

三、个人破产相较于强制执行独特制度之构建

(一)准入规制

建立个人破产制度是为了挽救"诚实且不幸之人",并非为"老赖"打开"合法废债"的方便之门。在此背景下,建立必要的个人破产准入规制格外重要。这是由破产制度的功能所决定的,进入破产程序后,因为会免除部分债务,实现债务人的困境重生。从前文分析来看,债务人在个人破产制度中,可以获得诸多人道主义的对待,获得诸多制度红利。但是这种制度红利,应给予应得之人,不能让不诚信之人钻空子。将部分不符合个人破产条件的情形排除在个人破产制度

---

① 参见陈夏红:《该怎么避免个人破产制度成逃债工具?》,载微信公众号"新京报评论"2019年7月18日,https://mp.weixin.qq.com/s/BPkMRKFG_Cnbn2ob27ZFdA。

之外,也就意味着债务人会受到强制执行,不能获得免责。

在通常情况下,在破产准入方面,主要考虑破产能力和破产原因两个因素。从更为本质的角度来讲,只有"诚实而不幸"的债务人才能得到个人破产制度的保护。有观点认为,破产准入不仅包括破产能力和破产原因两个要素,还包括诚信表现等因素。① 在破产准入之外,还要衡量申请破产之人是否属于诚信之人,还要设置其他配套的准入要件。但是也有学者认为,以不诚信行为来捏造属于破产原因的行为,这属于故意制造破产原因再意欲借破产程序来豁免债务的情形,这种情况本质属于不具备破产原因。② 因此,也就不需要再行设置其他准入条件。这两种解释中,笔者更倾向于第一种观点。一方面,不诚信行为表现形式多种多样,不仅仅在于制造虚假破产原因,在其他方面如果也有不诚信的情况,也可以不准其进入个人破产程序。另一方面,个人破产和企业破产制度尚有一定差异,个人破产的准入与企业破产的准入也有一定差异。因此,个人破产的准入不能完全套用企业破产制度。

2021 年 5 月 14 日,广东省深圳市中级人民法院作出(2021)粤 03 破申 217 号(个 6)民事裁定书,以债务人"对财产变动经过不能作出合理解释,且离婚时约定夫妻共同债务由一方承担,并过度举债归还,导致法院无法认定其本人是否存在破产原因"为由,裁定不予受理债务人的个人破产清算申请。这是我国个人破产中,裁定不予受理申请的首案。这一裁定书中仅从破产原因角度展开说理,在破产准入方面拓展有限。

(二)破产免责制度

随着全球经济的快速发展,经济结构与社会形态的不断变迁,越来越多的诚实但遭遇不幸的债务人面临着沉重的债务负担。这一现象的普遍性促使各国开始重新审视并调整个人破产制度的运行目的与机制设计。传统上,破产制度主要侧重于维护债权人的利益,确保债权得到最大程度的清偿。然而,随着社会环境的变化,人们逐渐认识到,仅仅维护债权人的利益并不足以解决日益复杂的债

---

① 参见朱丹、洪珏等:《论我国个人破产准入规制的建构路径》,载微信公众号"中国上海司法智库"2021 年 6 月 15 日,https://mp.weixin.qq.com/s/AlicAM7he682FrKvENBTZA。

② 参见徐阳光:《厘定不予受理规则 防止滥用个人破产程序——深圳首例不予受理个人破产申请案评析》,载《人民法院报》2021 年 7 月 16 日,第 2 版。

务问题。因此,个人破产制度的运行目的开始发生转变,从单一的债权人利益保护,逐渐扩展到既保障债权人的合法权益,又注重为债务人提供合理的重生机制。在这一过程中,免责制度发挥了至关重要的作用。

关于破产免责的重要制度设计是破产清算的免责考察期。因为重整与和解程序,都带有比较浓厚的意思自治色彩。而破产清算,则是法定的规则。债务人经破产宣告和经过一段时间的免责考察期后,可提出免责申请,由人民法院决定是否免责。免责考察期的长短,体现了对破产债务人的严苛还是包容。在《深圳经济特区个人破产条例》中,诚信期限是3年,但是存在违反相关义务的情况的,则最长可以延长2年。有学者认为,3年时间太短,因为从我国的传统文化来看,讲求的是"彻底偿还主义",强调"人死债不烂"的债务履行方式。将复权时间设置为3年,虽有利于债务人重新回归社会生活,但对于充分清偿债权人的债务而言还是相对较短的,法院的复权裁定容易引发债权人的异议。[1]

从各国的比较来看,根据世界银行在2016年撰写的自然人破产问题处理报告,世界各国在个人破产制度中,自然人要制作债务清偿方案,明确债务还款期限,这个期限类似于考验期限。最常见的还款期限往往介于3~5年,多数国家都设定了5年的标准还款期限。[2] 例如,《美国破产法典》第13章的个人债务整理程序规定,债务人在3~5年内将所有预期收入用于清偿债务后,即可获得免责;[3]英国个人破产程序中,根据不同的程序,偿债期限大多在1~5年,最长为8年。从历史传统、社会文化以及比较法来看,深圳市试点期间的3年失权期间似乎过短,可以试点根据实践的具体效果相应延长。

(三)复权制度

破产复权是在失权的前提下恢复公民在破产期间内受限制的各种权利。[4]具体是指,经过依申请或依职权,解除债务人因破产宣告所受破产程序以外的

---

[1] 参见骆紫月:《"个人破产复权"在个人破产案件中的适用与限制》,载《人民法院报》2021年6月3日,第8版。

[2] 参见自然人破产处理工作小组:《世界银行自然人破产问题处理报告》,殷慧芬、张达译,中国政法大学出版社2016年版,第141页。

[3] 参见[美]查尔斯·J.泰步:《美国破产法新论》(第3版)(下册),韩长印、何欢、王之洲译,中国政法大学出版社2017年版,第1363页。

[4] 参见杨显滨、陈风润:《个人破产制度的中国式建构》,载《南京社会科学》2017年第4期。

公、私权限制或者资格限制。复权意味着经过考察期以后的再生，复权与免责是相辅相成的，也可以说是免责的必然结果。在破产考察期内，债务人要遵守各种限制，经过失权的过程。也就是说，债务人想要恢复其在破产程序中受限制的权利，必须遵守破产程序中的各种失权，要遵守任职限制、消费限制以及借贷限制，并需要按照规定偿还债务，出现违反义务的情况的，则可能不予复权，或者延长考察期。

执行程序中也有类似于复权的制度，但是执行程序的复权通常而言是清偿所有债务义务，才能够恢复各项权益。但是执行中的复权，更多的是从解除限制角度来说的，与个人破产制度的复权，意思相差较大。破产的复权，是一种再生的机会；执行中的复权，是偿还债务以后的应然结果。

在个人破产制度中，复权的范围究竟多大、复权的力度多大，也是一个值得考虑的问题。例如，复权以后，以往的诚信记录是否消除？以往因为债务问题而被列入的失信被执行人名单记录是否要消除？从《深圳经济特区个人破产条例》的规定来看，尚未涉及这一层面。这个问题与企业破产程序中的信用修复相类似。笔者认为，经过破产程序以后，个人的信用也应该予以修复，从而更好地实现重生的目的。

四、结　语

执行程序与个人破产制度存在千丝万缕的联系。在个人破产制度构建过程中，既要借鉴执行程序的相关制度，也要建立自己独特的制度，使二者之间基本呈现出相互联动的关系。当前，我国已经建立了企业破产制度中的执行移送破产审查制度，重点解决债务个别执行与概括执行的衔接程序问题。从实际运行情况来看，执破衔接能够较好地调动各方面利益主体积极性，让破产程序及时启动，实现公平清偿债务、优化资源配置、完善市场主体退出机制的作用。在构建个人破产制度中，也应该充分发挥执行程序在减少破产成本、督促被执行人积极配合破产程序开展方面的作用。一是将企业破产制度中的执行移送破产审查程序予以扩展，使个人破产制度也可以由执行程序移送启动。二是做好执行惩戒、限制措施与破产程序的衔接，对于进入破产程序的被执行人，应该予以解除失信惩戒，解除部分执行惩戒措施。

刍议经商型夫妻核心家庭破产

季中旭[*]

从社会学视角来看,家庭的内涵具有多样性,其中核心家庭作为重要类型,而夫妻核心家庭则是其最基本的外延形式。由此可知,只有妥善解决夫妻核心家庭的破产预防问题,特别是经商型夫妻核心家庭的破产预防问题,才能进一步深入探讨个人破产制度下的家庭财产债务及破产预防机制,这是一个循序渐进的研究过程,而经商型夫妻核心家庭的破产预防应当作为首要且关键的研究命题。基于此,笔者将研究的笔触聚焦于经商型夫妻核心家庭的破产预防问题。

一、经商型夫妻核心家庭的界定

(一)社会学中的经商型夫妻核心家庭——从个人到夫妻核心家庭

个人(individual)是现代性的核心观念,是社会组织的基本单位。无论中西的传统社会,都是由氏族联盟、部族、家庭等更细小的单元组成的。表面上看,只要把组成社会的各部分(如部落、家庭)进一步细分,最后一定会

---

[*] 温州理工学院法学院讲师。

落实到不可以进一步分割的最小单元——个人。而个人的上位会追溯到家庭,家庭是由婚姻、血缘或收养关系所组成的社会生活的基本单位。《说文解字》释"家":"家,居也。从宀,豭省声。"古罗马人也用"Familia"一词表示父权支配着妻子、子女和一定数量奴隶的社会机体。对家庭含义本质的认识是从近代才开始的。家庭有广义狭义之分,狭义的家庭指一夫一妻制个体家庭;广义的家庭则泛指人类进化的不同阶段上的各种家庭形式。

夫妻核心家庭是一个社会学专业术语。其出处源于我国社会学家王跃生,他对家庭结构作了细致的分类。核心家庭,是指一对夫妻及其子女组成的家庭。核心家庭可细分为:(1)夫妻核心家庭,指仅夫妻两人(无子女)组成的家庭;(2)标准核心家庭,即核心家庭的最标准模式,指一对夫妻和他们的子女组成的家庭;(3)缺损核心家庭,又称单亲家庭,指由于离异或丧偶等原因仅有夫妻一方及其子女组成的家庭;(4)扩大核心家庭,是在标准核心家庭的基础上增加未婚的兄弟姐妹所组成的家庭。按家庭的结构和规模划分,则有联合家庭或大家庭、核心家庭或小家庭、主干家庭或直系家庭等。① 核心家庭已成为我国主要的家庭类型。核心家庭的特点是人数少、结构简单,家庭内只有一个权力和活动中心,家庭成员间容易沟通、相处。而夫妻核心家庭作为其中的重要一类,有其研究的必要性。

(二)财产占有制度下的经商型夫妻核心家庭

马克斯·韦伯在《世界经济简史》中,将家庭归为一种财产的占有形式。② 由父母及其儿女组成的家庭团体往往以合法婚姻为基础。这种小家庭的经济生活在消费上是一体的,但至少在名义上是区别于生产机构的。在家庭范围内,一家之主个人拥有全部财产权,不过对于妻子与子女的特殊财物,这一权利受到不同程度的限制。亲属关系是按照父系与母系双方同样计算的,这种关系的重要性事实上仅限于在继承问题上。原有意义上的氏族概念已不复存在;它的痕迹只有在旁系亲属的继承权中才能找到。依照学界的通说,夫妻财产制按照发生的根据为标准,可以分为法定财产制与约定财产制。按照夫妻财产制的内容不

---

① 参见张红裳:《现代人口知识简明百科》,中国人口出版社2013年版,第31页。
② 参见[德]马克斯·韦伯:《世界经济简史》,李慧泉译,立信会计出版社2018年版,第25页。

同,则可以分为妆奁制、吸收财产制、统一财产制、联合财产制、共同财产制、分别财产制。经商型核心夫妻财产的占有制度正是基于家庭团体的这种财产占有模式继而发展形成的。

(三)个人破产制度下的经商型夫妻核心家庭

个人破产就其本质含义而言,是指法律上或者事实上以承担无限财产责任为基础的经济实体和自然人的破产。个人破产出于"保护诚实而不幸"之人,即对债务人在正常交易(诚实)过程中发生的意外风险(不幸)持宽容态度,对由此产生的超过其责任财产的债务予以免除。① 而本文研究的夫妻核心家庭破产,指的是整个夫妻家庭负债不能,陷入困境,此种情况下的夫妻核心家庭财产的破产意味着双方陷入了个人破产程序。

家庭的定义是较为宽泛的,其复杂程度也不同,而所有的家庭精简后夫妻是其中最基本的单位也是最重要的要素,也就是说家庭至少由夫、妻二元构成,这也可以被理解成狭义的家庭。故本文中的家庭可以被理解为夫妻关系中的家庭,而其他的多元(大于二人)的家庭是以二元作为基础,对夫妻核心家庭的破产研究能够产生由此及彼、举一反三的效果。

《中华人民共和国民法典》(以下简称《民法典》)婚姻编规定了夫妻财产共有制度以及债务共担制度,这使夫妻共同财产的破产存有值得探讨的必要空间。最高人民法院《关于适用〈中华人民共和国婚姻法〉若干问题的解释(二)》(已失效)第 24 条对夫妻共同债务与个人债务作出规定;②2018 年,最高人民法院《关于审理涉及夫妻债务纠纷案件适用法律有关问题的解释》(已失效)第 3 条规定强化了这一点。③《民法典》则在第 1065 条规定了男女双方可以约定婚姻关系存

---

① 参见许德风:《破产法论——解释与功能比较的视角》,北京大学出版社 2015 年版,第 516 页。

② 参见最高人民法院《关于适用〈中华人民共和国婚姻法〉若干问题的解释(二)》第 24 条的规定:"债权人就婚姻关系存续期间夫妻一方以个人名义所负债务主张权利的,应当按夫妻共同债务处理。但夫妻一方能够证明债权人与债务人明确约定为个人债务,或者能够证明属于婚姻法第十九条第三款规定情形的除外。夫妻一方与第三人串通,虚构债务,第三人主张权利的,人民法院不予支持。夫妻一方在从事赌博、吸毒等违法犯罪活动中所负债务,第三人主张权利的,人民法院不予支持。"

③ 夫妻一方在婚姻关系存续期间,以个人名义超出家庭日常生活需要所负的债务,债权人以属于夫妻共同债务为由主张权利的,人民法院不予支持,但债权人能够证明该债务用于夫妻共同生活、共同生产经营或者基于夫妻双方共同意思表示的除外。

续期间所得的财产以及婚前财产的归属。约定应当采用书面形式。没有约定或者约定不明确的,适用该法第1062条、第1063条的规定。

从浙江省温州市和台州市等地率先推出个人债务清理试行规定开始,各地(法院)带有类似"个人破产"制度的规定层出不穷,主要分为两种:一种是以温州市中级人民法院制订的结合现有法律框架下推出的执行和解为主导的个债执行清理体系(以下简称温州体系),另一种是以《深圳经济特区个人破产条例》为代表的体系(以下简称深圳体系)。《温州市中级人民法院关于个人债务集中清理的实施意见(试行)》(以下简称《温州意见》)第10条规定,对于债务人财产状况报告包括但不限于财产名称、种类、数量、存放地点、是否设有抵押等权利负担、是否为夫妻或者与他人共有财产等内容;第25条规定,债权人可以要求被执行人的配偶及成年直系亲属列席会议并接受质询,被执行人及其配偶、成年直系亲属不得拒绝。《深圳经济特区个人破产条例》第8条规定,债务人提出破产申请的,应当向人民法院提交诚信宣誓文书、财产及收入说明以及夫妻共同财产、债务清册等。不难看出,配偶的家庭共有财产及债务在个人破产及个人债务清理中都作为一大重要考量因素贯穿个人债务清理案件始终。

依照温州市瓯海区人民法院办理的一个案件,一位高学历家庭主妇,因为丈夫的生意失败,背上了夫妻共同债务,而这份负债使其被法院列入黑名单,不能正常找工作。由于该女子的执行案件在温州市瓯海区法院审理,其主动询问是否能进入个债清理程序,只要撤出黑名单、重新就业,其就可以在几年内将钱还给银行。在经办法官联系上海的银行后,对方银行上层经过讨论仍然否决了这一方案。而这背后的问题正是因为没有相应广泛适用的法律制度作为后盾,故后续的个人破产法对夫妻核心家庭的破产保护应当作出相应的规则制定。

在个人债务清理案件的理论研究与实务操作中,个人债务的清理问题往往会牵扯家庭财产。在旧有的立法体系下,婚姻关系下的债权债务关系已经颇具难度,在无力清偿的情况下,不少当事人或因为婚姻关系导致债务缠身家破人亡,也不乏试图利用婚姻关系逃避举债的现象。无力清偿和"假离婚、真逃债"现象也一定会延伸到夫妻关系中来,这些问题势必会成为个人破产制度推进进程中的痛点和难点。

从立法原意来看,个人破产的立法拯救的是个人债务问题,但一定会衍生到夫妻、家庭等民事主体方面,而夫妻关系作为除个人外构成家庭的最基本元素,从研究的分布性角度来看具有研究的现时价值与现实意义。

二、经商型夫妻核心家庭破产的现状

(一)宏观层面的家庭破产现状

中国人民银行曾经发布了一份针对全国 30 个省(自治区、直辖市),涉及 3 万余户城镇居民家庭的资产负债情况调查报告。报告显示,我国城镇居民家庭户均总资产已达 317.9 万元,城镇居民家庭总资产的中位数是 163 万元,比均值低近 155 万元。① 但实际上,其中有 70% 是房产。而房产对于大多数刚需家庭而言,并不具备变现能力,因此,居民平均实际可支配财富并不高,家庭户均资产 317.9 万元显然是被拉高了。本次受访家庭中,总资产低于 10 万元的有 792 户。这些家庭的资产负债率为 30.7%,远高于其他家庭,其中有 106 户家庭的资产负债率超过了 100%,已经资不抵债。② 这 106 户家庭多数无房无车,仅有少量存款,主要从事个体经营或其他职业,家庭没有稳定的收入来源,负债相对较高,一旦遇到意外情况,违约风险较高。③ 而这些债务风险远高于平均水平的负债家庭,其家庭的主要劳动力恰恰是当前最年富力强的中青年。他们多是面临买房、成家生子、子女教育等重重压力的核心群体,而收入来源主要依靠工资。因此,如长时间欠薪或失业,则将面临巨大的债务压力,他们一旦无力偿还,就意味着家庭的破产。④ 国内学者现有研究多被个人破产吸引,对于家庭破产的研究较少,而 3 口之家作为国内家庭的常态表现形式,具有其研究的必要性。

---

① 参见贺诗:《央行〈调查〉显示:三成城镇家庭两套房户均资产 318 万》,载《中国经济周刊》2020 年第 9 期。

② 根据报告,总资产最高的前 20% 家庭,其总资产占比达到 63%;前 10% 家庭的总资产占比达到 47.5%;而最低的后 20% 家庭,资产占比仅为 2.6%。也就是说,我国家庭近 50% 的财富,是被 10% 的家庭牢牢占有着。虽然我国家庭有着百万元以上的资产,但 70% 的资产都源自房产。其中,56.5 的家庭是靠负债购买房产,而房贷占家庭总负债的 75.9%,而负债来源则以银行贷款为主。这意味着,我国一半以上家庭的房子,是抵押给银行的,一旦违约,房子将归银行所有。

③ 除此之外,受调查家庭中,43.4% 的家庭有住房贷款。有房贷家庭的资产负债率、金融资产负债率和月偿债收入比分别为 16.5%、101.5% 和 29.0%,债务风险明显高于平均水平。

④ 参见百房研究院:《央行新报告:居民最全负债情况曝光!4 成家庭拥有两套及以上房产,你呢?》,2020 年 5 月 5 日,https://www.sohu.com/a/393136678_806214。其中,刚需型房贷家庭的债务风险尤其突出,这三项指标分别为 24.2%、151.3% 和 33.0%,均为所有群体中的最高值。

(二)微观层面的经商型核心家庭破产

以浙江省温州市两则个人债务集中清理案件为例,在其中我们均能够找到经商型核心家庭破产的影子:

在温州市的个债集中清理案件中,经生效裁判文书认定债务人蔡某应对该破产企业214万余元债务承担连带清偿责任。蔡某仅在其现就职的浙江省瑞安市某机械有限公司持有1%的股权(实际出资额5800元),另有零星存款及一辆已报废的摩托车。此外,蔡某在该公司每月收入约4000元,其配偶每月收入约4000元。① 蔡某长期患有高血压和肾脏疾病,医疗花销巨大,且其孩子正在读大学,家庭长期入不敷出,确实没有能力清偿巨额债务。② 观察蔡某的家庭情况,可以说是一个典型的核心家庭,家庭关系较为简单。

需要注意的是,该案偿还方案的承诺中出现了家庭年收入的概念,即个人债务清理方案中将蔡某的家庭作为一个整体考量对象,我国目前没有家庭破产的说法,但是这里已经出现了家庭破产制度的影子,这从一个侧面亦能反映个人债务清理或者个人破产对于经商型核心家庭的财务状况是有显著影响的。

以温州市另一起全国首例"执清"案件——李某个债集中清理案件为例,我们可以发现,"债务人李某与其妻子现在广州一家商铺从事销售工作,主要收入为工资加提成,月收入约为六至七千元,有11岁未成年子女需要抚养。"③这同样是一个典型的中国式核心家庭,而细看该案的裁定结果,侧重点依旧锁定在个人

---

① 辛继召、李玉敏:《全国首例"个人破产"案办结》,载《平顶山晚报》2019年10月11日,第A08版。

② 该案管理人温州诚达会计师事务所对外发布债权申报公告暨第一次债权人会议公告后,浙江省温州市平阳县法院主持召开了蔡某个人债务集中清理第一次债权人会议。蔡某以宣读《无不诚信行为承诺书》的方式承诺,除管理人已查明的财产情况外,无其他财产;若有不诚信行为,愿意承担法律后果,若给债权人造成损失,依法承担赔偿责任。最终蔡某提出按1.5%的清偿比例即3.2万余元,在18个月内一次性清偿的方案。同时,蔡某承诺,该方案履行完毕之日起6年内,若其家庭年收入超过12万元,超过部分的50%将用于清偿全体债权人未受清偿的债务。该次参与表决的债权人共4名,债权人一方在充分了解债务人经济状况和确认债务人诚信的前提下,经表决通过上述清理方案,同意为债务人保留必要的生活费和医疗费,自愿放弃对其剩余债务的追偿权,并同意债务人可以自清理方案履行完毕之日满3年后,恢复其个人信用。同时明确,自个人债务集中清理方案全部履行完毕之日起6年内,若发现债务人未申报重大财产,或者存在欺诈、恶意减少债务人财产或者其他逃废债行为的,债权人可以请求恢复按照原债务额进行清偿。之后,浙江省温州市平阳县法院签发了对蔡某的行为限制令,并终结对蔡某在该次清理所涉案件中的执行,该案至此办结。

③ 蔡雄强、夏旭丽、郑拓、郑菲菲:《个人债务集中清理的实务难点与思考——以温州瓯海法院审结的李某个人债务集中清理案为视角》,载《人民司法》2020年第10期。

债务的清理之上。通过对该案中出现家庭状况的情况进行梳理,①我们可以看到,这类经商者背后的家庭在个人债务清理程序中是管理人、法院、债权债务人各方不可回避的,这也更加凸显了对其中夫妻核心家庭破产研究的必要性。

由于该案是个债清理的第一案,它对于我国(类)个人破产案件都具有划时代的示范意义,但该案也折射出极易被人们忽略的问题,即家庭亦会面临破产。在现实中,企业主家庭为其私营企业进行担保的情况很多,而由于我国目前仅有企业破产法,破产程序也许可以拯救企业,但往往无法使企业主及其家庭免责,破产保护的效果因此无法很好凸显。该案家庭关系简单,但管理人对于共同财产事项的核实依然遭遇了家庭成员的不配合。随着个人债务清理与个人破产制度的深化改革,势必会遇到家庭关系较为复杂的类型案件。届时管理人与司法工作人员必须要面对很多个人债务清理案件并非只涉及个人主体,有可能是整个家庭的破产。

个人破产制度在宣传过程中遭遇到很多质疑,其中呼声最大的是逃废债,甚至还有一些机构及个人正在开辟有此类需求的客户。在(类)个人破产制度试行的风口,许多当事人会隐晦地咨询关于个人破产的问题,部分债务人希望能通过个人债务清理或者个人破产制度规避家庭破产。笔者曾在某案件中接触过某债务人希望将全家的负债完全转移到自己身上,以防止整个家庭的"溃败",也遇到父子做生意即将资不抵债,父亲希望能通过一定的手段将儿子排除在这一段债权债务关系外。在接触此类案件时,笔者的心情是复杂的,其中掺杂的亲情与法律实现的公义产生了一定的冲突。此类现象虽然危害程度不同于逃废债,甚至在我国"亲亲相隐"的历史文化渊源下似乎能够得到理解,但这仍然需要我们去

---

① 蔡雄强、夏旭丽、郑拓、郑菲菲:《个人债务集中清理的实务难点与思考——以温州瓯海法院审结的李某个人债务集中清理案为视角》,载《人民司法》2020年第10期。例如:1.管理人将债务人李某的财产、债权债务、家庭、工作等情况向全体债权人予以通报。2.在个人债务集中清理程序中,管理人会反复就债务人的家庭生活、家庭财产等情况与债务人进行了解核实,也增加了债务人对于个人债务集中清理程序的对抗情绪。例如,李某个人债务集中清理案件中,管理人因案件需要反复与债务人家庭成员核实共同财产事项,遭到了债务人家庭成员的不理解和不配合。3.对于李某的个人财产、家庭财产,管理人除法院已经查封的财产外,无法通过其他有效途径自行寻找,主要还是通过债务人自行申报进行了解后再行核实,确实无法在个人债务集中清理程序中通过管理人的工作穷尽债务人的所有财产。4.管理人在调查核实债务人家庭状况、家庭财产信息时无法主动履职,始终需要法院的配合才能工作,如在李某个人债务集中清理程序中,法院工作人员均陪同管理人进行财产情况的调查核实,而非管理人主动履行具体职责。5.债务人只有在诚实信用的基础上如实向管理人提供个人、家庭的全部财产信息,才能取得债权人对于其不能清偿部分债务的豁免……

探寻问题的真实成因。

三、经商型夫妻核心家庭破产的几类成因分析
——基于五类典型案件的探讨

经商型夫妻核心家庭破产的成因是复杂的:实践中,夫或妻一方在外担任公司股东或者开办公司的情况比较常见,而这也成了主要原因。笔者结合法律实践对常见可能导致经商型夫妻核心家庭破产的案例进行了梳理,为保护当事人的隐私,隐去名字,以丈夫 A 和妻子 B 为例进行代替。简要对其作下列分类探讨。

(一)为公司借款承担连带担保责任

丈夫 A 为 X 公司借款,双方签订的借款合同中向债权人承诺承担连带担保并在合同上作出确认,之后公司因为运作出现问题,资不抵债,进入破产程序。债权人要求 A 承担连带担保责任,而妻子 B 表示自己不知情,债权人能否要求 A 的妻子 B 承担连带责任?在此种情况下我们应当如何认定?

实践中,许多经商型夫妻核心家庭会涉及财产的分割问题,如该案例所述,涉及夫妻一方为公司借款的情况也不少见,而另一方主观上或是因为不知情,或是因为客观上夫妻财产已做好隔离,就此类核心家庭,在涉及一方为其他公司担保的问题上,法院会依据不同的情况作出不同的判决。

(二)为创业企业股权融资签署对赌协议

A 作为夫妻的一方,在征得妻子 B 的同意后从事创业并成立了 Z 公司,但事先对创业所涉及的资金作出约定,创业初期时候被某股权投资基金合伙 C 企业看中,双方签订了"一揽子"对赌协议。前期十分顺利,但到约定的时间由于未能完成对赌协议中的业绩承诺,进而触发了股权回购/现金补偿的"对赌"条款,而 A 无力偿还,夫妻核心家庭财产能否被用来偿还。

实务操作中,一旦对赌失败,创业企业陷入偿债不能的旋涡之中,经商型夫妻核心家庭也必然会卷入这一泥沼中,而此类风险在经商过程中是经商型夫妻核心家庭必然会面临的。现实操作中,这样的问题由于判例的不同走向,如对赌

类案例中最知名的"海富案"及"华工案"牵扯到的对赌效力问题。

(三)个人和家庭与公司财产混同导致的法律责任

A经营某轻工公司并担任法人代表,但由于以家族方式经营企业,他时常使用个人账户进行一些账面上的操作及资金往来,偶尔也会通过妻子B的Z账户进行一些商业操作与资金往来。之后,A的轻工企业因为经营不善陷入企业困境,进入破产程序。由于资产混同,债权人依据"刺破公司面纱"的准则要求A连带承担公司债务,而妻子B表示自己不经手Z账户,Z账户一直都是由A在运作打理,自己基本上是按照A的要求与公司及上下游公司进行一些资金的账面往来操作,对于公司的具体经营状况及业务并不知晓。之后,A的公司经营出现问题,而A意外去世,B是否应在夫妻共同财产之外对公司债务承担连带责任。

以浙江省大部分的家族企业为例,我们能够发现浙江家族企业的个人和家庭与公司财产大多是混同的,一旦公司出现问题,个人也将会难辞其咎,而这种情况会衍生到核心家庭成员尤其是夫妻核心家庭成员。这类案件的处理在实务中是一个十分烦琐的问题,针对不同的情形作区分,如该案中的公司较为特别,是由夫妻二人开设,则依据最高人民法院的指导意见应当视同一人有限责任公司,如果发生夫妻一方或者双方账面上与公司有混同,则可以"刺破公司面纱",但现实中的案情往往更为复杂。

(四)不当履行公司股东义务、滥用公司股东权利导致的法律责任——婚内财产协议的有效性

案例1:丈夫A在与他人成立X公司时由于出资不到位,后X公司进入破产清算程序,A被要求补足出资,而A表示自己个人无力偿还这笔出资款。破产管理人认为,当时的款项属于夫妻共同债务,遂向A的妻子B要求进行补足出资款。而妻子B表示,自己曾与丈夫约定彼此之间财产相互独立,且不知情A成立经营X公司的具体情况。

案例2:A担任X公司主要股东期间,滥用股东的权利给其他股东及公司造成了数目不菲的损失,依据公司法,A应当依法承担赔偿责任,然而A的个人名下财产无法偿还该笔损失,A与妻子B在婚前曾经签订了婚内财产协议,约定某一时刻开始2人的财产互相独立。A在此婚内协议中曾约定,婚后二者购买的

某套房屋归 B 所有,同时自己取得某笔款项。债权人现要求 A 的妻子 B 连带承担偿还的法律责任,同时希望对该套房屋进行析产。

依照《中华人民共和国公司法》第 21 条的规定,A 因为滥用股东权利给公司或者其他股东造成损失的,应当依法承担赔偿责任。① 依照法律的要求以及婚姻法的相关规定,丈夫一方在自己的个人财产部分承担债务偿还法律责任没有问题,但涉及夫妻共同财产时将会牵涉一些新的法律问题,鉴于夫妻双方在婚内签订了婚前财产协议,但由于二者的动产与不动产有一定的权利交叉,这时候婚内协议约定的妻子 B 所拥有的这套房屋是否需要作为夫妻共同财产去对外连带承担偿还的法律责任?而实务中是否可能通过夫妻婚内财产协议去规避债务?这些都是实务中面临的经商型夫妻核心家庭难题,需要结合多方面因素予以考量。

(五)因侵权行为或者投资行为及对外签订合同行为产生的意外导致的巨额法律责任

丈夫 A 因为过失,实施民事侵权行为致使 C 家庭造成了巨额损失,如 A 临时替邻居 C 家庭照看孩子 D。因 A 疏于看护,孩子 D 从高楼坠落,法院判令 A 赔偿 C 家庭各项损失共计 60 余万元。孩子是从 A 家坠落,妻子 B 也在家,但妻子 B 事先不知情。妻子 B 推门发现 A 带着邻居家小孩 D,问了一句然后就去厨房忙了,后孩子 D 从高楼坠落。需要注意的是,在这个案例中,夫妻双方签订了婚内财产协议。事故发生后,C 家庭要求 A 承担巨额法律责任,而 A 的个人财产及婚姻共同财产个人部分无力返还且正预备申请个人债务集中清理,C 家庭于是要求 A 的妻子 B 承担连带责任。

该案涉及夫妻一方在婚姻关系存续期间对外形成的侵权之债是否应当认定为夫妻共同债务。第一种意见认为,应当适用最高人民法院《关于适用〈中华人民共和国民法典〉婚姻家庭编的解释(二)》第 24 条的规定,推定为夫妻共同债务。第二种意见认为,根据《民法典》侵权责任编的规定,侵权之债应当由侵权行为人承担责任,是行为人的个人债务,如果让行为人的配偶共同承担连带责任,法律依据不足。第三种意见认为,夫妻一方个人行为导致的侵权之债应当推定

---

① 参见《中华人民共和国公司法》第 21 条规定:"公司股东滥用股东权利给公司或者其他股东造成损失的,应当依法承担赔偿责任。"第 23 条规定:"公司股东滥用公司法人独立地位和股东有限责任,逃避债务,严重损害公司债权人利益的,应当对公司债务承担连带责任。"

为行为人的个人债务,除非该债的形成与夫妻家庭生活有关或者家庭因该行为享有利益。

多数实务界人士认可该案中第三种观点,较为特殊的部分是丈夫对外的民事侵权行为造成的损失超出了夫妻共同财产,在此情形之下妻子需要对超出夫妻共同财产的这笔损失负责吗?笔者认为,夫妻一方实施侵权行为造成他人人身、财产损害而形成的债务,是因个人的侵权行为及主观过错形成的侵权行为之债,该债务并不是为维持夫妻共同生产和生活而形成的必要的支出和投入,因而不符合夫妻共同债务的特征。而站在安保义务的角度,夫妻双方系房屋使用人,对于房屋内发生的侵权行为应当承担保护义务。但是,坠楼属于过失,过失不属于共同连带责任,妻子即便出于安保义务也只需要承担次要责任。

四、结论与建议

"制度化是组织与程序获得价值和稳定性的过程。"[①]随着个人破产制度的建立,对经商型夫妻核心家庭财产与债务的调查将日趋严格。笔者认为,对于高度混同的经商型夫妻核心家庭,应该尝试去对财产进行分离,对其中牵扯到的个人和单位进行破产或者债务清理。对于实在无法分离清楚的,管理人应当提请法院进行家庭破产,而在家庭破产制度没有建立起时,法院应当对此种情况进行分类。对于其中涉及的可分割个人财产进行析产般的处理;对于夫妻共同财产部分可以有两种模式:一是先参照婚姻法关于离婚析产的方式对财产进行分割;二是如果征得债权人的同意(这种同意的方式有待考虑)由一人承担个人破产的主要责任,对于其他家庭成员依照偿债能力及责任配比进行分担责任,承担不同的破产法律后果。家庭破产与个人破产的法理依据应当是相同的,即是为了诚信的当事人重生的程序,而如果不在债务承担及配套制度上对此进行类似的规定的话,势必导致一整个家庭甚至是多个家庭的"覆灭",这不符合破产的拯救本义。《中华人民共和国企业破产法》的修改已经纳入全国人大常委会重点立法计划,家庭破产制度在我国尚处在从无到有的过程中,而首先对经商型夫妻核心家庭破产进行探究势必将对今后家庭破产制度的构建大有裨益。

---

① 林尚立:《制度创新与国家成长》,天津人民出版社2005年版,第559页。

个人破产程序与债务人人格权保护

徐根才[*]

一、个人破产法的立法目的

(一)比较法上的立法目的

个人破产法如何确立立法目的,不同国家的立法目的是不同的,但大同小异。而且在不同阶段也会有所不同,以下进行比较探讨。

英国1542年《破产法》被描述为:一个针对那些确实已经资不抵债的人的法案。它的序言解释了它的立法目的:"鉴于形形色色的人狡猾地占有了他人大量财产后突然消失,或者紧闭家门而不打算向债权人偿还债务或者履行义务,为其自身的享乐和优越生活,抛弃了理性、公平和良知,随心所欲地享用他们凭借信用从他人那里获得的物质财富。"1542年《破产法》准许变卖上述"罪犯"的财产并将变现所得按比例分配给他们的债权人,这就是英国法律中同等原则的起源。

1705年,为了说服债务人在破产过程中予以合作,英国首次引进了剩余债务免除制度。1986年《破产法》和之后的立法,建议减轻对破产的个人过于严厉的处置,

---

[*] 浙江省全省审判业务专家、浙江省法学会破产法学研究会常务理事、浙江大学光华法学院破产法研究中心研究员。

尤其是在破产更多地缘于无能而不是欺诈的情况下。关于对破产法的争论,尤其是对"拯救文化"组成部分——破产法目标的争论断断续续地贯串20世纪90年代。当"拯救文化"适用于个人时,其内涵所要表达的观点是:很多破产者应当受到关注复苏胜过关注惩罚的仁慈对待。①

德国破产程序的目的是对债务人的债权人的共同清偿。破产程序是一个纯粹基于财产的以贯彻实体法上的责任为目的的程序,而不是对债务人本人进行问责的程序。破产法还有第二个程序目标:对债务人的余债免除。②

法国的个人破产法的观念和制度,经历了从传统到现代的嬗变。第一阶段确立了商人破产不免责主义;以传统清算为基本原则;破产法的重心在于惩罚债务人;重要的内容包括监禁、冻结和没收债务人的财产、不同的民事制裁和职业制裁,标志着近代法国破产法形成并进行系统化立法阶段,对当时仿效法国实行民商分立体制的国家的破产法产生了深远的影响。第二阶段以法国1957年7月颁布第67-563号法律为起始标志,开始适用于个人。第三阶段从19世纪80年代开始,破产制度的首要目的从保护债权人转移到帮助债务人的重整使其回归健康经济状态,并逐渐形成了"早预防、早治疗"的思想。③

美国的破产法,破产清算具有两方面独立目标:债务人的救济和债权人的公平对待。但在相当长的时期内,后一方面更接近破产案件的核心。即使不给债务人提供任何形式的救济措施,破产法仍然能够独立存在。英美法系中的第一部破产法颁布于1543年,法就不曾有债务人免责的规定。直到1706年,才由英国率先规定了破产免责制度,但当时主要是为了鼓励债务人在破产案件中主动披露并交出全部财产以供债权人分配。

然而,现代破产法已经牢固确立了一项新目标,就是给那些"诚实而不幸的债务人"提供财务上"全新开始"(fresh start)的机会。个人债务的全新开始包括两个主要方面:一是债务免除,债务人的未来收入免受债权人的追索;二是财产豁免,允许债务人留存必要的、最低限度的现有财产。全新开始可以使那些本来

---

① 参见[英]费奥娜·托米:《英国公司和个人破产法》(第2版),汤维建、刘静译,北京大学出版社2010年版,第8~13、59页。
② 参见[德]莱因哈德·波克:《德国破产法导论》(第6版),王艳柯译,北京大学出版社2014年版,第1~3页。
③ 参见刘静:《个人破产制度研究——以中国的制度构建为中心》,中国检察出版社2010年版,第56~58页。

陷入绝望的债务人从债务的重压中解脱出来,重新开始正常生活,成为对社会有用的成员。如果允许债权人继续获取债务人的劳动收入,债务人从事劳动的动力就会减少。而破产免责允许个人债务人在破产清算之后保留自己的未来收入,"释放"其人力资本所能创造的成果。从这个意义上讲,破产免责实际上提供了一种社会保障网,以防范产生"终身债务人"(perpetual debtor)这一社会底层阶级。[1]

(二)我国的立法目的

我国个人破产的立法目的是什么?要考虑我国现实和长远的需要,要立足于本国的国情,特别是本国传统和未来社会的发展方向。人在社会上生存,毕竟需要经济交往,交往需要信用,信用会因不诚实而破产,也会因风险的降临诚实而不幸地破产。然而,生活还将继续,债务到期总得清偿,债权人有权要求得到清偿,债务人有义务去支付。但在债务人清偿不能的情况下,强行索债这种非理性的行为,有时也能实现债务的部分清偿,但同时给当事人带来痛苦,甚至触犯法律受到制裁,危害了社会稳定,法治社会是不允许的。个别的诉讼和个别执行,依法个别地解决问题,但有时会遇到执行难的问题。对具有规定的情形的被执行人未履行生效法律文书确定的义务,人民法院应当将其纳入失信被执行人名单,依法对其信用惩戒。[2] 人民法院可以采取限制消费措施,限制其高消费及非生活或者经营必需的有关消费。[3] 然而,随着失信被执行人名单统计数目的不断增大,潜在的后果是,普遍的失信,等于不失信。过多的被执行人进入失信被执行人名单和被"限高",会压抑人在社会中的积极性、创造力,甚至劳动的动力。特别是对于确实客观不能履行并不是有能力而不履行义务的人,进入失信被执行人名单和被"限高",于其是不公平和缺少人文关怀的。在这种情况下,如何关注和关怀这类"诚实而不幸"的人,就成为个人破产法的责任。让个人破产法来拯救这类特殊的群体,让这种人有重生之希冀。

个人破产法直接而基本的目的是公平有效地清偿债务。然而,个人破产的

---

[1] 参见[美]查尔斯·J.泰步:《美国破产法新论》(第3版),韩长印、何欢、王之洲译,中国政法大学出版社2017年版,第3~4页。
[2] 最高人民法院《关于公布失信被执行人名单信息的若干规定》(法释〔2017〕7号)。
[3] 最高人民法院《关于限制被执行人高消费及有关消费的若干规定》(法释〔2015〕17号)。

核心概念是免责。"免责",是指减轻负担,或者放弃、解除、废除,这正是免责在破产法上的含义。① 还有一个主要功能,就是对陷入困境的债务人进行破产救济和司法强制保护。从一定意义上说,现代破产法就是对债务人的人道保护法,是对债务人利弊并存、利大于弊的人性化制度,是以人为本的法治思想的体现,②也就是为"不幸的有血有肉的个人提供了一条重新站起来的道路"。③

正如刘静教授分析的,如果不对这部分不幸的个人进行拯救,其生存权、发展权都将受到巨额债务的威胁,违背了国家宪法对个人人权实施基本保障的原则,也不利于我国建设和谐社会,同时,不能体现一国政府对自己的历史承担责任的诚意和理智的态度。④

为此,我国个人破产的立法目的应当是,通过个人破产程序,保证债权人得到公平有效的清偿,给予诚实的债务人免除剩余债的机会,让其有重新开始正常生活的机会,不诚信的债务人得到应有的惩罚。

二、个人破产程序中债务人相关信息的公开

(一)人的关系的公开

企业破产会涉及关联企业。个人破产也会涉及债务人的关联人,如何对待这部分关系,这是一个值得探讨的问题。人是自然的人,也是社会的人,但社会上每个人作为法律的主体,应当是独立的。独立的法律主体对自己的行为负责,在法律上才会有意义。因此,个人在经济生活中的所有行为,原则上应由行为人负责。个人所负的债务于个人破产时,原则上也应由个人所有的财产以及将来可能的财产偿还,也是理所当然。但人的群居性、社会性,人与人有交集关联也是必然的存在。个人破产时也就有与破产的个人密切联系的人。这些密切联系

---

① 参见[美]小戴维·A.斯基尔:《债务的世界:美国破产法史》,赵炳昊译,中国法制出版社2010年版,第6页。
② 参见[英]费奥娜·托米:《英国公司和个人破产法》(第2版),汤维建、刘静译,北京大学出版社2010年版,(代译序)第2页。
③ [美]道格拉斯·G.贝尔德(DouglasG·Baird):《美国破产精要》(第6版),徐阳光、武诗敏译,法律出版社2020年版,(中文版序言)第1页。
④ 参见刘静:《个人破产制度研究——以中国的制度构建为中心》,中国检察出版社2010年版,第110页。

的人或与债务人的财产或义务关联着,与债权人参与分配的破产财产关联着,确有必须进入程序中,才能确保个人破产程序和分配实体的公平。这些与个人破产有密切关系的人必须加入程序中来。公开透明是现代程序法的要求。这就要求,建立个人破产登记制度,及时、准确登记个人破产重大事项,并依法向社会公开个人破产相关信息。债务人提出破产申请应当向人民法院提交的材料:个人财产以及夫妻共同财产清册;债务人依法承担扶养义务的未成年人和丧失劳动能力且无其他生活来源的成年近亲属(以下简称所扶养人),应当提供所扶养人的基本情况等有关材料。债务人的配偶、子女、共同生活的近亲属、财产管理人以及其他利害关系人,应当配合人民法院、破产事务管理部门和管理人调查,协助管理人进行财产清查、接管和分配。[①]

《浙江法院个人债务集中清理(类个人破产)工作指引(试行)》规定,债务人应当在申请时向人民法院书面报告本人及其配偶、未成年子女以及其他共同生活的近亲属名下的财产情况。债权人可以在债权人会议召开10日前,以书面方式陈述具体理由,要求管理人通知债务人的配偶及成年直系亲属列席债权人会议并接受质询。

(二)物的关系的公开

物的关系是由于人的关系,由人及物,与债务人有密切关系的人所有的物(财产)也要公开。例如,债务人如实申报本人及其配偶、未成年子女以及其他共同生活的近亲属名下的财产和财产权益:(1)工资收入、劳务所得、银行存款、现金、第三方支付平台账户资金、住房公积金账户资金等现金类资产;(2)投资或者以其他方式持有股票、基金、投资型保险以及其他金融产品和理财产品等享有的财产权益;(3)投资境内外非上市股份有限公司、有限责任公司,注册个体工商户、个人独资企业、合伙企业等享有的财产权益;(4)知识产权、信托受益权、集体经济组织分红等财产权益;(5)所有或者共有的土地使用权、房屋等财产;(6)交通运输工具、机器设备、产品、原材料等财产;(7)个人收藏的文玩字画等贵重物品。债务人应当在申报时予以说明:财产或者财产权益为债务人成年子女所有,

---

[①] 参见《深圳经济特区个人破产条例》(2020年8月26日深圳市第六届人民代表大会常务委员会第四十四次会议通过)第7条、第8条、第22条的相关规定。

但取得时该子女尚未成年。①

《浙江法院个人债务集中清理(类个人破产)工作指引(试行)》规定,管理人需重点审查:债务人配偶、父母、子女等近亲属名下资产与其收入是否匹配。

三、该公开与自然人格权保护的冲突

(一)人的关系的公开与人格权的冲突

目前的做法,要求债务人在破产程序中公开(1)配偶;(2)子女;(3)共同生活的近亲属;(4)依法承担抚养义务的未成年人和丧失劳动能力且无其他生活来源的成年近亲属;(5)财产管理人;(6)以及其他利害关系人等。由此我们看到,债务人需要公开的近亲属:配偶、父母、子女、兄弟姐妹、祖父母、外祖父母、孙子女、外孙子女,就有八种关系之多。② 如此之多的自然人,为了其中一个自然人的个人破产程序展开,他们"应当配合人民法院、破产事务管理部门和管理人调查,协助管理人进行财产清查、接管和分配"。有的还要被通知"列席债权人会议并接受质询"。这与《中华人民共和国民法典》(以下简称《民法典》)对人格权保护的相关规定是否相符呢?《民法典》是以人格自由为最高原则的私法制度,对人的关怀是《民法典》的首要原则和终极的价值取向。③《民法典》被认为是"社会生活的百科全书",是民事领域法律规范的系统化、体系化的最高形式。个人破产法立法在涉及人格权保护方面,自然应与《中华人民共和国民法典》协调,贯彻其相关的立法精神。特别是隐私权和个人信息保护。

1.关于隐私权保护问题。在个人破产程序中要求公开上述多种关系,如果不加限定就会侵害债务人及相关关系人的隐私权。隐私是自然人的私生活安宁和不愿为他人知晓的私密空间、私密活动、私密信息。④ 特别是在债务人欠债特别多的情况下,被公开的这些关联人就有可能要面对人数多且诉求不一的债权

---

① 参见《深圳经济特区个人破产条例》(2020年8月26日深圳市第六届人民代表大会常务委员会第四十四次会议通过)第33条、第34条的相关规定。
② 《中华人民共和国民法典》第1045条第2款规定:"配偶、父母、子女、兄弟姐妹、祖父母、外祖父母、孙子女、外孙子女为近亲属。"
③ 参见最高人民法院民法典贯彻实施工作领导小组主编:《中华人民共和国民法典人格权编理解与适用》,人民法院出版社2020年版,第8页。
④ 《中华人民共和国民法典》第1032条第2款。

人。在这种情况下,这种关系显然是他们不愿公开的隐私。一旦公开,遭受非法跟踪、电话骚扰,甚至辱骂殴打等在生活中都有可能发生。他们的私人生活安定和宁静极有可能被打破。

2. 关于个人信息保护问题。在个人破产程序中要求公开上述多种关系,而自然人的姓名、出生日期、身份证件号码、住址、电话号码等,属于民法典保护的个人信息。① 同样会给相关公开的自然人的人格受到伤害。

(二)物的关系的公开与人格权的冲突

公开债务人配偶、未成年子女以及其他共同生活的近亲属名下的财产和财产权益。然而,《中华人民共和国民法典》婚姻家庭编,规定了夫妻财产约定制以及夫妻共同债务,成年子女法律上独立的人格等外,个人名下的财产和财产权益,大多也是属于"不愿为他人知晓的私密信息"且关系到"自然人的私人生活安宁"。因此,如果立法不作严格界定,过分的宽泛,在个人破产的具体案件中对当事人的人格侵害就存在可能的隐患。

从财产确权的角度来分析,确认财产所有权的归属,显然是一项国家行政权(颁发产权证书)或司法权(确认之诉),至少不能通过债权人会议质询的形式来达到目的,采用这种形式就有可能出现多数人的决议可以剥夺少数人财产的可能性。这在现代法治社会显然是不能被允许的。

四、立法上应如何协调知情权与人格权保护

对于与债务人相关人员的公开,其实质是为了破产财产的公开,更直接的表达,是为了最大限度地发现债务人的财产,避免逃废债,有利于对债权人的保护,进而提高清偿率,也有利于塑造诚信破产、公平破产。因此,关键是物不是人。立法明智的做法是赋予管理人调查权以及债权人知情监督权,以使更有手段、更精准地发现物,当然在赋予管理人调查权时也伴随保护隐私权的义务;同时,构建制度来防止任何个人恶意逃废债。

个人破产的案件的复杂性在于将诚实而不幸的债务人和滥用破产程序的人

---

① 《中华人民共和国民法典》第 1034 条第 2 款。

区分开。破产法规定的程序再次使债权人确信债务人没有其他资产,也没有隐匿任何资产。① 然而,数百年来,决策者都表示对债务人利用破产制度以不正当的方式获得巨大利益,以欺诈手段逃避合法债务的深深担忧。债务人可能通过各种方式隐瞒欺诈,包括谎称自己的财务状况,或隐匿财产或收入。② 然而,过分强调债务人欺诈的风险,代之以在个人破产程序中要求公开上述多种关系,并且要求其列席债权人会议并接受质询,不仅有侵犯相关人隐私权的嫌疑,还有损人的尊严的制度设计。试想,在这种债权人会议上,或遇有情绪过激的债权人,以不理智的指责谩骂甚至侮辱的口气来"质询",其近亲属情何以堪,何况有的近亲属与债务人破产没有关联,也可能与债务人的财产没有联系。这种给债务人近亲属带来耻辱感的制度设计是值得反思的,在实务中也是不宜提倡的,且不符合《民法典》"自然人的人身自由、人格尊严受法律保护"的规定。

那么,立法上应如何协调知情权与人格权保护,笔者认为:

1. 赋予管理人调查权。破产财产状况的查明处置是破产财产公平分配的基础,而后的余债免除和债务人重生,都是以此为基础的。只有使债权人确信债务人没有其他资产,也没有隐匿任何资产,确信在一定的期限内债务人再无法偿还债务,债权人对债务人余债豁免才是不得已又真心自愿的。因此,个人破产法的立法应当赋予管理人充分的调查权,让管理人有职责、有义务、尽力查明收集债务人的财产,债权人共同监督协助管理人履职。这样,才能在民众中确立破产机制所应有的公信力。

2. 债务人的诚信破产。债务人有义务如实申报并配合管理人接受和查明财产,不如实申报财产并配合管理人接受和查明财产的法律后果,欺诈破产的法律后果,立法应予明确。

3. 自由财产制度的建立。为了保护债务人基本的生存权和发展权,立法应当明确由债务人保留而不得用于分配清偿的财产。以体现一种人文关怀和人文精神。

4. 基于上述的立法安排体现人格保护,我国的个人破产立法应采用混合免

---

① 参见[美]道格拉斯·G.贝尔德(DouglasG·Baird):《美国破产精要》(第6版),徐阳光、武诗敏译,法律出版社2020年版,(中文版序言)第34页。
② 参见自然人破产处理工作小组起草:《世界银行自然人破产问题处理报告》,殷慧芬、张达译,中国政法大学出版社2016年版,第52页。

责主义。在债务人清偿达到一定的比例(如60%以上),或者破产确因遭遇不幸,经债权人全体同意的,可以获得免责;债权人不同意的,经过3~5年,没有欺诈和其他不当行为的,则自动免责。

创设个人破产数字化监管机制的构想
——以破产债务人考察期价值回归展开

翟玲娜*

一、实践反思：地方个人破产司法实践的监管问题

2019年2月，最高人民法院将"研究推动建立个人破产制度及相关配套机制"纳入五年改革纲要。同年7月，国家发展和改革委员会、最高人民法院等13个部门发文，提出要逐步推进建立自然人符合条件的消费负债依法合理免责，并最终建立全面的个人破产制度。

（一）我国个人破产地方实践典型样本

各地对个人破产进行了积极探索，如浙江省台州市、温州市以债务集中清理为名，广东省深圳市直接表述为破产。

1. 台州实践

《台州法院个人债务清理审判报告暨典型案例》[①]指出，审理难点之一是缺乏信用约束机制，事后监管困难。

---

* 浙江省临海市人民法院民三庭庭长、一级法官。
① 该报告由浙江省台州中院发布于2021年3月，为全国首份个人债务清理审判报告。

个人债务清理程序终结后,法院向其送达行为保全令,在4~6年内对其进行约束和监督。但如何监督,由谁监督,以及违反禁令所应承担的法律责任等,都是难题。当前,通常由债务人主动申报财产,或核查债权人提供的线索,缺乏主动监督积极性与可适用的流程机制。

2. 温州实践

温州市建立公职管理人制度。公职管理人由司法行政机关公职人员担任,原则上不收取报酬,在个人债务集中清理程序中未受清偿的部分,从破产援助资金支出,该方式较好地降低了个人破产程序经济成本,也可借助行政力量加强对清理方案后期执行、债务人行为等方面的监督力度①。但存在监管盲点,如无法对接金融机构数据平台。

3. 深圳实践

深圳市建立深圳市破产事务管理署。初运行阶段,260人申请破产,仅8宗立案审查。申请中大量存在申报不全、怠于申报,甚至未如实申报的情况。② 考察期内,债务人应当每月在破产信息系统登记申报个人收入、支出和财产状况等。管理人负责监督、审核,并按破产财产分配方案对新增破产财产进行接管分配。破产事务管理部门对债务人的收入、支出、财产等的变动情况以及管理人履行职责行为进行检查监督,并依法公开。但如何检查监督尚存难点。

梳理发现,债务人免责后均规定考察期限,能有效防止虚假破产、转移资产、恶意逃债等行为,但实践中也易出现监管程序空置。

(二)个人破产监管空置的矛盾成因

1. 监管成本高 VS 管理人报酬低

免责考察期会带来高昂的行政管理和法律服务成本。③ 当前免责考察期为1~8年不等,管理人需接收债务人报告,受让收入,变卖财产,进行分配,监督债务人行为,对有可能不予免责的情形及时启动调查。除去程序成本,管理人也有

---

① 参见温州市中级人民法院课题组:《个人债务集中清理制度及温州实践——以温州市个人债务集中清理制度为视角》,载《第十一届破产法论坛论文集》(第四册),第131页。

② 参见刘友婷:《深圳个人破产条例实施,优先受理创业者申请》,载《工人日报》2021年5月27日,第7版。

③ 参见蔡嘉炜:《个人破产立法与民营企业发展:价值与限度》,载《中国政法大学学报》2019年第4期。

权获取报酬。几乎没有债务人在满足家庭基本需求和支付破产管理成本之后,还有足够的余额对债权人进行实质性清偿。[①] 因此,个人破产管理人费用几乎都是从政府专项资金中列支,如浙江省台州市5000~10,000元/件,尚难以支撑监管期工作成本。

2. 全方位监管 VS 信息披露割裂

对破产债务人在监管期行为应实现全方位监管,但"信息孤岛"仍然存在,加之个人隐私等因素形成不兼容"隐私保护区"。如通过法院可以对接金融系统查控,但难以抓取股票证券、第三方平台等财产信息,无法达到全面、实时、有效的动态监管,弱化了管理人职能与公信力。

3. 长效动态监管 VS 监管主体职责不清

管理人应当实现长效动态监管。但当前监管行为往往处于无力、无序、偶发状态,更多取决于管理人自身监管意愿的强弱,缺乏科学有效的监管体系、实施细则与规范指引。对怠于履职管理人缺乏有效监督,导致破产人在监管期的行为放任或者被放任。

4. 破产人重生追求 VS 破产人意愿消极

个人破产制度的立法目的,并非基于特定债权人和债务人孤立的收益,而是基于更广泛的社会收益。[②] 豁免债务人部分或全部债务,目的是让其重新创造社会经济价值。但考察期内创造的价值除去基本生活保障外,优先偿还债务,债务人无法享有更多价值成果,部分债务人企图平稳挨过考察期,以换取考察期后的自由,而在考察期内怠于创造社会经济价值。

二、路径构建:个人破产数字化监管机制的方案设计

创设个人破产数字化监管机制,首先,可以应对数以万计债务人进入破产程序的制度希求。据中国执行信息公开网查询,截至2025年2月17日,公布中的失信被执行人8,486,956人。一旦上述被执行人进入个人破产程序,会出现"井

[①] 参见自然人破产处理工作小组:《世界银行自然人破产问题处理报告》,殷慧芬、张达译,中国政法大学出版社2016年版,第142页。

[②] 参见自然人破产处理工作小组:《世界银行自然人破产问题处理报告》,殷慧芬、张达译,中国政法大学出版社2016年版,第31页。

喷"式监管压力。其次，实现了债务人全方位监管的客观需求。只有对留痕数据进行合理收集和分析，才能对个体开展高效且针对性强的监管与服务工作。同时，能提高监管体系效用的价值追求，妥善解决监管程序空置。

（一）创设个人破产数字化监管机制的可行性分析

1. 契合全域数字化转型节点

《中华人民共和国国民经济和社会发展第十四个五年规划和2035年远景目标纲要》指出，要建设数字中国。浙江省提出，全域数字化改革，并定义为借助数字化手段推动各领域各方面的全局性变革，探索构建全域覆盖、上下贯通的高水平整体智治体系，统筹运用数字化技术、数字化思维、数字化认知，把数字化、一体化、现代化贯穿全过程各方面，对省域治理的体制机制、组织架构、方式流程、手段工具进行全方位、系统性重塑的过程。基于此，个人破产数字化监管机制应运而生。

2. 融合大数据监管技术手段

麦肯锡全球数据分析研究所提出，"大数据是指大小超出了典型数据库软件工具收集、存储、管理和分析能力的数据集"，随着人工智能、区块链等技术的成熟，可以通过大数据获取更加精准真实的信息，并且在规模达到一定阈值后，数据会自动发生，从空间分布和时间延续结合的关联关系，能发现传统的因果关系思维不易发现的规律。[①] 这能够有效规避破产人通过自身、他人或隐蔽方式逃废债，而这是管理人纯粹人工监管所不能及的。

3. 符合信息公开透明对称标准

个人破产会对债权人造成一定的权益损害，必然需要债务人呈现出某种特定的属性作为价值补偿。这就要求个人破产债务人"诚实而不幸"，并且放弃一定私属权益，如财务等隐私状况公开化透明化。大数据的开放性恰恰能够实现信息对称，加大监管透明度，提高监管公信力。

（二）创设个人破产数字化监管机制的基本构架

1. 监管主体

无论是依职权适用还是依权利人申请，法院在个人破产程序中都处于核心

[①] 参见申孟宜、谷彬：《论大数据时代的政府监管》，载《中国市场》2014年第36期。

地位,承担着公正裁决、平衡双方利益的责任。因此,法院应当是大数据技术具体运用主体,大数据技术运用中的权利和义务由法院享有和承担。① 因此,建议在最高人民法院创设"个人破产数字化监管中心",隶属于最高人民法院破产审判业务庭,全面指导开展个人破产债务人监管工作,并在省级、市级设立分中心,统筹管辖辖区内相应事务,形成多层次立体结构。鉴于大数据处理的高度技术性和专业性特征,以及其非法律特性,中心可聘请或委托大数据信息处理公司作为大数据监管运行的技术支撑。

2. 监管平台

以现有法院查控平台为基础,借鉴最高人民法院设立的全国企业破产重整案件信息网模式,建立各数据平台端口对接,完善功能配置,迭代生成全国统一的"个人破产数字化监管中心"平台。开设法院承办法官、管理人、个人破产债务人、债权人端口,依职权设置开放不同权限,实施授权访问制。平台由最高人民法院破产审判业务庭负责,省级、市级分中心统筹,大数据信息处理公司具体运营。平台应当以"全方位智能化、全系统一体化、全业务协同化、全时空泛在化、全体系自主化"②为目标开展运行。同时,平台运行应当做好保密工作,并且在数据抓取过程中适用必要性原则,防止对个人隐私权的过度破坏。

3. 监管流程

建立闭环式智能监管流程。债务人作为个人破产申请人适用要素式填报方式,在破产申请同时,需要在个人破产数字化监管平台上对其自身及其家庭在该期间的财产收支等情况自填申报,具体参考《深圳经济特区个人破产条例》第33条③,并提请管理人审查。管理人对申报材料进行形式审查,对不完善部分退回债务人补充填报,经初步审查通过后提请承办法官核查。承办法官对债务人基本信息审查后,提请中心进行大数据检索。中心利用监管平台进行数据检索、比对、测评,确保债务人申报信息如实有效,于7日内生成首评测评报告,反馈给管理人。管理人依据首评测评报告作出是否受理意见书,并反馈给承办法官,由承办法官裁定是否受理个人破产案件。对于同意进入破产程序的,债务人被纳入平台进行实时监测,一旦在监管期内出现异常波动,随时自动生成异动测评报

---

① 参见李宁:《大数据技术在个人破产案件中的应用研究》,载《海南金融》2020年第4期。
② 参见《人民法院信息化建设五年发展规划(2021–2025)》(征求意见稿)。
③ 《深圳经济特区个人破产条例》第33条以列举式明确了十类需要申报的财产类型。

告,反馈给管理人。对违规债务人,由管理人提请法官视情延长考察期或者终止破产程序,恢复执行程序。监管期到期时,中心形成终结测评报告,向管理人反馈,由管理人提请承办法官裁决是否终结监管期并恢复征信,并将结果反馈债务人、债权人。所有流程节点均留痕并可追踪,平台中生成的书面报告等材料均可依权限查询。(见图1)

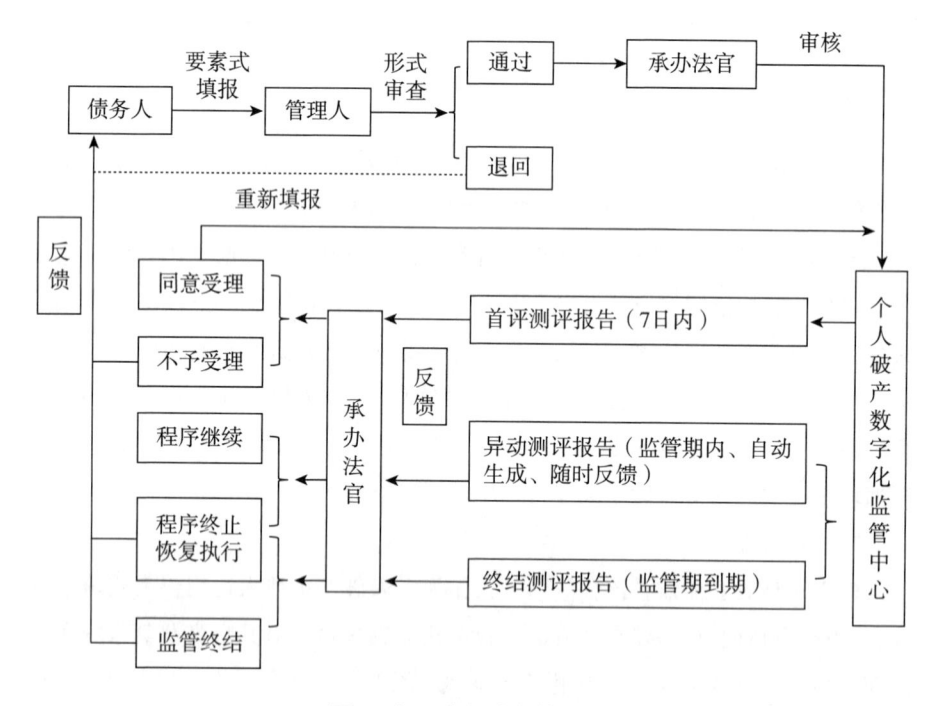

图1 闭环式智能监管流程

(三)创设个人破产数字化监管机制的配套供给

1.实现区域数据交互

(1)建立部门间、区域间的横向数据交互。个人破产财产中涉及本人及其配偶、未成年子女以及其他共同生活的近亲属名下的财产和财产权益,包括但不限于工资收入等现金类资产、股票等财产权益等,所涉及财产跨区域、跨部门,如金融机构、国土局、车辆管理所、市场监管等部门。各行政区划、政府部门应健全协作机制,建立监管联席会议制度,实现数据的动态共享和工作任务的流转配合,使各部门对个人破产债务人主体有一个综合、全面的动态掌握,促进协同作战,避免重复劳动。

(2)打通法院、政府、第三方交易平台间的数据通道。一是明确第三方交易主体履职义务,从法律层面明确主体报送经营数据的具体种类和政府收集各项数据的合法工具,并保护个人破产数字化监管中心实时、动态收集主体数据的权利,对不履行相关义务的主体要加大惩处力度,提高违法成本。二是运用好区块链技术,在收集第三方交易主体数据同时,提高个人破产数字化监管中心数据保密手段,对工作人员查阅和使用相关数据严格设置权限,并做好监控,对工作人员泄露数据的行为按职务犯罪论处。三是建立数据泄露应急响应机制,一旦发现数据可能泄露,立即采取应急措施减少损失,消除影响。①

2. 推行第三方动态评估

(1)运用好数据相关性分析功能。大数据思维的核心就是分析和预测。因此,数据收集工具必须具有设计非常强大、可编程且人性化的分析功能,能够对已收集的各类数据的相关性进行分析。可以通过分析破产债务人的消费记录设置分级警示提醒等,并以此对个人破产监管期是否能顺利结束进行预设评测。

(2)建立科学评估机制。适用要素式填报方式,由债务人每半年对其自身及其家庭在该期间的财产收支情况,以及其在该期间所获得的工作机会等进行自填申报。个人破产数字化监管中心利用监管平台对数据进行检索、比对、测评,确保债务人申报的财产状况、工作机会等信息如实有效,以规避可能出现的怠工现象。

3. 形成标准化规范体系

个人破产债务人数字化动态监管有必要确定数据集成化的标准化规范体系,包含但不限于关键信息标准、预警提醒标准、可查询公告标准、上传登记信息标准等,在盘活现有数据的基础上,不断发现和吸收新的大数据资源,构建国家级标准化大数据库,提高整体体系运作成效。通过标准化的信息采集、动态记录、智能分析等,实现监管范围内的数据交互处理,并转化为对债务人点对点、点对面的动态监管体系,不断促成全社会、全方位、多层次的合理性监管。

---

① 参见山东潍坊大数据产业发展有限公司:《网络市场大数据监管与服务机制探索》,载微信公众号"山东潍坊大数据产业发展有限公司"2018年9月18日,https://mp.weixin.qq.com/s/aLrUrDQYC9re5Q21pYwKQw。

传统破产习惯的嵌入与破产法律修订[*]

于语和[**]　宋　宁[***]　王申萌[****]

破产,是指债务人资不抵债、不能清偿其到期债务的一种客观经营状态。破产法律是针对破产这一客观经营状态所采取的法律政策,主要涉及债权债务的公平清偿、财产的估价变卖及分配等事宜。[①] 我国古代虽无"破产"一词,亦无近现代意义上的破产理念,但"资不抵债"是伴随商品经济出现而必然产生的一种经济现象。古代社会的破产与近代资本主义的破产、现代市场经济体制下的破产之间的巨大区别,并不能成为否定我国古代存在破产现象的理由。

将法律意义上的破产概念传入中国,最早可以追溯到 19 世纪初,英国来华传教士马礼逊在其出版的《字典》(A Dictionary of the Chinese Language)中将 bankruptcy 这一现今翻译为"破产"的单词译作"倒行"。[②] 1880 年,

---

[*]　本文为国家社会科学基金项目"依法治国的中国传统法律文化溯源研究"(19BFX021)的阶段性成果。
[**]　南开大学法学院教授、博士生导师。
[***]　天津金展律师事务所主任、律师。
[****]　南开大学马克思主义学院博士研究生。
[①]　参见蔡晓荣:《从负债应偿到破产免责:破产债务清偿责任衍进的中国法律史叙事》,载《法学家》2013 年第 6 期。
[②]　参见王健:《沟通两个世界的法律意义》,中国政法大学出版社 2001 年版,第 53 页。

京师同文馆出版的《法国律例》在"凡例序"中指出,其所制定"贸易定律"包括"倒行、打账"等事,[1]这显然关涉破产制度,也即1880年时,破产法制已开始传入。至1890年,黄遵宪出版《日本杂事云》,其中有"明治七年小野组既破产"之语,这被视为中国最早在现代意义上使用"破产"一词。

当下,《中华人民共和国企业破产法》(以下简称《企业破产法》)之修改正在如火如荼推进,对于破产法律体系之构建的讨论方兴未艾,然而,无论是理论研究还是实务讨论,都鲜见将破产习惯纳入破产立法的探讨。本文聚焦破产习惯,从分析传统破产习惯承传情况出发,在梳理近代破产法制衍进的基础上,反思现行破产法律中民间习惯的问题,以此为前提,明了破产习惯之于破产立法的地位,论述将破产习惯纳入破产法律的重要性与可行性。

一、传统破产习惯承传与近代破产法制建立

(一)传统破产习惯之承传

我国古代虽无"破产"一词,但有着与破产实质意义相近的"负债违契不偿"等表述。在长期的商业往来中,逐渐形成了包括破产习惯在内的一系列商业习惯。破产习惯,是指人们在长期处理破产事件的过程中自发形成的、为人们所共同遵守的行为规则。包括债权债务人合议破产债务、行商破产习惯在内的诸多破产习惯得到承传,被近代破产立法所吸收。在近代法律频繁更迭的间隙,破产习惯亦被直接作为断案依据来适用,如清末《破产律》废止后,因破产领域欠缺有效的制定法,北京大理院每次遇到破产类案件,只能在参照《破产律》和1915年《破产法草案》之法理的基础上,根据商业习惯处理案件。[2]

清末,在政府和绅商积极寻求互助合作途径的背景下,商会得到了快速发展,并作为裁断机构之一,在调处破产纠纷、理结破产案件中发挥了重要作用。1904年,清政府颁布《奏定商会简明章程》,确立了"保商振商"的原则,赋予了商会调处商事纠纷之权。1913年,北京政府司法部会同工商部颁行《商事公断处章程》,在商会之下设置了以息讼和解为主旨、仲裁商事争议的商事公断处。商会

---

[1] 参见王健:《沟通两个世界的法律意义》,中国政法大学出版社2001年版,第193~195页。
[2] 参见梅小璈、范忠信选编:《梅汝璈法学文集》,中国政法大学出版社2007年版,第223页。

裁断破产案件时，主要依据商事习惯或行业惯例，力求达致矛盾调和之效果。以天津商会调处成兴粮号破产案为例，1911 年，成兴粮号倒闭歇业，天津商会协商调处，帮助理清内外欠款，其中，一部分债务以产业折抵还清，另一部分债务折扣还清，剩余九家债权人同意维持成兴粮号继续营业，同时，成兴粮号更名为成兴号公记，交与这九家债权人暂管。根据 1913 年债务人与九家债权人共同拟订并呈请天津商会立案存查的《维持成兴号续行贸易规则》内容推断，自 1914 年后，在成兴号公记营业至清偿完毕期间，不再计算原有债权之利息。此种处理方式符合其时的破产习惯，即对于亏累倒闭之商家，多主张免除债权利息。[①] 商会采用商业惯例调处案件，一方面是因为商会评议员多来自商界，精通商事习惯，缺少法律知识；另一方面，使用习惯调处纠纷更加符合债权人与债务人的既往认知，便于案件的从速理结。

南京国民党政府《民事习惯调查报告录》中亦可见多处关于民间破产习惯的记载。对比其中记载的破产习惯与清末、民国破产法律，可知破产习惯在近代立法中的承传。此处试举两例：其一，天津有"期条"的习惯，当债务人短期内不能清偿债务时，可以与债权人约定期限，向债权人开具期条，待到达约定期限时再进行债权之主张、债务之履行。[②] 江宁县等地有"兴隆票"的习惯，当债务人破产时，往往经过亲友的调解，以出具兴隆票的形式代替涉讼法庭。具言之，当债务人不能如数清偿到期债务且债权人不愿折扣或免除债务时，责令债务人出具一张兴隆票，在其中注明，待将来有偿还能力之日，将所欠债务全部清偿。[③] 这既使债务人暂缓还债，解燃眉之急，又使债权人不丧失原有债权，保留了日后索债的权利，这一习惯于清朝、民国时期在江宁境内广为通行。这种做法推迟了债务履行期限，赋予了债权人更多的完成时间，为债务的履行提供了更多可能。1906 年《破产律》吸收这一习惯，设"清偿展限"专节，于第 63 条规定，"商家因市面紧迫一时周转不灵，或因放出之账暂难收回，致不能应期偿还债项者，准其据实呈报。

[①] 参见段宝玫：《民国时期破产规范在实践中的表达——以商会个案裁断为视角》，载《学术探索》2014 年第 5 期。

[②] 参见前南京国民政府司法行政部编：《民事习惯调查报告录》，胡旭晟、夏新华、李交发点校，中国政法大学出版社 2000 年版，第 430 页。

[③] 参见前南京国民政府司法行政部编：《民事习惯调查报告录》，胡旭晟、夏新华、李交发点校，中国政法大学出版社 2000 年版，第 506 页。

商会邀集各债主会议,酌予展限,或另筹办法免致倒闭,以尽维持之谊"。① 其二,保定各县称破产为"报股",称破产习惯为"报股规账",即当债务人的资产不足以清偿其负债总数时,由多数债权人评估其财产,将变卖债务人财产得来的价款以平均分配的形式分给诸位债权人。② 广德县的债务人破产偿债时,需要召集诸位债权人共同斟酌、评估其债务及财产,用债务总数除以财产总数,之后按比例摊还,抵押权人及质权人也不享有优先受偿权,③这种召集债权人共同商议债务处理的方式赋予了债权人深入参与破产债务人财产核算的权利,争取债权人债权的利益最大化。与之相似,湖北多地也重视通过使债权人参与债务人财产管理及清算的途径保护债权,其称破产为"摊账",请求人、财产管理及清算多有不同。此处以汉阳等6个县破产习惯为例。④ 就摊账之请求而言,竹溪、麻城、五峰、兴山4个县系由债务人邀请各债权人到场,尽产摊还,摊账请求权不专属于债权人;汉阳县由各债权人向债务人发起摊还要求;郧县需要由债务人自行邀请诸位债权人到场,财产的摊派也需要由债权人自行向债务人提起摊还要求,即债权人和债务人均需自行发起摊派,成为摊账之请求人。至于财产的管理及清算问题,在摊账手续中,郧县、汉阳的习惯为由债务人自己管理财产、自主进行清算;五峰、兴山的习惯为债务人自己管理财产,但不由债务人自主进行清算,五峰系由债务人自行邀请诸位债权人共同清算,兴山系由第三方作为中证人从中进行清算;竹溪的习惯为将财产交诸位债权人共同管理,财产清算由诸位债权人及债务人共同核算;麻城系债务人自请摊账之后,财产及清算均请求官厅委托第三方进行。⑤ 就笔者所检获的材料所见,各地破产习惯中多数由债权人与债务人合议完成处理破产事务的手续。这一处理方式被近代破产立法所吸收。1906年,《破产律》设"债主会议"专节,第17条规定:"凡宣告破产后,由地方官出示谕,

---

① 参见李曙光、葛明、李琪:《中国企业破产与重组》,人民日报出版社1996年版,第193页。
② 参见前南京国民政府司法行政部编:《民事习惯调查报告录》,胡旭晟、夏新华、李交发点校,中国政法大学出版社2000年版,第431页。
③ 参见前南京国民政府司法行政部编:《民事习惯调查报告录》,胡旭晟、夏新华、李交发点校,中国政法大学出版社2000年版,第546页。
④ 就《民事习惯调查报告录》所载"湖北省关于债权习惯之报告"专章,先后在"汉阳、五峰、竹溪、兴山、麻城、郧县六县习惯""通山、广济、巴东、潜江、竹山、谷城六县习惯"中提及"摊账"行为,此处仅以汉阳、五峰、竹溪、兴山、麻城、郧县六县为例。
⑤ 参见前南京国民政府司法行政部编:《民事习惯调查报告录》,胡旭晟、夏新华、李交发点校,中国政法大学出版社2000年版,第646~647页。

令各债主开明所欠本息清单并所执字据送交商会核办。宜视债主路途远近,酌定期限。商会应将以上情节,登报布告。"①设"处分财产"专节,第42条规定:"董事及各债主查明财产者实系情出无奈,并无寄顿藏匿等弊,应将现存财产货物,公估变卖得价,并追清人欠之款,通盘核算,定出平均成数,摊还各债主收回,即各具领状二纸,分送地方官及商会存案。"②1935年《破产法》亦于第116至126条设"债权人会议"专节加以详尽规定。③

此外,部分不适应社会发展的破产习惯在立法进程中被弃之不用。清末五口通商后,商人不能清偿债务之事频有发生。由于没有可供依据的成文破产法规,每逢商人不能清偿债务,商人群体之间便不得不按照法律以外的协议方式进行处理,地方行政及司法官员也常按照破产习惯去裁判或调解,当地的警官和商会也会依照习惯从中协助处理。④由于多数商人在业务失败、意识到难以偿还债务后会设法潜逃,甚至携卷现款及容易变卖的票据离去,因此,债务人之财产清偿实际上多数由各商会代为负责清理。⑤在债务人潜逃之后,债权人只能在警察监督之下,在债务人已关闭的店门上张贴其欠款单帖,并组织包括夹杂毁损债务人名誉的语句的种种宣传,但这种道德制裁收效甚微。⑥另外,多地有父亲不能清偿债务时由儿子替父还债的习惯。例如,连城有习俗为,当父亲欠债而自己无力清偿时,不管父亲因何原因欠债,其子都应当替父亲清偿债务;即使父亲尚在世,债权人也可直接向其子追讨欠款。⑦诸如张贴毁损债务人名誉语句的欠款单帖、父债子还等习惯在立法中渐被淘汰。

(二)近代破产法制之建立

将破产纳入立法体系,最晚可以追溯至唐代。《唐律疏议·杂律》中规制了

---

① 李曙光、葛明、李琪:《中国企业破产与重组》,人民日报出版社1996年版,第188页。
② 李曙光、葛明、李琪:《中国企业破产与重组》,人民日报出版社1996年版,第191页。
③ 参见李曙光、葛明、李琪:《中国企业破产与重组》,人民日报出版社1996年版,第213~215页。
④ 参见梅小璈、范忠信选编:《梅汝璈法学文集》,中国政法大学出版社2007年版,第222页。
⑤ 参见梅小璈、范忠信选编:《梅汝璈法学文集》,中国政法大学出版社2007年版,第222页。
⑥ 参见梅小璈、范忠信选编:《梅汝璈法学文集》,中国政法大学出版社2007年版,第222页。
⑦ 参见前南京国民政府司法行政部编:《民事习惯调查报告录》,胡旭晟、夏新华、李交发点校,中国政法大学出版社2000年版,第629页。

负债违契不偿、负债强牵财物、以良人为奴婢质债这三种借贷违契类犯罪,①破产问题正式进入国家法规制的范围。明清律大多沿用唐律之规定,对负债不偿行为实行以刑逼债、役身折酬。伴随历代法律体系的完善,针对破产现象的法律调整日渐缜密。但这终究与近代意义上的破产仍有不同,并不能作为我国古代已产生破产制度之证明。②

清末五口通商后,中外贸易日益频繁,商业竞争愈演愈烈。因无成文的破产法规,每逢商人不能清偿债务,便需商人团体协议处理,或由地方官吏强制执行。1903 年,商部成立后,开始编订《破产律》,至 1906 年正式颁布,这是中国历史上第一部专门的破产法律。《破产律》共含 9 节,分述呈报破产、选举董事、债主会议、清算账目、处分财产、有心倒骗、清偿展期、呈报销案、附则之内容,涵盖了破产具体执行之要点,然而成效不佳。历任北京政府和南京国民党政府司法部顾问的法籍学者爱斯嘉拉曾盛赞《破产律》,称其在吸收欧美法律观念的同时,做到了"不离中国之固有习惯,尤以其能保持地方商会之宝贵任务为最著"。③ 然而,此律第 40 条"归偿成数,各债主一律办理"之规定与先例不合,滋生了商部反对、钱商支持的意见纠纷,终被光绪帝明文废止。但之后,其法理仍被大理院援用来裁判破产案件。④

《破产律》废止后,修订法律馆调查员、日本学者松冈义正草拟了《破产法草案》360 条,共 3 编,但未经修订法律馆审定。1915 年,法律编查会在此草案的基础之上删订修成《破产法草案》337 条,分为实体法、程序法、罚则法三编。相较《破产律》,其进步性主要在于对章节体例进行实体与程序的明确划分,并将适用对象由商人扩大至一般债务人。该草案于 1926 年经司法部统令各级法院参酌援用,但移植性强,未充分考虑本土习惯。以经大理院采用其法理著为判例的寥

---

① 《唐律疏议·杂律》第 398 条规定:"诸负债违契不偿,一疋以上,违二十日笞二十,二十日加一等,罪止杖六十;三十疋,加二等;百疋,又加三等。各令备偿。"第 399 条规定:"诸负债不告官司,而强牵财物,过本契者,坐赃论。"第 400 条规定:"诸妄以良人为奴婢,用质债者,各减自相卖罪三等;知情而取者,又减一等。仍计庸以当债直。"参见(唐)长孙无忌等撰:《唐律疏议》,刘俊文点校,中华书局出版社 1983 年版,第 485~486 页。
② 参见梅小璈、范忠信选编:《梅汝璈法学文集》,中国政法大学出版社 2007 年版,第 222 页。
③ 爱斯嘉拉(Escarra):《对于破产法草案意见书》,司法行政部印,第 3 页。转引自梅小璈、范忠信选编:《梅汝璈法学文集》,中国政法大学出版社 2007 年版,第 222 页。
④ 参见谢振民编著:《中华民国立法史》,张知本校,中国政法大学出版社 1999 年版,第 838~840 页。

寥数量来看,该法在实践中适用程度不高。①

南京国民党政府成立后,由于各级法院裁判破产案件困难,1934 年,司法行政部编订《破产法草案》333 条,但因过量移植西方立法(爱斯嘉拉)、赋予法院既定的清算人有讯问个人隐私的权利导致有侵犯家庭秘密之嫌疑(宝道)、内容杂乱之程度与 1915 年《破产法草案》相似(梅汝璈)、既未吸收各国通行的和解制度又未酌量采纳中国传统的商业习惯和中国近 20 年大理院及最高法院判例中所阐明的法理(谢振民)等因,广受诟病。② 同年 8 月,行政院修正通过《商人债务清理暂行条例》62 条,内容疏简,适用范围有限,仅作为无法可依情况下的权宜之计,起着应急性的过渡作用。

1933 年,立法院下令民法起草委员会起草《破产法》,该会委员傅秉常等商定起草程序,搜集英国、法国、美国、德国等国的破产法以及我国原有的《破产律》《破产法草案》,兼顾法律移植与本土习惯,广泛征询意见,确定立法原则,历时 3 个月,完成初稿 160 条,分四章十节。初稿分别呈送至司法院、司法行政部、各级法院、各省市商会、各地律师公会、各大学法学院及顾问,并在报纸上披露,公开征求修改意见。傅秉常等详慎研究各方意见、报纸评论,增删修订初稿,形成《破产法草案》159 条。同年 6 月 1 日,立法院于第四届第二十二次会议讨论该草案,修正 19 条,其余部分均照案通过。7 月 17 日,南京国民党政府公布《破产法》,全文共分总则、和解、破产、罚则四章。立法院通过《破产法》后,傅秉常等修订了司法行政部拟具的《破产法施行法草案》10 条,提经立法院通过,呈由南京国民党政府于 7 月 18 日公布,主要规定了《破产法》施行前不能清偿债务之事件,已经由法院或商会开始处理的,不失去其效力。③

《破产法》自 1935 年 10 月正式实施,仅适用了 10 余年便宣告终结。从清末修律,至南京国民党政府时期,我国创制了以"六法体系"为代表的近代化法律体系。在文本至上的法律移植风气之下,立法缺乏西方法律文化背景的土壤,又删弃了本土传统文化的支撑,导致法律与社会之间总体上呈现严重的脱节。④ 1949

---

① 参见谢振民编著:《中华民国立法史》,张知本校,中国政法大学出版社 1999 年版,第 840 页。
② 参见陈夏红:《近代中国的破产法制及其命运》,载《政法论坛》2010 年第 2 期。
③ 参见谢振民编著:《中华民国立法史》,张知本校,中国政法大学出版社 1999 年版,第 843~851 页。
④ 参见张仁善:《近代中国法律的多维观察》,法律出版社 2023 年版,第 23~33 页。

年2月,中共中央发布《关于废除国民党六法全书与确定解放区司法原则的指示》,明确宣布将国民党政权制定的包括破产法在内的所有法律全部废除。

二、现行破产法律中民间习惯的缺失

习惯是人们长期的生产生活经验的总结,可被视为社会发展的纽带。社会的发展无法与过去的历史完全割裂,亦无法摆脱民间习惯这一纽带。诸多法律规则根植于习惯,从习惯中汲取营养。各国法典大多注重对本土习惯的吸纳,如《德国民法典》保留了大量习惯,并在司法实践建立了习惯法的形成模式;《瑞士民法典》确立了习惯法的法源地位,在一定程度上赋予了法官运用习惯法进行裁判的自由裁量权;《日本民法典》在家庭法、物权法等领域吸纳了本国既往做法,保持了本土性。[1]

我国清末民初进行了两次全国范围的、规模巨大、组织严密的民事习惯调查活动。清末,法律人士已经意识到习惯之于立法的重要性,时任大理院正卿的张仁黼在奏折中指出:"凡民法商法修订之始,皆当广为调查各省民情风俗所习为故常,而于法律不相违悖,且为法律所许者,即前条所谓不成文法,用为根据,加以制裁,而后能便民。"[2]将符合法意的民情风俗习惯视为不成文法,将调查民事习惯视为民商事法律编纂、修订之要义。沈家本也曾言:"夫必熟审乎政教风俗之故,而又能通乎法理之原,虚其心,达其聪,损益而会通焉,庶不为悖且愚乎。"[3]1907年,清廷颁布《令各省设立调查局各院设立统计处谕》,启动民商事习惯调查。此次调查的规模与收获甚于民国调查之上,但启动不久,便因清廷灭亡、政局动荡而中断。1917年,经奉天省高等审判厅厅长沈家彝呈请,北洋政府司法部批准该省创设民商事习惯调查会,并于1918年通令全国各省效仿奉天设立民商事习惯调查会,全面铺开民商事习惯调查事务,其后,又在报告书式、组织机构、调查人员、运作规程等方面详加规制。调查运动广泛开展,席卷全国,所获资料卷帙浩繁,经整理,先后形成《中国民事习惯大全》《民商事习惯调查录》《民商事

---

[1] 参见王利明:《论习惯作为民法渊源》,载《法学杂志》2016年第11期。
[2] 《大理院正卿张仁黼奏修订法律请派大臣会订折》,载故宫博物院明清档案部编:《清末筹备立宪档案史料》,中华书局1979年版,第836页。
[3] 沈家本:《寄簃文存》,商务印书馆2015年版,第206页。

习惯调查报告录》等,以供立法准备和司法执法参考。① 其中,记载的破产习惯仍可为当下的破产立法提供借鉴。以债权人之债权保护问题的立法为例,保定有"豆债履行钱债"的习惯,当债务人不能如期清偿钱债时,便按照约定以黑豆补偿。② 与之相似,多地在债权成立之时,进行了抵押或担保,作为债务人到期无力偿还时的托底行为。以洮南地区的习惯为例,洮南的民间债务多为指地借款,当债务人不按期支付利息或到期不能清偿借款,便将所指之土地转移至债权人占有;也有的以商号图书担保债务,或以不动产物权作担保偿还,当债务人到期不能偿还,前者,债权人依约向图书担保人请求代偿,后者,将不动产变卖抵押或交由债权人使用、收益。③ 这种抵押性质的指地借款、指房借钱、钱迟畜飞等习惯备受地方官员推崇,④其中的无力偿还到期债务本质上是指债务人已处于破产状态。在债权成立之时辅以抵押或担保,可以在债务人破产时充分保护债权人的债权。

回顾新中国成立以来的既往立法,早在 1950 年,《中华人民共和国婚姻法》(已失效)第 5 条便以制定法的形式确定了婚姻习惯的法源地位,规定"其他五代内的旁系血亲间禁止结婚的问题,从习惯"。同年颁布的《中华人民共和国土地改革法》在分述不同类型的特殊土地问题改革规定时,3 次提及按照"原有习惯"进行管理。1954 年,《中华人民共和国宪法》第 3 条特别强调,"各民族都有使用和发展自己的语言文字的自由,都有保持或者改革自己的风俗习惯的自由"。聚焦于民事立法,2020 年通过的《中华人民共和国民法典》(以下简称《民法典》)中,先后 19 次提及"习惯",其中,总则部分第 10 条规定"处理民事纠纷,应当依照法律;法律没有规定的,可以适用习惯,但是不得违背公序良俗。"正式确认了习惯的法源地位,为习惯在民事纠纷处理中的运用提供了基本的法律依据。

---

① 参见胡旭晟:《20 世纪前期中国之民商事习惯调查及其意义》,载《湘潭大学学报(哲学社会科学版)》1999 年第 2 期。

② 参见前南京国民政府司法行政部编:《民事习惯调查报告录》,胡旭晟、夏新华、李交发点校,中国政法大学出版社 2000 年版,第 432 页。

③ 参见前南京国民政府司法行政部编:《民事习惯调查报告录》,胡旭晟、夏新华、李交发点校,中国政法大学出版社 2000 年版,第 440 页。

④ 开封县有指房借钱的习惯,地方官员认为:"此项习惯乃巩固债权之唯一方法,即债务者偶有狡执,既有借约,又有房契,法庭可省无数困难,债权人亦可免意外损失,此社会进化之明验也。"参见前南京国民政府司法行政部编:《民事习惯调查报告录》,胡旭晟、夏新华、李交发点校,中国政法大学出版社 2000 年版,第 455 页。

聚焦我国破产立法的历史来看,1906年,《破产律》实现了将国外破产法律与本土破产习惯相结合的率先尝试;1915年《破产法草案》及1934年《破产法草案》过于西化,忽略我国传统破产习惯,广受诟病;1935年《破产法》兼顾法律移植与本土习惯,广泛征求各方意见,条文相对完善,该法的颁布标志着我国破产法制已基本实现近代化。新中国成立后,出于社会政策等因素之考虑,我国并未立即制定破产法律,而是依靠行政手段处理企业的破产问题。改革开放后,破产法律实现了从无到有的飞跃性进展。1986年12月,全国人大常委会通过了适用于全民所有制企业的《企业破产法(试行)》,这是新中国成立以来的第一部破产性质的立法,涵盖了破产申请的提出和受理、债权人会议、和解和整顿、破产宣告和破产清算等方面内容。1991年4月,全国人大修订通过《中华人民共和国民事诉讼法》,设第十九章专章规定"企业法人破产还债程序"。2006年8月,全国人大常委会通过了规范企业破产的《企业破产法》,这是新中国成立以来正式颁布的第一部破产法,于1994年启动立法进程,于2007年6月正式施行,以"不能清偿到期债务,并且资产不足以清偿全部债务或者明显缺乏清偿能力的"的企业法人为调整对象,涵盖了申请和受理、管理人、债务人财产、破产费用和共益债务、债权申报、债权人会议、重整、和解、破产清算、法律责任等内容,相比1986年通过的《企业破产法(试行)》有了很大进步,但其适用主体仅为企业法人,不包括其他商主体及自然人。

毋庸讳言,现有破产法律在个人破产制度、简易破产程序等方面存在制度供给不足。2021年4月,十三届全国人大常委会将修改《企业破产法》列入立法规划。2023年9月,经全国人大财经委提请,十四届全国人大常委会将修改《企业破产法》列入立法规划中的第一类项目,即"条件比较成熟、任期内拟提请审议的法律草案(79件)"。

《企业破产法》之修改正在如火如荼推进,对于破产法律体系之构建的讨论方兴未艾,但无论是理论研究还是实务讨论,都鲜见将破产习惯纳入破产立法进行探讨。破产法律直接规范着市场经济和民间生活,应当体现实践性和本土性,在修改《企业破产法》、构建破产法律体系时,需注重对本土法治资源中民间民事习惯的吸纳。

"制定法必须为或易于为人们所接受。否则的话,行为人就可能采取交易费用更低的方式(包括法律规避)来解决纠纷。"①近代破产法律习惯并非已然远逝。破产法律想要为人们所接受,就必须与人们的生活实际接轨,在移植西方立法经验的同时,更充分考虑本土传统商业习惯在现代破产法律体系的制度设计中的延伸与衔接。现行《企业破产法》对民间习惯的吸纳存在不足。

其一,尚未确立习惯在破产法律中的法源地位,导致在司法与执法实践中缺少适用习惯的法律依据。法律渊源具有多元性,国家制定法的调整范围不能完全满足纷繁复杂的社会生活与利益关系的需要,对社会秩序的调整需由民间习惯共同构筑。"而习惯与习惯法也存在着区别。法源于习惯,又超越习惯,是对法律的有效补充。"②习惯通常仅在熟人社会内部具有约束力。对习惯施加外在的强制性实施机制,赋予法律效力,使之上升为国家意志,成为明文的制定法规范,即为习惯法。由于我国现行破产法律未将民间习惯纳入法源,这便从源头上阻碍了司法、执法环节对民间习惯的适用。在立法中明确破产习惯的法律效力和法源地位,是适用破产习惯的基础。

其二,对各地破产习惯的摸底性调查不够。③ 从某种意义上讲,"习惯法"是"社会"的代名词,发现或重新发现"习惯法"是一种认识"真正的中国"的法学形式。而在立法、司法和移风易俗工作中适用破产习惯,前提是开展破产习惯调查,梳理、汇总各地破产习惯。开展破产习惯调查,可以为立法提供借鉴,使制定法与民情风俗相契合,1906 年《破产律》和 1935 年《破产法》中便有诸多条文直接源于破产习惯。便于为司法提供借鉴,1917 年沈家彝呈请民商事习惯调查之初衷便是使司法者、执法者知晓当地习惯,1923 年编纂完成的《中国民事习惯大全》亦在凡例部分指出该书可供办案时参考适用,"设遇民事上发生纠葛,若不明悉当地习惯,则办案之法官、律师或行政官无可依据。是本书兼备司法官、行政官、律师参考之用"。④

其三,《企业破产法》虽然规定了和解制度,但立法重心在破产清算,导致立法上出现了"重破产清算""轻重整和司法和解"的现象。1935 年《破产法》立法

---

① 苏力:《法治及其本土资源》,北京大学出版社 2015 年版,第 100 页。
② 于语和主编:《民间法》,复旦大学出版社 2008 年版,第 24 页。
③ 参见马建红:《清末民初民事习惯调查的勃兴与民间规范的式微》,载《政法论坛》2015 年第 2 期。
④ 施沛生:《中国民事习惯大全》,上海书店出版社 2002 年版,凡例部分。标点系笔者所加。

之时,特意将调协制度规定在内,并强调我国国民对破产之认知有别于欧洲各国。"我国社会习惯,崇尚和平,对于债务人不能清偿债务而非出于恶意者,类能宽恕矜怜,不为已甚,与欧洲各国视破产为犯罪者不同";[1]债务人经济窘迫,"即至无法了结之时,亦必请人排解,请求债权人为相当之让步,而以对簿公庭为可羞,与欧洲各国视破产为常事者亦颇异趣"。[2] 实践中也多以"清理"作为"破产"一词的替代性表述,如1934年《商人债务清理暂行条例》便基于商业习惯使用了"清理"一词。时至今日,我国虽已建立社会主义市场经济体系和较为成熟的司法体系,但民众对和谐、中庸等状态的向往并未发生太大改变。作为多元化纠纷解决机制的重要途径,破产和解未受到足够的重视。

三、破产习惯纳入破产法律之必要性和可行性

(一)破产习惯纳入破产法律之必要性

破产习惯与破产法律在调整方式、调整目标等方面具有高度的一致性,但在强制力、公信力等方面存在区别。就强制力而言,破产习惯不具备破产法律所具备的强制力,破产法律之贯彻有国家机器的保障,破产习惯之遵守仅在于社会舆论的规范和人们内心的确信。然而,"真正能得到有效贯彻执行的法律,往往是那些与通行的习惯惯例相一致或相近的规定。一个只靠国家强制力才能贯彻下去的法律,即使理论上其再公正,也肯定会失败"。[3] 就公信力而言,由于破产习惯已植根于人们内心深处,其得以长期存在的根本原因是被人们长期信服,故其公信力未必亚于破产法律。换言之,习惯是人们在长期的生产生活实践中自发形成的、被反复适用的规范,这种产生方式和存在的长期性足以证明其旺盛的生命力,既然为人们所遵循便意味着其本身具备着一种隐形的约束力。破产习惯一经形成,便有其合理内核。制定和完善破产法律体系,不应全然忽略破产习惯。重视破产习惯,对推动破产立法至关重要。[4]

首先,破产习惯纳入破产法律顺应立法趋势。《民法典》在民商事法律的制

---

[1] 谢振民编著:《中华民国立法史》,张知本校,中国政法大学出版社1999年版,第846页。
[2] 谢振民编著:《中华民国立法史》,张知本校,中国政法大学出版社1999年版,第846页。
[3] 苏力:《法治及其本土资源》,北京大学出版社2015年版,第11页。
[4] 参见姜大伟:《论民事习惯在民事立法中的合理定位》,载《学术交流》2013年第1期。

定与修改中具有基础性的法律地位，破产法律体系的制度设计亦应遵守《民法典》的方向性指引。《民法典》第 10 条将习惯视为与法律具有同等效力的法律适用依据，规定"处理民事纠纷，应当依照法律；法律没有规定的，可以适用习惯，但是不得违背公序良俗"。笔者认为，破产纠纷应当属于《民法典》第 10 条中的"民事纠纷"，在处理法律没有规定的破产纠纷时，可以适用符合公序良俗的破产习惯。将符合公序良俗且行之有效的破产习惯写入破产法律，赋以法源层面上的认可，能有效提高破产习惯的地位，补充破产法律体系。此外，鉴于形势需求，由于涉及内容广泛，囊括破产清算、重整、和解等本体制度和失业救济、社会保障等配套制度，且兼具实体性与程序性、公法性与私法性、个人性与社会性等诸多要素与要求，破产法的法典化趋势必要且可行。[1] 为求将不同制度有效整合，需吸纳破产习惯，有效调整制度功能，辅助完成各种不同制度之间的协调，克服制度僵化，实现法律规范与民间习惯之间的融合。

其次，破产习惯纳入破产法律符合实践情况。目前，我国各地都存在处理破产问题的习惯，应当统一立法。跨地区之间经贸往来频繁，商事关系复杂，破产问题时有发生，各地破产习惯的差异性易导致法院审理的困难和判决的出入。根据存在区域，梳理不同地区的破产习惯，甄别取舍，吸收入法，纳入不同级别、不同适用范围的递进式法律规范，能够最大限度保证破产法律的详尽周全。相比国家层面的法律政策，民间的破产习惯更具稳定性。将本就存在的、人们习以为常的破产习惯纳入立法，方能受到人们源自法律信仰意义上的尊奉，提高破产法律的公信力，加快推进破产法律的制度设计。社会生活、司法实践纷繁复杂，将破产习惯纳入法源，能够使破产法律更加适应社会发展的需要，与时俱进。同时，各地处理破产事务的习惯性规范不同，应当确立一套适用规则，防止产生不便和误解，引发不必要的纠纷，这也降低了破产法律在司法、执法、普法等环节的实施成本，事半功倍，可以增强破产法律体系的适用实效。

最后，破产习惯纳入破产法律有利于中国特色破产法律制度的设计。破产法具备较强的社会效能和民族特色，故立法除要吸收比较法的经验，也要充分考虑我国的实际情况，厘清破产法所面临的制度环境，切实解决我国的实际问题。

---

[1] 参见 2023 年 5 月 27 日，赵万一在蓟门破产重组对话第二季第二期的报告，该期主题为《民法典视野下的中国破产法》。《[精华]蓟门破产重组对话：民法典视野下的中国破产法》，载微信公众号"破产法快讯"2023 年 6 月 7 日，https://mp.weixin.qq.com/s/PS4F-JdOMSYN08aEG7dhTA。

在进行具体的破产制度设计时,必须考虑我国的制度特色和特殊国情,如我国的国有企业、国有公司应当适用何种破产规定,同时考虑我国破产法作为最基本的市场经济法所应承担的社会使命,总而言之,应当全面考虑破产法律制度设计的科学性与合理性、制度本身的自洽性与制度适用的法律实效性、制度的稳定性和预留为政策进行制度转化之空间的开放性。建立中国特色破产法律制度,就必须考虑中国特色和民族特色,思考破产法制定的中国道路和中国方案。① 这就要求,必须深挖我国本土的法治资源,注重中国法律文化的传统和实际,②建立与中国式现代化相适应的破产法治。《企业破产法》第1条规定,该法的立法目的为"规范企业破产程序,公平清理债权债务,保护债权人和债务人的合法权益,维护社会主义市场经济秩序",而想要符合债权债务关系中的习惯,更好满足市场经济发展要求,就必须把以往的惯常做法即习惯引入破产法。

(二)破产习惯纳入破产法律之可行性

其一,在破产法律中确定破产习惯的法源地位。国家政策可能会随着经济、政治环境的变化而调整,而习惯因其产生具有长期性,具有相较制定法更为稳定的特性。赋予习惯以法律效力,无疑会中和法律的不稳定性。民事习惯的效力根据源于法律的承认或司法的确认。③ 目前将破产习惯纳入破产法律的思路宜粗不宜细,其原因是各地破产习惯不尽相同,难以确定某一破产习惯是否在全国范围内通行或可以推广至全国,应根据破产习惯效力所及的范围,将具有普适性特征的、适合纳入国家级立法的习惯写入法律,将地方性破产习惯写入地方性法规。参照《民法典》,可以在新修订的《企业破产法》中确立"法律没有规定的,可以适用习惯,但是不得违背公序良俗"的原则,既以原则性规定的方式确立破产习惯的法源地位,又限制习惯的适用顺序,即裁判时首先适用具体法律规则,在法律没有规定或规定不明确之时,再援引习惯,还应限制习惯的适用条件,必须以符合公序良俗为界。除一般性规定之外,视具体情况,在条文中区别规定习惯

---

① 参见2023年5月27日赵万一在蓟门破产重组对话第二季第二期的报告,该期主题为《民法典视野下的中国破产法》。《[精华]蓟门破产重组对话:民法典视野下的中国破产法》,载微信公众号"破产法快讯"2023年6月7日,https://mp.weixin.qq.com/s/PS4F-JdOMSYN08aEG7dhTA。

② 参见苏力:《法治及其本土资源》,北京大学出版社2015年版,第6页。

③ 参见王洪平、房绍坤:《民事习惯的动态法典化——民事习惯之司法导入机制研究》,载《法制与社会发展》2007年第1期。

与法律的适用位阶,对应当优先适用破产习惯的情形,充分肯定破产习惯的优先性。在高度关注何种破产习惯应纳入破产法律的同时,还应妥善处理破产习惯发生冲突时的问题。当两地的破产习惯发生冲突时,应如何选择破产习惯的适用,又如何合理平衡分属各地、适用不同破产习惯的多位债权人之间的利益关系,都应考虑在内。此外,效仿以司法解释确认民事习惯法律效力的前例,通过制定司法解释的方式,增删更替符合其时环境条件的破产习惯。

其二,组织全国性的破产习惯调查活动。我国国土幅员辽阔,习惯纷繁复杂,将所有的破产习惯全部纳入破产法显然不现实,可以开展全国范围内的破产习惯调查,梳理散落各地的符合公序良俗且行之有效的破产习惯。清末民国时期,民事习惯调查活动所获的资料卷帙浩繁,然时移世易,伴随政治、经济、社会生活等诸多方面的变化,以及受制定法的影响,许多破产习惯已经发生转变、不复存在,或有了崭新的表现方式。[①] 这些资料显已过时,不适合作为当下立法的基础原料,但调查过程中的组织形式、运作规制均可以参考。以清末民商事习惯调查的运作为例,此次调查根据行政单位的不同等级设置了专门的调查机构,在中央、各省、各府县分别由修订法律馆、调查局、调查法制科,层层负责;调查人员以专职调查员为主,兼有地方主政官员以及商会等社会团体、乡绅等其他个体的广泛参与;主要有两种运作方式,一是朝廷委派修订法律馆专职人员分赴各地调查,随时报告,二是各省县的调查人员根据修订法律馆拟订、颁发的调查问题搜集各地习惯,再将答复清册上报;根据调查之进展先后制定《法律馆咨议调查章程》《法律馆调查各省商习惯条例》《调查民事习惯章程十条》等专门性操作规则,以便调查之推进与实效。[②] 在人力、物力、财力等条件和制度优越性远胜于百年前的当下,若开展破产习惯调查乃至民商事习惯调查,所获资料必定蔚为壮观。可在此基础上建立习惯数据库,梳理、总结破产习惯并加以扬弃,筛选其中适于当下、适于写进立法的习惯。

其三,重视破产和解。清末民国时期,在政府干预、传统商业习惯与商人自治的共同影响下,民间自发形成了债务清理机制,民众对破产的认识也发生了转

[①] 参见郑定、春杨:《民事习惯及其法律意义——以中国近代民商事习惯调查为中心》,载《南京大学法律评论》2005年第1期。

[②] 参见胡旭晟:《20世纪前期中国之民商事习惯调查及其意义》,载《湘潭大学学报(哲学社会科学版)》1999年第2期。

变,破产更多地被视为一种不夹杂道德因素的经济行为。破产清理不再以强制性清偿债务为唯一追求。相比直接的经济损失,债权人和债务人都更理性地看重市场稳健的社会效益。债务清偿方式实现了由以刑迫债到债务和解的转变,如当清理时遭遇欠外与外欠差额悬殊或债权短期内难以收回的情况,商人为解决债务危机,可选择展期免息、折扣摊偿等债务和解的处理方式;[①]再如,民国时期,江宁、和县、玉山、竹溪等县均有立"兴隆票"的习惯,在亲友的调解之下,以债务人出具兴隆票、债权人延缓还债日期的和解方式代替涉讼法庭。[②]《企业破产法(试行)》确立的破产和解制度并未在实践中产生预想效果。《企业破产法》改进了破产和解制度,特别是将破产和解制度独立成章、单独规定,使其与破产清算、破产重整形成了三足鼎立的格局,然而,无论是理论研究还是实务数据,破产和解都较为少见。[③] 相比清算和重整,破产和解程序简单,充分尊重当事人意见,是解决破产案件的有效途径,值得重视。当下完善破产和解制度,应放宽和解申请条件,延长和解申请时间,摆正政府与法院在和解程序中的定位,在推动和解程序的同时,避免过分干预。[④]

四、结　　语

现行《企业破产法》诞生于计划经济体制向市场经济体制转轨的过程中,作为市场经济体制中的基本法,肩负了完善市场经济发展、助推破产法治建设的重要使命。《企业破产法》施行已近20年,法院审理破产案件数量不断增加,法律条文应用频率持续提高;破产案件类型更加复杂,产生重大影响力的破产案件愈渐增多;国家发展和改革委员会、最高人民法院等机构及时出台相关文件,政府政策与司法政策共同推进破产法律实施。相比颁行《企业破产法》时的2006年,时至今日,社会经济环境、各级法院面对的破产案件数量和类型均已发生巨大变

---

① 参见左海军:《近代中国商业破产习惯中的债务和解及其清理机制》,载《中国社会经济史研究》2021年第3期。

② 参见前南京国民政府司法行政部编:《民事习惯调查报告录》,胡旭晟、夏新华、李交发点校,中国政法大学出版社2000年版,第506页、第526页、第584页、第657页。

③ 参见张钦昱:《破产和解之殇——兼论我国破产和解制度的完善》,载《华东政法大学学报》2014年第1期。

④ 参见张善斌、翟宇翔:《破产和解制度的完善》,载《河南财经政法大学学报》2019年第5期。

化,亟待通过修改立法从根本上回应现实需求。在此背景下,十三届、十四届全国人大常委会先后将修改《企业破产法》列入立法规划。《企业破产法》修改已进入关键期。①

个人破产制度是破产法律修改讨论中影响最广、最受关注的问题。修改《中华人民共和国企业破产法》,应以增设专章的形式引入个人破产制度。2021年,《深圳经济特区个人破产条例》正式施行,是我国从立法上引入个人破产制度的首次实践。2023年6月,"个人破产重整第一案"依此条例正式执行完毕,通过申请个人破产重整,债务人实现了个人的经济再生。我国目前已经具备构建个人破产制度的社会经济基础,试点的率先探索更为构建个人破产制度奠定基础。②虽然《企业破产法》以企业法人为调整对象,但以此次修法为契机,将作为市场经济重要参与者但缺少完善的市场退出机制的个人的破产保护以增设专章、例外规定的形式加以规范,是合理、稳健的立法选择。此外,《企业破产法》之修改还应重点关注几个方面:一是扩大调整范围,对非营利法人、特别法人的破产问题以及地方政府债务处理问题作出原则规定;二是整体优化重整程序,规范预重整制度,使重整制度在经济结构调整和问题企业脱困发挥更大作用;三是专章规定简易程序,提高司法效率,节约当事人的程序成本;四是重视对债权人的知情权、表决权、处分权、选择权等权利和新近债权人的优先权的保护。③

同时,注重完善配套设施与制度建设,保障破产法律的顺利实施。当下,面对着案件堆积、舆论等压力,一些法院不愿意接受破产案件的立案,破产审判工作难以有效推进,大量资不抵债但未进入破产程序的企业沦为"僵尸企业",不利于市场主体的健康运行。加强破产审判的专业化机构和专业化法官队伍建设是解决这一问题的关键所在。2019年1月,深圳破产法庭正式揭牌,成为全国第一家破产专门审判机构。之后,全国陆续建设破产审判机构,组建专业化的破产审判队伍,提升破产审判法官队伍的专业素质,产生了良好的法律效果和社会效果。为满足破产案件审理数量的需要和审判工作发展的需要,应继续增加破产

---

① 参见李曙光:《破产法修改的理论、实践及疑难问题》,载《中国法律评论》2021年第6期;李曙光:《论我国〈企业破产法〉修法的理念、原则与修改重点》,载《中国法律评论》2021年第6期。

② 参见朱腾飞:《我国个人破产立法的实践与思考——以"深圳个人破产重整第一案"为切入》,载《法律适用》2023年第9期。

③ 参见李曙光:《论我国〈企业破产法〉修法的理念、原则与修改重点》,载《中国法律评论》2021年第6期。

审判机构数量,注重破产审判法官队伍建设。同时,合理而有效的市场退出机制并非仅有破产这一条途径。完善市场化、法治化的市场主体退出机制,充分利用破产制度以外的清算、注销等退出方式,从制度上打通市场主体退出渠道。

《企业破产法》在第 1 条中强调了立法目的:"为规范企业破产程序,公平清理债权债务,保护债权人和债务人的合法权益,维护社会主义市场经济秩序,制定本法。"破产习惯源自民间,生发于人们的商业交往,其形成过程蕴含着民众对公平处理商业关系、保护各方应有权益的朴素的价值取向。将破产习惯纳入《企业破产法》及后续可能出台的其他破产法律,是符合民众期待与破产立法指向的应有之义。

法国个人破产的立法模式和管理机制

梁春瑾[*]

一、法国个人破产的立法发展与制度转向

法国没有一部单独的破产法律对个人破产问题作出统一规定,个人破产被分别规定在《商法典》与《消费者法典》当中。《商法典》第六编"商事困境"中针对商事破产问题作出规定,适用主体包括商自然人。《消费者法典》第七编"过度负债情况的处理"对善意消费者过度负债问题作出规定。[①]

(一)以解决社会问题为指引的法国商事破产法发展

法国商事破产的发展分为三个阶段。第一阶段是15世纪初至17世纪中后期,法国破产规则的法典化过程。法国破产规则可以追溯到1420年前后,当时法国里昂城市的集市经济十分发达,是中世纪时期的商业活动中心,来自不同地域的商人和消费者集聚在集市交易。集市交易快进快出的模式,对债务问题的高效处理提出

---

[*] 中国人民大学法学博士,北京市中闻律师事务所律师助理。
[①] Code de commerce Article L611 – 2 – 1; Code de la consommation Article L711 – 1.

需求,未偿还债务的商人需面临监禁处罚,财产被用于集体分配,债务人财务重建未受考虑。这些规则主要体现在行业规范与地方性法令中,适用对象限于商自然人。1673年,《商事法令集》将破产规则纳入专章,标志着破产制度正式进入国家法律体系化发展阶段。[①] 1807年,拿破仑《商法典》专章规定了破产规则,受当时金融丑闻和军需供应商破产事件影响,该法典采取了严厉的债务人惩罚机制。第二阶段是19世纪初至20世纪中后期,法国破产规则在严厉与宽松之间反复发展。1807年,《商法典》过于严苛,导致许多债务人为避免惩罚选择自杀或逃离,且随着1870年德法战争及经济困境加剧了法国商业危机,更多债务人无法偿债。为此,法国引入更宽松的司法清算程序,首次提出"诚实而不幸"的概念,区分优劣债务人。[②] 第一次世界大战后,法国经济再次陷入萧条,法律提供和解机制,帮助债务人与债权人达成协议。与第一次世界大战不同,第二次世界大战后法国经济迅速复苏,经济繁荣提高了道德期待,这一时期法律多次修订,加强对不诚实债务人的惩罚和限制。第三阶段是20世纪后期至今,法国破产制度转向预防主义。1967年,新法律试图区分诚信但无盈利能力的债务人与暂时困难但可持续经营的企业,对前者进行清算,对后者则尽力挽救。[③] 2005年,进一步强化预防机制,促进清算前重组,并简化程序与提高谈判空间。[④] 2021年,法国《破产法》引入快速保护程序,继续缩短程序耗时。整体来看,法国破产制度改革正朝着债务人救济与提高程序效率并平衡债权人利益的方向发展。

(二)消费者破产制度目标向免责与预防并重的转向

法国消费者破产制度发展分为三个阶段。第一阶段是1989~1997年,法国消费者破产制度以和解为主。20世纪80年代末,因消费信贷放松监管,导致家庭过度负债问题凸显,1989年《奈尔茨法》成立个人过度负债委员会(以下简称"债委会"),并引入解决个人过度负债问题的集体程序,由债委会主持促进债务人与债权人协商,失败后转入司法程序。为提高制度效率,1995年改革引入新的

[①] See Riesenfeld & Stefan A, *The Evolution of Modern Bankruptcy Law*, Minn. L. Rev, Vol.31, p.401 (1946).

[②] See Honsberger & John, *Bankruptcy in France*, Can. B. Rev, Vol.52, p.59 (1974).

[③] See Honsberger & John, *Bankruptcy in France*, Can. B. Rev, Vol.52, p.59 (1974).

[④] See Guillaume Plantin, David Thesmar & Jean Tirole, *Reforming French Bankruptcy Law*, Notes du conseil d'analyse économique, Vol.7:7, p.1-12(2013).

三阶段程序,包括友好协商阶段、债委会提出消除负债的建议与法院最终裁决阶段。第二阶段是1998~2009年,法国消费者破产免责规则兴起。1998年,法国允许当债务人无力偿还时,债委会有权暂停债务偿还。宽限期结束后仍无力偿还的,可获得全部或部分普通债务的减免。随着消费者破产案件数量攀升,债务成因日趋复杂,1998年规则经难以为继。2003年,《伯尔鲁法》推出"个人复苏程序",进一步扩大债务豁免范围。[①] 第三阶段是2010年至今,法国进入消费者破产免责与预防并重的发展阶段。2010年,《拉加德法》将债务人信用不良信用记录(FICP)保持时间缩短至5年,重组计划缩短至8年。[②] 2016年,《萨潘法》继续简化程序,规定债权人未在规定期间回应的即视为同意。[③] 总体而言,法国个人破产法发展历程体现了从单纯维护债权人利益到平衡债权人与债务人利益的转变。

二、法国个人破产分而治之的立法模式

(一)商事破产中的权益均衡:债权人保护与破产拯救的并进

法国《商法典》通过常态化预防程序、庭外协商程序与庭内司法程序三种程序为债务问题提供解决方案。适用主体包括依据私法成立的法人实体、从事农业或自营商业活动的自然人、受立法或监管条例约束的特定领域执业者等4类主体,但不适用于律师、司法行政人员、司法代表、公职官员等,这些主体出现无力偿债问题时,法院仅负责通知其主管机构。[④]

1. 常态化预防程序

常态化预防程序通过信息警示向可能面临债务危机的债务人发出警告。任何在贸易和公司登记处或者贸易登记处注册过的主体或承担有限责任的个体企业家和法人,可以加入由官方批准设立的债务预防组织。该组织为其成员提供

---

① LOI n° 2003 – 710 du 1er août 2003 d'orientation et de programmation pour la ville et la rénovation urbaine (1), Articles 35 à 46.
② LOI n° 2010 – 737 du 1er juillet 2010 portant réforme du crédit à la consommation (1), Articles 6 à 9;LOI n°2010 – 737 du 1er juillet 2010 portant réforme du crédit à la consommation (1), Article 48.
③ LOI n° 2016 – 1691 du 9 décembre 2016 relative à la transparence, à la luttecontre la corruption et à la modernisation de la vie économique (1), Article 66.
④ Code de commerce Article L611 – 2 – 1.

经济、财务和会计信息分析,并定期发送此类信息。商事法院发现债务人可能面临或正在面临运营障碍时,可以传唤其负责人并采取适当纠正措施,同时,有权要求相关机构提供准确财务信息。①

2. 庭外协商程序

庭外协商程序旨在促使债务人无须进入司法程序即可以与债权人达成协议,包括特别程序和调解程序,均为自愿、保密的且具有法律效力。② 当债务人面临财务困境但非现金流破产时,可向法院请求开启特别程序。这一程序开启没有时限要求,程序启动不会导致自动中止的效果。程序的进行纯粹基于双方共识,双方达成协议的,程序自动终止。无法达成协议的,可求助司法程序。调解程序的法律效力以及所受规制高于特别程序,二者均是在法院指定调解员的监督下达成的协议。调解程序适用于有经济困难且现金不足的情形不超过45天的债务人,程序最多持续4个月,特定情况下法院可延长至5个月。③ 启动程序的决定需通知公诉人,债务人需接受法定审计的,应通知法定审计员,如果债务人从事受立法或监管规定约束的职业,还应通知所属组织。程序启动后,法院可从审计员、公证人、员工代表、政府部门等处获得债务人信息。不能达成和解协议的,调解人应立即向法院提交报告,法院应终止程序。在程序进行中,通过起诉要求债务人偿还债务的或没有接受债务中止支付条款的特定债权,调解员可请求法院批准推迟或分期支付。法院审批通过调解协议的,程序宣告结束。④ 协议将在法院登记处备案,提供给任何感兴趣的主体审阅。公诉人可对协议提出上诉,利益相关主体也可以提出上诉。⑤

3. 庭内司法程序

一旦开启司法程序,针对债务人的诉讼和执行将被暂停。正式司法程序包括以下4种。

保全程序是预防性的法律程序,旨在帮助存在财务困难但未停止支付的债务人重组其业务。保全程序由债务人申请启动,在司法监督下重组。法院在决

---

① Code de commerce Article L611-1, L611-2.
② Code de commerce Article L611-15.
③ Code de commerce Article L611-3, L611-4.
④ Code de commerce Article L611-6, L611-7.
⑤ Code de commerce Article L611-10.

定是否启动程序的裁决前,须听取债务人及社会经济委员会的意见。① 如果债务人从事的行业受到法律或规章制度的约束或保护,法官还需在正式听取其所属专业机构意见后才能作出裁决。法院在作出裁决前,可以任命一名管理人收集有关债务人财务、经济和社会情况的信息。如果法院认为债务人财务困境是可以克服的,则可以建议债务人申请启动庭外调解程序。保全程序持续时间一般为 6 个月,可续期一次,最多增加 6 个月。对于农场主等特殊债务人,法院可根据情况延长观察期。②

快速保全程序用于让债务人在更短时间内重组金融债务,为财务状况迅速恶化的债务人提供高效解决方案。它适用于已处于调解程序并能证明已作出保证债务人持续存在的重组计划的债务人,且只有已经由注册审计员或注册会计师审计过的、暂停支付且暂停状态未超过 45 日的债务人可以申请启动。程序持续时间不超过 2 个月,债务人或管理人提出延长请求的,法院有权批准增加 2 个月,总时长不得超过 4 个月。③

重整程序适用于已处于停止支付状态的债务人,旨在帮助债务人恢复盈利能力。该程序可以由债务人、债权人或公诉人申请开启,债务人应在无法支付现金债务起 45 日内提出申请,除非正处于调解程序中。程序启动后,法院设立为期 6 个月的"观察期",对自动中止强制执行与个别清偿,对债务人财务困境进行评估,同时主持与主要债权人的谈判工作。观察期结束后,法院可裁定债务人继续经营、出售企业或进入清算程序。④

清算程序用于已无力偿还债务且无恢复可能的债务人,旨在最大限度地实现债权偿还。与重整程序类似,清算程序可由债务人、债权人或公诉人申请,但须在变现金不足 45 日内提出,除非正在进行调解程序。法院启动清算程序后将指定管理人,并可以根据需要增加管理人。若债务人无不动产,且员工数量和营业额低于法定阈值,可适用简化清算程序。管理人需每 3 个月向破产法官汇报进展,法院根据案件复杂性设定结案期限。若无未偿债务、资金足够偿还债权

---

① 社会与经济委员会(Comité Social et Économique, CSE)是法国劳动法规定的企业内部代表机构。其由 2017 年法国劳动法改革后引入,旨在简化与统一此前的多种员工代表机构的混乱情形,主要职责是代表员工与雇主进行对话和协商,保护员工权益,并关注公司的经济和社会事务。
② Code de commerce Article L621 – 1, L621 – 3.
③ Code de commerce Article L628 – 1, L628 – 8.
④ Code de commerce Article L631 – 2, L631 – 3, L631 – 7.

人、资金不足无法继续清算,或程序推进利益不足的,听取债务人意见后,法院可宣布结案。清算令发布满 2 年的,债权人可申请结案。①

(二) 消费破产制度中的保护倾向:以消费者恢复为主的拯救导向

法国《消费者法典》提供 3 种救济程序,包括友好和解程序、未经司法清算的个人债务重建程序和司法清算的个人债务康复程序。

消费者陷入无力偿债困境的,可免费向债委会申请债务救济。该制度适用范围广泛,包括明显不可能偿还债务的、无法偿还担保债务或其他连带债务的善意自然人。但已适用商事破产者不得再申请消费者破产。债委会通过欠债程度、债务性质、申请人诚实度等信息来判断债务人财务状况,并可以要求补充信息。如债务人未提供所需资料,债委会可关闭申请。债务人拥有住房并非拒绝申请的理由,即便住房价值足以清偿债务。裁定受理后,将产生以下法律效果:一是执行程序中止。受理后最长 2 年内的执行程序自动暂停。二是限制银行操作。银行不得在超限透支账户上扣款或要求债务人偿还透支金额。三是固定债务利息和罚金。程序启动后债务利息和迟付罚金停止计算。四是恢复住房援助。债务人享受住房补贴的,补贴将恢复并直接支付给房东。五是中止驱逐。债务人作为租客被驱逐时,可以向法院申请暂缓执行驱逐令。此外,在特定条件下,即使合同约定了最低期限,债务人可申请提前终止互联网或电话合同,无须支付违约金,但须证明提交救济申请的 3 个月前已订阅服务。②

关于友好和解程序。若债务人财务审查表明,债务人资产变现后还有充分清偿债务的可能,债委会应努力促使当事人达成和解。债委会为债务人起草的债务偿还计划将经通知债权人,债权人有权在规定期限内拒绝,否则视为同意。债务偿还计划最长期限一般为 7 年。若债务人在计划期间财务状况恶化,债委会可转入"未经司法清算的个人债务重建程序"或"司法清算的个人债务康复程序"。若无法就债务偿还计划达成一致,债委会可应债务人请求,对计划内容作出调整。还是无法达成的,可转入"未经司法清算的个人债务重建程序"或"司法清算的个人债务康复程序"。和解程序并非强制,债委会可视情况直接启动"未

---

① Code de commerce Article L640 - 1 à L645 - 12, L640 - 4, L641 - 1, L641 - 2, L641 - 7, L643 - 9.

② Code de la consommation Articles L712 - 1 à L712 - 9, L722 - 2 à L722 - 16.

经司法清算的个人债务重建程序"或"经司法清算的个人债务康复程序"。①

关于未经司法清算的个人债务重建程序。该程序启动需满足两个条件：一是债务人已无可挽救且无改善可能；二是债务人除日常生活必需物品及工作必需品外，已无可变现资产，适用于财务极端困难、完全丧失清偿能力的债务人，通过不进行财产处置的方式，帮助债务人重返正常社会生活。该程序由债委会主导，债委会可根据情形决定是否适用。决定启动该程序的，将通过挂号信通知债务人及债权人，说明异议提出方式以及异议期限。存在异议的，债委会将组织召开听证会裁决。决定作出后 30 日内，将在 Bodacc 官网公示，以确保公众知悉。相关债务免除信息记录于个人信贷偿还事件档案（PPIF）中，保存 5 年。②

关于司法清算的个人债务康复程序。该程序由法院主导，在债委会征得债务人同意后申请启动，适用于当债务人的财务困境已无可挽回且无改善可能，但仍有部分可偿债财产的情形。若法官审理中认为债务情况尚可改善，可将案件发回债委会处理。除法定不可豁免债务，债务人可获得职业与非职业债务免责。不可豁免财产主要包括抚养类债务、刑事赔偿、欺诈性社会保障赔偿、特定税费、根据货币与金融政策在市政信用合作社获得的抵押贷款。此外，法官可以根据债务人请求，引导其申请额外社会支持，包括经济援助、预算规划教育以及更广泛的个性化社会服务。③

三、法国个人破产互为牵制的管理机制

（一）商事破产中的破产管理制度

商事破产中，法院承担核心职责，确保程序顺利进行、保护参与方利益、对破产进程中的关键事项均有最终裁决权。在破产预防阶段，法院可通过信息收集与评估等方式，监控企业的经济和财务状况，在问题恶化前积极干预。诉讼阶段，法院任命管理人并确定报酬标准。法院在必要时可以采取财产保护措施，防止财产流失或损坏。法院可以要求社会经济委员会指派一名公司员工代表参与

---

① Code de la consommation Articles L731 - 1 à L732 - 3, L724 - 2.
② Code de la consommation Articles L741 - 1 à L743 - 2.
③ Code de la consommation, Articles L742 - 1 à L742 - 25, L741 - 2, L711 - 4 à L711 - 5, L712 - 9.

破产程序。管理人无法履行职责的,法院有权更换或根据请求调整管理人任务。①

公诉人在破产程序中发挥监督和保护公共利益的作用,致力于确保程序公正、透明与效率。其一,公诉人可建议或要求法院任命管理人,并可以请求调整管理人职责或停止债务人部分业务。其二,公诉人对案件进展有知情权,有权审查和评估调解报告以及相关文件与行为。破产管理人或司法代表应定时向公诉人通报案件进展,公诉人可随时要求查阅相关文件。其三,公诉人可以针对程序关键变动提出请求。启动调解程序的,应及时通知公诉人,公诉人有权提起上诉。调解失败未能达成协议的,调解员必须告知公诉人。法院应当听取公诉人关于调解确认的意见。协议经法院批准的,公诉人有权提出上诉。其四,公诉人有权参与关键决策,对破产观察期延长、程序推迟、保持债务人收入水平以及修改破产管理人任务等决策提出审议。在特定情况下,公诉人可请求法院批准违反某些转让禁令。公诉人对破产计划执行和违约处理有发言权,法院须将公诉人意见纳入考虑。②

破产管理人由法院指定,负责管理或监督债务人财产管理,可为自然人或法人。管理人可以直接负责或协助管理债务人财产,须亲自承担受托责任,不能将工作全权委托给他人。经法院许可,管理人可将部分任务委托给第三方,但被委托任务仍属于破产管理人责任范围。必要时管理人可以与特定第三方合作,合作同样不免除管理人最终责任。受委托方的报酬应从管理人报酬中支付。管理人一般需在国家授权制定的名单中选任,特定情况下可指定具有特殊经验或资质的自然人任职。管理人过去5年内直接或间接从债务人或债务人控制的企业处接受过任何形式的报酬、曾是该债务人属下的职位、与委托任务存在利益冲突、曾因违法而被移除名单或退出名单的,禁止任职。不在官方管理人名册上的自然人被任命时,须以个人荣誉宣誓,承诺符合所有法定任职条件,并承担与名册管理人相同的职业义务。③

---

① Code de commerce, Article L611-2-2, L611-2, L611-14, L621-2, L621-4, L622-1.
② Code de commerce, Article L621-4, L641-1, L628-2, L641-7, L611-6, L611-7, L611-9, L611-10, L631-7, L631-11, L631-12, L642-3, L631-20.
③ Code de commerce, Articles L811-1, L811-2 à L811-5.

(二)消费破产中的破产管理制度

个人过度负债委员会(以下简称债委会)是消费者破产的核心管理部门,专门为处理消费者过度负债而设,独立于国家行政体系,由法兰西银行管理,承担为债务人提供财务困境解决方案、引导债务人获得必要的社会支持、保障处理过程的私密保护以及程序推进等职责。法国每个行政区域至少应设立一个债委会,由省长担任债委会主席,法兰西银行职员担任秘书长,金融机构代表担任债权人代表,消费者协会和家庭协会代表则担任债务人代表,形成四方利益制衡的格局。债委会负责为债务人提供一站式服务,包括制订还款计划、评估债务免责、辅助完成破产程序、决定是否适用司法清算等。其有权要求公共行政部门、信贷部门、金融公司、电子货币机构、支付机构、安全和社会保障机构等公共部门提供债务人财务信息。当地政府与社会保障机构应按债委会要求开展特定社会调查并提供社会援助和支持。诉讼过程中,债务人有需求的,债委会可引导其申请相关援助。债委会应做好履职过程中的信息保密工作,不得向第三方披露,并应统计案例数量、处理措施、所遇困难与障碍,形成年度报告供分析。债委会可以根据债务人要求,聆听其陈述或召开听证会,确保债务人的发言权。[①]

四、法国个人立法的经验总结

相较于判例法国家在制度变革上的灵活性,法国作为成文法国家在制度推进上更为保守与谨慎,具有自己的特点。

(一)立法理念的特点

法国个人破产制度秉持法律保守主义的传统,最大限度尊重契约精神,重视破产预防,提供多样化程序的做法,体现了以解决社会问题为导向的立法理念与激励债务人最大限度实现偿债的制度设计特点。具体而言,法国个人破产制度经历了从惩罚债务人到预防与免责并重的理念转变,这一变化并非源于开放的

---

① Code de commerce, Articles L712-4, L712-6, L712-7, L712-9, L712-5, L712-8.

破产观,而是现实选择的结果。法国破产制度发展深受社会事件影响,对债务人的态度变化均与所处社会环境高度关联。[1] 法国最初仅适用于商事破产,直至消费者债务问题突出后才将自然人纳入适用,并始终排除具有公共利益性质的债务人,同时其破产前财务信息预警、司法程序前协商程序与破产后社会服务等机制,皆是法律文化保守的展现,并形成鲜明的社会治理特色。"无法偿债"是市场经济的必然现象,若无个人破产立法,反而加重经济混乱。[2] 需注意的是,"破产"称谓仅为统一翻译之便,不应作为推进立法的观念阻碍。文义上,法国商事破产采用的是"商事经营困境"的称谓,消费破产采用的是"消费者过度负债情形的处理",二者皆是对债务人财务困境现象的描述,以解决社会问题为首要考量,个人债务拯救理念是其中的要素。

(二)立法模式的特点

法国个人破产制度体现了对不同类型债务人适用不同救济程序的分治思维。在这一立法模式下,不同债务人可以根据需求适用不同法律。商事破产制度注重保护债务人商业名誉与商事经营持续性,针对经营需求与财务困境需求不同,提供预防与保障措施各异的庭内外程序。消费者破产制度则侧重使债务人与债权人间达成和解,重视债务人金融知识教育及经济恢复帮扶。这一分治模式的形成固然与其数百年间的经济发展轨迹相契合,具有适用惯性与偶发性质,在当下个体经济与组织经济交融的市场环境下已不具备适用性,但差异化救济方式的做法仍有意义。无法根据债务人身份进行程序分流是因身份界限模糊使界定成本过高所致,而非失去了分而治之的必要。实践中,必然会有许多身份各异的债务人申请破产,因经营失败导致破产者应优先考虑经营连续性与财产保护,而消费型债务人则需强化社会支持与财务教育。因此,将"以债务人需求为导向"的自下而上的分流,与"以案件繁简为标准"的自上而下分流并重,提升制度适应性与救济效果,不失为一种可取的立法模式。

---

[1] See Hautcoeur, Pierre-Cyrille & Nadine Levratto, *Bankruptcy Law and Practice in XIXth-Century France*, Paris: Centre Nationale de RechercheScientifique, p.3(2006).
[2] 参见王欣新:《个人破产立法:深入市场化法治化改革开放的重要一步》,载《团结》2022年第5期。

(三)管理机制的特点

"管理人制度是整个破产保护法律制度体系中很重要的配套制度,若该制度不完善,破产保护法律制度难以实施。"[1]对破产案件的处理长期存在行政权与司法权边界之争,存在行政"掣肘"司法的担忧。然而,破产案件存在行政式管理的高需求无法避免,若没有独立的管理机构来处理,便只能由法院承担管理职责,这同样与法院应当专于司法职责的法律原则相违背。将破产案件中的行政职责分割出去由专门机构负责,虽可能形成行政权阻碍司法权的情况,但于法理无碍。法国个人破产案件处理中,其先经由债委会筛选并处理大部分案件,仅让小部分案件进入司法程序的做法,有效避免了行政阻碍司法的争论。

---

[1] 杜万华:《关于破产保护法律制度的若干思考》,载《中国应用法学》2024年第2期。

二、预重整与重整制度

预重整中司法介入路径探讨

王 璇[*]

一、理论:兼具市场化属性 与司法介入的混合程序

根据联合国国际贸易法委员会《破产法立法指南》的界定,重整的形式除庭外重组谈判和正式重整程序外,还包括为使受到影响的债权人在程序启动之前自愿重组谈判中谈判商定的计划发生效力而启动的程序,称为简易重整程序,我国对应的为预重整制度。2018年,《全国法院破产审判工作会议纪要》第22条提出,要探索推行庭外重组与庭内重整制度的衔接机制。2019年,国家发展和改革委员会、最高人民法院等13部门联合下发的《加快完善市场主体退出制度改革方案》指出,要研究建立预重整制度,实现庭外重组制度、预重整制度与破产重整制度的有效衔接。以此为基础,全国部分地方法院相继制定了预重整相关工作指引。预重整包括两个方面,一是由债权人与债务人、出资人等利害关系人通过庭外商业谈判,拟定重组方案并进行表决;二是司法机关对各方形成的重组方案审查批准。其中重组方案的拟定和表

---

[*] 广东省广州市中级人民法院广州破产法庭审判员。

决是预重整成功的关键,法院对重组方案的审查批准是对市场主体谈判成果的司法保障。通常认为,预重整是一种兼具有非司法和司法拯救内容的混合型拯救程序[1]。

(一)预重整制度的市场化属性

预重整具有市场化属性,体现在以下三个方面。

第一,从预重整产生的背景来看,预重整发端于20世纪80年代末90年代初的美国,最初是作为一种公司债务重组的工具被使用。《美国破产法典》第11章规定了破产重整制度,但传统重整带来的司法程序冗长、成本高昂等问题备受批评。为更好地发挥私下谈判灵活、非对抗性的优势,同时赋予私下谈判的成果以法律效力,预重整由此产生。与正式重整程序相比,预重整将拟定重整方案、信息披露、方案表决等环节前移至程序之前,交由当事人自治,克服了传统重整程序费时耗力的弊端。同时,法院对重整计划的批准使其获得可强制执行的效力,解决了私人协商和庭外重组存在的履行上不确定性问题[2]。因此,从预重整的产生和发展来看,其不是立法机关设计和主导的产物,而是在美国现代重整实践中,为克服正式重整程序的弊端而自发成长起来的一种重整模式,它强调商业谈判,更注重市场主体的自治,是私法关系的体现,天然具有市场化属性。

第二,从预重整的性质来看,依据《全国法院破产审判工作会议纪要》的表述,预重整是庭外重组与庭内重整程序的一项衔接机制。一般认为,预重整有效结合了庭外重组与庭内重整的优势,但无论是庭外重组还是庭内重整程序,其核心内容均在于谈判。谈判是市场主体实现价值交换、协调利益关系的核心机制,通过协商谈判达成的重整方案本质上是市场主体通过谈判平衡风险与收益的过程,是各方利益博弈的结果。无论是实践还是立法,均鼓励利害关系人在预重整阶段的自治与谈判,高度私法自治是预重整的基本特征。

第三,从预重整的制度价值来看,其设计主要在于借助市场自治来提升司法效率,同时,通过司法的适度介入保障自治的成果。预重整在英国、美国等国家的实践表明,其制度价值主要为简化正式重整程序,这也是《破产法立法指南》中

---

[1] 参见张婷、胡利玲:《预重整制度理论与实践》,法律出版社2020年版,第1页。
[2] 参见张世君:《我国破产重整立法的理念调适与核心制度改进》,载《法学杂志》2020年第7期。

将预重整称为简易破产重整的原因。效率可以说是预重整的首要价值追求,而这一制度价值是通过预重整中的当事人自治来实现的。通过赋予当事人高度的自主选择权和灵活安排,使其在谈判陷入僵局时可以找到一种双赢方案,达到迅速解决争议、节约交易成本的目的。效率是市场经济的重要价值取向,预重整对效率的孜孜追求,同样体现了它的市场化属性。

(二)预重整中的司法介入

1. 司法介入的正当性

预重整强调当事人自治,但与庭外重组存在区别,主要体现在两方面:一是预重整的实施需要法定规则的指导;二是预重整方案表决效力在重整程序中的延伸。在司法实践中,讨论预重整司法介入的正当性主要围绕司法权力在预重整阶段是否存在前倾性扩张,是否强制要求各利害关系人承担了不合理义务。从美国的预重整来看,在进入重整程序前,司法介入极其有限,英国的"伦敦模式"更无须司法介入。从我国部分地方法院制定的司法性文件来看,预重整阶段体现了较强程度的司法介入,包括决定进入预重整、指定临时管理人、批准债务人对外借款等,由此形成了我国预重整制度的本土特色,也引发了学界和实务界关于司法是否过度干预预重整的讨论。对此,本文认为,我国预重整的设计与实施植根于现有的企业破产法制度和破产审判工作实际,与破产法的发展现状相适应。第一,预重整在我国处于探索阶段,现有立法尚未对预重整作统一规定,实践中关于预重整的规范多见于各地法院出台的地方司法性文件,目的是为预重整设置审理的操作指引,因此,规范本身带有司法介入色彩。第二,从我国司法实践来看,多地的预重整是在"破申"案号下开展,依据《中华人民共和国企业破产法》规定的,破产案件的受理审查法定期限最长不超过 37 日,同时,为避免债务人借助程序拖延时间和逃避债务,也有必要由法院对预重整各方进行监督,因此,由法院设定相应规则对预重整阶段的各项工作进行指导和监督具有现实必要性。第三,司法介入程度与破产市场发育状况相适应。在我国,管理人制度初步建立,而与市场化重整有关的重组、财务、资产管理、债务咨询等主体市场尚不成熟,由法院指定管理人并对其工作进行指导和监督,是对现有制度资源的延续利用,一方面,可以提高预重整的效率;另一方面,也便于法院更早了解企业的状况,及时批准后续的重整计划草案,从而节约审查成本和时间。

2. 司法介入的特点

综上所述,预重整中的司法介入具有必要性和合理性,正当、合理的司法介入并不必然导致司法对市场自治的不当干预,但应当有相应的特征和边界。对此,本文认为,预重整中的司法介入应当具有以下三个特点。

第一,司法介入的有限性。私法自治为常态,司法适度干预为例外,应是预重整的王牌规则[①]。在预重整规则的制定中,应当准确划定当事人自治与司法介入的边界,预重整仍应当定性为是由市场主体主导并参与的重组谈判,法院处于指导和监督地位。具体而言,预重整为当事人的谈判提供可预期性后果,在充分的信息披露和符合规则的前提下,赋予谈判的结果以法律效力。在前述范畴之外,司法必须给予市场主体充分的谈判空间,调动市场主体自治的积极主动性,才能最大限度发挥预重整的价值功能。

第二,司法介入的法定性。预重整需要在法定规则的指导下实施,预表决效力的延续亦需要立法的确认,这就决定了预重整中的司法介入具有法定性特征,这一特征主要体现在两方面:一是司法介入的范围,包括司法介入的具体事项和情形、介入方式等,在法律未明文规定的情形下,司法不得介入;二是司法介入的效果,即符合预重整法定规则的谈判成果,司法机关应当赋予其法律效力。

第三,司法介入的后置性。后置性,是指法院对于预重整方案的表决效力的审查和认可属于一种事后评价。如前所述,基于我国预重整的本土特色,司法权对于预重整并非完全被动行使,但这种司法介入是否构成对当事人自治的强制性干预?本文认为,从各地法院制定的指引性文件来看,前期的司法介入更倾向于实现一种管理和指导功能,如关于法院决定预重整的条件,《深圳市中级人民法院审理企业重整案件的工作指引(试行)》(以下简称《深圳重整工作指引》)规定为"经债务人同意",《北京破产法庭破产重整案件办理规范(试行)》(以下简称《北京重整办理规范》)规定为"债务人书面承诺接受预重整程序中临时管理人的调查和监督、履行预重整相关义务"。关于临时管理人的指定和职责,《北京重整办理规范》规定临时管理人由法院依据随机方式或竞争等方式指定,亦可由当事人协商指定,同时规定可以聘请第三方专业机构人员辅助相关工作和参与

[①] 参见柯善芳:《探索商事重组与司法重整有机结合的预重整制度》,载《人民司法》2020年第31期。

预重整方案的协商。关于临时管理人的职责,也主要集中在推动和监督程序进行方面,包括调查债务人资产、负债等,组织利害关系人拟定重整方案,监督债务人行为和向法院汇报工作等。在司法实践中,基于破产保护理念,法院对于预重整的态度更为开放,在债务人符合重整条件,且同意预重整的情况下,法院一般不会设置过高的门槛;对于债务人和临时管理人的行为也以指导、监督为主。

二、实证:预重整司法介入模式比较分析

从我国预重整审判实践来看,形成了不同类型,按照司法介入的程度和方式,以下三种模式较为典型。

第一种模式是政府主导,法院指导监督。此种模式以浙江省的实践为代表。2013年,浙江省高级人民法院出台《关于企业破产案件简易审若干问题的纪要》指出,在特定情形下法院可进行企业破产申请的预登记,债权人在预登记期间对债务清偿方案所作的不可翻悔的承诺,在债务人进入企业破产和解或重整程序后仍然具有拘束力;法院受理企业和解或重整申请后,可以以预登记期间形成的债务清偿方案或资产重组方案为基础制定和解协议或重整计划草案,由债权人会议确认。2018年,温州市人民政府出台《企业金融风险处置工作府院联席会议纪要》规定,属地政府在预重整阶段的职责如下:政府启动并发布书面文件确认债务人进入预重整程序;政府参照相关法律规定和文件指定管理人、召集债权人会议、决定延长预重整期限、参与引进战略投资人、与法院协调暂缓执行措施。法院的职责如下:根据政府文件立"引调"案号;负责法律指导和监督;在债务人或债权人提出重整申请时,对符合受理条件的申请及时裁定受理;参与引进战略投资人;与政府协调暂缓执行。该种模式的主要特点是政府主导、提前介入,通过制定维稳预案、给予政策支持、搭建融资平台等一系列举措,为破产重整创造有利的外部条件[①]。法院的主要职责是指导和监督管理人工作,司法的介入有限。

第二种模式是法院主导,临时管理人执行具体事务。具体为,法院在收到预

---

① 参见浙江省杭州市余杭区人民法院课题组:《房地产企业预重整的实务探索及建议》,载《人民司法(应用)》2016年第7期。

重整申请后，立"破申"案号审查，经认定企业符合破产原因，有重整价值和可行性的，决定进入预重整并指定临时管理人，临时管理人负责调查债务人资产负债等基本情况，推动和引导利害关系人协商达成预重整方案并进行表决，再向法院申请批准重整计划草案等。此种模式在实践中运用较多。

第三种模式是在庭外进行以重整为目的商业谈判，法院仅进行预重整备案[1]。该种模式强调，预重整庭外重组的特征，由债权人、债务人及其他利害关系人自行协商谈判拟定重整方案并表决后，由债权人或债务人向法院申请重整，法院对重整方案审查后批准执行。其特点是强调当事人的自愿协商，司法不再直接介入，仅在当事人选择向法院申请进入重整程序时，法院通过既有的预重整规则进行事后审查。地方工作指引对预重整方案表决效力的延伸进行了规定。

三、完善：预重整中司法介入的路径探讨

关于我国预重整是否存在司法过度干预的争议，实质是预重整的模式之争。笔者认为，司法权对预重整的适度、有限介入体现了我国本土实践需求，其制度设计不宜囿于简单移植域外模式，而应当在坚持预重整私法自治的本质特征前提下，直面企业拯救效率不足、债权人利益平衡机制薄弱、逃废债风险防范等本土问题，探寻司法介入的恰当路径，最终形成兼顾效率与公平，适应我国司法土壤和市场生态的制度体系，使预重整在我国发挥最大功能价值。

（一）进入预重整是否需由法院决定

北京市、广东省深圳市等地出台的预重整指引规定，对于符合预重整条件的债务人，由合议庭决定进入预重整。部分地方法院如重庆则取消了破产申请审查阶段的预重整，法院仅进行备案登记，明确了预重整庭外重组的基本属性。本文认为，第一，由法院来决定是否对债务人进行预重整，意味着法院将对债务人是否符合相关标准进行实质审查，仅做备案登记则为形式审查，且无需债权人同意，法院亦不设置备案的条件。因此，是否申请，何时申请均由当事人自行掌握，更符合庭外重组自主协商的特征。第二，法院不对预重整申请立案号进行审查，

---

[1] 如《重庆市第五中级人民法院预重整与破产重整衔接工作规范（试行）》。

可以在一定程度上弱化司法的介入感,提高当事人通过预重整纾困的及时性和主动性,更加突出预重整的庭外重组属性。第三,因破产申请审查期限较短,如预重整在"破申"案号下开展,按照目前的审判管理要求,难以避免将频繁申请扣除审限,影响审判管理考核指标。但同时应当关注的是,申请预重整的部分案件可能涉及职工安置、"保交楼"等重大问题需要与政府相关部门协调。在此类案件中,有为司法和府院联动机制将更体现其功能作用。

(二)是否需要指定临时管理人

有观点认为,由法院指定临时管理人会与预重整作为当事人自行庭外协商的性质产生冲突,当事人可自行聘请中介机构担任辅助机构,无需法院指定。本文认为,法院指定临时管理人并不是司法的过度介入,更应考虑临时管理人的指定是否违背了当事人的意愿,以及临时管理人的职责是否在合理范围内。首先,在庭外重组中聘请法律、财务或重组并购专业人士或团队辅助谈判十分常见,为加强对预重整的指导和提升债权人对预重整的信心,选定专业机构辅助参与预重整工作有其现实必要。其次,关于临时管理人的指定方式,一般包括随机指定、竞争方式或协商选定等。基于预重整当事人自治原则,应当优先采取主要债权人共同推荐或债权人债务人协商一致的选定方式,为保障专业性,选任中介机构的范围应当限制在各地破产管理人名册中;在各方就选定无法达成一致或同意按照随机或竞争方式选定的,应当采取随机或竞争方式。最后,关于临时管理人的职责范围。预重整中临时管理人的职责应当限于指导和监督,包括组织利害关系人拟定预重整方案,指导预重整工作符合相应规则,辅助引进投资人,调查债务人资产、负债、涉诉等情况,监督债务人的行为是否违反法律规定,向法院汇报预重整工作等。如果预重整各方认为临时管理人存在违反法律规定或无法胜任职务的情形时,债权人或债务人可以申请人民法院更换临时管理人。

(三)是否需要设定预重整期限

当事人自治协商的庭外重组无需由立法设定期限,但当事人可自行约定协商期限。庭内重整有着极强的时间窗口,破产程序启动后,必须在最长9个月内完成重整计划的制定,否则债务人将面临被法院宣告破产的风险。对于预重整是否需要设定期限,从各地出台的指引来看,北京市未规定具体期限,广东省深圳市、广州市规定了最长4个月的期限,江苏省南京市、苏州市等地规定了最长9个月的期限。关于地方法院设定预重整期限的原因,一方面是基于案件审判管理的需要,另一方面是为了避免时间的拖延,尽早实现对问题企业的拯救。从预重整制度本身来看,时间窗口的存在有利于约束预重整参与方积极投身于谈判和达成共识,避免时间拖延,这也符合预重整高效的价值追求。但是,如果设定的期限过短,也可能会压制谈判的空间,给谈判方造成压力,不利于一致方案的达成。并且,个案的情况不一,对于时间的要求也不同。笔者认为,立法可以设定一个原则性的时间,但经当事人协商一致也可调整期限,以满足个案的需求。

(四)预重整期间保全、执行的效力

法院决定进入预重整后,应否解除对债务人财产的保全措施,中止执行措施,各地法院的做法可分为三种:一是明确规定预重整具有自动中止的效力,如广东省《深圳重整工作指引》规定,预重整期间合议庭应当通知执行部门中止对债务人财产的执行,并可根据管理人的申请或者依职权,对债务人的全部或者部分财产采取保全措施。四川省成都市中级人民法院《破产案件预重整操作指引(试行)》规定,预重整期间,市辖区内法院应当中止债务人为被执行人的相关执行和保全措施。二是经磋商一致可中止执行和采取保全措施。如四川天府新区成都片区法院、四川自由贸易试验区法院《预重整案件审理指引》规定,预重整期间,临时管理人可通过债务人执行案件执行部门函告申请执行人商榷中止对债务人财产的执行,促进已经采取保全措施的执行部门视情中止或暂缓对债务人财产的执行。重庆市第五中级人民法院《预重整工作指引(试行)》规定,债务人应当与债权人积极协商,争取债权人在预重整期间暂缓对债务人财产的执行。三是不明确规定预重整的自动中止效力,但对于通过执转破程序提出预重整申请的,适用《执行案件移送破产审查指导意见》第8条的规定。如广东省广州市中级人民法院《关于破产重整案件审理指引(试行)》。该种做法实质上否定预重整受理具有自动中止效力。

对预重整受理自动中止效力的澄清对于检视现行实务中关于预重整做法的妥当性具有重要意义。联合国国际贸易法委员会《破产法立法指南》将预重整定义为"为使受到影响的债权人在程序启动之前自愿重组谈判中谈判商定的计划草案发生效力而启动的程序"。有学者认为,依据该表述,预重整从广义上可视

为一种简易的重整程序,即通过法院事后批准庭前协商和表决从而避免了正式重整程序中的再次协商和表决①,对于预重整的功能定位仍应回归到提升正式重整程序效率的制度价值上来②。本文认为,《全国法院民商事审判工作会议纪要》第115条关于预重整的做法表明,预重整本质上仍是一种庭外债务重组,只是对债务人和部分债权人达成的庭外重组协议赋予延伸至正式重整程序的效力,因此,当事人申请预重整并不能产生类似破产申请的效力。但在重组协商过程中,不同意参与谈判的债权人可能随时针对债务人财产提起诉讼或强制执行,因此,如何取得债权人的广泛参与并保持在庭外重组协商过程中中止执行和保全措施,成为庭外重组能否成功的关键③,实务中需要予以特别关注。在英美法系破产法实践中,主要由重组各方基于合意以签订"冻结协议"的方式(约定债务人及主要债权人暂时均不得采取有损对方利益的行动),来达到类似于正式破产重整程序启动的"冻结"效果。④ 日本《法庭外债务重组指引》规定,主债务人认为重整计划草案可行且可能获得其他债务人同意的,应与债务人联名向与法庭外债务清理相关的债权人发出暂时停止通知,要求债权人暂时停止个别行使权利或采取债权保全措施,以维持发出通知时的授权额度,除发生特殊情形外,债务人原则上不得处分财产或清偿债务⑤。

---

① 参见高丝敏:《预重整的双重效力延伸和司法审查机制的本土化构建》,载《法律适用》2024年第3期。
② 参见韩长印主编:《破产疑难案例研习报告》(2021年卷),法律出版社2022年版,第25页。
③ 参见最高人民法院民事审判第二庭编著:《〈全国法院民商事审判工作会议纪要〉理解与适用》,人民法院出版社2019年版,第584页。
④ 参见[美]杰伊·劳伦斯·韦斯特布鲁克、[美]查尔斯·布斯等:《商事破产——全球视野下的比较分析》,王之洲译,中国政法大学出版社2018年版,第141页。
⑤ 参见[日]山本和彦:《日本倒产处理法入门》,金春等译,法律出版社2016年版,第20页。

政府主导预重整模式的实证探析
——以温州市预重整案例为样本

陈 斌[*] 方飞潮[**] 贾约瑞[***]

一、政府主导下的预重整模式和成效

(一)预重整"温州模式"的特点

2018年,浙江省温州市中级人民法院在成功审结了年产值达10亿元的首例民企温州吉尔达鞋业有限公司预重整案并促成11家知名企业核心担保圈风险的妥善化解。在总结应用成功经验的基础上,浙江省温州市中级人民法院依托强大的府院联席会议制度,推动浙江省温州市政府于2018年12月出台了全国首个预重整专题会议纪要[①],构建以政府为主导、法院积极介入、管理人具体参与的良性互动机制,并在全市法院持续推广适用。

1. 政府主导推动预重整的法理基础和权力边界

各地的预重整模式可归纳为三种:政府主导模式、法

---

[*] 浙江省温州市中级人民法院党组成员、执行局局长。
[**] 浙江省温州市中级人民法院审判委员会专职委员、三级高级法官。
[***] 浙江省温州市中级人民法院民二庭二级法官。
① 《企业金融风险处置工作府院联席会议纪要》(温政办函〔2018〕41号)(以下简称《温州预重整会议纪要》)。

院主导模式①、当事人主导模式②,浙江省温州市是政府主导模式的代表。综观国内各地的预重整指引,法院主导模式较为普遍。温州模式独树一帜,由政府主导预重整程序的推进。对于政府主导模式,学界有对行政权力过度干预和介入使预重整失去市场化自治协商的基本特征的担忧。必须特别强调的是,政府主导推动预重整不是重新回到旧破产法架构下行政直接干预企业破产的非市场化、非法治化的政策性破产老路。当前,破产法市场化实施中表现出的问题、遭遇的困难,主要原因之一免不了有政府未能积极、有预见地履行其职责,没有做到"为实施市场化破产程序创造条件",没有"使市场在资源配置中起决定性作用和更好发挥政府作用"。③ 在这一问题的解决上,浙江省温州市政府及有关部门早在 2012 年即认识到政府适度介入破产法的实施是政府的本职工作,是其应尽的法定职责。"政府管制经济学理论"④认为,企业破产有时恰恰是市场失灵的体现,才产生政府干预的必要性。浙江省温州市政府着眼于破产外部环境进行"行政干预",这种良性干预是为市场的运行提供基本条件,为市场的完善提供服务,是破产法市场化实施的过渡阶段所不可或缺的。⑤

　　行政干预可能扩张、渗透,在事实上形成强制性。在预重整过程中,政府需守住权力边界,确保行政权力始终保持克制,在行政干预和市场化自治协商之间维持平衡。温州模式预重整为此作了制度上的设计:一是坚持法治原则,尊重私权自治。政府在预重整过程中的系列行为当然得接受法律的规制。《温州预重整会议纪要》在开篇即旗帜鲜明地提出,预重整应坚持市场化和当事人自治原则。不论预重整利益相关方对预重整方案内容接受与否,均充分尊重各方意思自治,避免行政权力干预私权。政府主导的是预重整的程序走向,而非预重整的实质成败。二是选任专业中介机构担任管理人。政府主导模式并不像旧破产法下的政策性破产一样由政府清算组自行担任管理人。政府选任具有专业能力的

---

① 以广东省深圳市为代表。
② 以江苏省南京市为代表。
③ 王欣新:《论破产法市场化实施的社会配套法律制度建设》,载《人民法院报》2017 年 6 月 14 日,第 7 版。
④ 王俊豪:《政府管制经济学导论——基本理论及其在政府管制实践中的应用》,商务印书馆 2001 年版,第 332 页。
⑤ 参见曹文兵:《破产案件审理中司法权与行政权的边界》,载《湖北民族学院学报(哲学社会科学版)》2018 年第 1 期。

中介机构担任预重整期间的管理人，最大限度地维护各利益关系方和社会公共利益，也避免了行政权力的过度介入。三是司法权和行政权平衡。法院通过预登记制度和重大事项的司法备案对预重整程序跟进监督，确保预重整在法律框架内有序开展。

2. 预重整"温州模式"中的政府职能

从破产法市场化实施的客观国情来看，当前的过渡阶段需要政府履行引导和协调的职能，适当地介入破产法实施。

一是引导启动。温州模式中，预重整程序是由属地政府启动的，这是因地制宜的选择。浙江省温州市当地有重整需求的企业类型以中小制造业为主，债权人类型以金融债权人为主，中小民营企业其议价能力和自主谈判能力不足以完成预重整所需要的以重整为衔接目标的规范流程，如果没有具备公信力和权威性的政府机构引导启动预重整程序，恐怕在召集主要债权人集中开会时都存在困难。政府基于自身社会管理职能，对社会经济各方面影响的把握也更为宏观、周延。如果企业不具备重整可能，预重整的启动只会给债权人造成更大的损害，导致程序效力低下和社会资源的浪费，因此，由政府对预重整进行严格审查在当前是有必要的。

二是机构选任。预重整管理人具体参与预重整案件的全流程办理，为保障其在预重整中顺利履职，温州模式由属地政府参照管理人指定的相关法律规定和文件指定管理人，并征求债务人和主要债权人的意见。以浙江瑞集电子科技有限公司预重整案为例，政府邀请全省管理人名册中浙江省温州市中级人民法院辖区的中介机构报名竞争，并成立预重整管理人评审小组，评审小组由管辖法院、处置办、属地街镇、主要债权人、债务人等5~7人组成。既有法院的依法监督，也尊重了债务人企业和主要债权人的自主意愿。

三是资源协调。政府有能力在破产企业的有限资源之外调动其他各种社会资源，解决人民法院、债权人会议、债权人委员会和破产管理人无法解决的问题。在温州吉尔达鞋业有限公司预重整案中，属地政府在法律规范、原则和政策框架范围内，在小微园建设、厂房土地分割处置、引进投资人、协调银行争取支持方面进行了大量的协调，最终促成温州吉尔达鞋业预重整成功。

(二) 预重整"温州模式"运行的成效

基于强大的府院联动的实践，"温州模式"预重整机制运行顺利，先后推动多家具有挽救价值的当地核心优质企业实现重生。与同时期重整案件相比,经过预重整程序的重整案件,债权回收时间缩短,清偿比例提高,司法重整的成功率和审判效率大幅提升,取得良好的法律效果和社会效果。

1. 提高司法重整成功率

2017年至2021年6月,浙江省温州市两级法院共受理预重整案件13件,结案10件。2019年以来,因《温州预重整会议纪要》的出台及相关成功案例起到良好的示范引导作用,预重整案件开始明显增长,在审结的案件中,成功重整的案件占比70%。预重整制度有利于提高重整企业的清偿率,上述案件共化解债权近30亿元,平均清偿率达到18%。其中,有财产担保的5个案件共涉及担保债权3.5亿元,平均清偿率达到90%。

2. 有效缩短司法处置周期

在预重整转重整案件中,重整程序中的核心步骤,即债权审核、资产审计评估、重整计划制定、预审查、预表决等,已经在预重整程序中完成,大大提高企业破产案件的审理效率。据统计,浙江省温州市两级法院近年来普通重整案件审理期限大多在20~30个月,而经过预重整转重整成功的案件,预重整周期在3~9个月,重整周期平均审理期限在1.5个月左右,其中最短的为37日;有效避免了对债务人企业正常经营的干扰。

3. 妥善保全企业主体价值

近年来,浙江省温州市申请预重整的企业主要是中小民营企业,注册资本大多集中在2000万元至1亿元,产业类型以制造业为主,其中7成企业集中在电器、服装、鞋业、食品加工等轻工产业,其中不乏各行业中的龙头企业。浙江省温州市制造业企业体量偏小、风险多发、抗风险能力较弱,预重整的快速挽救机制,解决了司法重整程序周期长、不可逆的缺陷,有利于维持重整企业稳定连贯的生产经营,保留了一批品牌优质的重点企业。

4. 助力化解担保链风险

根据目前收集到的样本案例可以发现,浙江省温州市两级法院审理的预重整案件债权规模主要集中在1亿~10亿元。申请预重整企业的债权人类型以金融机构债权人为主,企业之间多存在互保现象。例如,温州吉尔达鞋业有限公司预重整案件中,金融机构债权人的债权比例高达99%,债权人高度类型化。金融机构债权人的债权比例过高,对于重整案件的推进来说并不友好。在破产重整过程中,囿于审批权限等原因,银行债权人对涉及放弃部分债权等表决事项很少投同意票。在预重整机制中,通过政府和法院的积极协调,有利于发挥金融债权人的积极作用,并通过金融债权人等主要债权人的积极参与一体解决企业继续经营、暂缓追究担保责任、新融资取得等关键问题,积极推动重整成功,有效控制担保链快速蔓延的风险。

二、各方主体在政府主导下的角色和作用

(一)预重整程序中的法院角色

1. 司法干预的必要性分析

国内主流观点认为,预重整具有程序耦合的属性,综合了庭外自主重组谈判和庭内正式重整程序的优势①。庭外重组和预重整最关键的区别就在于预重整方案强制效力的取得,预重整之所以会取代债务人与主要债权人的庭外重组机制成为主流,主要源于庭外重组机制对于司法干预的迫切需求②:一是预重整程序需要法院进行信用加持。司法机关具有客观中立性,债权人对其具有天然信赖性,司法机关的适时介入有利于打破僵局,提升债权人等利害关系人的信心,获得债权人对预重整的接受和支持。二是预重整程序需要法院的指导和监督。一方面,法院对预重整进行规则指导,便于预重整转入重整后可以通过法院的审查批准。另一方面,法院起到中立监管的作用。通过对债务人或管理人在企业经营和信息披露等方面的监管,避免发生不公平对待相关当事人的情况。

2. 司法干预的适度性边界

现阶段,需要通过司法干预来有效发挥预重整的制度价值,但司法干预需要适度。一是充分尊重各方意思自治。债务人企业的求生意愿是预重整程序得以启动的最初开关,最终能否重整成功,仍然是取决于债权人对重整方案的理解和认可,以及对债务人企业发展前景的预期。在债务人认为没有必要进行重整时,应当及时终止程序。在债权人认为重整不能达到预期目的时,应当尊重市场的选择。二是遵守司法的谦抑性原则。在预重整阶段,法院采取的干预措施应当

---

① 参见徐阳光:《困境企业预重整的法律规制研究》,载《法商研究》2021年第3期。
② 参见潘幼亭、朱晋华:《适度司法干预下的预重整程序》,载《人民司法》2021年第16期。

侧重于法律指导和监督,以放宽对管理人和债务人企业的限制,充分保障其积极行使权利。

3. 预重整"温州模式"中的法院职能

预重整"温州模式"中,法院履行指导和监督的职责,确保预重整方案与重整计划的司法衔接。

首先是规则指导。在债务人、债权人、管理人的预重整协商过程中,可能会为了各种商业上的考虑而作出安排,但这些安排未必全部满足法律规则的要求。此时,需要法院作为法律规则守护人,对于不符合法律规则的部分进行纠正,对于法律上不具备可行性的予以释明,避免各方协商的重整计划草案不具有法律上的可行性。相关内容包括但不限于:确定参与预重整的债权人范围,债权的核实方式,通知的方式与内容,明确重整计划草案应当具有的内容,债权人会议的召开、表决规则、表决效力等。

其次是备案监督。法院通过预重整预登记制度和重大事项的司法备案,对预重整跟进监督,包括预重整的受理登记、管理人的选任、评估和审计机构的选聘、信息披露的规范性、战略投资人引进方式等关键环节,确保重整安排能够保障各方的合法权益不受侵害,确保债权人在预重整期间所作的承诺在进入重整程序后对其仍有约束力。通过对企业经营和信息披露等方面的监管,可以有效避免因信息不对称产生的偏颇清偿、转移资产和逃废债务等道德风险行为。

最后是程序衔接。一是与执行程序的衔接。预重整不具有中止对债务人财产的执行的程序效力,实践中拟进行预重整的企业往往都是被执行人,而且其主要财产都被执行程序查封、冻结,要想推进预重整工作,执行工作必须中止。但是在现行法律没有明确规定的情况下,中止执行工作缺乏法律依据,实践中主要依靠法院审执部门协同配合解决,采取对预重整资产总体上暂缓执行、个别资产优先处置的原则,区别对待企业资产,使预重整程序得以平稳推进。在整体暂缓执行的前提下,剥离与重整无关的资产,降低负债额度,减少预重整难度。二是与重整程序的衔接。预重整制度的核心在于预重整程序中的谈判成果可以通过重整程序得到固化。《温州预重整会议纪要》第9条规定:"重整计划草案由债务人或管理人制定,并提交债权人会议进行预表决。同意重整计划草案的表决票效力可以带入重整程序。"该核心条款使预重整制度更有操作性,债权人在预重整程序中所作出的同意承诺,法院将不予准许反悔;债权人在预重整程序中所作出反对意见，还要秉持有利于案件审理的原则，在重整程序中赋予其再次表决的权利，并应允许其作出改变。①

（二）预重整程序中的管理人角色

1. 设置预重整管理人的必要性

预重整程序专业性要求高，无论债务人、债权人或中立机构，均难以独立完成。有学者认为，预重整阶段是需要一个辅导机构或辅助机构来开展相应工作，但称之为管理人会导致对预重整程序功能和管理人职能的误解。对这一观点，笔者十分赞同。预重整管理人的职责确实有别于正式重整阶段的管理人，如预重整管理人不能行使待履行合同解除权、破产撤销权等。温州模式的预重整制度设计中之所以将辅助机构称为管理人，也是制度创新中出于实务需求的选择。我国的破产实践还远未到达成熟的程度，当前国内除管理人队伍外并没有具备企业重整能力的中介机构团体。而且管理人角色有一定社会认知度，管理人在破产事务中所具备客观、中立和专业的职业形象，便于债务人、债权人理解和接受。同时，考虑预重整成功转入重整程序后的管理人续任问题，从节约司法程序成本的角度来说，选任名册内的管理人，后续转入重整程序时可以直接留用，更有利于程序的衔接转换。

2. 预重整"温州模式"中的管理人职责

预重整管理人的职责有别于正式重整阶段的管理人，履行的主要是预重整辅助机构的职能。预重整"温州模式"中，预重整管理人负责组织审计工作，制作债务人资产状况报告，组织主要债权人会议，招募战略投资人，起草预重整计划草案等，并向政府、法院、主要债权人会议汇报工作。管理人在组织债权人会议和预表决中也是主力，预重整实例已经反映出，一般都是由少数几家金融机构债权人决定着预重整的进程。金融债权人对涉及债权人表决的事项很少投同意票，一般以投反对票或者弃权居多。获得金融债权人的同意票，一直是企业破产重整工作的一大难点，优秀的管理人在预重整案件发挥的作用是巨大的，能与银行从财务专业角度进行沟通，提高参与者在法庭内对重整计划表决通过的可

---

① 参见潘光林、方飞潮、叶飞：《预重整制度的价值分析及温州实践——以温州吉尔达鞋业有限公司预重整案为视角》，载《法律适用》2019 年第 12 期。

能性。

3. 管理人在重整程序中的衔接问题

一是预重整管理人的续任。《温州预重整会议纪要》第 13 条规定:"预重整转入重整程序的,原则上应指定预重整阶段的管理人继续担任管理人。"避免更换管理人对重整工作带来不必要的波动及成本增加。预重整管理人也存在被更换无法续任的情形。一种是预重整转入重整程序,第一次债权人会议决议更换管理人的,则应通过竞争方式指定管理人①;另一种是预重整失败后,债务人仍申请重整并进入重整程序的,预重整管理人不能直接续任,也应根据相关法律规定采取竞争方式指定重整管理人。第二种情形中,预重整管理人不因担任过预重整辅助工作而丧失在庭内正式重整程序中竞争担任重整管理人的资格。

二是预重整管理人的报酬问题。《温州预重整会议纪要》第 14 条规定:"预重整失败的,由债务人向管理人支付合理报酬。债务人向管理人支付合理报酬不属于偏颇性清偿。预重整转入重整程序的,管理人报酬在破产程序中由法院一并决定,不再单独计算预重整阶段的管理人报酬。"原则上,裁定受理重整申请的,重整管理人报酬按照最高人民法院《关于审理企业破产案件确定管理人报酬的规定》执行,预重整期间管理人履职表现作为法院确定或调整管理人报酬方案的考虑因素,管理人不另行收取预重整报酬。但是当预重整程序以失败告终后,预重整管理人工作酬劳依其与债务人的协商确定。

(三) 预重整程序中的债权人会议

1. 参与预重整程序的债权人范围

预重整的低透明度和债权人的有限参与度既是这一程序固有和内在的特点,也是其价值和优势所在。② 预重整秘密性谈判的目的不是为了损害普通债权人利益,而是更有利于重整成功,因为公开谈判往往事与愿违,反而不利于重整成功。从法律规范层面来看,最高人民法院《关于适用〈中华人民共和国企业破

---

① 浙江省高级人民法院于 2019 年出台的《破产案件管理人指定工作规程》第 27 条规定:"预重整转入重整程序的,原则上应指定预重整阶段的管理人继续担任管理人。第一次债权人会议决议更换管理人的,则应通过竞争方式指定管理人。被更换的管理人前期所开展的工作,根据最高人民法院《关于审理企业破产案件确定管理人报酬的规定》,结合其履职业绩合理确定报酬。"

② 参见徐阳光:《困境企业预重整的法律规制研究》,载《法商研究》2021 年第 3 期。

产法〉若干问题的规定(三)》第 11 条对"权益未受到调整或影响的债权人"的理解可以作为确认预重整参与人的参照。另外,对重整计划草案的表决不具有决定影响的小额普通债权人,一律要求其参与并无必要。在实务操作中,出于效率和程序顺畅的考虑,预重整程序一般要求主要债权人参与即可。

2. 预重整"温州模式"中的债权人会议

债权人由全体债权人以自己名义参与预重整不具有普遍的可行性,高效组织主要债权人参与预重整表决非常重要。在组织的过程中,由于企业负债普遍存在多样性,不同类型债权人的认知、诉求大为不同,通过单个债权人会议使不同类型债权人达成一致存在相当大的难度。因此,从提高重整效率和成功机会的角度考虑,预重整期间的债权人会议应当类型化,通过集中相对一致的利益诉求提高谈判效率。例如,温州吉尔达鞋业有限公司预重整案中,政府根据债务人的债务类型和特征,以原中国银行业监督管理委员会《关于做好银行业金融机构债权人委员会有关工作的通知》为依据,指导金融机构债权人组建金融债权人委员会作为债权人的议事机构,并在其中积极协调参与。

三、温州模式对破产法完善的借鉴意义

(一)统一预重整立法及规则

我国现行破产法对预重整制度未作出规定,导致预重整程序应用时的不统一,在当前实践对预重整制度有强烈需求的情况下,立法应回应现实需求,对该项制度作出相关规定。浙江省温州市在出台预重整会议纪要后,债务人的心理预期得以明确,陷入财务困境的企业更倾向于选择进入预重整程序,预重整的成功经验得以在当地有效复制推广。建议在企业破产法的修改中增加预重整相关条文,并由最高人民法院出台全国适用的预重整审判指引或者指导性意见,以确立和规范预重整的法律地位和程序规则,解决包括预重整启动后对执行程序的效力、预重整信息披露的标准等实务难题,对审判实践进行正确引导。

(二)探索设立破产行政管理机构

破产审判中,必然遇到的破产衍生社会问题,包括财产接管、职工安置、资产处置、税收处理、金融协调、信用修复、企业注销、破产费用保障等问题的协调处

置,更需要引入行政力量推动破产审判程序。浙江省温州市法院通过府院联动探索制度创新,形成了现有的一套相对可行的制度,在预重整中也取得良好成效。但由于专门性破产行政管理机构的缺失,目前预重整的行政职能是通过抽调各个行政管理部门的专人组成风险企业帮扶和银行不良贷款处置工作小组办公室(以下简称处置办)来推动的,其优势是协调工作更灵活有效。但处置办作为一个临时机构,其运作架构、协调机理缺乏稳定性和长期性,破产行政事务应当由专门的行政管理机构履行,可以下设专门用于担任预重整中立机构的部门或指定专人办理。广东省深圳市在司法局下设破产事务管理部门,履行管理个人破产事务的协调机制等行政管理职责。广东省深圳市的探索是一个有益参考,在我国,也可以是由国务院设置破产管理局,在省级地方政府设置分支机构,对破产程序进行全面综合管理,实现破产审判权与行政管理事务的分离。

四、结　　语

具有预先拯救功能的预重整制度,在今后一段时间仍将是政策推进和法律实施所共同关注的问题。关于如何完善与预重整相关的制度建设和规则供给,如何把握在破产法市场化实施的过渡阶段预重整各方的角色定位,如何构建更加有效的府院联动机制等问题,笔者将继续总结经验,指导审判实践,进一步推动预重整乃至整个重整制度发挥其独有的制度价值和作用,以专业精准的司法服务和保障,打造市场化、法治化、国际化的营商环境,进一步助推经济高质量发展。

论参与预重整程序的债权人范围

方达预重整研究小组[*]

一、我国的预重整程序

最高人民法院于 2018 年发布的《全国法院破产审判工作会议纪要》第 22 条规定,全国各地法院探索庭外重组与庭内重整的衔接①,即在债务人未进入重整程序前,债权人、股东等利害关系人可以在不受司法干预的环境中自发地去制定债务重组方案,当重整程序启动后,可以根据事先拟定的重组方案制定重整方案并提交法院审查批准。随后,最高人民法院于 2019 年发布的《全国法院民商事审判工作会议纪要》第 115 条规定,继续推进庭外

---

[*] 方达预重整研究小组系由上海市方达律师事务所合伙人季诺律师牵头并负责的专题研究小组,现有成员还包括陈冠兵律师、陶倩瑛琦律师、赵晨草律师等。在此一并感谢孙伦文、毛嘉良对本文的贡献。

① 《全国法院破产审判工作会议纪要》第 22 条规定:探索推行庭外重组与庭内重整制度的衔接。在企业进入重整程序之前,可以先由债权人与债务人、出资人等利害关系人通过庭外商业谈判,拟定重组方案。重整程序启动后,可以重组方案为依据拟定重整计划草案提交人民法院依法审查批准。

重组与庭内重整衔接的探索工作①,并针对重整程序之前问题企业与债权人达成的协议效力作出有利于重整计划表决通过的规定。基于最高人民法院的以上要求,在改善营商环境的大背景之下,各地法院探索出了各自特色鲜明的预重整模式,并出台了许多预重整案件的审理规定。我国当前各地探索出的预重整模式大致可划分为以下两种。

(一)庭外的预重整模式

该种预重整模式主要是指法院受理案件前的预重整模式,它首先由债务人与其债权人及利害关系人进行谈判,在充分谈判、协商的基础上形成一份能够为各方所接受的重整方案后,由债务人或债权人向法院提起正式的重整申请。该种模式往往是由银行或财团主导谈判,就债务人所负的贷款债务展开新的财务安排②。该种模式的特点是,在正式进入重整程序前的阶段,即在债权人和债务人就重整方案进行谈判协商的阶段,法院不起主导作用,主要依赖当事人的意思自治。

(二)庭内的预重整模式

近几年来,随着预重整实践的不断深入探索,大量法院和地方政府纷纷接受预重整模式,在此情况下,形成了两种由法院登记受理的预重整模式:一种是以浙江省温州市为代表的,由政府主导法院配合的预重整模式,即温州模式;另一种是以广东省深圳市为代表的,由法院主导并仿照庭内重整开展工作的预重整模式,即深圳模式。

就"温州模式"而言,预重整由地方政府启动,并由法院予以登记。2018年12月27日,浙江省温州市人民政府办公室于印发《企业金融风险处置工作府院

---

① 《全国法院民商事审判工作会议纪要》第115条规定:继续完善庭外重组与庭内重整的衔接机制,降低制度性成本,提高破产制度效率。人民法院受理重整申请前,债务人和部分债权人已经达成的有关协议与重整程序中制作的重整计划草案内容一致的,有关债权人对该协议的同意视为对该重整计划草案表决的同意。但重整计划草案对协议内容进行了修改并对有关债权人有不利影响,或者与有关债权人重大利益相关的,受到影响的债权人有权按照企业破产法的规定对重整计划草案重新进行表决。

② 参见臧开文:《论我国预重整制度的发展与完善——以改善营商环境为视点》,载《黑龙江省政法管理干部学院学报》2020年第5期。

联席会议纪要》,对预重整制度作出专项指示。温州模式的主要特点为政府主导预重整程序。

就"深圳模式"而言,该种预重整模式主要是指债权人或债务人向法院提出预重整申请,被法院受理后,由法院指定管理人按照破产重整的工作流程开展预重整工作,法院在整个预重整阶段处于主导地位。

二、预重整程序之衔接程序的定位

根据联合国国际贸易法委员会《破产法立法指南》中"解决债务人财务困境机制"的安排,对问题企业的拯救手段主要有两种:一种是法庭外重组,另一种是法庭内重整[1]。此外,《联合国破产法立法指南》指出,通过建立一种"简易重整程序"来衔接法庭外重组和法庭内重整对提高破产法的效率有很大帮助[2]。若将法庭外重组中当事人所达成协议的效力延伸至法庭内重整,会大大提高正式重整的效率,且正式重整程序所需费用会降低,避免浪费法庭内重组的工作成果。基于以上两点,各国在法庭外重组和法庭内重整这两个拯救问题企业的基本手段之上,相继规定了预重整制度来衔接法庭外重组和法庭内重整,以获得二者的双重优势[3]。实际上,《联合国破产法立法指南》所称的能够衔接法庭外重组与法庭内重整的"简易重整程序"就是目前各国的预重整程序[4]。

《中华人民共和国企业破产法》虽然没有规定预重整制度,但近年来理论界和实务界逐渐认识到预重整制度的重要性。我国的两种预重整模式相对于《破产法立法指南》中的"简易重整程序"均有不同,笔者认为,我国应当在厘清预重整程序与法庭外重组、法庭内重整两种问题企业拯救手段关系的基础上定位我国的预重整程序。

(一)庭外重组与庭内重整的关系

庭外重组即法庭外债务重组,它是指在不受司法权干预的情况下,对债务人

---

[1] 参见联合国贸易法委员会:《破产法立法指南》(2004年中文版),第28页。
[2] 参见联合国贸易法委员会:《破产法立法指南》(2004年中文版),第212页。
[3] 参见张婷、胡丽玲:《预重整制度理论与实践》,法律出版社2020年版,第53页。
[4] 参见张艳丽、陈俊清:《预重整:法庭外重组与法庭内重整的衔接》,载《河北法学》2021年第2期。

的资产负债结构进行调整的业务重组活动或财务重组活动①。因此,庭外重组是在法庭及破产法调整之外,通过债务人及债权人等的谈判协商进行的债务重组活动。与庭外重组相对的,是由破产法规定的庭内重整,它是按照破产法规定的重整程序进行资产负债结构调整的司法程序。《破产法立法指南》指出,在法庭内的重整程序和清算程序之外,可以建立债权人和债务人之间的谈判程序,它往往由占据债务人债权比例较大的金融债权人(多为银行)发起和主导,其目的在于解决债务人的金融债务②。

庭外重组与庭内重整具有以下不同点:第一,司法属性不同。庭外重组是在法庭外进行的活动,不受司法机关的约束,属于意思自治的范畴;庭内重整由法庭主导,受到破产法的调整,具有司法属性。第二,遵循法律不同。在庭外重组中,债权人与债务人、投资人的协商谈判主要依据民法典、公司法等民商事实体法来进行;而在庭内重整中,涉案各方主体是在法庭的主导下,严格遵循破产法规定的重整程序及相关规定。第三,达成协议的效力不同。在庭外重组中,债务人与债权人、投资人达成的债务重组方案(协议),本质上是各方在意思自治下就债务人企业的资产负债结构调整事项达成的合同,因此基于合同的相对性原则,该债务重组方案对没有参与债务重组活动的主体不具有约束力;而在庭内重整中,经法院裁定批准的重整计划对所有债权人均产生约束力。

由于庭外重组和庭内重整达成协议的效力不同,如将庭外重组阶段达成的债务重组方案延续至庭内重整的重整计划,极易因表决不通过所引发的"钳制"问题导致庭外重组活动前功尽弃。因此,有必要通过能够衔接庭外重组和庭内重整的预重整程序,以解决"钳制"问题。

(二)我国预重整程序的应然定位

目前,多数观点认为,预重整程序是应当规定在正式重整程序启动之前,以确保在庭外重组中达成的协议能够顺利在正式重整程序中得到法院批准、获得

---

① 参见郑志斌、刘玥译:《法庭外债务重组》,载王卫国、郑志斌主编:《法庭外债务重组》第1辑,法律出版社2017年版,第41页。
② 参见联合国贸易法委员会:《破产法立法指南》(2004年中文版),第21页。

司法效力的程序①。更有权威学者指出,预重整程序是依赖于正式重整程序,为正式重整程序做准备的,置于正式重整程序之前的辅助性程序②。基于以上情况,笔者认为,我国的预重整程序是受破产法调整,在法院的有限参与下由法庭外重组过渡至法庭内重整的衔接程序。预重整程序应当具有如下特征:第一,预重整程序受破产法调整,规定于破产法内;第二,预重整程序是司法程序的一部分;第三,预重整程序强调当事人的意思自治,法院不在程序中占据主导地位,仅针对特定事项进行有限参与;第四,预重整程序的启动是正式重整程序启动的充分不必要条件;第五,预重整程序是将法庭外重组达成的协议过渡至法庭内重整的衔接程序。

三、参与预重整程序的债权人范围:基于衔接程序的定位

基于对预重整程序之衔接程序的定位,预重整程序中的具体制度设计应当与正式重整程序中存在不同,如在参与程序的债权人范围③的问题上,各国对庭外重组与庭内重整规定的参与范围均作出了不同的要求,而作为衔接二者的预重整程序,其参与范围与两大机制的参与范围息息相关。

(一)两大机制的参与范围

1.庭外重组的参与范围

通常而言,庭外重组的参与范围并不会扩大至所有债权人。

《破产法立法指南》指出,庭外重组并非总是可以或者有必要让全部债权人参加,庭外重组通常涉及债务人和一类或多类债权人,如股东、债券持有人、贷款人等,此外还有可能涉及卷入债务人企业较深、对债务人重组有重要作用的非机构债权人④。因此,根据《破产法立法指南》,可以得出庭外重组的参与范围具有以下特征:第一,庭外重组的参与范围不等于全部债权人;第二,庭外重组没有必

---

① 参见张世君:《我国破产重整立法的理念调适与核心制度改进》,载《法学杂志》2020年第7期。
② 参见王欣新:《充分发挥预重整制度在企业挽救中的作用》,载《中国审判》2017年第33期。
③ 为表述方便,如无特别说明,后文的"参与程序的债权人范围"均简化为"参与范围"。
④ 参见联合国贸易法委员会:《破产法立法指南》(2004年中文版),第213页。

要让全部债权人参加;第三,参与庭外重组的债权人通常是对解决债务人财务困境有较大影响的金融债权人;第四,如某个债权人对解决债务人财务困境有很大影响以至于不让其参加庭外重组就无法有效开展庭外重组,那么即使该债权人不符合特征三的要求,也应当赋予其参加庭外重组的权利。

我国专门针对庭外重组的具体规范尚待完善,究其原因,庭外重组本身为高度市场化的行为,其主要根据公司法、合同法等民商事实体法展开,现有制度已经为庭外重组提供了良好的土壤。在规范层面,《企业会计准则第12号——债务重组》将债务重组定义为在不改变交易对手方的情况下,经债权人和债务人协定或法院裁定,就清偿债务的时间、金额或方式等重新达成协议的交易①。该处所指的债务重组并不局限于法庭外重组。

此外,特别重要的是我国于2020年12月28日发布并实施的《金融机构债权人委员会工作规程》中的第2条赋予了金融机构可以在债务人存在债务困难时成立金融机构债权人委员会②。笔者认为,该条规定能够适用于庭外重组,也说明金融机构在庭外重组中能够成立金融债权人委员会。由于金融机构往往债权数额比例大,因此,金融机构作为庭外重组范围中不可或缺的一员,也符合《联合国破产法立法指南》中的建议。

在实践层面,二重重整案在进入重整程序以前,经历了相当长实践的庭外重组阶段。二重危机爆发后,在国务院国有资产监督管理委员会和原中国银行业务监督管理委员会的指导下,涉及二重的近30家金融机构债权人成立了"中国二重金融债权人委员会"与二重就债务重组事项谈判③。因此,从我国规范和实践两个层面来看,我国的庭外重组参与范围与《破产法立法指南》所提出的建议并无差异,多以债权性质为融资性债权且数额占比较大的金融机构为主。

2.庭内重整的参与范围

就庭内重整中重整计划的表决而言,通常做法是给予所有因受到重整计划影响其权益的债权人以表决权。

---

① 《企业会计准则第12号——债务重组》第2条。
② 《金融机构债权人委员会工作规程》第2条规定:针对债务规模较大、存在困难的非金融债务企业,3家以上持有债权(含贷款、债券等)、管理的资产管理产品持有债权、依法作为债券受托管理人的银行保险机构和证券期货基金经营机构等(以下统称金融机构)可以发起成立金融机构债权人委员会。
③ 参见张婷、胡丽玲:《预重整制度理论与实践》,法律出版社2020年版,第78页。

《破产法立法指南》指出,只有给予债权人(包括担保债权人)对重整计划的表决权,才能使该等债权人受到重整计划的约束[1]。因此,根据《联合国破产法立法指南》,不论该债权人是普通债权人还是担保债权人,抑或是其他性质的债权人如税收债权人等,只要该债权人受到了重整计划的约束,就应当赋予其对重整计划的表决权。

我国的做法与国际通行做法基本一致。最高人民法院《关于适用〈中华人民共和国企业破产法〉若干问题的规定(三)》第11条规定[2],只要债权人或股东的权益受到重整计划草案的调整或影响,那么该债权人或股东就有权对重整计划草案的通过进行表决。

(二)各地预重整规则关于债权人参与范围的规定

目前,我国各地的预重整规则,均未对参与预重整的债权人范围作出专门规定,且一般默认参与预重整的债权人范围为全体债权人。以北京市与广东省深圳市为例:

在《北京破产法庭破产重整案件办理规范(试行)》中,虽未规定预重整的债权人参与范围,但北京法院认为"包括全体债权人在内的各方预重整参与人一致同意预重整方案,申请人请求撤回重整申请,由各方自行庭外重组的,人民法院一般应当裁定准许"[3],从上述规定可以推断出北京法院认为,预重整参与人是将全体债权人包括在内的,无须限定范围。

在《深圳市中级人民法院审理企业重整案件的工作指引(试行)》中,也未规定预重整的债权人参与范围,但深圳市中级人民法院认为"在预重整期间,债务人可以在信息充分披露的前提下,就制作的重整方案征求出资人、债权人、意向

---

[1] 参见联合国贸易法委员会:《破产法立法指南》(2004年中文版),第194页。

[2] 最高人民法院《关于适用〈中华人民共和国企业破产法〉若干问题的规定(三)》第11条规定:……根据企业破产法第82条规定,对重整计划草案进行分组表决时,权益因重整计划草案受到调整或者影响的债权人或者股东,有权参加表决;权益未受到调整或者影响的债权人或者股东,参照企业破产法第83条的规定,不参加重整计划草案的表决。

[3] 《北京破产法庭破产重整案件办理规范(试行)》第30条规定:包括全体债权人在内的各方预重整参与人一致同意预重整方案,申请人请求撤回重整申请,由各方自行庭外重组的,人民法院一般应当裁定准许。

投资人等利害关系人的意见"①,从上述规定可以看出,在对预重整方案的表决中,深圳法院仅使用了"债权人"的表述,并未就债权人范围作出特别规定。

(三)预重整程序中债权人参与范围的调整建议

基于预重整程序之衔接程序的定位,笔者认为预重整程序的参与范围应具有如下特征:第一,预重整程序的参与范围不小于庭外重组的参与范围;第二,预重整程序的参与范围不大于庭内重整的参与范围。因此,预重整程序的参与范围最大是所有被重整计划草案调整了权益的债权人,最小是融资性债权人(金融债权人)。但是,将预重整程序的参与范围确定到这个程度是不够的,应当进一步缩小该范围。

预重整程序是为了克服传统重整程序的刻板而诞生的变通做法,通过衔接庭外重组与庭内重整,在重整之前进行谈判,发挥当事人的意思自治②,在维护公平的前提下制定预重整计划。因此,预重整的主要规则是围绕预重整计划的制定来构建的,具体到参与范围问题,即应当由哪些人对预重整计划表决。一方面,预重整程序的一大优势是其效率优势,避免企业拯救的过度拖延,因此参与人数越少,在预重整阶段需要调整的利益就越少,越有利于预重整程序的进行;另一方面,预重整程序的一大目的是解决"钳制"问题,因此如果参与预重整程序的债权人范围过于狭窄,则尽管预重整计划能够更容易获得通过,但进入重整程序后,"钳制"问题并不能获得有效解决,预重整程序将与其诞生之初的目标背道而驰。

综上所述,在预重整之衔接程序应有的范围基础上,应在满足能够解决"钳制"问题的前提下,尽可能地缩小预重整程序的参与范围。因此,笔者认为,参与预重整程序的债权人范围应当以限于融资性债权人为原则,以具有重大影响的债权人为例外。

1. 参与范围以限于融资性债权人为原则

一方面,从重整程序的价值出发,均认为权益未受重整计划调整的债权人对

---

① 《深圳市中级人民法院审理企业重整案件的工作指引(试行)》第34条规定:在预重整期间,债务人可以在信息充分披露的前提下,就制作的重整方案征求出资人、债权人、意向投资人等利害关系人的意见。符合下列情形之一的……并提请合议庭召开债权人会议进行表决。

② 参见王佐发:《预重整制度的法律经济分析》,载《政法论坛》2009年第2期。

重整计划草案没有表决权。那么,为重整程序做准备的预重整程序,也应当被推定适用该种对表决权的安排,这就是预重整中的直通车程序(ride through),即在预重整程序中,如果某些经营性债权人的利益没有受到预重整计划的调整,则他们不必在预重整程序中投票且继续与债务人保持业务合作关系[1]。

另一方面,从我国预重整程序的实践来看,融资性债权的数额在企业债务中占很大比例。换言之,若作出能够让融资性债权人认可的重整方案,重整就成功了一大半。那么,将参与范围限定为以融资性债权人为主的做法,是符合在满足能够解决"钳制"问题的前提下,尽可能缩小预重整程序参与范围的要求的。

2. 参与范围以具有重大影响的债权人为例外

预重整程序的目标是解决"钳制"问题,但是在预重整实践中,除融资性债权人对预重整计划的制定与表决有很大话语权之外,某些卷入债务人很深的债权人也会对预重整方案的制定与表决有很大影响力,以至于若不让该债权人参与预重整计划的制定与表决,则即使预重整方案通过并进入重整程序后,如该债权人不同意预重整方案的内容,重整计划就不会被表决通过。一般而言,该种债权人往往具有以下的特征:第一,该种债权人对债务人的了解非常深入;第二,该种债权人已经与债务人保持了长久的合作关系;第三,该种债权人具有强大的市场地位,是债务人的上下游产业的核心。

为确保"钳制"问题能够得到有效解决,避免预重整工作前功尽弃,笔者认为,预重整程序也应当将上述对重整方案的实施具有重大影响的债权人纳入参与范围。

3. 制度衔接上以金融机构债权人委员会为依托

预重整程序应当结合金融机构债权人委员会制度适当发展。原因在于:首先,经过原中国银行业监督管理委员会等监管部门的指导,金融机构债权人委员会制度已经在实践中普遍运用,且对债务重组的程序和规则有了比较多有益的探索,如2020年12月28日发布的《金融机构债权人委员会工作规程》;其次,金融机构债权人委员会有利于打通预重整程序中的债务人与债权人的集体协商机制,由债权人委员会代表金融机构债权人与债务人进行集中协商,并给予必要的新增信贷支持;最后,金融机构债权通常在企业债权中占比较大,能够在很大程

---

[1] 参见王佐发:《预重整制度的法律经济分析》,载《政法论坛》2009年第2期。

度上影响甚至决定企业债务重组的成败。

目前,已经有地方法院尝试在预重整程序中借助金融机构债权人委员会来化解债务危机,如江苏省南京市中级人民法院《关于规范重整程序适用提升企业挽救效能的审判指引》第 22 条规定:"在申请预重整前或预重整期间,对于金融债权比重较大、金融债权人人数众多的,金融债权人可以由金融监管部门牵头组织或自行发起成立金融债权人委员会,提前参与企业危机化解工作。"

四、结　　语

近年来,预重整制度在多数省市均有实践,在部分案件中,预重整程序的确发挥了促进债权人与债务人协商的功能,形成了预重整方案。但是,在另一部分案件中,预重整成为正式重整逃避审限的工具,甚至成为规避管理人指定规则的工具。并且,在绝大多数案件中,预重整程序均完全按照正式重整程序展开,甚至在不少案件中,呼吁和实现了预重整框架下的中止执行和解除查封等效果,导致预重整程序和正式重整程序功能重叠,在一定程度上侵害了破产重整制度。再加之预重整程序缺少上位法依据,实践中存在为创新而创新的动机,影响了破产重整制度的实施。就其本质而言,预重整制度缺乏明确的定位和功能界定。笔者认为,从预重整债权人参与范围出发,重新认识和明确预重整制度的定位,有助于加强和完善预重整制度的功能,使之成为破产制度的有益补充而非重叠。

预重整期间的债务人涉诉案件问题及解决思路

李乐敏* 刘梦群**

一、预重整制度出现具有必然性

近年来,全国范围内关于破产案件的数量不断攀升,2020年年底,全国法院共受理破产案件83,546件、破产审查案件33,608件,但通过破产重整程序能够重整成功的案件却寥寥无几。笔者以"破产"为关键词检索出2019年、2020年全国法院受理进入破产程序的案件分别多达21,785件、39,573件(不排除一家破产企业多个裁定的可能)。然而,破产重整程序对于危困企业的拯救效力是有限的,市场急需多样化的路径盘活危困企业。

有学者考据,最早进行的预重整实践是在1986年[1],美国诞生了第一例大公司采用预重整模式解决债务重组问题。而中国自2013年甚至更早,各大法院、管理人、债权人、债务人等均在积极探索除破产重整程序外的有效帮助企业脱困的方式,在各方的努力下摸索出预重整这

---

* 浙江振邦律师事务所主任。
** 浙江振邦(杭州)律师事务所律师。
[1] 参见王佐发:《预重整制度的法律经济分析》,载《政法论坛》2009年第2期。

种在庭外重组和破产重整两种制度的基础上融合创新的企业挽救辅助性模式。①在我国,预重整至今并无统一的定义,但最高人民法院于 2017 年 8 月 7 日印发的《关于为改善营商环境提供司法保障的若干意见》中提出,"加强对预重整制度的探索研究",随后在《全国法院破产审判工作会议纪要》中再次提出,"探索推行庭外重组与庭内重整制度的衔接",提出可以庭外重组方案为依据拟定重整计划草案提交人民法院依法审查批准。《加快完善市场主体退出制度改革方案》提出"研究建立预重整和庭外重组制度",提出实现庭外重组制度、预重整制度与破产重整制度的有效衔接,强化庭外重组的公信力和约束力。自此,预重整制度渐渐被大众所熟知并应用。

笔者通过检索联合国国际贸易法委员会《破产法立法指南》及我国 26 个省、市(分别为北京市、广州市、重庆市、南京市、青岛市、厦门市、深圳市、温州市、浙江省、郑州市、苏州市等)关于预重整的相关规定发现,北京破产法庭颁布的《破产重整案件办理规范(试行)》对预重整的定义进行了较为详尽的描述,且为北海市等多个地区借鉴沿用。该规范第三章第 27 条规定,"预重整"是指为了准确识别重整价值和重整可能、降低重整成本、提高重整成功率,人民法院在以"破申"案号立案后、受理重整申请前指定临时管理人履行本规范第 36 条规定的职责,债务人自愿承担本规范第 38 条规定的义务,由临时管理人组织债务人、债权人、出资人、重整投资人等利害关系人拟定预重整方案的程序。从定义即可看出,预重整程序的显著特征是主导该程序的人是法院及政府相关部门之外的与该案件具有利害关系的人,注重多方磋商的技巧及效率。例如,深圳市福昌电子技术有限公司预重整成功转入重整,该案是国内第一宗通过预重整成功的案件,被评为全国法院服务供给侧结构性改革十大典型案例。② 相较于正式的破产重整程序,预重整的操作方式更灵活高效,但预重整在助力企业脱困方面并不能做到所向披靡,信任危机和管理人的统筹能力是预重整阶段能否成功的关键因素。

相较于破产重整程序,预重整被普遍认为具有可以有效提高重整成功率、挽救危困企业商业信誉等优势,但现如今的预重整程序在启动、实施的过程中都不同程度地遇到诸多亟待解决的困惑。例如,在预重整启动阶段,对于债务人的要

---

① 参见王欣新:《预重整的制度建设与实务辨析》,载《人民司法》2021 年第 7 期。
② 深圳市福昌电子技术有限公司重整案——广东省高级人民法院发布 2017 年度破产审判十大典型案例之一。

求较高,江苏省苏州市吴中区人民法院规定,可以适用预重整模式的债务人必须满足是上市公司的子公司、母公司及对上市公司影响较大的关联公司等条件;河南省郑州市中级人民法院规定,债务人要满足债权人数众多、债权债务关系复杂等条件。所以,预重整尽管广为应用,但在司法实践中遇到的问题却是不胜枚举。除启动难外,预重整程序中对债务人涉诉时是否中止审理、是否停止计息、是否中止执行、和解的主体及效力等问题已经困扰笔者多时,下文笔者将对这些问题进行探析。

二、预重整程序对债务人涉诉案件的阻却力较弱

(一)预重整程序对中止审理的阻却力分析

案例1:山东省郓城县人民法院审理的济宁银行股份有限公司菏泽郓城支行与菏泽市博恒印刷有限公司、董某利金融借款合同纠纷一案[①],该案中法院对被告抗辩其已进入预重整阶段请求中止审理的诉求未予以支持,但判决结果却表明了法院对于进入预重整的债务人予以暂停计息是持肯定态度。

案例2:浙江省温州市鹿城区人民法院审理的高某鹏、浙江万川房地产开发有限公司、温州万国房地产开发有限公司等房屋租赁合同纠纷案中[②],法院对债务人提起的中止审理的诉请认为,"预重整程序系政府部门行使行政管理职能的范畴,不属于司法诉讼程序,万川公司、万国公司的上述主张,缺乏法律依据,本院不予采纳"。

案例3:恒诚机械公司、广兴石油装备公司在2018年2月28日、3月14日分别被山东省东营市垦利区法院作出了预重整的裁定,两家公司分别进入了预重整程序。后山东省东营市河口区人民法院受理的杜某某与郭某某、恒诚机械公司、广兴石油装备公司的借款合同案中,两家公司以已经进入预重整为由申请中止审理并停止计息,被法院驳回,并判决两家公司对杜某某的债务承担连带清偿责任,利息给付至实际付清之日止。[③]

笔者通过比较各地法院出台的预重整相关操作指引及检索大量案例发现,

[①] 山东省郓城县人民法院民事判决书,(2021)鲁1725民初742号。
[②] 浙江省温州市鹿城区人民法院民事判决书,(2018)浙0302民初10240号。
[③] 山东省东营市河口区人民法院民事判决书,(2018)鲁0503民初257号。

现阶段大部分的法院对于预重整债务人进入诉讼阶段是否中止审理分两种情况：一是当事人在法院尚未裁定受理破产申请前进行的预重整案件，因为缺乏法律依据不会被法院支持中止审理的诉请。二是对法院受理破产重整后转入的预重整，司法实践不太统一，此种情况下，应当分情况决定是否适用《中华人民共和国企业破产法》(以下简称《企业破产法》)的规定予以裁定中止审理。因为，此种情形下法院已经裁定受理破产重整，债务企业已经进入重整程序，后因当事人申请再转入预重整，对此，可视为债权人就债务人的财产提起的民事诉讼发生在破产程序中，故可适用最高人民法院《关于适用〈中华人民共和国企业破产法〉若干问题的规定(二)》第 21 条的规定中止审理。[①] 然而，也并不是此种情形下法院就一定要裁定中止审理，还是要回到中止审理该条规则设定的立法原意。根据《企业破产法》第 20 条规定："人民法院受理破产申请后，已经开始未终结的有关债务人的民事诉讼或者仲裁应当中止；在管理人接管债务人的财产后，该诉讼或仲裁继续进行。"本条如此规定是因为在法院受理破产申请后，债务企业被依法剥夺了处分财产的权利，其民事权利的行使受到了法律限制，在未确定管理人的情况下若继续审理债务人的相关诉讼案件，不仅损害了债务人的合法权益更不利于查明案件事实。但若在法院审理的案件中，预重整债务人已经确定了临时管理人，法院则有权继续审理而无须中止。

(二) 预重整程序对停止计息的阻却力分析

如前文所述，在诉讼过程中，若债务人企业进入预重整的，各界对是否中止审理的观点都相对较为统一，但对于是否停止计息无论是理论界还是实务界的观点都分歧较大。如案例三中，法院判决债务人继续履行偿债义务直至债务履行完毕之日止并不因其已经进入了预重整程序而停止计息，而案例一中，法院因为债务人及部分连带保证人均进入了预重整，遂判决其偿还债务的利息暂计至其预重整受理之日。法院显然承认了预重整程序有阻却继续计息的效力，但同时却又产生了一个问题，即债务人和连带保证人都先后进入了预重整程序或者多个债务人均进入了预重整程序，那么利息计算的截止日期如何确定？是分别计算至各自预重整受理之日还是以其中之一的债务人预重整受理之日为准？案

[①] 参见江丁库：《破产预重整法律实务》，人民法院出版社 2019 年版，第 182 页。

例一中,法院判决债务人及其他连带责任保证人承担利息暂计至2020年8月28日(债务人预重整申请被受理之日),而连带责任保证人博恒公司的预重整申请被受理之日却是2020年6月23日。该法院根据《企业破产法》第46条的规定①作出以上判决,即是认可了预重整程序具有与破产重整程序同等的阻却利息继续计算的效力,那么应当对连带责任保证人应承担的债务利息暂计至2020年6月23日,而不是2020年8月28日。例如,在交通银行股份有限公司鞍山分行与鞍山海量钛业有限公司、鞍山海量有色金属材料制造有限公司金融借款合同纠纷案中②,因连带责任保证人辽宁银恒镀锌彩涂钢板有限公司已经于2020年7月1日经辽宁省鞍山市中级人民法院决定破产重整,涉案债权应当自破产申请受理时停止计息,故辽宁银恒镀锌彩涂钢板有限公司仅对鞍山海量钛业有限公司尚欠本金11,694,772元承担连带保证责任,对于交通银行涉案债权到期后产生利息、罚息、复利的保证担保责任,不予确认。即连带责任保证人的破产申请已经受理,则其承担的连带清偿责任中利息计算部分也应计算至其破产申请被受理之时。

笔者认为,最高人民法院在审理郑某锋、湖州镭宝投资有限公司普通破产债权确认纠纷案③时,对上述问题作出较为合理的解答即多家企业合并破产清算的,孳息债权计算统一截至先破产裁定受理之日。

(三)预重整程序对于中止执行的阻却力分析

临时管理人或预重整的债务人是否有权申请中止执行?针对此问题,笔者比较分析了北京市、江苏省、河南省郑州市、重庆市等26个省、市关于预重整的操作指引,总结归纳了几个较有代表性的规定:北京破产法庭将"执行案件移送破产重整审查的,应当及时通知所有已知执行法院中止对债务人财产的执行程序"作为临时管理人义务;广东省深圳市中级人民法院明确规定,法院应当通知执行部门中止执行;浙江省温州市法院和四川省成都市法院采取与执行部门协商暂缓执行的方式来减少执行程序对预重整的影响。云南省南华县人民法院和

---

① 《企业破产法》第46条规定,未到期的债权,在破产申请受理时视为到期。附利息的债权自破产申请受理时起停止计息。
② 辽宁省鞍山市铁东区人民法院民事判决书,(2021)辽0302民初42号。
③ 最高人民法院民事裁定书,(2019)最高法民申265号。

江苏省南京市中级人民法院、山东省青岛市中级人民法院、黑龙江省齐齐哈尔市中级人民法院出台的操作指引，均未对在预重整程序中对债务人是否中止执行作出规定。在这26个省、市中，对于预重整程序中能否中止对债务人的执行，大部分的法院都持支持态度，在实践中也会予以积极配合，为债务人的预重整创造条件。但仍然存在部分地区对于预重整的效力不予认可，那么难免会加大债务人企业预重整的阻力，甚至会导致预重整失败，债务人企业不得不进入破产清算程序。

若债务人主动履行裁判文书所规定的义务是否构成个别清偿？在履行期限内仍不履行被法院强制执行又是否可以认定债务人对其他债权人进行了个别清偿？最高人民法院《关于适用〈中华人民共和国企业破产法〉若干问题的规定（二）》第15条规定："债务人经诉讼、仲裁、执行程序对债权人进行的个别清偿，管理人依据企业破产法第三十二条的规定请求撤销的，人民法院不予支持。但是，债务人与债权人恶意串通损害其他债权人利益的除外。"可见，破产法对于已经裁定受理破产申请的债务人基于司法判决或裁定而进行的清偿不构成个别清偿，但破产重整与预重整还是存在较大的区别。破产重整程序是在法律规定的框架内操作的，所以，债务人在破产重整期间，根据判决、裁定等文书进行的清偿行为不属于个别清偿，除法律规定的特定情形外，其他债权人无权要求撤销清偿行为。但预重整制度的本质是当事人自由磋商，预重整债务人为了争取暂缓执行所作出的利益让渡又是否属于个别清偿或偏颇清偿，这在实践中仍具有不确定性。

根据《企业破产法》第19条的规定：人民法院受理破产申请后，有关债务人财产的保全措施应当解除，执行程序应当中止。可见，在破产程序下中止执行的条件是"人民法院受理破产申请"，而预重整申请并不在此列。但是在预重整程序中，如果对财产不中止执行，则难以让债权人在不确定的程序中放弃清偿利益，如此一来，预重整程序将丧失可行性。所以，在预重整中，部分法院会通过司法强制力中止个案的强制执行。例如，北龙建设集团有限公司申请强制执行成都华茂锦业建设投资有限公司期间[1]，四川省彭州市人民法院受理了华茂锦业建设投资有限公司的预重整申请，后临时管理人向四川省成都市中级人民法院递

---

[1] 四川省成都市中级人民法院民事判决书，(2018)川01民初1208号。

交了《成都华茂锦业建设投资有限公司预重整临时管理人中止执行商请函》,请求法院中止对债务人华茂锦业建设投资有限公司的执行。四川省成都市中级人民法院根据最高人民法院《关于人民法院执行工作若干问题的规定(试行)》第102条①的规定,裁定中止该案执行。此案中,四川省成都市中级人民法院将"预重整申请的受理"包含在"破产申请的受理"的范畴之内,是对该规定进行了扩大解释。有的学者提出,如由法院强行规定预重整产生中止执行的效力,会使预重整失去程序本身的意义。还有部分学者认为,预重整能够进行的前提就是得到债务人同意,接受预重整程序即是知晓预重整的相关规定并视为对接受该规定约束的承诺,禁止个别清偿属于其承诺的范围,符合预重整制度意思自治的原则。但笔者认为,若预重整债务人在与债权人协商的过程中,为了争取预重整能够继续进行,向债权人进行部分清偿是否属于"个别清偿"的范畴,具体要看该让步行为是否对债务人有益及是否能够提高债务的清偿率。

此外,预重整债务人在涉诉涉执案件中与相对方达成了和解,此时债务人根据和解协议或法院出具的调解书进行债务的清偿,是否构成个别清偿?其他债权人是否有权申请撤销其清偿行为?临时管理人是否有权批准债务人进行和解?笔者查询的26个省、市的操作指引及相关法律规定,均未对该问题予以释明,关于管理人在预重整期间的权限也无准确的考证。预重整期间,债务人是否有权对外担保,不同地区的操作指引也不同,如《淄博市中级人民法院关于审理预重整案件的工作指引(试行)》中规定,债务人未经人民法院允许,不得对外提供担保;而四川省眉山市中级人民法院关于印发《破产案件预重整操作指引(试行)》的通知、四川省成都市中级人民法院发布的关于《破产案件预重整操作指引(试行)》均规定,债务人未经临时管理人允许,不得对外提供担保。可见,在预重整程序中,临时管理人的职能和权利范围的界定也比较模糊,这就给管理人履职的合法性带来挑战,增加了管理人履职的风险。笔者通过比照《企业破产法》等相关法律规定,也未能得到明确的答案,但在四川省高级人民法院审理的一则案例或映射出此类纠纷的处置思路。《关于审理破产案件若干问题的解答》(川高法〔2019〕90号)解答中规定:"管理人参加民事诉讼、仲裁调解的,应特别注意管

---

① 最高人民法院《关于人民法院执行工作若干问题的规定(试行)》第102条第1项规定,人民法院已受理以被执行人为债务人的破产申请的,应当依照民事诉讼法第234条第1款第5项的规定裁定中止执行。

理人的权限范围。管理人对事实的自认以及承认、变更、放弃诉讼请求,应有相应的事实依据和法律依据,不能超越职权,不得损害全体债权人利益。对于诉讼案件,必要时人民法院可予以释明,对不适合调解的案件,原则上不进行调解,比如破产债权确认之诉,人民法院要慎重使用以调解书确认债权的方式。"在破产重整程序中,管理人有权或有作出和解(调解)的权限,但要慎用,因为会存在很高的履职风险,而法律层面的保障是可以解决这个问题的。在预重整阶段由于没有明确统一的法律规定,债务人接受调解以争取债权人同意中止执行是要经过临时管理人同意还是要由受理法院批准,这在实践操作中会使债务人甚至临时管理人陷入困境,也会无形中拖慢预重整进行的节奏。

三、预重整规范化建议

对上述预重整的问题,在《企业破产法》修订的过程中当务之急是对预重整程序进行原则性的规定,赋予预重整一个"合法的身份"。此外,还应明确预重整过程中的表决效力,为债务人解除主要资产的查冻扣提供合法性来源。因司法实践中存在否定预重整相关效力的案例,如最高人民法院 2021 年审理的中资国本成都投资有限公司、四川丰泰投资集团有限公司合同纠纷再审审查与审判监督案[1]中认定:"预重整属于启动正式破产程序前的庭外债务重组机制,并不能产生人民法院裁定受理破产申请的效力"。可见,司法干预在预重整中的合法性至今都是难以攻克的实践难题。回归到预重整适用的本意即"自由协商",债权人主动请求解除对债务人的强制措施即可解决该问题,对于债权人的"禁反言"延伸到重整阶段就非常有必要。

实践中,有些法院的做法可以参考借鉴。例如,浙江省高级人民法院《关于企业破产案件简易审若干问题的纪要》第 9 条规定:"债权人在预登记期间对债务清偿方案所作的不可翻悔的承诺,在债务人进入企业破产和解或重整程序后,相关承诺对承诺方仍然具有约束力。"此外,重庆市第五中级人民法院在处置企业破产案件中的做法亦可为预重整提供解决思路,如果相关法院拒不解除保全措施或拒不中止执行的,受理破产申请的人民法院可以申请该法院的上级人民

---

[1] 最高人民法院民事裁定书,(2021)最高法民申 1488 号。

法院予以协调或请求双方法院的共同上级法院予以函复。类似操作方式的还有浙江省高级人民法院在处理破产案件简易审的做法①，将部分预重整案件视为简易审案件，对于债务人在多个法院涉诉涉执案件可以申请由共同上级法院协调，指定其中一个或多个法院组织债权人与债务人高效达成和解。根据《南京市中级人民法院关于规范重整程序适用提升企业挽救效能的审判指引》第22条规定：在申请预重整前或预重整期间，对于金融债权比重较大、金融债权人人数众多的，金融债权人可以发起成立金融债权人委员会，提前参与企业危机化解工作。可以按照2017年原中国银行业监督管理委员会《关于做好银行业金融机构债权人委员会有关工作的通知》第8条规定：对采取协议并司法重组方式，需要进入破产重整程序的，债委会应与管辖法院进行沟通协调，主动参加法庭内破产重整工作。浙江省、重庆市和南京市等省、市法院的做法是提请上级法院进行协调而不是要求上级法院作出相关裁定，这些创新性尝试既不失去预重整的本质个性也兼顾了合法性，为解决预重整债务人在涉诉涉执案件中遇到的问题提供了解决思路。

综上所述，《企业破产法》仅需对预重整进行原则性的规定，确立预重整的合法地位，而不宜对预重整是否具有中止审理、停止计息、中止执行等具体化的操作事项进行统一规范，否则将无法体现预重整与破产重整的本质区别。

---

① 浙江省高级人民法院《关于印发〈关于企业破产案件简易审若干问题的纪要〉的通知》第17条规定，受理企业破产案件后，管理人应即依照企业破产法第19条和司法解释的规定，通知相关法院和其他机关解除对债务人财产的保全措施、中止对债务人的执行程序。相关法院收到通知后应即办理解除保全措施、中止执行程序的手续。相关法院若有异议，应在收到通知后5日内主动与受理企业破产案件的法院沟通协商。协商未果的，应报请共同上级法院协调处理。上级法院应在收到报请协调的请求后10日内启动协调。经协调，认为受理企业破产案件法院通知所提要求符合企业破产法规定的，应即指令相关法院办理解除保全措施、中止执行程序等手续。

重整程序中自行管理模式下的财产处置问题研究

张思明[*]

一、自行管理模式下的债务人财产

(一) 债务人财产属性分析

债务人财产权属分析是判断债务人自行管理法律性质的前提和基础。费希尔(I. Fisher)认为:"产权是享有财富的收益并且承担与这一收益相关的成本的自由或者所获得的许可……产权不是有形的东西或事情,而是抽象的社会关系。产权不是物品。"[①]对债权人利益的保护需要有完备的产权规则与责任规范,问题公司重整程序的意义之一就是使经济上可行(economic viable)而财务上出现困难(financial distress)的企业摆脱困难。[②] 以保障债权人利益最大化的实现,同时也符合相关各方利害关系人的利益。

---

[*] 河北大学国家治理法治化研究中心研究员、法学博士。

[①] I. Fisher, Elementary Principles of Economics, New York: Macmillan, 1923, p.27. 转引自[南]斯韦托扎尔·平乔维奇:《产权经济学——一种关于比较体制的理论》,蒋琳琦译,经济科学出版社1999年版,第28页。

[②] Robert K. Rasmussen & David A. Skeel, *The Economic Analysis of Corporate Bankruptcy Law*, 3 Am. Bankr. Inst. L. Rev. 85.

"经管债务人所采取的任何行动都必须以实现整个破产财团的最大利益为出发点,这是保护和公平对待各种对破产财团享有债权的群体所必需的。"[1]债务人财产,是指在破产程序中能够用于偿还债务的债务人的财产,关注的是财产的清偿程序与分配去向。[2] 按照《中华人民共和国企业破产法》(以下简称《企业破产法》)第30条的规定,债务人财产是指在破产申请受理时,属于债务人的全部财产,同时还包括债务人在破产申请受理后至破产程序终结前取得的所有财产。我国破产法并未明文规定债务人财产的法律属性。破产案件受理后,就债务人财产的所有权问题,我国学界有不同的观点。有人认为,进入破产程序的债务人,不能再享有债务人财产所有权,该财产所有权应归属于债权人或管理人(地位为信托法上的受托人)。我国破产法权威专家中国人民大学的王欣新教授认为,在破产案件受理后或债务人被宣告破产后,破产财产在法律上仍应属于债务人所有,但破产财产的管理权与处分权则由管理人行使(通常须受债权人会议的一定制约)。全体债权人是债务人财产最主要的受益人,但并非债务人财产的所有者。债权人享有的只是一种债权,即便债务人走向破产清算,也不能因债务人的全部财产必将用于清偿所欠全体债权人的债务,而在财产分配之前就将债务人企业的财产直接变为债权人所有。债务人企业破产关系到债权人的利益,因此,破产立法赋予债权人会议享有债务人财产的处置决定权,而该权利的行使与财产所有权的归属无关。债权人享有对债务人财产分配上的所谓最终权益,但在分配之前,债权人并不享有对债务人财产的所有者权益。假设债权人对债务人财产享有所有权,实际上就无需对已经归属自己的财产再进行所谓的分配,其他相应的程序更无须进行。[3] 进入重整程序后的债务人企业作为法人的行为能力受到一定的限制,其债权人的意志即债权人会议的决议必将影响债务人企业重整的成功概率。重整中的债务人企业,在重整期间具有特殊意义的财产是实现其重整价值目标的基础条件,在债务人自行管理重整模式下,债务人自然具有管理债务人财产并享有重整经营管理的权利。财产被称为企业的血液,是企业享有权利、承担责任的基础,债务人财产是问题公司进入重整程序后进行日常经

---

[1] [美]大卫·G.爱波斯坦等:《美国破产法》,韩长印等译,中国政法大学出版社2003年版,第740~741页。

[2] 参见王欣新:《破产法》(第3版),中国人民大学出版社2011年版,第107页。

[3] 参见王欣新:《破产法》(第3版),中国人民大学出版社2011年版,第108~109页。

营管理、得以存续的物质基础。综上所述,债务人财产从法律属性上看属于债务人所有,在重整程序中,适用债务人自行管理,就有必要授予自行管理债务人享有经营管理债务人财产的权利。

(二)债务人财产的重整价值原则

债务人财产是进入重整程序后能够实现重整成功的基本物质条件,债务人企业管理层应以实现债务人财产价值的最大化为目标,妥善进行债务人财产管理与重整中的各项事务,达到挽救债务人企业、实现债务人企业复兴的目的。

实现债务人财产价值最大化是问题企业通过重整程序走向复兴的基本目标,也是整个重整程序得以顺利进展的基础。债务人企业大多是因为资本运作出现问题而导致陷入财务危机的,因此,需要通过重整程序中的相关制度安排,调整债务人企业的资本结构,使其脱离财务危机,实现营运的资本流动以激活企业。重整程序中问题公司的资本结构调整通常包括重整融资、债转股以及请求权交易等方式。这一调整更多涉及的是债务人与债权人等多方主体私权合约(private Contracting),同时,也涵盖司法机关介入的公权力制约。这些措施在重整程序中能否得以顺利实施,很大程度上取决于现有债务人财产能否实现保值增值。债务人企业重整计划的制订与执行、重整中各方主体的权益保障,乃至于全部重整程序均围绕着债务人财产的管理及其价值而进行的,即能够激活债务人财产因子,实现债务人企业营运价值最大化。因此,债务人财产价值越大,各方利益主体获得的重整收益越大,问题公司重整获得成功的概率就会增大。

(三)自行管理模式下的债务人财产管理

在债务人自行管理模式下,应由债务人负责对问题公司的财产管理与重整营运事务。自行管理债务人如果要进行企业正常经营范围之外的维持企业继续经营必要的特别行为,如辞退雇员、停掉问题公司的分支机构,或者其他能够降低重整成本的行为,在遵循破产重整规则下,还需事先获得破产法院的许可。

根据我国破产法的规定,法院裁定破产重整适用债务人自行管理后,管理人应将重整程序启动后起初接管的债务人财产以及各项经营事务回转给债务人,即交由自行管理债务人管理财产与企业的营运事务。债务人应当在管理人先前接管的财产进行妥善管理的基础上,在遵循债务人财产保值增值的原则下,制定债务人财产管理规则,以期实现债务人财产价值最大化。重整程序中的公司的财产管理不同于正常状态下公司的财产管理,适用债务人自行管理情形下,债务人实则为问题公司的重整经营控制权人,即是债务人财产利益上的代表者,应具有特别的信托义务,不再仅是受托于公司原股东,更重要的是受托于全体债权人。因此,自行管理债务人应当具有良好的信托意识,妥善管理并经营好债务人财产,如果违反该义务致使债权人利益减损的,应当承担损害赔偿责任。根据我国破产法相关规定,自行管理债务人在对财产的管理职责方面,主要体现为以下几个方面:(1)在对财产的清理收集,如其分支机构及其类似机构的财产都应归入债务人财产。(2)编制明细的财产清单。制作各项财产的目录,对任何一项财产,均应标明其价值。但《德国破产法》规定,经申请,法院也可以准许免于编制目录,但应当说明理由,需征得债权人委员会的同意才能提出申请。[①] (3)对财产的评估变价。明确财产变价的必要性、变价期与变价方法等。(4)对资产的转让与出售。(5)对担保物的管理与使用等。

二、自行管理债务人的资产处置权限

问题公司出资人权益的调整、资产的拍卖变现与抵押权的设置等是债务人企业重整方案的重要内容,也是激活企业的核心因子。在债务人自行管理重整模式下,应当赋予自行管理债务人一定的资产处置权,同时也须作出相应的限制。债务人资产处置应以降低重整成本,使债务人资产价值最大化为原则。重整企业作为法律实体(legal entity)本身并无实质价值,重整制度的核心目标是保护债务人财产池,而并非仅为债务人实体的延续。

(一)营运管理与债务人财产处置

控制权和剩余资产所有权必须掌握在同一个人手里。在债务人自行管理模式下,由债务人控制重整公司的经营管理,债务人财产是问题公司获得重整成功的物质基础与前提条件,赋予自行管理债务人相应的资产处置权,有利于重整程序的顺利进行。例如,一个生产型的工业企业,涉及众多供应商的利益,进入重

[①] 参见《德国支付不能法》,杜景林、卢谌译,法律出版社2002年版,第81页。

整程序后即使暂停企业营运,也有可能企业遭受无法估量的商誉损失。因此,债务人企业需要对债务人资产进行处置,购买原材料进行制造并销售产品以获取收益,维持企业在破产重整状态下的运转。按照《德国破产法》之规定,债务人必须在财产监督人的监督下管理和处分破产财产。根据该法第270条第1款的规定,破产法院若是在决定破产重整程序的开始时,就将裁定适用债务人自行管理,债务人财产的管理与处置权归债务人享有,当然这需要在财产监督人的监督下进行。同时,赋予自行管理债务人享有利用债务人财产从事商业交易行为,包括双务合同的履行,或者资产的出售等。① 根据美国破产法规范,在重整程序中,经管债务人(Debtor-in-possession,DIP)享有特殊的重整经营授权,在正常的重整经营范围内,有权对债务人财产进行处置,且不存在法院的另行批准程序。

(二)资产出售与自行管理的重整治理

重整债务人企业按照重整程序,将其资产的一部分或者整体出售给重整战略投资人是重整制度不断发展的新型重整模式。问题公司重整的目的是拯救公司的营运价值,而不仅是为了债务人作为法律实体的存续。出售式重整即是事业让与型重整,是指将债务人营业事业中最具有活力的部分,或者是营业的整体出售给融资收购人,使债务人的营业在新的企业实现营运的存续,而以转让的所得对价,也就是继续的企业价值,以及企业未转让的还存有遗留财产的清算所得,即为债务人的清算价值,实现对债权人的清偿。② 债务人企业在事业转让之后将会被清算注销,即不再保留原债务人资格,这是在原债务人之外继续经营,以实现债务人资产价值最大化的一种重整方式。债务人资产出售以独立或相对独立的营运事业为元素进行,将有营运价值的资产从债务人财产中整体剥离出来,满足收购者的融资收购需求,使最终剥离出来的资产营运价值最大化,以保障重整程序的顺利进行。因此,我们应正确认识重整企业的存续价值,单纯作为法律意义上的实体存在只是企业重整的一个方面,重整公司本身的存续无非是作为相同的公司从重整程序中产生出来。从实质上讲,债权人、债务人管理层及其雇员更为关心的是企业的核心营运价值,而不仅是形式意义上的法律实体。

---

① 参见《德国支付不能法》,杜景林、卢谌译,法律出版社2002年版,第138页。
② 参见王欣新:《重整制度理论与实务新论》,载《法律适用》2012年第11期。

(三) 债务人资产的处置规范

确定重整公司的营运价值或者重整价值在制定重整方案过程中占有重要地位,是针对重整计划进行谈判并能获得批准的关键。[1] 债务人资产的合理处置与有效运用,促进债务人资产价值最大化是提升重整公司营运价值的关键要素。自行管理债务人销售商品等重整中的日常经营行为,无须有特别的约束规范,债务人为重整公司治理的需要进行资产处置,要使其处置的资产价值最大化应当选择公开拍卖的方式。《美国破产法典》规定了债务人财产公开拍卖的行为。如果按照州破产法典,在破产托管人进行公开拍卖的情况下,很可能存在意见分歧,根据《美国破产法典》关于投标、拍卖行为新的规定,对债务人的行为和负债均能够以公开、竞价的拍卖方式进行,且不受当地法律的控制。[2] 重整中的自行管理债务人在正常业务范围内出售其动产一般不需要特别的程序,如果在非正常范围内出售其重要动产的,就需要征得债权人委员会的同意,或者由法院作出裁决。竞购程序的公开透明是自行管理中融资收购规范的关键因素,自行管理中的融资人参与收购债务人资产是否出于善意是美国破产判例法上最基本的判断标准。对出售债务人资产信息作充分披露,同时,竞购人必须遵守诚信,出于善意。在美国的破产重整司法实践中,以重整程序整体出售或者收购即出售式重整已较为普遍,对问题公司营运价值的合理评估是整体出售程序中的重要一环。聘请专业的资产评估机构对债务人整体资产作出公开、公平、公正的价值评估,以提升问题公司的营运价值。

三、债务人对已设担保物权的财产支配权

(一) 已设担保物权的特定财产性质

根据最高人民法院 2013 年 9 月公布的《关于适用〈中华人民共和国企业破产法〉若干问题的规定(二)》第 3 条之规定,债务人已依法设定担保物权的特定

---

[1] Mark S. Scarberry et al. , *Business Reorganization in Bankruptcy Case and Materials*. Second Edition. West Group, 2001, p.647.

[2] Levy & Harry R. , *Effect of the Uniform Commercial Code Upon Bankruptcy Law and Procedure*. 60 Com. LJ, 9 (1955).

财产,属于债务人财产。① 这一规定明确了债务人企业已设定担保物权的特定财产属于债务人财产的法律属性。一般情况下,担保债权人与债务人不得约定担保物的所有权归属于担保债权人,《中华人民共和国民法典》第401条规定,抵押权人在债务履行期限届满前,与抵押人约定债务人不履行到期债务时抵押财产归债权人所有的,只能依法就抵押财产优先受偿。债务人若是不履行到期债务,则将抵押财产归属于债权人。根据我国《企业破产法》第13条的规定,破产程序启动,法院就必须同时指定管理人。管理人从破产申请受理之时,开始全面接管债务人财产,在破产宣告后对债务人财产进行变价与清算。如果债务人已设定担保物权的财产游离于债务人财产之外,则该特定财产就无法得到管理人的有效管理,这可能会导致担保物价值的不当减损,不仅损害债务人的利益,也直接影响担保物权人的权利实现。

随着担保法律制度的健全以及担保物范围的不断扩充,当债务人企业破产时,多种形式的担保物权可能早已附于债务人财物上,清理和实现担保物权成为管理人的一项重要工作。立法如果规定已设定有担保权的财产不属于债务人财产,将会使管理人接管债务人企业后,因缺乏法律依据而失去对担保物的管理与控制。同时,担保物的变现款项通常要优先偿付给担保债权人,若还有财产剩余的话,将直接清偿给企业的其他利益关系人,因此,将担保物归入破产财产是很有必要的。假设担保物不归属于破产财产,就无法解释为什么原不属于破产财产的担保物,可以在清偿担保债权后,将财产剩余直接清偿给其他的债权人。破产重整债务人自行管理模式下,债务人有权行使针对担保物占有、使用、收益等经营管理权利。

(二)重整程序对担保权的有效限制

为保障自行管理债务人行使对担保物的权利,各国破产法规定,破产重整程序启动后,各方主体的利益请求权将会冻结,即便是以债务人特定财产作担保的债权人也不会例外。在美国的公司重整司法实践中,公司一经申请《美国破产法

---

① 最高人民法院《关于适用〈中华人民共和国企业破产法〉若干问题的规定(二)》第3条规定:"债务人已依法设定担保物权的特定财产,人民法院应当认定为债务人财产。对债务人的特定财产在担保物权消灭或者实现担保物权后的剩余部分,在破产程序中可用以清偿破产费用、共益债务和其他破产债权。"

典》第 11 章的程序，针对重整公司的权利请求即自动中止。其他一些国家的重整程序规范中，需要通过法院的裁定才能使债权人的权利请求得以中止。《美国破产法典》第 362 条（a）款规定了禁止针对债务人及其财产的诉讼，或者新设定、变更或使财产权利灭失的行为。该条款规定的禁止行为包括，"针对债务人财产上创设、促使其完美或者执行担保权的任何行为"以及"为破产程序启动前的请求权而对债务人财产进行创设、完善或执行担保权的任何行为"。① 通过对担保物权人行使权利进行一定程度的限制，给债务人提供一个喘息的良好机会，以暂时阻碍债权人的讨债行为。② 重整公司因财务困境、现金流的短缺，其现有资产大多已负有担保，而债务人已设定担保权的特定财产，通常又是影响问题企业再建复兴的主要资产。如果允许有担保物权的债权人行使对债务人财产的担保物权，势必导致重整程序难以进行。

　　债务人以其特定财产设定担保，即赋予债权人对该特定财产享有优先受偿的权利，在破产法理论上，该权利被称为别除权。按照我国《企业破产法》第 109 条的规定，在债务人的特定财产上设置有担保的债权人，对该特定财产享有优先受偿权则是我国的破产法对别除权的有关规范。当债务人进入破产程序，不能如约履行债务，别除权人就有权变价该担保物以获得优先受偿，担保物权是构成别除权最重要的基础权利。为保障债务人企业重整目标的实现，破产法在明确别除权人享有优先受偿权的同时，也规定了别除权人应当承担的破产法上的义务，即限制其对担保物权的行使，以便为问题公司在重整中的持续营运提供必要的物质保障。"破产重整对担保权进行限制是由该制度的本质属性决定的。该制度不仅限制担保权人行使权利，而且把担保权纳入整个重整程序进行重新调整。"③ 根据我国《企业破产法》第 75 条第 1 款的规定，担保债权人对特定财产有

---

① U. S. Code: Title 11 – BANKRUPTCY: § 362(a)(4): "any act to create, perfect, or enforce any lien against property of the estate; (5) any act to create, perfect, or enforce against property of the debtor any lien to the extent that such lien secures a claim that arose before the commencement of the case under this title;" See http://www.law.cornell.edu/uscode/text/11/362.

② Warren, Elizabeth & Jay Lawrence Westbrook. *The law of debtors and creditors: text, cases, and problems*. Little, Brown, 1986, p.484.

③ 付翠英:《破产法比较研究》，中国人民公安大学出版社 2004 年版，第 467 页。

优先受偿权利,但在重整期间应当暂停行使。① 为了保障全体债权人的整体利益,在个别国家的破产法中,甚至有申请灭失担保权的许可规范,如《英国破产法》规定了担保财产的处置办法,第 61 条第 1 款规定:当接管人出售或处置,或者希望出售或处置公司中被设立了接管人据以被任命的浮动抵押并且以下情形的任何财产或财产中的收益:受限制于某一优先于或后于该浮动抵押的债权人享有的任何担保或权益,或有利于该债权人的负担或义务;或者是被任何人执行的有效查封影响或者扣押的财产或财产中的权益,并且,接管人不能取得该债权人或者(根据具体情况)该类人对该出售或处置的同意,接管人可以向法院申请不受该担保、权益、负担或义务或查封的限制而出售或处置该财产或财产中的权益的授权。② 各国破产立法例均对担保权的行使作出一些限制性规定。因为担保权人的债权利益并不因限制而受到实质性影响,担保权人在重整程序中仍享有全面与优先受偿权。

(三)自行管理债务人担保物上的权利及限制

破产重整程序中对担保权行使的限制,有利于积极推进问题企业的再建复兴,不会因担保债权人的权利行使,而使债务人企业失去重整的资产基础。破产重整中的自行管理债务人有权对债务人财产依法进行管理、合理使用及处分,其中,也应当包含债务人占有的担保物的管理与使用,即债务人有权使用债权人的请求权所指向的财产(自然包含债务人已作为担保物的特定财产)进行重整营业活动。

债务人以其特定财产移转于债权人占有的担保物,虽属债务人财产,但其不可能再行使管理、使用权,为避免别除权人不当行使权利而导致担保物在重整程序中受损,需要管理人进行必要的监督。如果该担保物的收回利用价值远大于担保权人行使其到期债权的价值,对债权人占有的这类担保物,债务人在管理人的监督下可与担保权人协商收回或变价,可聘请评估机构进行评估,督促担保债权人采取公开竞价等方式变卖担保物,以实现担保物价值的最大化。别除权人

---

① 《中华人民共和国企业破产法》第 75 条第 1 款规定:"在重整期间,对债务人的特定财产享有的担保权暂停行使。但是,担保物有损坏或者价值明显减少的可能,足以危害担保权人权利的,担保权人可以向人民法院请求恢复行使担保权。"

② 参见《英国破产法》,丁昌业译,法律出版社 2003 年版,第 75 页。

对担保物债权范围内的价款或对价可继续享有别除权，超出的部分归入债务人财产，由自行管理债务人支配和使用。需要明确的是变价收回担保物价款，也不能突破我国《企业破产法》第 75 条的规定，该担保债权人行使担保物权依然受限，否则就属于偏袒性清偿而损害了其他债权人的利益。日本学者指出："关于别除权的标的物，第 203 条规定允许管财人依强制执行程序进行变卖，别除权人不能拒绝。"同时指出，担保标的物即使不存在所担保的债权余额时，"标的物能否妥善地变卖，将左右别除权人的破产债权行使额，在此点上存在破产债权人的利害关系"。① 为保障担保债权人的利益，我国《企业破产法》规定，重整程序中对享有担保权的债权人行使权利的约束规范，从该债权人的角度似乎不是那么公平，其实则是私权利益与全体债权人整体利益的一种平衡协调。同时，破产法也规定了对担保债权人利益保障的救济措施，即如前所述，有担保的债权人在特定情况下的可恢复行使该担保债权，以保障该担保物上的利益不受损失。该救济制度考虑得并不周全，如何判断有损害之可能，尤其是担保物价值有明显减少之可能，在司法实务中尚需进一步探索，也需要司法解释加以明细规定。限制担保权的行使有利于债务人企业的挽救，但若是担保物存在有可能的损害或价值的，这里仅表示"可能"，就让担保债权人恢复行使其享有的担保权，而该担保物又具有重大的重整价值，为问题企业的复兴所必要的财产，势必将直接影响债务人企业重整程序的顺利进行。

---

① ［日］伊藤真:《破产法》，刘荣军、鲍荣振译，中国社会科学出版社 1995 年版，第 271 页。

重整中原出资人权益保护制度的体系构建

曹爱民[*] 孔琳雪[**]

对于破产重整中原出资人(公司股东)[①]合法权益的保护,在现有立法上缺乏有效的制度供给,在司法实践中也往往忽略其利益诉求,甚至在涉及其权益调整事项,原出资人的话语权也受到限制。

一、破产重整中原出资人权益保护的立论基础

(一)理论基础:公司与股东之财产、责任两分离原理

公司与股东两分离实质上即财产、责任的相互分离,是指公司相对于股东具有独立的财产和责任,股东对公司债务承担责任的财产范围仅以其认购的股份或出资额

---

[*] 山东省滨州市滨城区人民法院审判委员会委员、四级高级法官,第二届山东省法官检察官遴选和惩戒委员会委员,山东省审判业务专家。

[**] 山东省滨州市滨城区人民法院二级法官。

[①] 在破产重整程序中,往往需要引入新的投资以增加债务人公司的流动性,而这些投资主要采取了受让股权的方式,因此,为区别重整后公司中的新股东(出资人),本文将公司重整时的股东称为原出资人。

为限。公司人格独立与股东有限责任是公司法人制度的两大基石,本质上,公司人格独立的关键在于其法人财产的独立,股东有限责任以公司人格独立为前提。[①] 一般情况下,财产责任系法人承担责任的最主要方式。究其来源,法人的初始财产是股东出资,股东通过让渡出资财产的所有权而获取公司股东权。公司财产与股东出资之外的其他财产完全分离,公司仅以其所有财产(法人财产)对外独立承担责任。[②] 具体表现为,公司股东对其出资额以外的财产不承担责任;公司的董事、经理以及职工、雇员,无特殊情况均不对公司债务承担责任;相互独立的两个公司之间不会有责任承担问题,即使是存在控制关系的母公司和子公司,母公司对子公司债务亦不承担责任。换句话说,公司债权人仅可以对属于公司的财产主张权利,即便进入破产程序,债权人也不能直接要求公司股东承担清偿责任。股东有限责任的最大价值在于为公司独立承担财产责任铺设了桥梁,使其能够真正成为独立的法律主体。[③] 公司财产独立与股东有限责任这一传统理论隔断了公司破产时出资人责任的无限承担,股东有限责任制系在破产状态时对出资人基本权益保护的制度基础。当然,"本质上公司同其他商业实体一样,仍是股东进行盈利活动的投资工具"。[④]

(二)制度支撑:破产法的立法目的及具体制度设计

1. 破产法的立法目的。《中华人民共和国企业破产法》(以下简称《企业破产法》)开宗明义,在第 1 条即表明了破产法的立法目的。其中清偿债务是传统破产法的首要目标,也是破产制度赖以产生的经济基础。破产制度肇始,债务人(主要是自然人)对债务负有无限清偿责任,在其财产不能清偿债务时甚至还要承担"人身"清偿义务。随着破产法制在现代的发展,破产有罪观念逐渐淡出视野。基于社会目标的追求,现代破产法律制度非常注重破产预防作用,尤其对于有机会重生的公司,利用破产重整制度对其债权债务进行整合,以维持公司持续经营,尽可能使债务人避免破产清算的命运,从而满足各相关方利益最大化的需

---

① 参见陈东:《公司财产独立之法律规制研究》,载《山西省政法管理干部学院学报》2010 年第 1 期。
② 参见毕京福、王静:《揭开公司的面纱——公司社会责任初探》,载《四川理工学院学报(社会科学版)》2005 年第 3 期。
③ 参见吴超毅:《论公司独立财产责任》,载《中国机电工业》2002 年第 10 期。
④ 杨鹿君、项红:《重整程序下的股东权利行使规则》,载《法律适用》2021 年第 8 期。

求,减少社会资源的无谓浪费。因此,破产法律制度已自单纯的保护债权人利益走向平衡保护债权人、债务人利益并在最大限度上兼顾社会利益的目标价值追求,从而为创造良好的营商环境,鼓励企业家创新创业提供制度基础。一般而言,在重整程序中,债务人的财产价值难以精确计算的情形下,"公司是否具有清偿能力的问题就像想知道一根火柴在划过火柴盒是否能划着一样,只有用过了这根火柴我们才能知道它是否能划着"。[1] 由此,公司剩余索取权的主体在重整过程中也就无法明确为股东或者债权人,公司原出资人的权利亦不能被轻易否认当属于题中之义。

2. 我国现行破产法的具体制度。《企业破产法》规定了破产清算、和解、重整三种制度。破产清算是传统的破产程序,其目的是终结一个公司的法人资格,企业"解散"后,所有收益按照法定顺序分配给债权人,原出资人的财产权益作为劣后债权在所有其他债权清偿后才能获得清偿,但所有债权得到全部清偿的概率非常低,因此,原出资人的权益几乎可以忽略不计。相较于破产清算制度,破产重整制度与破产和解制度更能充分体现围绕公司的各方利益主体之间的博弈,其中,重整制度兼顾的利益和因素更为复杂,如引入新的投资者、原出资人利益保护、劳动者的就业需求等。从历史上考察,现代重整制度起源于美国,其后逐渐为世界各国所接受,英国法上称为公司拯救(Corpotate Rescue),系为了避免公司的最终失败而采取的必要干预,目的是债务人公司在承担沉重债务的时候,可以采取重整的方式来缓解资金、市场和经营的压力,进而为公司提供一个东山再起的机会。在这一制度覆盖下,法律程序为债务人公司提供了特殊手段,允许债务人可以对初始资产结构作出调整并重新安排事业。从资源配置的角度来说,赋予濒临破产的公司如此操作有利于提升社会财富效率,降低制度成本,将社会损失降到最低限度。和解制度也是破产法的"标配"之一,虽然从破产实践来看,该制度与清算、重整的重要性尚无法相提并论,亦未能彰显其实际效用。[2] 然而,一旦和解成功,必然从一定程度上保护了原出资人的合法权益,并形成债权人与债务人共赢的效果。

---

[1] [美]大卫·G.爱波斯坦、史蒂夫·H.尼克勒斯、詹姆斯·J.怀特:《美国破产法》,韩长印等译,中国政法大学出版社2003年版,第740页。
[2] 参见齐砺杰:《破产重整制度的比较研究》,中国社会科学出版社2016年版,第2页。

二、公司原出资人在重整中权益的限制及地位变化

重整前的公司处于正常运转状态,治理结构由公司法予以规制;而一旦进入破产重整程序,其治理结构则处于非正常状态之下,主要受《企业破产法》的规制,规定运营具有特殊性。

(一)重整前的公司控制权

公司法明确了公司正常运行时的权利配置。一般来说,公司最终控制权属于股东,而董事会则拥有经营控制权。理论上,股东是公司唯一剩余索取者和风险最终承担者,因此,公司治理的首要目标是实现股东利益最大化。实践中,公司治理更多的是一种管理专业化的制度要求,以公司股东盈利为主要目标。

根据公司法理论,股东(大)会和董事会(或者执行董事)之间是信托关系,股东(大)会委托董事会对公司进行直接管理,股东(大)会属于委托人,而董事会则是受托人,董事会对股东(大)会负责。股东(大)会在完成委托授权之后,仅仅保留必要的权力,公司的管理事务完全交给董事会来完成。公司法定代表人一般由董事长担任,对外代表公司并享有管理公司的权力,但该管理权应当在股东(大)会给定的范围内行使(一般通过公司章程予以规定)。基于此,董事会必须谨慎地在职权范围内行使权力,并将股东利益放于首位。[①] 同时,公司控制权受监事会(审计委员会)监督,该监督权的行使贯穿公司经营管理全过程,具有独立性,不受其他公司机构干预。其实,有效的公司治理结构必须满足个人理性约束和激励相容约束条件下的最大化企业总价值。[②] 股东作为剩余索取权人承担公司的经营风险并享有收益,由其保有最终控制权具有天然的合理性,股东也因此将会比其他利益相关人,如债权人、劳动者等有更多的动力来监督董事会等管理者对公司进行有效管理,提高公司经营效率。

[①] 参见郑志斌、张婷:《公司重整制度中的股东权益问题》,北京大学出版社2012年版,第52、53页。

[②] 参见张维迎:《理解公司:产权、激励与治理》,上海人民出版社2014年版,第24页。

(二)重整程序对公司控制权的影响

公司进入重整程序,其治理结构和控制权必然受到极大冲击,各项权利(权力)将在对重整过程中的利益进行评定的基础上重新予以配置,各利益相关者在重整中的控制权和地位与其在重整企业中的既存利益紧密相关。[①]

我国《企业破产法》并无公司股东(大)会、董事会和监事会等治理结构在重整中是否存续及其权力配置与行使的明确规定。正常经营状态下,公司具备清偿债务的能力,故不存在剩余索取权问题,债权人一般完全被排除在公司治理结构之外。一旦公司濒临破产,因公司净资产无限接近于零或者已经成为负数,股东对公司的财产权益至少在理论上已不复存在,其控制权必将受到怀疑和削弱,债权人必将参与对公司控制权的争夺。即使公司尚存部分清偿能力,股东权益也已受到大幅冲击,将其权益与债权人对公司的投资折合成股份来计算投票权的话,债权人亦完全有可能赢得公司最终控制权,此时,债权人参与公司经营管理的决策当然名正言顺,至少原出资人的部分重要的权利需要和债权人分享,或者原股东(大)会的职权被债权人会议所取代,原出资人在行权过程中已经不能对抗债权人。因此,在重整过程中,公司股东的权利因受到必要的限制始终处于不完整的状态。

世界各国(地区)法律一般规定,在允许公司股东分享重整利益的基础上,对其权益将施加限制,因为破产虽然意味着股东投资面临损失,但鉴于其对公司所享有的所有权与控制权,使其在公司破产情形下必须让债权人优先受偿[②]。我国《企业破产法》第77条规定:"在重整期间,债务人的出资人不得请求投资收益分配。"即使债务人公司仍存在净资产(资产评估意义上而非实际变现意义上的净资产概念),但在重整程序中,股东的分配投资收益权亦应受到限制。为吸引新的投资者投入解困资金、技术、管理等生产要素,从而重新激发公司运营的活力,法律对其他股东甚至控股股东的股权让渡一般持鼓励态度。

---

① 参见郑志斌、张婷:《公司重整制度中的股东权益问题》,北京大学出版社2012年版,第55页。

② 参见[美]杰伊·劳伦斯·韦斯特布鲁克、[美]查尔斯·布斯、[德]克里斯托弗·保勒斯、[英]哈里·拉贾克:《商事破产:全球视野下的比较分析》,王之洲译,中国政法大学出版社2018年版,第116页。

三、重整中原出资人权益保护存在的问题

(一)破产重整申请程序的话语权缺失

《企业破产法》第70条第2款规定:"债权人申请对债务人进行破产清算的,在人民法院受理破产申请后、宣告债务人破产前,债务人或者出资额占债务人注册资本十分之一以上的出资人,可以向人民法院申请重整。"因此,出资人的重整申请权是不完整的。一是出资额的限制,即享有申请权的出资人之出资额必须占债务人注册资本的1/10以上,但对于满足该出资额条件的出资人必须是一人还是复数,法律并未明确规定,中小股东一般缺乏主动申请债务人重整的动力;二是前置条件的限制,即出资人申请重整的前提是债权人已经申请债务人破产清算且被受理,在宣告破产前,出资人才有资格获得申请债务人破产重整的机会。即出资人没有申请重整的主动权,债务人能否进入破产重整程序,主导权其实在于债权人。①

(二)重整事务及重整计划草案的参与度低

对重整计划提出主体的范围,每个国家都有不同的立法例,有的限定特定主体,而有的允许多个主体提出重整计划。我国将重整计划草案的提出权赋予经管债务人或管理人,在重整计划制定的过程中并未给予出资人主动参与的机会,原出资人往往只有在重整计划草案提交债权人会议表决时才有发表意见的机会。实践中,为引进新的战略投资者,绝大部分重整案例都对股东权益进行调整,特别是对封闭的有限责任公司,股权甚至被全部强制让渡。之所以会出现忽视出资人的重整事务参与权的现象,是因为一般理论认为,在债务人破产或者濒临破产之时,原出资人已经不再享有净资产权益,重整计划草案理应对其权益进行削减,甚至全部让渡才能彰显程序的公正与效率。

(三)重整计划草案的表决规则不明确

《企业破产法》第85条第2款规定:"重整计划草案涉及出资人权益调整事

---

① 参见李曙光、郑志斌主编:《公司重整法律评论》(第5卷),法律出版社2019年版,第61页。

项的,应当设出资人组,对该事项进行表决。"虽然法律对涉及出资人权益调整事项明确规定,应当设出资人组进行表决,但却未规定出资人组的表决规则。既然《企业破产法》赋予出资人在法定情形下对重整计划草案的表决权,就应当对行权设置相应的规则。但是,法律显然忽视了表决规则的规定,这必将导致实践中各行其是,在极端情况下也可能出现"暗箱操作",更加不利于对出资人权益的充分保护。[①]

(四) 重整计划执行期间权利的受限

《企业破产法》赋予了管理人和利害关系人在重整计划执行中的监督权,但是对于原出资人是否享有监督权,法律规定尚处于空白。公司在重整计划执行期间的治理结构是否应视为恢复正常经营时的状况,法律亦缺乏明确规定,公司股东是否可以行权以及以何种方式行权均缺乏制度保障。另外,按照《企业破产法》的规定,如果债务人不执行或者不能执行重整计划,作为利害关系人的原出资人(股东)可以向法院申请终止执行重整计划并作出债务人破产的宣告,但宣告破产的结果显然并非原出资人所愿。

四、重整中原出资人权益保护制度的体系构建

综上所述,我国的重整程序,无论从程序上还是实体上均失于对原出资人权益的体系化保护,这种立法及司法现状确实不利于重整制度作用的充分发挥,故立足于破产法整体效能的发挥,应当构建原出资人权益保护的具体制度体系。

(一) 预重整制度

预重整制度作为一种混合拯救程序,它是一种兼具庭外重组和司法重整特点的混合拯救程序,债权人、债务人等相关利害关系人可以在法院尚未受理破产申请前进行充分协商、谈判,形成法庭之外的重组方案,并通过司法重整程序快速获得批准。相较于在破产重整程序中话语权的缺失,在庭外预重整过程中,原

---

① 参见宋琪:《破产重整中出资人权益调整之思考》,载《山西省政法管理干部学院学报》2012年第3期。

出资人可以对预重整方案,特别是涉及股权让渡及持续经营策略方面享有更广泛权利和选择。

(二)赋予原出资人直接重整申请权

"出资人的破产重整申请权是出资人充分参与企业破产重整的重要标志。"①根据我国《企业破产法》的规定,申请重整的主体是债权人和债务人,而作为债务人企业所有人的原出资人仅享有不完整的申请权。其实,对原出资人权利的限制相对于其在公司中的应有地位和权利来讲是失衡的,应从制度层面赋予原出资人完整的破产重整申请资格,即债务人一旦出现破产事由,具备一定比例出资额的股东可以直接申请破产重整。可以规定持有1/10股份的股东有权提出重整申请,避免大股东利用其持股优势侵害中小股东的利益,从而实现对中小出资人权益的保护,同时,亦应考虑出资人滥用申请权,损害债权人、债务人及其他出资人合法权益等情形的出现。

(三)保障原出资人对重整事务的参与权

原出资人对公司重整事务的参与权,主要表现为参与重整计划草案的整个谈判过程。② 但在实践中,原出资人对重整计划的参与度显然是不充分的。因此,有学者提出了出资人委员会的概念③,即由原出资人(股东)经协商成立出资人委员会,在重整过程中,通过协调形成原出资人的共同意思,对外行使相应权利,原理是以原出资人群体的力量来平衡与其他重整参与人的利益。出资人委员会享有提出重整计划的权利,并可以就其他重整主体提出的草案内容提出修改意见,参加(列席)债权人会议并对草案行使表决权。另外,出资人委员会有权对重整计划的执行予以监督,确保债权人获得最佳比例的清偿以及公司持续合规经营。④

---

① 韩飞:《对破产重整中出资人权益保护的若干思考》,载《淮北职业技术学院学报》2020年第2期。
② 参见张钦昱:《公司重整中出资人权益的保护——以出资人委员会为视角》,载《政治与法律》2018年第11期。
③ 参见李家胜:《上市公司破产重整中出资人权益保护研究》,大连海事大学2020年硕士学位论文,第32、33页。
④ 参见张钦昱:《公司重整中出资人权益的保护——以出资人委员会为视角》,载《政治与法律》2018年第11期。

(四)完善出资人对重整计划的表决细则

有观点认为,当债务人公司无资本净值时,至少从理论上讲,原出资人对公司已经没有实际权益可言,为防止其滥用权利以表决权阻碍重整程序的进行,应当明确规定原出资人对重整计划草案不再享有表决权。基于重整主体利益的多元化考量,即便原出资人在债务人公司中已没有权益可言(一般而言,这一表述是建立在对债务人财产、债权债务评估报告的解读之上的),但这并不意味着重整计划可以随意消减出资人权益,因为此时,重整债务人的价值不能仅以公司财产净值(特别是模拟清算价值)来确定,公司持续经营的价值亦应在考量之内,不能将原出资人的权益任意清零。

《企业破产法》第85条规定,重整计划草案涉及出资人权益调整事项的,应设立出资人组进行表决,但对于出资人组的组成、表决规则等未作规定。法律应对该条款进一步修改细化,在必要的情况下,可以根据出资人身份或者享有权益的不同以及重整计划草案对权益调整的不同情况进行适当的分组;至于表决细则,可以参照我国公司法的规定,即对公司的重大事项决议采用出席会议的股东所持表决权超过2/3通过的标准。

(五)保障原出资人在破产重整过程中的知情权

破产重整涉及多重利益的博弈,建立完善的信息公开(披露)制度尤为重要。在我国,无论重整债务人是上市公司或者其他类型的公司,均应在制度上为公司股东知情权提供相应通畅的渠道,也即建立起公开、透明、对称的信息披露制度,如股东对引入战略投资人的信息、对管理人工作报告的查阅权等。在重整程序中,信息披露应以保护股东、债权人对重整事项的知情权为目的,信息内容则是对公司、股东权益有实质重大影响的事项,可以借鉴上市公司信息披露管理办法的相关规定,如进行信息披露公告、制定定期报告和临时报告等。信息披露应当坚持贯穿整个重整程序的始终。重整受理前,公司董事会作出向法院申请重整的决定时,或者债权人向法院申请公司重整时,应当对有关事项进行披露;在决定受理公司重整申请后,法院应及时依法定期间将裁定受理的时间和内容、指定管理人的基本情况予以通知、公告。公司进入重整程序以后,管理人以及经管债务人应定期对重整进展情况适时进行披露。

(六)原出资人在重整计划执行期间相关权利的保障

在重整计划执行过程中,原出资人应列席债务人重大会议并参与相应的决策,保障出资人了解重整计划的执行情况,优化原出资人监督权的行使。《美国破产法典》为股东行使监督权提供了具体救济方式和途径,如债务人发生了欺诈、不诚实、不合格或者在管理事务时债务人的重大管理失误行为或者基于类似原因,股东可请求法庭任命破产托管人;如果法庭没有任命上述破产托管人,在破产计划得到确认后的任何时间内,股东可请求法庭任命一位稽核员以合适的方式来调查债务。[①] 因此,在破产托管人认为合适的情况下或法院应股东请求,在必要时组建股权持有人委员会,由股权持有人委员会代表股东对债务人进行调查,参与重整计划的制定,享有任命破产托管人或监察人等权利,从而使出资人更加充分地参与到重整程序中,以更好保障自身权益。[②] 另外,我国应在立法上明确规定,根据重整计划不能执行或不执行的具体情况提供多元化的救济方式,而非仅仅"一破了之"。例如,在发生情势变更时,应允许重整计划进行适当变更,赋予重整计划以强制执行力,在重整计划尚具有可执行性但债务人不执行时,出资人作为利害关系人可向人民法院申请强制执行等。

五、结　　语

对于原出资人权益的保护是破产重整过程中不可或缺的一环。实践中,相较于破产债权人及其他相关主体,原出资人对债务人企业更为了解,源于之前对企业的情感也会尽其所能帮助公司,从而达到多方利益相关人共赢的目的。由于重整程序涉及多元的利益主体,应当建立一个能够平衡各方利益的体制机制,以期真正实现公司拯救的预期目标。

---

① 参见刘宁、贾洪香:《破产重整程序中出资人的权益保护机制》,载《中国律师》2009年第6期。
② 参见韩飞:《对破产重整中出资人权益保护的若干思考》,载《淮北职业技术学院学报》2020年第2期。

企业重整中绝对优先原则适用的反思与完善

胡继泽[*] 陈科林[**]

一、问题的提出

绝对优先原则源于美国1913年的北太平洋铁路公司诉博伊德案（Northern Pacific Railway v. Boyd），Boyd作为无担保债权人在公司重整中没有获得任何清偿，而旧股东却享受公司重整的权益。美国联邦最高法院认为，完全挤出中间债权人是不被允许的，该结果也是不公平的。[①] 此后，美国联邦最高法院在1939年的卡斯诉洛杉矶木材制品公司案（Case v. Los Angeles Lumber Products Co.）中正式提出"绝对优先原则"[②]，在美国银行诉203南街合伙公司案（Bank of America v. 203 North Street Partnership）中确定了绝对优先原则的框架[③]。《美国破产法典》吸收了美国联邦最高法院关于绝对优先原

---

[*] 安徽省宣城市中级人民法院审判监督庭庭长、审判委员会委员。
[**] 华南理工大学法治经济与法治社会研究中心副研究员、法学博士。
[①] See Northern P. R. Co. v. Boyd, 228 U. S. 482 (1913).
[②] See Case v. Los Angeles Lumber Products Co., 308 U. S. 106 (1939).
[③] See Bank of America National Trust & Savings Association v. 203 North LaSalle Street Partnership, 526 U. S. 434 (1999).

则的阐述,并将其作为重整计划强制批准的核心要件之一。由于绝对优先原则产生于股东与无担保债权人之间的利益纠纷,所以,国内外学者主要从股东与无担保债权人的利益平衡角度探究绝对优先原则。有学者提出,优先债权人虽然可以在后顺位债权人获得任何清偿前得到全额清偿,但在实践中,出现偏离绝对优先原则的现象是司空见惯的,即便在完全尊重绝对优先原则的世界里,只要重整企业的价值不确定,那么,绝对优先原则的偏离便是不可避免的。[①] 美国司法确立了"新价值(new value)例外规则",其大意是"当股东提供符合一定要求的新价值时,即使无担保债权人未获得完全的清偿,其也可以获得一定的利益,该利益主要体现为获得重整后企业的一部分股权,且获得的股权应当与其投入的新价值相当"。[②] "要正确适用新价值例外原则,应当明确绝对优先原则和新价值例外原则的关系及新价值例外原则应当如何适用,其标准是什么等两个问题。"[③]贝尔德(Baird)教授进一步提出了混合优先权体系,融合绝对优先原则与相对优先原则,其可能较单一绝对优先原则更具效率。[④]

除上述股东与无担保债权人之间的利益关系外,司法实践中还存在诸多承载不同利益的无担保债权人。部分无担保债权的清偿因公共政策的介入而不能任由其严格贯彻绝对优先原则,否则,特殊重整案件可能面临失败结果。例如,房地产企业破产重整中设计费、监理费等特殊债权,将其置于担保债权、职工债权、税收债权后清偿,增加其不能清偿或完全清偿的可能性。此时,根据《建设工程安全生产管理条例》(国务院令第393号)第14条、第26条的规定,工程监理单位在建设工程进行时应当履行相应职责,保障安全责任,而部分建设工程需要工程监理人员签字才能开展。《建设工程勘察设计管理条例》(国务院令第293号)第28条、第30条规定,建设工程勘察单位、监理单位在工程建设中应当积极配合,及时解决相关问题。因此,在房地产开发工程中,建设工程单位、工程监理单位履行其义务是完成工程的必要条件,但建设工程单位、工程监理单位履行义务的对价是房地产企业支付的报酬,若房地产企业因进入破产程序而导致这些

---

① See Douglas G. Baird & Donald S. Bernstein, *Absolute Priority*, *Valuation Uncertainty*, *and the Reorganization Bargain*, 115(8) Yale Law Journal 1930 (2006).

② 丁燕、黄涛周:《绝对优先原则的重新审视》,载《东方论坛》2017年第1期。

③ 王欣新、宋玉霞:《重整计划强制批准法律问题研究》,载《江汉论坛》2014年第10期。

④ See Douglas G. Baird, *Priority Matters: Absolute Priority*, *Relative Priority*, *and the Costs of Bankruptcy*, 165(4) University of Pennsylvania Law Review 785 (2017).

单位的报酬只能列入普通债权清偿,随时面临清偿率低或不能清偿,这些单位也有权拒绝履行相关协助义务。在此情形下,房地产工程便不具有竣工条件,企业的重整价值归零。

实践中,存在若干类型的无担保债权因承载公共利益而不能将其与其他无担保债权等同视之。本文拟提炼不同类型的特殊无担保债权,分析其适用绝对优先原则的弊病,并从维护公共利益的角度分析该无担保债权的清偿突破绝对优先原则的意义,完善绝对优先原则的适用规则,以回应实践需求。

二、特殊无担保债权的类型化分析

企业重整制度不仅强调公平清理债权债务关系,而且贯彻经济法中的实质公平理念,通过国家适度干预来维护社会整体利益。企业重整中往往需要多方面考虑各方主体的利益平衡。从经济政策的执行、就业保障、社会福利的维护,到投资者、消费者的利益保护,重整制度在一定程度上属于公共政策工具。本文基于重整制度的价值理念来分析特殊无担保债权的清偿问题,通过提炼实践中的若干特殊无担保债权的类型,着重分析给予特殊无担保债权优先地位的必要性,为设置特殊无担保债权清偿规则奠定理论基础。

(一)衔接强制性规则

衔接强制性规则的无担保债权,是指该无担保债权在形式上应以普通债权的"身份"接受相应的清偿顺位,但该债权所承载的权利义务内容需要与其他强制性规则相衔接,规则衔接需求引导并提升无担保债权的清偿顺位。若该无担保债权因受限于普通债权的清偿顺位而无法清偿,导致其义务内容无法衔接强制性规则,则原本重整的事业整体也将因此不能继续运营,有违企业重整的初衷。换言之,该强制性规则是重整企业进入市场的门槛,而满足强制性规则的要求不仅有赖于债务人自身的行为,还受到相关债权人行为的影响。如前所述,在房地产企业破产案件中,债务人所欠的监理费、设计费等费用属于无担保债权,在既有规则框架下,仅能按照普通债权清偿,但这些债权所承载的全部合同内容(包括附随义务)对于企业重整具有重要意义。只有监理单位、设计单位等与房地产开发相关的单位完全履行监理、设计工作直至最终的竣工验收义务,保障房屋投入市场营利,才能真正实现企业重整目的。

分析衔接强制性规则的无担保债权清偿问题,应以合同中给付义务与附随义务的区分为前提,其涉及债权人未履行附随义务的情况下,该合同是否属于《中华人民共和国企业破产法》(以下简称《企业破产法》)第18条规定的管理人继续履行或解除的对象,即该债务是否存在转为共益债务的可能性。实践中,债权人虽对债务人负有附随义务,但债务人已丧失价款支付能力,在无担保债权清偿比例普遍较低的情况下,该债权人往往已经遭受不能得到完全清偿或者清偿率极低的后果,此时,若要求债权人继续履行附随义务,将造成双方利益失衡的后果。而在债权人已经履行给付义务的前提下,其当然享有对债务人的债权请求权。相应地,管理人不得采取继续履行合同的方式,将该合同债权提升至共益债务的顺位进行清偿。这类无担保债权清偿顺位的提升须借由非破产法的强制性规则效力延展,倒逼破产债权清偿规则作出相应的调整和完善。

(二)保护小微企业

保护小微企业事业的无担保债权清偿是指,小微企业的个别无担保债权在既有制度框架下虽为普通债权,但其因对小微企业事业的继续运营具有重要价值,故有必要重新调整这部分无担保债权的清偿顺位。关注各类型企业并为不同体量的企业提供高适配度的重整程序,以及充分保障企业在程序中正常运营,实现营运价值最大化,是拯救文化下重整制度必须包含的要素。[1] 在新一轮世界银行营商环境评估的时代背景下,破产立法相对成熟的国家及地区形成了小微企业破产专门立法潮流,[2]我国学术界及实务界也逐渐反思企业破产制度与小微企业重整需求的适配度。

目前,造成小微企业破产重整困境的原因主要为:一是《企业破产法》适用范围较窄;二是将所有者淘汰出局的重整模式不利于小微企业重整;三是企业主丧失控制权影响重整的积极性。[3] 除此之外,基于形式公平无差别地对待所有无担

---

[1] See James H. M. Sprayregen, *International Insolvency: From Punitive Regimes toward Rescue Culture*, 36(1) Emory Bankruptcy Developments Journal 7 (2020).
[2] 参见钟颖:《小微企业重整的理论反思与制度重构》,载《法治论坛》2024年第3辑。
[3] 参见徐阳光、武诗敏:《我国中小企业重整的司法困境与对策》,载《法律适用》2020年第15期。

保债权人的做法也是造成小微企业继续经营困难的主要原因之一。小微企业的经营范围一般较窄,供应商和客户都相对集中。而小微企业扩展市场边界受到投融资环境的限制,尽管相关部门已经出台多项普惠政策支持企业融资,但融资难的问题依旧存在。[①] 在小微企业融资环境尚未完成向融资友好型环境转变之前,企业的发展有赖于存量市场,存量市场的变化将冲击小微企业的生存和发展。小微企业普遍是个人创业或者家族经营,客户群体与该企业进行市场交易并持续交易也更多地是基于对该个人或者家族群体的信任,将这些客户群体的无担保债权一律列为普通债权清偿,增加其不能清偿的可能性,就会导致客户群体对小微企业的交易积极性及信任度降低,甚至不再与该企业交易。因此,即便小微企业重整计划通过,也难以继续经营。

保护小微企业事业的无担保债权的典型代表是客户债权,即合同相对方已经将合同履行完毕,但债务人尚未给付对应价款的债权。美国于 2019 年出台的《小企业重整法》(The Small Business Reorganization Act of 2019)虽未动摇《美国破产法典》第 11 章商事重整制度的主体内容,但却针对小企业这一类型企业的重整事项作出重要突破。有学者评论道:以"为小企业债务人重整减负"为主要目标的《小企业重整法》,沿袭"将特定类型债务人适用于特殊程序"的思路,创设了专门服务于小企业债务人的"第五子章"重整程序。[②] 其中,放宽重整计划草案获批的门槛是该法案的制度突破点之一,《小企业重整法》第 1191 条(b)款规定,重整计划草案不需要满足第 1129 条(a)款(10)项[③]的规定,只要保障该计划没有对权益受损的债权人组产生不公平歧视,且是公平、公正的,那么法院可以根据债务人请求确认该计划。[④] 据此,法院可以根据案件需求,并结合实际情况作出是否通过重整计划草案的裁定。结合客户债权类型来分析,若重整计划草案提出对客户债权予以合理清偿,这一债权受偿方案被表决后不通过,而法院

---

① 参见汪子旭:《多项政策落地在即 助中小微企业融资再加力》,载《经济参考报》2021 年 6 月 4 日,第 A01 版。

② 参见王之洲、刘佳雯:《呼应重整需求多元化的改革探索——评美国 2019 年〈中小企业重整法〉》,载山东省法学会企业破产与重组研究会网 2020 年 8 月 12 日,http://www.ebra.org.cn/news/detail/6088_1.html。

③ 如果有一类债权人组的权益在重整计划下受损,则至少应当有一个受到调整的组别通过重整计划,但债务人内部人员的赞成意见不包括在内。参见 11 U.S.C.A. §1129(a)(10)。

④ See 11 U.S.C.A. §1191(b)。

经审查认为,对该客户债权清偿有利于企业后续继续经营,且是必要的,那么法院也可以裁定通过重整计划草案。同时,《小企业重整法》对重整计划是否"公平且公正"的评价标准也发生了变化,不再严格遵循"绝对优先原则"。《小企业重整法》第1191条(c)款规定,重整计划的公平公正须满足以下几个条件:(1)对担保债权组别,重整计划通常须承诺其受偿额度不低于担保财产的价值;(2)债务人在一定期间内将可支配收入用于支付重整计划下的各项债权;(3)该计划具有可行性,并且提供了适当的补救措施。① 从美国破产立法实践来看,特殊企业通过重整计划的规则着眼于法院的强制批准权,并重释公平且公正的内涵。

此外,调整客户债权清偿顺位的必要性还体现在防止破产风险向相关市场进一步扩张。小微企业的客户群体往往也是相同经营体量的企业,债务人未能清偿债权容易导致其他企业陷入债务问题,进而影响相关市场的产品供应链,传导企业破产的负外部性,这也是市场经济发展过程中各市场主体之间交易联系密切的必然结果。破产制度作为市场经济的基础性制度,应当承担平衡协调市场主体之间利益矛盾的职责,充分发挥破产制度维护社会利益与正常经济秩序的作用。

三、绝对优先原则适用的完善路径

绝对优先原则是破产重整制度的基本原则之一,"绝对优先原则对于公司重整十分重要,因为它是每一个重整参与人享有的实体权利和程序保护的来源"②。但是,破产案件的复杂性决定制度适用须具备一定的灵活性,尤其是债权人在债权受偿上呈现的集体有限理性③特征,需要通过制度规则的调适来回应实践需求。在类型化思维的主导下,部分无担保债权的清偿恐怕难以严格适用绝对优先原则,需要立法秉持平衡协调公共利益与个人利益的原则,对现行制度予以

---

① See 11 U.S.C.A. §1191(c).

② [美]道格拉斯·G.贝尔德:《美国破产法精要》,徐阳光、武诗敏译,法律出版社2020年版,第76页。

③ "集体有限理性包括两种基本形态:一是当理性的个人都从个人主义的角度出发进行理性的选择时,可能导致集体选择的非理性。二是当个人处于非理性选择时,所形成的集体选择通常是非理性的",本文所指债权人集体的有限理性即第一种形态。参见岳彩申、杨青贵:《经济法逻辑起点的理性主义解读》,载《理论与改革》2009年第3期。

完善。

(一)重释"公允平等"的内涵

重整计划获得法院批准的核心要件是达到"公允平等"(fair and equitable)的标准,而"公允平等"的内涵应结合时代变迁以及具体破产实践的需求加以解释。"不存在着一种终极的公正模式,也不会出现永恒的公正观,在人类历史上的不同时期,人们所理解和要求的公正是不同的。"[1]重整制度是企业拯救文化发展到一定阶段的法律制度,对重整计划是否"公允平等"的判断应基于我国重整制度中的经济法价值理念[2],以"拯救文化就是破产法社会利益本位的最生动体现"[3]为出发点,着重考察社会利益与重整制度的关系。

具言之,经济法是社会本位法,"经济法追求的效益是社会整体经济效益,而不是个体或局部的效益。这一理念要求个体和局部的效益服从社会整体的效益,短期效益服从长期效益"[4],以社会整体经济效益的实现为核心是经济社会化下的实质公平正义,它与单纯追求社会个体利益的形式公平有较大的区别。在企业破产项下,个体债权人通常仅关注自身债权能否完全清偿,而不会过多考虑债务人事业本身能否重整成功。即个体债权人倾向于获得个体利益、短期效益,而非社会整体利益、长期效益。在该理念下,重整计划的"公允平等"标准着重从债权人是否按照既有的清偿顺位安排受偿方面考察,而即便此举可能导致债务人难以继续经营,或者难以实现企业重整价值的最大化,也不能阻遏该重整计划达到"公允平等"的标准。对此,应当将"公允平等"的内涵从债权人个体利益的实现转变为社会整体利益的实现,立足于企业重整价值的最大化,在不违背债权人于重整中的利益所得不低于清算利益所得的原则的前提下,使短期效益服从于企业重整价值最大化的长期效益,从根本上为赋予特殊无担保债权一定优先性。

以社会整体经济效益为"公允平等"的内涵可具体释义为:(1)将债权受偿

---

[1] 张康之:《对平等和公正的历史考察》,载《理论探讨》2007年第6期。
[2] 参见王欣新:《破产法》,中国人民大学出版社2019年版,第9页。
[3] 徐阳光、武诗敏:《企业拯救文化与破产法律制度的发展——基于英国破产法律制度最新变革的分析》,载《山西大学学报(哲学社会科学版)》2021年第1期。
[4] 史际春、李青山:《论经济法的理念》,载《华东政法学院学报》2003年第2期。

方案的正当性置于企业能否顺利继续经营项下考察,以企业继续经营以及重整价值最大化为核心目标。若债权受偿方案仅关注个体债权人能否在有限财产中获得公平清偿,或者仅关注个体债权人之间的利益平衡,而不考虑债务人据此债权受偿方案实施后是否有碍于继续经营,那么该债权受偿方案就不能"公允平等",即便债权人表决通过重整计划草案,法院也需要重新审查该重整计划草案。(2)以能否获得长期效益作为考察重整计划草案可行性的关键要素,在特定类型案件中,以原个体债权人利益优先的公平标准在一定程度上仅能获得短期效益,如个体债权人的债权清偿,而这将阻碍债务人事业后续的可持续发展,使债务人丧失有利于事业发展的重要客户对象,并造成企业声誉受损的后果。换一个角度来看,以获取长期效益,维护债务人声誉为出发点,让债务人事业获得长足发展的机会,才能有效降低社会成本。(3)关注债务人所在相关市场的其他企业,防止破产风险不当扩大,破坏相关市场的经济秩序。(4)促进社会整体经济效益要保持应有的谦抑性,平衡协调个人利益与社会利益,避免社会利益的边界过度扩张至个人利益领域,造成社会整体与社会个人的利益失衡。

重整计划"公允平等"的内涵经重释后,公权力介入程度相对更高,重整计划不仅是各利益主体充分博弈、妥协让步的结果,而且是法院基于实质公平正义的考虑作出判断的结果。

(二)突破绝对优先原则

在法院主导下,保障特殊无担保债权获得优先清偿的主要手段是突破绝对优先原则,改变债权受偿的结构。这一点在比较法上已有相关实践。在克莱斯勒重整案中,"无担保债权获得了超过50%的清偿率,而担保债权人只能得到29%的清偿率,已经投入使用的汽车造成的未来产品侵权债权按照计划得不到任何赔偿。"[1]在这之后的通用公司破产案件中,法院也采用了克莱斯勒重整模式,"克莱斯勒破产案是通用汽车破产案的蓝图"[2]。因此,债权受偿的绝对优先原则并非不能突破,而是需要法院结合具体案件事实,根据重整价值实现的需求作出判断。需要注意的是,绝对优先原则的突破并非从根本上否定绝对优先原

---

[1] 丁燕:《论"出售式重整"的经济法品格》,载《法学杂志》2016年第6期。
[2] See Barry E. Adler, *A Reassessment of Bankruptcy Reorganization after Chrysler and General Motors*, 18(1) American Bankruptcy Institute Law Review, 305 (2010).

则的价值,绝对优先原则仍然是破产重整制度的基本原则。换句话说,对绝对优先原则的突破应当有一个明确的限度,人民法院应当首先识别案件是否具有特殊无担保债权,且立法上应当明确需要对特殊无担保债权受偿方案予以调整的情形,债权受偿方案在调整时也应当保障债权人所获得的清偿不低于在清算程序中所得的利益。具体而言:

第一,识别程序。开展债权识别程序是法院突破绝对优先原则的基础要件。绝对优先原则的突破应当限于部分类型的案件,而不是所有破产案件。本文从实践中提炼出两种类型,一是具有衔接强制性规则的无担保债权的重整案件,二是具有保护小微企业事业的无担保债权的重整案件,法院在选择是否突破绝对优先原则之前,应当先识别案涉的无担保债权是否属于上述两类债权。具体而言,可以采用依申请识别和依职权识别两种方式,前者主要是指破产管理人接到相关债权人的债权申报时,发现该债权属于上述两个类型的,可以向法院提出识别申请,以确定该无担保债权的类型。同时,相关债权人在管理人未向法院提出识别申请时,也可以径自向法院提出申请。后者主要是指法院在上述两类案件中,可以依职权识别相应的无担保债权。经法院识别后,认定案涉无担保债权为特殊无担保债权的,应当据此重新审查管理人或债务人提交的重整计划草案,或者在强制批准过程中着重考察特殊无担保债权是否获得相应清偿。

第二,裁定程序。裁定程序并非意指法院直接以作出司法裁定的方式将某无担保债权认定为特殊债权,而是指法院经识别程序后,认为该无担保债权具有特殊性,不予以优先清偿不利于债务人继续经营,且不能实现债务人重整价值的,应当将该无担保债权视为特殊无担保债权,并基于该债权的特殊性来裁定是否批准重整计划草案。为此,应当对《中华人民共和国企业破产法》第87条加以改造,在原第3款中新增但书条款:"但是,本法另有规定的除外"。同时,在原87条与原第88条之间新增条款:"普通债权在债务人重整中存在以下情形之一的,人民法院批准重整计划草案可以不适用本法第八十七条第二款第(五)项的规定:(一)债权不予清偿导致债务人因违反法律、行政法规的强制性规范而不能继续经营的;(二)债权不予清偿严重影响债务人开展后续经营活动的;(三)债权不予清偿可能导致其他减损重整价值的后果。"此外,新设条文主要针对需要人民法院强制批准的情形。实际上,在各表决组达成合意的重整计划草案中,也可能存在忽视特殊无担保债权清偿的情形,此时,人民法院应当参照适用新设条文,对重整计划草案进行实质审查。

四、结　　语

绝对优先原则虽然是重整制度的基本原则,但实践中产生的特殊情形对绝对优先原则及相应的债权清偿制度提出了新的挑战。特殊无担保债权所承载的债权利益关涉社会整体经济效益,要求法院在审查批准重整计划草案时,需要以社会整体经济效益的实现作为"公允平等"标准的内涵,在一定限度内突破绝对优先原则,对特殊无担保债权作出优先清偿的安排。本文立足于我国破产审判实践,总结目前特殊无担保债权的两种主要类型,以债权类型化的方式梳理实践问题,针对性地提出对策,推动破产制度的完善。随着破产审判实践的不断发展,未来可能出现其他类型的特殊无担保债权需要调整受偿顺位。希望本文能抛砖引玉,期待更多同仁关注和研究绝对优先原则及相应债权受偿制度完善的问题。

中小企业重整中出资人权益调整的相对优先原则研究

毛雪华* 杨旻畅**

一、引　言

中小企业[①]乃推动社会经济、促进就业之关键力量，具备持续经营能力的中小企业通过重整可维系经济活力。立法为市场微观主体减负纾困，是顺应经济发展规律、契合时代需求的举措。

中小企业重整中，普遍存在主要债权人通过抵押获取优先受偿权的现象。当企业破产时，抵押物价值常低于债权金额，导致该债权人不仅享有担保物权，其未获清偿债权数额还往往超过普通债权的总和。这种债权结构赋予担保债权人事实上的否决权，使其能够左右重整计

---

* 北京市中闻律师事务所合伙人、律师。
** 北京交通大学法学院破产法研究中心研究员、北京市中闻律师事务所律师助理。
① 根据《中华人民共和国中小企业促进法》第2条的规定，中小企业系指在我国境内依法设立且人员规模、经营规模相对较小的企业。鉴于中小企业的组织经营模式多样，在满足前述法条规定的基础上，本文所指"中小企业"还应满足企业营业对原出资人的个人能力具有高度依赖性的条件，主要见于原股东出任公司管理人的情况。

划通过及出资人权益保留与否。[①] 传统破产法对债权优先性的保护更适用于大型企业,中小企业则存在不同的治理结构,其经营权通常由原出资人(企业主)直接掌控。若需放弃所有者权益,企业主将丧失申请重整的动力。当担保债权人反对任何形式的重整时,企业主往往选择维持运营直至清算结束,而不愿意主动申请破产。

出资人权益保留是中小企业重整的核心问题之一。债权人和出资人作为利益相关者,虽受偿顺序有别,但二者权益都值得重视。[②] 传统破产法中的绝对优先原则在应用于中小企业时存在明显弊端。在国内外破产法对小企业重整进行改革的浪潮下,重新审视中小企业重整的权益分配规则显得尤为必要。

二、绝对优先原则的普遍适用与实践问题

绝对优先原则(Absolutely Priority Rule)约束着破产财产分配的顺位规则:需在先满足靠前顺位债权人全额清偿或其同意接受不足额清偿的情况下,后顺位债权人才可获偿(见表1)。绝对优先原则还承载着信誉保护功能,保障破产程序外合同约定的付款优先权在重组过程中得以遵循[③]。

表1 绝对优先原则说明

层级	类别	说明
第一层级	有担保债权	在重整程序中最先获得清偿,通常以担保物的价值为限
第二层级	无担保债权	在有担保债权得到完全清偿后,无担保债权进行清偿
第三层级	股东权益	只有在有担保债权和无担保债权都得到充分清偿后,股东才有可能获得部分或全部权益的调整或分配

[①] See Christopher G. Bradley, *The New Small Business Bankruptcy Game:Strategies for Creditors under the Small Business Reorganization Act*, American Bankruptcy Institute Law Review, Vol. 28:2, p. 251 – 284 (2020).

[②] 参见何旺翔:《破产重整改革制度研究》,中国政法大学出版社2020年版,第205页。

[③] See Giulia Ballerini, *The Priorities Dilemma in the EU Preventive Restructuring Directive:Absolute or relative Priority Rule?*, International Insolvency Review, Vol. 30:1, p. 7 – 33 (2021).

(一)滥觞:非"绝对"的绝对优先原则

"绝对"似乎代表了不容置疑与不可改变,其实不然。作为一项破产法术语,"绝对优先"可追溯到 1928 年学者詹姆斯·C. 邦布莱特(James C. Bonbright)和米尔顿·贝格曼(Milton M. Bergerman)的文章①,用来描述一种破产规则。该原则在北太平洋铁路公司诉博伊德案(Northern Pacific Railway v. Boyd②,以下简称博伊德案)后被确定,当时被称作"博伊德规则"。在博伊德案中,债权人的权利受到保护,债务人对先前重组中完全未支付的债权人的债权负有责任。有学者指出,企业重组中该规则依托的学术概念存在缺陷,其构建于公司资产静态假设,与重组中公司动态变化的现实不符③。

上述理论与实践未表明绝对优先是应坚守的规则。詹姆斯·C. 邦布莱特和米尔顿·贝格曼倡导重组计划的公平性,提出旧绝对优先原则可能不适应具体组织形式,可被相对优先原则修正形式取代。"博伊德规则"也存在"新价值"例外下破产后产生资金的情形④。若不分情况固守绝对优先原则,会牺牲重整制度的灵活性,难以实现重整的理想效果。

(二)回溯:绝对优先原则被新价值例外规则突破

"新价值"例外(new value exception)规制,是指在破产程序中的特定条件下,允许债务人引入"新价值"以换取企业经营或控制权,其核心目的是推动企业重整复苏,实现经济资源高效利用与社会利益最大化。依据该规则,出资人注入"新价值",基于对企业价值提升的贡献,使其权益主张具备合理性,进而在重整中获得更大话语权与决策权,出资人的角色就会从绝对优先原则下的受限参与者转变为积极推动者。

---

① See James C. Bonbright & Milton M. Bergerman, *Two Rival Theories of Priority Rights of Securities Holders in a Corporate Reorganization*, Columbia Law Review, Vol. 28: 2, p. 127 – 165 (1928).

② N. Pac. Ry. Co. v. Boyd, 228 U. S. 482 (1913).

③ See Stephen J. Lubben, *The Overstated Absolute Priority Rule*, Fordham Journal of Corporate and Financial Law, Vol. 21: 4, p. 581 – 606 (2016).

④ See James C. Bonbright & Milton M. Bergerman, *Two Rival Theories of Priority Rights of Securities Holders in a Corporate Reorganization*, Columbia Law Review, Vol. 28: 2, p. 127 – 165 (1928).

"新价值"例外规则在美国破产法中属于一项司法例外规则。洛杉矶木材产品公司案①是美国最高法院首个承认该规则的案件。法院强调,原出资人贡献"新价值"需满足三个要件:一是存在新资本引入的必要性;二是股东保留利益与其贡献合理相当;三是贡献须基于"金钱或金钱价值"。有学者认为,单一资产案例中,企业管理者的特殊技能难以增加实体价值,无法证明其保留财产权益换取新价值贡献的合理性②。因此可见,"新价值"例外规则的内在争议在于所谓价值的具体构成形式上。最高法院曾在一案例中驳回下级法院对劳动力等非货币贡献的认可,后续裁判观点亦多将新价值局限于金钱形式(如股票、债券)。因原出资人难以满足新价值贡献的要求,"新价值"例外规则可能难以适用于本文倡导的中小企业重整权益分配模式,但其所体现的对绝对优先原则的灵活变通理念,为本文认可和采纳。

(三)问题:绝对优先原则与中小企业重整的适配

绝对优先原则的法理源于股权与债权差异,原出资人作为股权所有者,在企业资产清偿债权无剩余的情况下,其股权价值归零,权益遭剥夺。大型企业通过严格清偿顺位来维护重整秩序,但中小企业强调债权绝对优先存在显著弊端:原出资人作为经营决策核心,其权益一旦被剥夺,无疑会直接减损企业行为能力,与企业对其专有技术、客户资源等资源存在依赖的现实冲突,最终导致企业持续经营价值贬损。原出资人权益被剥夺也就导致其重整话语权被剥夺,最终引发经营者激励失效、程序效率低下和实质公平受损等问题。

从中小企业发展实践来看,中小企业往往规模小、资源有限,原出资人多亲自参与经营,尤其是在家族式管理模式下,原出资人与经营者身份重叠或紧密相连。原出资人熟悉业务运作,决策更贴合实际,若权益被剥夺,新管理者难快速适应,尤其专精特新型中小企业,寻找专业破产管理人耗力耗财,不利于简易高效重整。如美国学者所言,小企业重整重点在"经营企业的人"③。从债权人视

---

① Case v. Los Angeles Lumber Products Co., 308 U.S. 106 (1939).
② See Salvatore G. Gangemi & Stephen Bordanaro, *The New Value Exception: Square Peg in a Round Hole*, American Bankruptcy Institute Law Review, Vol.1:1, p.173 – 196 (1993).
③ See Douglas G. Baird & Edward R. Morrison, *Serial Entrepreneurs and Small Business Bankruptcies*, Columbia Law Review, Vol.105:8, p.2310 – 2368 (2005).

角看,担保债权人倾向快速清偿,无担保债权人容易非理性地反对原出资人保留股份①,最终导致其权益归零,失去"复权"可能。综上,中小企业往往在经营上高度依赖原出资人,绝对优先原则下剥离其权益的重整计划易失败的客观现实,催生出相对优先原则的理论需求。

三、相对优先原则的理论基础与价值证成

中小企业重整需重新审视原出资人的地位,强化其权益保护十分必要。保护原出资人权益并非剥夺债权人利益,反而能为多方创造更大利益空间。一方面,原出资人熟悉企业且最希望企业延续,更有动力制定合理重整计划、获取经营权,以持续经营盈余进而扩大破产财产资金池;另一方面,债权人也有动机接受合理的重整计划②,为相对优先原则在中小企业重整中的适用提供理论空间。

(一)相对优先原则的理论支撑:从破产财产的固定主义到膨胀主义

1. 固定主义与膨胀主义的对比分析

界定破产财产范围是中小企业重整的核心环节,存在固定主义与膨胀主义两种模式。固定主义以破产程序启动时的财产范围为限,明确资产分配顺位,成为绝对优先原则理论基础,如《日本破产法》规定,破产程序开始时的债务人财产构成法定财团③。膨胀主义则将破产程序启动后至程序终结前债务人新取得财产归入破产财产,其作为相对优先原则的关键理论支持,允许破产财产范围扩大,与新价值例外路径一致,通过引入"新价值"增加财产总量,还允许以债务人预期收入换取出资人复权的可能④,构成相对优先原则的正当性基础。

膨胀主义将破产申请受理至重整计划执行完毕期间债务人取得的财产纳入破产财产,增加分配总量,为相对优先原则提供物质基础。出资人通过重整经营增加的企业收入作为新增财产,既帮助企业脱困,也为优化清偿顺序提供现实依

---

① 参见苏洁澈:《中小企业特殊拯救程序及制度重构》,载《政法论坛》2024年第2期。
② See Jagdeep S. Bhandari, Lawrence A. Weiss & Richard A. Posner, *Corporate Bankruptcy: Economic and Legal Perspectives*, Cambridge University Press, 1996, p.527.
③ 参见[日]山本和彦:《日本倒产处理法入门》,金春等译,法律出版社2016年版,第60页。
④ 刘冬梅、席林林:《宜商环境视域下小微企业重整中原出资人权益保留问题研究——以G市法院2018年-2022年的破产案件为研究对象》,载《法律适用》2023年第3期。

据,还可以凭借经营的成果与潜力提升出资人的谈判地位。虽然《中华人民共和国企业破产法》第30条规定,"破产申请受理时属于债务人的全部财产,以及破产申请受理后至破产程序终结前债务人取得的财产,为债务人财产",该规定看似符合膨胀主义,但在绝对顺位规则下,重整计划批准后企业易主,后续预期收入不纳入破产财产,背离膨胀主义核心,致出资人无法通过经营创造新收益,制度未臻完善。因此,应将膨胀主义时点扩展至重整计划执行完毕前,支持出资人经营创造财富,实现膨胀主义的实质效用。

2. 膨胀主义的实践

《美国破产法典》第7章的理念虽与膨胀主义相悖,但其第11章、第12章、第13章采纳膨胀主义,将膨胀财团范围界定为:(1)债务人在破产案件启动之后、破产案件终结、驳回或被转换之前取得的§541所规定的所有种类的财产[§1115(a)(1)、§1207(a)(1)、§1306(a)(1)];(2)债务人在破产案件启动之后、破产案件终结、驳回或被转换之前提供服务所取得的所有收入[§1115(a)(2)、§1207(a)(2)、§1306(a)(2)]①。2019年,《小企业重整法》改革融入《美国破产法典》的相关章节规则,为小企业及其经营者构建重整新模式:债务人以未来收入偿债,允许小规模经营债务人在普通债权人未完全清偿时,依据第1186条保有企业所有者权益②。第1186(a)条规定,破产财产涵盖案件开始后至特定节点,新获得财产及服务收入,贯彻膨胀主义;第5节要求小企业以"可支配收入"偿债(期限至少3～5年),出资人通过经营利润偿债并获得企业运营机会,且"可支配收入"规则下股东收益非零,均体现相对优先原则,兼顾债权与股东权益。《小企业重整法》将债务人未来收入纳入膨胀财团,鼓励小企业在破产程序中积极经营、创收偿债,激活经济活力,既为企业经营偿债、权益保留提供路径,也平衡了债权人之间的利益。

(二)相对优先原则的价值证成:契合中小企业重整特殊需求

就法哲学角度而言,规则正当性是规则被遵守的基础。绝对优先制度本欲

---

① 参见[美]查尔斯·J.泰步:《美国破产法新论》,韩长印等译,中国政法大学出版社2017年版,第449页。

② 参见齐砺杰:《小企业重整程序该如何嵌入中国的破产法律体系》,载《中国政法大学学报》2021年第4期。

通过清偿顺位为重整主体分配公平利益,却在20世纪30年代遭司法突破。在实践中,法律原则未被良好遵守,背后是适用对象特殊性与规则普适性的张力所致。中小企业重整制度设计需立足其独特逻辑:与大型企业科层管理、分散股权的特征不同,中小企业的存续高度依赖原出资人"人企合一"的经营禀赋(集资本提供、决策执行于一身)。在此语境下,相对优先原则不仅是对绝对优先原则的革新,更精准适配中小企业所有者与经营者身份重叠或紧密关联的特质。

1. 基于效率与公平的动态平衡

我国部分中小企业因绝对优先原则陷入"僵而不死"的境况,根源在于该原则以静态债权顺位固化利益分配,忽视重整"动态增值"的可能。相对优先原则依托破产财产膨胀主义,将重整从"清算导向"转向"经营导向":通过赋予原出资人"经营权保留"与"权益调整"双重激励,激活企业的自我修复能力,这既契合效率原则——激发原出资人利用企业认知与资源实现财产价值最大化,又通过膨胀主义扩大可分配财产范围、提升价值,为债权人提供更高清偿可能,以"做大蛋糕"实现多方共赢和兼顾公平。

2. 社会利益最大化的制度功能

中小企业是国民经济的"就业蓄水池"与"创新孵化器"。绝对优先原则不区分企业类型的僵化适用,容易导致企业被迫转入清算,会引发员工失业、产业链断裂等社会成本,抑制了民营企业家创业积极性。相对优先原则将企业重整视为"社会利益保全机制",引入膨胀主义理念,允许出资人保留全部或者部分权益,彰显出多重价值:一方面,激励债务人积极经营,避免清算,保留企业生存价值与员工就业机会,债权人的清偿期虽延长,但未来有更多财产偿债,可提高受偿率;另一方面,在优化营商环境、鼓励创新创业背景下,为有重整价值的企业提供更多的挽救机会。

四、相对优先原则的内涵界定与规则构建

(一)相对优先原则的内涵与顶层设计

"相对"与"绝对"优先权概念最早由詹姆斯·C.邦布莱特和米尔顿·贝格

曼提出①。相对优先原则下,即便优先债权人组未通过重整计划,在未全额清偿优先债权时,仍可以向顺位权益主体进行分配(见表2),允许出资人保留权益。中小企业重整中的相对优先原则设计,具双重政策导向:一是量化未来盈利预期,转化为可分配的财产权益,减少有财产担保债权人与普通债权人间的利益冲突;二是构建差异化激励机制,促使担保债权人接受较慢的重整清偿周期,引导普通债权人支持快速重组,实现债务人财产整体价值的最大化。

表2 相对优先原则说明

层级	类别	说明
第一层级	核心利益相关方(视具体情况而定)	相对优先原则下,不一定严格按照传统的有担保债权、无担保债权、股东权益的顺序。可能会根据企业重整的实际需求和各方利益平衡,确定某些核心利益相关方在特定情况下优先获得一定程度的清偿或权益调整
劣后层级	其他债权人和股东	在核心利益相关方得到适当安排后,其他债权人和股东按照协商确定的比例或顺序进行清偿和权益调整。可能会综合考虑各方对企业重整的贡献、未来发展潜力等因素

欧盟于2019年通过了《预防性重组框架指令》②(以下简称欧盟指令),要求成员国2年内(例外情况3年内)实施。立法者受美国破产法启发,支持重新设计优先权规则,为成员国采用相对优先原则提供选择。鉴于绝对优先原则缺乏灵活性,且特定个人(如创始人)保留股权、参与企业(尤其所有者参与经营的中小企业)重组具有重要性③,荷兰《法外重组计划确认法》草案成为首个符合欧盟指令的法案,最终版本通过规定"减轻"的绝对优先原则来解决灵活性问题;英国作为脱离了欧盟的国家,也在《2020年公司破产和治理法案》(Corporate Insolvency and Governance Act 2020)中决定,不明确标准化的绝对优先原则。④

---

① See supra note 7.

② Directive EU 2019/1023 of the European Parliament and of the Council of 20 June 2019 on preventive restructuring frameworks, on discharge of debt and disqualifications, and on measures to increase the efficiency of procedures concerning restructuring, insolvency and discharge of debt, and amending Directive (EU) 2017/1132, OJ L 172 of 26 June 2019, 18.

③ See Axel Krohn, *Rethinking Priority: The Dawn of the Relative Priority Rule and the New "Best Interests of Creditors" Test in the European Union*, International Insolvency Review, Vol. 30: 1, p. 75 - 95 (2021).

④ Corporate Insolvency and Governance Act 2020 (U.K.), 2020.

(二) 相对优先原则的适用标准

1. 通过债权人最佳利益测试

绝对优先原则承认重整中的非破产优先事项,债权人在债务人获取资产权益前,依据非破产优先顺序从资产中全额清偿①。相对优先原则不将债权人受偿置于首位,但需要针对可能出现的破坏债权人保护的担忧作出澄清:重整非零和游戏,原出资人收益不等同债权人损失。欧盟指令第2(1)条、《美国破产法典》第11章均确立"债权人最佳利益测试"(Best Interests of Creditors Test)机制,既保障反对重整计划债权人的最低清偿,又以通过强制批准规则推动中小企业重整为核心政策②。"债权人最佳利益测试"要求确保反对重整的债权人获偿比例,不低于破产清算中个别清偿、整体出售财产或计划未获批转清算时的受偿水平,该规则适用于不同类别债权人,尊重各主体的破产前权利,使债权人能比较重整计划与清算可得利益。

2. 债权人最佳利益测试的构成与实行

(1)适用对象。债权人对重整计划草案无异议时,无须启动债权人最佳利益测试;仅当其提出异议时才启用测试,且仅适用于异议债权人。美国破产法中的债权人最佳利益测试不适用于利益未受调整的债权人,若重整计划未影响某组别权利人的普通法或衡平法权利,即属未受"调整"。例如,美国康涅狄格州破产法院的判例认为,仅受计划特定条款"直接、不利和金钱"影响的债权人,才可以对相关条款提出异议③。对于债权人未参与表决的情形,若满足未在规定期限提交书面反对意见、未出席会议且未委托代理表决、法院裁定前未补充异议等3项要件,应视为同意通过重整计划,以避免因懈怠表决被滥用而导致重整程序拖延。

(2)清算分析。清算分析是债权人最佳利益测试的基础。原出资人作为重整计划草案的提出者,需提供清算披露证明,向"受损"债权人证明其在清算程序中的收益。同时,重整计划草案提出者须披露债务人资产、负债、前景等财务信

---

① See J. Ronald Trost, *Corporate Bankruptcy Reorganizations: For the Benefit of Creditors or Stockholders*, UCLA Law Review, Vol. 21, No. 2, p. 540 – 552 (1973).

② Bank of America Nat. Trust and Sav. Assn. v. 203 North LaSalle Street Partnership, 526 U. S. 434 (1999) (No. 97 – 1418).

③ See *In re Wonder Corp. of Am.*, 70 B. R. 1018, 1023.

息，帮助法院判定是否满足最佳利益测试，具体披露内容因案而定。例如，美国联邦第八巡回上诉法院在案例中指出，披露声明含索赔分析、纳税申报单和财产评估即符合条件①。此外，重整计划草案应包含债权清偿比例，通过与无担保债权人清算中按比例分配对比，确定是否满足最佳利益测试②。

（3）重整计划的证明与通过。重整计划草案提出者有义务证明计划满足债权人最佳利益测试，中小企业原出资人提出计划时，无异议情形下也需担此责任。该测试要求债权人按重整计划所得分配金额不少于清算所得，是计划通过的必要条件。存在异议债权人时，若模拟清算分配高于重整计划规定的比例，则计划不予通过。因为，这意味着企业持续运营价值未超过清算价值，重整无法替代清算，可见，该测试也是企业重整价值识别的方式。

（4）法院须独立判断重整计划的可行性。即便重整计划通过债权人最佳利益测试，法院仍需审查其是否符合确认要求及具备可行性。法院判定所有组别通过的重整计划不具有可行性，其本质是以司法自身判断取代经济利害关系人的自主判断。针对实践中债权人会议通过重整计划草案难度大的问题，中小企业重整计划草案经法院审慎审查具备合理性、可行性，即使未获得债权人会议表决通过，只要有一个权益受削弱的表决组通过，法院也可强制批准该重整计划。

五、结　语

重整的核心价值在于通过利益再分配来优化社会资源配置。中小企业依赖原出资人获得重整重生，但其治理结构与经营模式使传统绝对优先原则陷入困境。僵化的清偿顺位既剥夺企业获得挽救的机会，又因经营连续性遭破坏而导致财产贬值。相对优先原则不否定债权优先，而是构建动态平衡机制，将未来增值收入纳入分配进而实现多方共赢。若要坚守一份对债权人权益保护的理性，债权人最佳利益测试是平衡二者的关键做法，其既坚守债权人受偿的底线，又保留原出资人对企业的经营自主权。总之，唯有完善权益分配规则的弹性与包容性，重整制度才能助力中小企业穿越周期并向阳而生。

---

① See *In re Tranel*, 940 F. 2d 1168.

② Natalie Regoli, *Confirmation of Chapter 11 Bankruptcy: A Practical Guide to the Best Interest of Creditors Test*, Texas Journal of Business Law, Vol. 41, No. 1, p. 7－40 (2005).

重整计划外出售式重整的司法审查和制度完善

孙　建[*]　黄建东[**]

一、出售式重整制度的界定

出售式重整又称为事业让与型重整,是将债务人具有活力的营业事业之全部或主要部分出售让与他人,使之在新的企业中得以继续经营存续,而以转让所得对价以及企业未转让遗留财产(如有)的清算所得清偿债权人。出售式重整区别传统存续型重整的标志性特点是不保留原债务人企业的存续,在事业转让之后将债务人企业清算注销,事业的重整是以在原企业之外继续经营的方式进行。[①] 从类型上来看,出售式重整可以分为重整计划内的出售式重整和重整计划外的出售式重整。重整计划内的出售式重整,是指全部资产或主要资产出售写进重整计划草案并且经过债权人会议表决的重整安排;重整计划外的出售式重整,是指全部资产或主要资产出售发生于进入重整程序后至重整计划表决前,并且没有

---

[*] 江苏省南京江北新区人民法院四级高级法官。
[**] 江苏省南京市中级人民法院执行裁判庭副庭长。
[①] 参见王欣新:《重整制度理论与实务新论》,载《法律适用》2012年第11期。

经过债权人会议的表决程序的重整安排。相较企业存续型重整和对全部资产进行出售的破产清算程序，出售式重整的优势主要在于：一是可以消除存续型重整中债权人对模拟清算分配的异议；二是可以解决投资人对企业或债务的担心；三是可以快速高效地实现重整目标。出售式重整不仅涉及企业全部资产或关键资产的交易，而且可能会影响债权人的权利安排，各国往往设置了严谨和复杂的程序。

在德国，出售式重整又称为"转让型重整"或"重整式清算"，《德国破产法》第160条规定，重整企业资产全部或部分出售给与债务人关系密切的人（特别利益人）时，不仅要经过债权人委员会许可，还要经过债权人大会通过；第163条规定，企业转让定价的保障措施，如破产法院经过债务人或适格多数债权人的申请，可以颁布命令要求企业出售行为须经债权人大会同意方可进行；第128条规定，重整企业转让时，原则上并不影响《民法典》第613a条所规定的劳动关系保护现状，受让人将依法加入应归入企业或企业部分的劳动关系中去。此外，《德国税捐法》第75条第2款规定，如果企业受让人从破产财团中获得企业，无须按照《德国税捐法》第75条第1款的负责企业税负。[①]

《法国商法典》第6卷"企业困境"第3编"司法重整程序"第16目第R631-39条至R631-42条规定"企业部分或全部转让"，将企业的转让分为部分转让和全部转让两个部分，并且明确对重整程序中的企业转让，可以参照第4编第2章"资产变现"第1节"企业的转让"第R642-1条至第642-21条的相关规定（第642-10条第1款除外）。[②]

日本的出售式重整制度主要规定在《民事再生法》第42条、第43条，《公司更生法》第46条。例如，根据《民事再生法》第42条，再生债务人在转让其营业或事业全部或重要部分时，必须得到法院的许可。许可的要件指的是对债务人事业的重建来说是有必要的，包括再生债务人为自身经济重建有必要时转让该事业的情况，以及再生债务人变卖事业后，能够预见受让人可以对该事业成功重建的情况。对于未取得许可的转让属于无效转让，但是不能对抗善意第三人。

---

① 参见[德]莱因哈德·波克：《德国破产法导论》，王艳柯译，北京大学出版社2014年版，第193页。

② 参见《法国商法典》（下册），罗结珍译，北京大学出版社2015年版，第1432~1433、1442~1446页。

股份公司再生债务人的事业转让程序适用《民事再生法》第43条的规定。根据公司法的原则,股份公司将事业的全部或部分转让时,需要取得股东大会的承认。但是在民事再生程序中为了维持事业的价值,法院可以替代股东大会决议裁定许可。对法院的代替许可,股东可以提出即时抗告的权利。[1] 同时,鉴于转让与债权人、股东利益以及从业人员密切相关,法院在作出是否许可的决定时必须充分考虑受让人选定过程的公正性、转让价格和转让条件的相当性。

二、美国对于重整计划外出售式重整的司法审查

《美国破产法典》对重整计划外的出售式重整规定在第4章第363条。在美国重整计划外的出售式重整又可称为"363出售"。"363出售"允许企业进入重整程序后,在保护利益相关方的前提下,尽快完成资产出售,防止资产的贬值和成本的增加,提高重整的效率,实现资产价值的最大化。相对于重整计划内的出售式重整,"363出售"最大的优势在于效率,能够快速地实现企业的再生。除此之外,"363出售"还具有以下制度优势:一是资产出售具有终局性。《美国破产法典》第363条(m)项规定,准予出售资产的批准令不能通过上诉来撤销或修改,也就是说,法院批准的资产出售交易具有终局性,其他方不可通过上诉来撤销或修改该交易。二是购买方具有合同选择权。在"363出售"程序中,收购方可以选择接受对自己有利的合同,而将不利的合同责任留给重整企业。三是有权出售共有财产。在满足一定的交易条件的前提下,允许债务人或管理人出售债务人与他人共有的财产,而无须征得其他共有权人的同意。

近年来,美国司法实践中适用"363出售"的情形越来越多,甚至呈现趋于常态的倾向。在重整过程中,重整企业或管理人利用"363出售",寻求法院对公司全部资产或主要资产出售的批准,将出售价款分配给各债权人,从而实现加速重整的目的。法院在审查涉及重整内容的"363出售"时,着重考虑的是在重整计划之前处置重整企业全部财产或主要财产的必要性,以及是否违背了《美国破产法典》第11章重整程序对债权人利益的保护。在审查标准上,美国案例法出现

---

[1] 参见[日]谷口安平主编,山本克己、中西正编:《日本倒产法概述》,佐藤孝弘、田言等译,中国政法大学出版社2017年版,第269~270页。

了严格审查到有所放宽的变化过程。例如,在莱昂内尔(Lionel)公司案件中,第二巡回法院确立了"363出售"必须符合商业合理性的要求;到大陆航空公司(Continental)案中,上诉法院在商业合理性标准的基础上,又增加了"363出售"下债权人利益较第11章重整程序是否得到更优保护的审查要求;但是到了克莱斯勒和通用公司案,美国法院对的审查标准趋于宽松。

Lionel公司案[①]:商业合理性标准

股东委员会诉莱昂内尔公司案(Committee of Equityholders v. Lionel Corp)确认了法院在审查正常经营范围外的363条重整应适用的标准。这一标准是要看该"363出售"是否具有"商业合理性"。在该案件中,债务人Lionel公司提出动议,拟出售它的大部分重要资产——其子公司的82%普通股,该子公司是一家经营良好的、有清偿能力的且盈利的上市公司。在提出该"363出售"计划4天后,债务人提出重整计划,该计划的条件是确认该"363出售",并将收入在债权人之间进行分配。破产法院批准了重整计划之前的363条交易,其理由为:第一,债权人委员会坚持这个交易;第二,如果不批准交易,至少将重整延误一年。股权委员会提出上诉。在上诉中,第二巡回法院注意到,"法院作出批准的原因应该是必须存在某些资产使用、出售或出租的商业原因,而不是债权人的坚持。债权人委员会的坚持并不构成足够的商业原因,商业合理性。因为,作为事实问题,没有证据表明这一出售不能在重整计划中以同样的价格完成"。作为法律问题,批准交易仅仅是为债权人的利益作出,而忽视了股权持有人的利益,而第11章要求保护股权持有者。第二巡回法院列出了下列判断商业合理性的因素:资产价值在整体破产财产中所占的份额;从第11章申请时至提出资产出售时的时间,是否有可能在较短的时间内提出并通过重整计划;交易对未来重整计划的影响;通过交易可能获得的收入与任何对财产估值的比较,最重要的可能是,是否该资产正在增值或贬值。

大陆航空公司案[②]:重整对债权人的利益安排

除商业合理性标准以外,"363出售"影响第11章对债权人的权利安排也是

---

① 参见贺丹:《通用公司重整模式的破产法分析》,载李曙光、郑志斌主编:《公司重整法律评论》(第2卷),法律出版社2012年版,第12~13页。

② 参见[美]大卫·G. 爱泼斯坦、史蒂夫·H. 尼克勒斯、詹姆斯·J. 怀特:《美国破产法》,韩长印等译,中国政法大学出版社2003年版,第184页。

法院考量的重要因素。在大陆航空公司案件中,大陆航空公司计划出租两台 DC-10s,租期 10 年,租金价值超过 7000 万美元,并要求使用以出租的飞机为太平洋航线服务。大陆航空公司主张它的太平洋航线具有很重要的价值,只要有合适的飞机去飞这些航线,这种价值就能实现。上诉法院虽然认为,破产法院裁决没有违反商业正当性的标准,但是仍然推翻了破产法院和联邦地区法院的裁决,将案件发回重审。上诉法院指出,地方法院应当听取异议者的权利主张,如果这些异议足以证明"一个包含租约的重整计划最终将导致失败",法院就应该否决该租约。上诉法院承认,第 363 条下的出租将会剥夺债权人的某些权利(如第 1125 条规定的披露,第 1126 条规定的表决,第 1128 条规定的最大利益,第 1129 条规定的绝对优先权等),因此,首先债务人应该表明财产的出租具有商业目的;其次,任何想要提出异议的债权人必须详细说明因为上述财产租赁而被否定的具体利益,并且证明如果不进行出租而进行重整将会获得更好地被对待。

克莱斯勒和通用公司案:审查标准趋于放宽

克莱斯勒公司和通用公司分别于 2009 年 4 月 30 日、6 月 1 日向纽约南区联邦破产法院申请破产重整,寻求破产保护。根据克莱斯勒的重整计划,先将克莱斯勒的大多数资产以拍卖的方式出售给新克莱斯勒公司,拍卖出售所得 20 亿美元将根据绝对优先规则用于清偿优先债权人。通用公司的破产重整借鉴了克莱斯勒公司的模式,先是将债务人有价值的资产拍卖出售给新通用公司。新通用公司同意支付通用公司对自愿雇员福利协会的 200 亿美元的破产债务,同时,向自愿雇员福利协会发行 25 亿美元的票据、65 亿美元的公司优先股、17.5% 的公司普通股以及根据企业经营情况追加 2.5% 股份的担保。[①] 美国法院受理两个案件后,对两家公司的资产出售行为均予以认可。克莱斯勒和通用公司通过"363 出售"实现了债务剥离、股权结构重构以及企业的良好运营,特别是新通用公司在成立不到一年半的时间就成功上市,在实现了企业可持续发展的同时,也拯救了美国的汽车行业。但是,克莱斯勒和通用公司案件改变了美国法院对通过"363 出售"的方式实现重整目标一直采取比较严格的审查态度,引发了破产法学界和实务界的激烈讨论。

---

① 参见方俊:《上市公司破产重整的利益平衡论——基于优先权规则的实证研究》,华东政法大学 2011 年博士学位论文,第 191~198 页。

《美国破产法典》第 11 章的首要程序价值,是为所有重整参与人提供了一个协商谈判的平台,在充分的信息披露和协商谈判的基础上制定了一个符合绝大多数人利益和要求的重整计划。查尔斯·J. 泰步教授将此描述为:如果债务人在重整程序启动伊始便援用《美国破产法典》第 363 条,在重整计划批准前出售公司所有资产或者重大资产。在破产程序中,抓住商机实现资产价值最大化,固然是值得追求的目标;但在联邦第二巡回法院在 1983 年 Lionel 公司案中,判定债务人可以基于"良好之商业理由"而援用"363 出售"其资产之后,各地破产法院对债务人绕过重整计划批准程序处置资产的操作手法,有放任之嫌。①

　　绕过重整计划进行的"363 出售"引发的另一个担忧是会规避《美国破产法典》第 11 章设置的严密的债权人利益保护机制。例如,在通用公司重整案件中,根据《主出售与购买协议》,新通用公司收购通用公司全部运营资产的对价包括以下方面:第一,新通用公司所持有的对老通用公司的破产申请前的债权以及破产申请后的经管债务人(DIP)贷款债权。美国财政部将其对通用公司的破产申请前债权转让给汽车收购控股有限责任公司,由其通过债权投标的方式购买老通用公司的资产。第二,老通用公司向美国财政部发行的权证。第三,新通用公司的普通股和权证。老通用公司获得新通用公司 10% 的普通股,用于根据确认后的重整计划向老通用公司的债权人分配,在老通用公司的一般无担保债权人的债权超过 350 亿美元的情况下,老通用公司将得到额外的 2% 的普通股,同时老通用公司拥有购买额外的 15% 普通股的权证。第四,承担通用公司的债务。包括 67 亿美元的 DIP 贷款,通用公司正常经营中的债权债务以及通用公司的产品责任。由于部分政府的担保债权是第二顺位的担保权,为顺利地进行债权投标,新通用公司承担了老通用公司所有非政府的担保债权。② 查尔斯·J. 泰步教授认为,这种过于宽松的审查标准,导致立法者通过重整计划批准程序与信息披露要求来确保债权人获得尽量充分信息的期待,在现实中落空。在 DIP 融资提供者与潜在买受人的压力下,迅速处置和变现资产的短期效益追求,几乎消灭了依据充分信息进行决策而取得长效收益的可能。更糟糕的是,在通用公司与克

---

　　① 参见[美]查尔斯·泰步:《破产法第 11 章到底怎么了》,王之洲、陈仪宁译,载微信公众号"破记录"2019 年 9 月 11 日,https://mp.wexin.qq.com/S/2tWREFqMII5reOUIKGR7GQ。

　　② 参见贺丹:《通用公司重整模式的破产法分析》,载李曙光、郑志斌主编:《公司重整法律评论》第 2 卷,法律出版社 2012 年版,第 12～13 页。

莱斯勒公司破产案中,破产法官对资产买受人违背法定受偿秩序分配重整债务人价值的做法,都采取了默许甚至支持态度。这将使绕过传统重整计划批准程序的"363出售",更容易成为重整程序主导人篡改法定受偿顺位、攫取不当利得的帮凶。为此,查尔斯·J.泰步教授建议,国会以"紧急性"(emergency)或"易变质性"(perishability)为标准,重新规范法院对重整程序中债务人主要资产出售的审查标准;建议法院应当严格审查DIP融资条款,并撤销担保债权人对DIP融资提出的过分要求;建议法院应坚持以"绝对顺位"为原则来审查重整计划提出的清偿方案,并在司法层面杜绝一切违背法定受偿秩序的分配安排。[①]

美国破产重整制度改革调研委员会的许多委员认为,全部资产或几乎全部资产出售已经成为重组范畴的一部分。委员会因此认为,对这一问题最富建设性的处理就是对出售流程进行严格分析,并承认此种出售有可能实现特定的政策目标,包括最大化可供债权人分配的价值、留存工作岗位(至少债务人所聘员工的一部分)。美国多数法院对出售全部或几乎全部债务人财产在程序上和实体上的审查都非常严格,要求出售行为应具有"充分的理由",并且经管债务人应对适当的通知、合适的价格以及具有"善意"等法院批准所需的必要因素承担严格的举证责任。委员会认定在"363出售"进行中,债权人所应获得的保护至少应与第11章计划批准达到同等水平。最终,关于"363出售"的程序性改革原则也吸收了上述建议。[②]

三、我国重整计划外出售式重整的制度及其完善

《中华人民共和国企业破产法》(以下简称《企业破产法》)对出售全部资产或主要资产的出售式重整模式没有规定,既没有倡导性的规定,也没有禁止性的规定。司法实践中,一些企业采用了出售式重整的方式,比较典型的如江苏莱顿宝富塑化有限公司破产重整案、浙江振越建设集团有限公司破产重整案。我国的出售式重整基本上都是经过债权人会议表决后实施的重整计划内的出售式重

---

① [美]查尔斯·J.泰步:《破产法第11章到底怎么了》,王之洲、陈仪宁译,载微信公众号"破记录"2019年9月11日,https://mp.wexin.qq.com/S/2tWREFqMII5reOUIKGR7GQ。

② 参见美国破产法协会:《美国破产重整制度改革调研报告》,何欢、韩长印译,中国政法大学出版社2016年版,第157~158页。

整,截至目前还没有适用重整计划外出售式重整的案例。虽然重整计划外出售式重整在实践中存有争议,但是相对于重整计划内的出售式重整,重整计划外的出售式重整的优势在于可以快速地实现企业的再生,而且还可以通过制度设计赋予合同选择权、共有财产出售权。此种方式在一些大型企业重整案件中发挥出了制度优势和实践价值。

虽然重整计划外的出售式重整在法律上存在漏洞,在实践中没有先例,但是在现行法律框架内存在制度空间。我国《企业破产法》涉及出售式重整的主要有3个条文:第一,我国《企业破产法》第25条第1款第6项,该条规定管理人有权管理和处分债务人的财产。从文义解释来看,这里的财产包括债务人的全部财产。第二,我国《企业破产法》第69条,该条规定管理人实施全部库存或者营业转让行为的,应当及时向人民法院或债权人委员会报告。第三,我国《企业破产法》第26条进一步强调,在第一次债权人会议召开之前,管理人实施全部库存或者营业转让行为的,应当经人民法院许可。从我国《企业破产法》的立法体例来看,第25条、第26条位于第三章"管理人"部分,第69条位于第七章"债权人委员会"部分,与第八章"重整"处于平等地位。因此,上述规定既适用于破产清算程序,也适用于破产重整程序,这种立法体例更加强调管理人中心主义,一般由管理人负责实施资产出售行为。①

最高人民法院《关于适用〈中华人民共和国企业破产法〉若干问题的规定(三)》第15条进一步规定,管理人处分债务人重大财产的,应当经过债权人会议表决通过。最高人民法院民二庭负责人在该司法解释发布会答记者问环节上对此解释:本条主要针对的是第一次债权人会议召开后,管理人实施的处分行为,第一次债权人会议召开前管理人实施处分的,应当按照破产法第26条的规定处理。② 可见,我国《企业破产法》第26条可以理解为,在第一次债权人会议召开前,由于债权申报、审核工作尚未完成,管理人可以不经过债权人会议径行请求法院许可其转让全部资产或重大资产。

我国在构建出售式重整制度时,至少应当关注以下几个方面的问题:第一,资产出售的过程要进行详尽的信息披露。对于重整计划外的资产出售,虽然债

---

① 参见丁燕:《"出售式重整"的经济法品格》,载《法学杂志》2016年第6期。
② 参见最高人民法院民二庭编著:《最高人民法院关于企业破产法司法解释(三)理解与适用》,人民法院出版社2019年版,第12页。

权人会议没有召开,债权也没有经过债权人会议核查,但是仍然应当保障潜在债权人的合法权益,给予潜在债权人合理的异议期,完善潜在债权人异议的救济方式;第二,建立合理的评估和市场检测标准,确保整体出售的价格与资产的市场价格基本相当,防止出售价格与市场价格产生不当偏离;第三,综合运用资产推介、"假马竞拍"等多种方式提高资产出售的价格,最大限度保障债权人利益;第四,完善司法审查标准,将"紧急性""确有必要性"等作为规范法院批准条件的审查标准。①

---

① 早在1949年,美国第三巡回法院在审理太阳能制造公司(Solar Manufacturing Corp)案中认为,只有在"紧急情况实际发生时",法院才可以批准没有重整方案的案件中的债务人出售几乎所有财产。参见[美]大卫·G.爱泼斯坦、史蒂夫·H.尼克勒斯、詹姆斯·J.怀特:《美国破产法》,韩长印等译,中国政法大学出版社2003年版,第180页。

重整计划执行监督规则的反思与重塑

汪　晶[*]

一、问题的提出

自人民法院批准重整计划,重整程序终止。[①] 但程序的终止不是重整的结束,而是重整的开始。重整计划是投资人、债权人等各方主体对债务人拯救的愿景,只有将重整计划切实付诸实践,才能对债务人拯救成功。为保障重整计划的执行,现行《中华人民共和国企业破产法》(以下简称《企业破产法》)第 90 条与第 91 条规定了重整计划执行的监督规则,确定了管理人作为监督主体,债务人承担报告义务,但对监督或报告的内容、新生问题的反馈与规制等均未作出规定。现有规则设计存在不足,导致实务中的一些重整案件无法对投资人、债权人等各方主体合法权益进行有效保护,难以实现降低重整失败风险的程序效用。此外,随着国家经济形势的变化与发展,以及市场经济对破产程序的了解与接纳,重整案件

---

[*] 西南政法大学民商法学院硕士研究生,武汉市破产管理人协会对外交流委员会副主任、湖北忠三律师事务所专职律师。

[①]《企业破产法》第 86 条第 2 款:"自重整计划通过之日起十日内,债务人或者管理人应当向人民法院提出批准重整计划的申请。人民法院经审查认为符合本法规定的,应当自收到申请之日起三十日内裁定批准,终止重整程序,并予以公告。"

逐步增多,重整计划的设计更加灵活复杂,致使规则的缺位与实务案件办理的不适配性日趋显著。面对规范的供给不足,为适应案件办理的实务需求,在已有规则基础上,最高人民法院通过制定规定或印发会议纪要等形式,增补规范以满足实务需求。例如,强调了重整计划执行监督期的重要性,原则上要求监督期与执行期保持一致;明确了管理人在监督期的报酬规定以及对相关诉讼、仲裁程序的代理工作等。增补的规则在一定程度上体现了监督期的程序价值,但并未对重整计划执行监督规则进行实质性的修改,现有规则依旧难以保障重整计划执行的有效性、可行性,导致实务中对重整计划的执行监督难以落到实处,并产生系列实务问题。

《企业破产法》的修改已被纳入2023年度立法工作计划的预备审议项目中,在修改中,应当关注重整计划执行监督规则的不足之处,对重整计划执行监督规则予以修改完善,优化破产拯救功能,提升重整案件办理质效。作为破产案件办理法律实务工作者,笔者结合自身案件办理实践,在现有重整计划执行监督规则的基础上,尝试对已有规则的不足、引发实务问题等展开分析,并对法律规范的修改提出建议与设想,以厚劲之心,尽绵薄之力,以期《企业破产法》修改后,能够迎来更加健全、高效、公正的市场化、法治化破产重整体系。

二、重整计划执行监督规则的规范梳理及分析

对重整计划执行监督规则现有相关法律规范进行梳理,有利于全面厘清规则设计的结构框架,既能直观反映出规则的立法逻辑与侧重点,也能审视分析规则的发展趋势及完善方向,有利于对重整计划执行规则的展开客观全面的分析与研究。

(一)现有相关法律规范的梳理

规定来源	涵盖内容
《企业破产法》第81条[1]	监督期的确定:在重整计划中规定

续表

规定来源	涵盖内容
《企业破产法》第90条[2]	(1)监督期的确定:在重整计划中规定
	(2)监督主体:管理人
	(3)债务人具有报告义务
	(4)债务人报告内容:重整计划执行情况及财务情况
《企业破产法》第91条[3]	(1)监督的终止:管理人向人民法院提交监督报告
	(2)利害关系人知情权:利害关系人有权申请查阅监督报告
	(3)经管理人申请,监督期可依法延长
最高人民法院《关于适用〈中华人民共和国企业破产法〉若干问题的规定(三)》第10条第1款[4]	利害关系人知情权:利害关系人有权申请查阅监督报告
《全国法院破产审判工作会议纪要》第9条[5]	监督期内管理人与监督程序不相关联的履职工作
《全国法院民商事审判工作会议纪要》(以下简称《九民会议纪要》)第113条[6]	(1)监督期的范围:原则上与重整计划执行期间一致
	(2)监督期管理人报酬的确定方式
《全国法院民商事审判工作会议纪要》第114条第3款[7]	重整计划执行(监督)期限的终结

〔1〕《企业破产法》第81条规定:"重整计划草案应当包括下列内容:(一)债务人的经营方案;(二)债权分类;(三)债权调整方案;(四)债权受偿方案;(五)重整计划的执行期限;(六)重整计划执行的监督期限;(七)有利于债务人重整的其他方案。"

〔2〕《企业破产法》第90条规定:"自人民法院裁定批准重整计划之日起,在重整计划规定的监督期内,由管理人监督重整计划的执行。在监督期内,债务人应当向管理人报告重整计划执行情况和债务人财务状况。"

〔3〕《企业破产法》第91条规定:"监督期届满时,管理人应当向人民法院提交监督报告。自监督报告提交之日起,管理人的监督职责终止。管理人向人民法院提交的监督报告,重整计划的利害关系

人有权查阅。经管理人申请，人民法院可以裁定延长重整计划执行的监督期限。"

〔4〕最高人民法院《关于适用〈中华人民共和国企业破产法〉若干问题的规定(三)》第10条第1款规定："单个债权人有权查阅债务人财产状况报告、债权人会议决议、债权人委员会决议、管理人监督报告等参与破产程序所必需的债务人财务和经营信息资料。管理人无正当理由不予提供的，债权人可以请求人民法院作出决定；人民法院应当在五日内作出决定。"

〔5〕《全国法院破产审判工作会议纪要》第9条规定："进一步落实管理人职责。在债务人自行管理的重整程序中，人民法院要督促管理人制订监督债务人的具体制度。在重整计划规定的监督期内，管理人应当代表债务人参加监督期开始前已经启动而尚未终结的诉讼、仲裁活动。重整程序、和解程序转入破产清算程序后，管理人应当按照破产清算程序继续履行管理人职责。"

〔6〕《九民会议纪要》第113条规定："[重整计划监督期间的管理人报酬及诉讼管辖]要依法确保重整计划的执行和有效监督。重整计划的执行期间和监督期间原则上应当一致。二者不一致的，人民法院在确定和调整重整程序中的管理人报酬方案时，应当根据重整期间和重整计划监督期间管理人工作量的不同予以区别对待。其中，重整期间的管理人报酬应当根据管理人对重整发挥的实际作用等因素予以确定和支付；重整计划监督期间管理人报酬的支付比例和支付时间，应当根据管理人监督职责的履行情况，与债权人按照重整计划实际受偿比例和受偿时间相匹配。重整计划执行期间，因重整程序终止后新发生的事实或者事件引发的有关债务人的民事诉讼，不适用《企业破产法》第21条有关集中管辖的规定。除重整计划有明确约定外，上述纠纷引发的诉讼，不再由管理人代表债务人进行。"

〔7〕《九民会议纪要》第114条第3款规定："重整程序因人民法院裁定批准重整计划草案而终止的，重整案件可作结案处理。重整计划执行完毕后，人民法院可以根据管理人等利害关系人申请，作出重整程序终结的裁定。"

(二)对现有规则的设计及增补特点分析

1. 原有重整执行监督规则的设计特点

从《企业破产法》原有法律条文出发，可以分析归纳出《企业破产法》在设置重整计划执行监督规则上具有以下特点：

第一，强调监督的独立性。《企业破产法》明确了重整计划的执行主体是债务人[1]，重整计划的执行监督主体是管理人，债务人在重整计划执行期限内有报告义务[2]。在规则设计上，原有规则采用主体区分的方式强调了对重整计划执行监督的独立性。此外，这样的制度设计旨在从内外双向促进重整计划的执行，以期实现重整拯救的目的，确保重整计划能够得以实施。

---

[1] 《企业破产法》第89条规定："重整计划由债务人负责执行。人民法院裁定批准重整计划后，已接管财产和营业事务的管理人应当向债务人移交财产和营业事务。"

[2] 《企业破产法》第90条规定："自人民法院裁定批准重整计划之日起，在重整计划规定的监督期内，由管理人监督重整计划的执行。在监督期内，债务人应当向管理人报告重整计划执行情况和债务人财务状况。"

第二，强调监督规则的程序价值。在重整计划中约定执行监督期属于监督规则的原则性规定，但《企业破产法》第91条采用通过法律规定赋予监督主体（管理人）权利的形式，对重整计划执行监督期作出了例外规定，强调了重整计划监督规则的程序价值。也就是说，《企业破产法》第91条赋予了监督主体对重整计划执行监督期间的"开关权"：一方面，明确监督主体提交的监督报告是监督期限届满的程序要件之一；另一方面，赋予监督主体申请延长监督期限的权利，在相关主体约定（重整计划规定）的基础上，有权依照监督主体自身的判断，申请变更重整计划中规定的监督期限[①]。

2.当前重整执行监督规则的规范增补特点

随着破产案件数量的增多，案件办理实务倒逼规范供给，在《企业破产法》已有条文规则基础上，当前重整计划执行监督规则存在如下变化：

第一，强化重整计划执行与监督的密切关系。在原有规则基础上，《全国法院民商事审判座谈会纪要》（以下简称《九民会议纪要》）进一步增强了重整计划执行与监督的密切关系，明确在原则上要求重整计划执行期间与监督期间保持一致。

第二，强化监督规则的程序效用。《九民会议纪要》第113条对重整计划监督期间作出专门规定，体现了最高人民法院对监督规则的关注，并尝试采用规则增补的形式强化监督规则的程序效用：一方面，《九民会议纪要》该条指出，"要依法确保重整计划的执行和有效监督"；另一方面，通过调整管理人（监督主体）报酬支付的形式，提升对重整计划执行监督的效果。

三、重整计划执行监督规则引发的实务问题初探及反思

结合案件办理实践，以及重整计划执行监督规则的制度设计及规范增补特点，笔者认为，在现行重整计划执行监督规则之下，仅靠规范管理人履职难以实现监督规则的程序效用，依旧无法切实规制债务人诚实高效执行重整计划，甚至无法约束债务人不履行报告义务、虚假报告等行为。此外，在实务中，管理人是

[①] 《企业破产法》第91条规定："监督期届满时，管理人应当向人民法院提交监督报告。自监督报告提交之日起，管理人的监督职责终止。管理人向人民法院提交的监督报告，重整计划的利害关系人有权查阅。经管理人申请，人民法院可以裁定延长重整计划执行的监督期限。"

绝大多数重整计划的制定者或制定参与者,管理人在一定程度上承担了重整计划的执行工作。这样的实务现状既不利于监督程序的独立性,也增加了管理人的履职负担。笔者将就实务中反映出的前述问题进行剖析,反思现行规范引发的相关实务问题的具体原因。

(一)现行规则引发的实务问题初探

因目前对破产案件审理程序的公开主要依靠文书及公告等,无法深入了解案件的具体情况,笔者采用自身办案实践与案例检索分析相结合的形式,尝试对重整计划执行监督规则引发的实务问题及成因进行分析归纳。

1. 债务人的不报告及虚假报告

《企业破产法》规定,债务人对重整计划的执行情况以及企业的财务情况进行报告,是兼顾考虑债权人的受偿情况以及企业的经营的恢复情况,从债权人权益保护及债务人企业有效拯救两个方面保障相关主体的合法权益。该规定的立法目的是与重整制度的主旨十分契合的。同时,债务人也是重整计划的法定执行主体,有且仅有其对法律规定的报告内容掌握确切信息,具备报告的客观条件。

然而,在笔者经办的重整案件中,重整后的企业普遍未在重整计划执行过程中依法履行报告义务,不履行或不当履行(如虚假报告)报告义务的情形屡见不鲜。笔者认为,其理由如下:其一,缺乏法律意识,未经人民法院或管理人提示,绝大多数重整后的企业实际控制人不知晓其依法承担相应报告义务;其二,缺乏惩戒措施,债务人履行报告义务懈怠消极,其不报告或虚假报告行为几乎没有违法成本,甚至会成为其重整违约的手段;其三,对"债务人"的定义不明确,无法规制到具体的实际报告主体。对这一观点学界的讨论较多,但主要是立足于重整计划的执行主体"债务人"的内涵确定问题。从体系解释的角度来看,执行主体与报告主体一致,仅依靠现有条文难以明确代表"债务人"履行报告义务的主体到底是股东还是董事、监事、高级管理人员或财务人员,还是实际控制人?[①]

2. 管理人的"监督代执行"

现行重整计划执行监督规则强调主体区分,明确监督的独立性原则,但是在

---

① 参见崔明亮:《破产重整计划执行法律问题研究》,载《中国政法大学学报》2018年第2期。

重整案件办理实务中,部分重整计划的执行工作是由管理人代为执行的,管理人从重整计划的"执行监督者"变为"执行者"。

究其原因,笔者认为,可以从程序演进的顺序上,对产生这一现象的原因进行分析。首先,管理人依法接管破产企业,是除破产企业的有关人员外,对破产企业债权债务及经营情况掌握最全面详尽的主体。其次,基于对破产企业的情况掌握,管理人也是法律规定的重整计划制定主体之一。① 纵然是对债务人自行管理的重整案件,基于重整计划的专业性以及对债权人权益的保护,管理人至少也是重整计划制定的重要参与者。再次,综合对债务人情况的了解、管理人的专业能力以及对重整计划的制定过程的介入程度,再加之投资人的依赖及便利心理,在实务中,对重整计划中与管理人专业相关的内容,重整后的债务人要求管理人代为执行,如款项分配、工商登记变更、款项追收、非重整资产的处置等。最后,依照《九民会议纪要》管理人的报酬支付与重整计划的执行密切相关,出于自身利益的考量,管理人也具有代为执行重整计划的动因。据此,这样的境况既不利于重整计划监督的独立性,也对管理人履职边界产生不利影响。

(二)对重整计划执行监督规则的反思

笔者认为,实务问题是对现行规则的校验结果,亦是对规则完善方向的指导。监督规则作为执行规则的配套规则,对监督规则的反思应当以实务问题为基础,同时兼顾立法目的的实现,即保障重整计划的执行。在对《企业破产法》的修订中,这样的思路更有利于从规则本身及法律体系两个层面对已有规则作出完善与调整。

1. 监督程序的效用

监督程序的目的有两个方面:一是监督执行主体对重整计划的执行;二是及时反馈重整计划的执行不能,解决执行阻碍或终止执行。监督报告是监督程序的成果,是对重整计划执行情况的客观评价与反馈。基于监督程序的重要性,应该在规则设计上体现监督程序的效用,一方面,重视监督程序的价值,对监督主体反映的问题要在程序中有呼应;另一方面,对不配合监督的行为要设立制约

---

① 《企业破产法》第80条规定:"债务人自行管理财产和营业事务的,由债务人制作重整计划草案。管理人负责管理财产和营业事务的,由管理人制作重整计划草案。"

规则。

在现有规则之下,监督报告唯一程序价值即终止监督主体履职。从体系解释的角度思考,比照《九民会议纪要》第111条,①在对债务人自行管理中的监督程序方面,如发现债务人存在损益或不当行为时,管理人有权申请变更管理主体。为了起到更好的监督效果,应当对监督程序中反馈的问题,尤其是不利于重整计划执行的情形,在程序设计上予以呼应。有学者认为,监督主体应当具有对重整计划调整或变更的权利。② 笔者赞同这一观点。笔者认为,要使监督程序发挥实质作用,一定要对不同的监督结果设置程序反馈。从现行立法框架来看,至少应当从以下几个方面,在监督规则中设置结果反馈程序。

(1)对重整计划依法执行完毕。在此情形下,可沿用《企业破产法》第91条,将监督报告作为终止监督主体履职、终结重整程序的法定要件。

(2)对重整计划的客观执行不能。这一情形应当分为两种不同情况予以讨论。其一,在重整计划执行过程中,出现原计划与实践不契合的情形,但通过变更或调整重整计划,能够继续推进对债务人的重整。综上所述,赋予监督主体依法申请调整或变更重整计划的权利,及时疏导重整计划执行中的阻滞,提高重整成功率。其二,重整计划不能执行,也即出现《企业破产法》第93条第1款中债务人不能执行重整计划的情况,则应当依法终止执行重整计划,宣告债务人破产,并对债务人及时展开破产清算,降低利害关系人的程序成本,提升破产案件办理质效。

(3)对重整计划的主观不当执行或不执行,即重整计划的执行主体存在损害债权人合法权益、违反重整计划规定的行为或者《企业破产法》第93条第1款中

---

① 《九民会议纪要》第111条规定:"[债务人自行管理的条件]重整期间,债务人同时符合下列条件的,经申请,人民法院可以批准债务人在管理人的监督下自行管理财产和营业事务:(1)债务人的内部治理机制仍正常运转;(2)债务人自行管理有利于债务人继续经营;(3)债务人不存在隐匿、转移财产的行为;(4)债务人不存在其他严重损害债权人利益的行为。债务人提出重整申请时可以一并提出自行管理的申请。经人民法院批准由债务人自行管理财产和营业事务的,企业破产法规定的管理人职权中有关财产管理和营业经营的职权应当由债务人行使。管理人应当对债务人的自行管理行为进行监督。管理人发现债务人存在严重损害债权人利益的行为或者有其他不适宜自行管理情形的,可以申请人民法院作出终止债务人自行管理的决定。人民法院决定终止的,应当通知管理人接管债务人财产和营业事务。债务人有上述行为而管理人未申请人民法院作出终止决定的,债权人等利害关系人可以向人民法院提出申请。"

② 参见钱宁:《重整计划执行期间的独立性及规则完善》,载《华侨大学学报(哲学社会科学版)》2021年第1期。

债务人不执行重整计划的情况,笔者认为应当依照实际情况,赋予审判法官处罚执行主体、追究执行主体民事责任或终止执行重整计划的权利。从而起到规制执行主体行为的作用,也能更好地保障债权人的合法权益。

2. 重整计划执行规则与监督规则的协调

重整计划执行监督规则是从制度层面对重整计划的执行进行合理合法的规制。① 当前,理论及实务界对重整计划的执行规则的修订讨论较多,目前尚无专门对重整计划执行监督规则进行研究的文章。笔者认为,现行《企业破产法》在程序设计上,强调监督的独立性,从内外两个方向促进重整计划执行的思路是十分可取的。监督规则应当独立于重整计划的执行规则,作为执行规则的配套程序,为重整计划的落实保驾护航。

基于上述程序定位,在立法技术及规则设计上,应当注重重整计划执行规则与监督规则的协调性与对应性,具体而言,可以从以下几个方面进行思考。

(1)关于主体。目前学界普遍认为,仅规定债务人为重整计划的执行主体,既无法满足实践需求,也不利于保护利害关系人的合法权益,应当对这一单一的立法模式予以修改。② 如果扩大重整计划执行主体的范围,则应当根据重整计划执行主体的不同,规定不同的监督主体,以保障监督的独立性。

(2)关于期间。笔者认为,《企业破产法》在修改中,应当继续遵循《九民会议纪要》中关于重整计划执行期间与监督期间保持一致的规定,确保监督规则对重整计划执行程序全流程监督的配套效果。

(3)关于内容。比对前述期间的规定设计的思路,在条文制定上,沿用《企业破产法》第81条③的立法形式,对应设置监督内容与重整计划执行的内容。

四、对重整计划执行监督规则的立法建议

在《企业破产法》的修订上,为解决重整计划执行监督规则现有问题,笔者尝

---

① 参见钱宁:《重整计划执行期间的独立性及规则完善》,载《华侨大学学报(哲学社会科学版)》2021年第1期。

② 王欣新:《破产法》,中国人民大学出版社2011年版,第279页。

③ 《企业破产法》第81条规定:"重整计划草案应当包括下列内容:(一)债务人的经营方案;(二)债权分类;(三)债权调整方案;(四)债权受偿方案;(五)重整计划的执行期限;(六)重整计划执行的监督期限;(七)有利于债务人重整的其他方案。"

试从主体、内容、规制三个方面提出以下立法建议。

(一)谁来监督——重视重整计划执行监督的高效性

1.增加重整计划执行的监督主体

在《企业破产法》修订中,原则上仍然应当由管理人作为重整计划执行的监督主体,但是为提升监督的有效性,在规则设计上作出如下调整:

第一,在管理人作为重整计划执行主体时,可以将管理人对重整计划的执行视为管理人的履职行为,继续适用破产法对管理人履职监督的有关规定,要求管理人对重整计划的执行工作接受人民法院及债权人会议或债权人委员会的监督。

第二,在必要的情况下,增加第三方中介机构辅助管理人对重整计划执行进行监督。例如,对重整后的企业财务情况的监督,可以通过聘请会计师事务所等,辅助管理人履行监督职责。

2.明确重整计划的实际执行主体负有报告义务

参照《企业破产法》第90条,仍然由重整计划的执行主体承担报告义务。但对重整计划的执行主体,有的学者提出,应当增加执行主体的选择,将管理人、实际控制人等均纳入重整计划执行主体的选择中。笔者赞同前述观点。那么,在修改重整计划执行监督规则时,应当明确重整计划的实际执行主体,依法应当就其执行的内容向监督主体予以报告。

(二)监督什么——提升重整计划执行监督的可行性

1.在重整计划草案中应当增加执行期间的报告期限

修改《企业破产法》第81条的规定,要求在重整计划草案中列明,在重整计划执行期间,执行主体对执行情况的报告期限,明确执行主体应当依法按期向监督主体报告重整计划执行情况。

2.明确重整计划执行的监督及报告内容

参照《企业破产法》第81条的条文设计,参照重整计划的法定内容,规定重整计划执行监督以及执行报告的具体内容。例如,可以规定:"重整计划执行及监督报告应当包括下列内容:(一)债务人的经营方案的执行情况;(二)债权受偿方案的执行情况;(三)重整计划的执行进度;(四)重整计划的变更;(五)有利于重整计划执行的其他事项。"

(三)如何规制——增加重整计划执行的灵活性

1. 监督报告应当作为重整计划的变更及终止执行的依据

在重整计划执行监督规则中,增加监督主体建议权或申请权,将监督报告作为重整计划变更及终止执行的依据之一。例如,可以采用如下的规则设计思路。

第一,直接通过法律规定,明确监督主体有权向人民法院申请变更或终止执行重整计划。

第二,增设听证环节,对非监督主体提出的重整计划变更或终止执行的申请,人民法院应当结合监督报告予以综合判断。在必要情况下,可以组织利害关系人,通过听证程序,判断是否应当对重整计划进行变更或终止执行。

2. 在监督规则中增设必要的处罚措施

处罚措施的设置目的是督促怠于履行义务的相关主体履行义务,包括对报告义务以及对重整计划的执行,因而要较为慎重设置处罚措施。笔者建议,可以参照《九民会议纪要》第 118 条的规定形式,人民法院可以参照民事诉讼的相关规则,依照案件的实际办理情况决定是否采用处罚措施。

五、结　语

《企业破产法》第 90 条、第 91 条确定了重整计划执行监督规则,其中,第 90 条第 1 款明确由管理人重整计划执行的监督主体,第 90 条第 2 款要求债务人履行报告义务,便于管理人履行监督职责;第 91 条对执行监督期的终止及延长作出规定。因规则设计得较笼统,导致实务中对重整计划执行的监督流于形式,既无法约束债务人高效执行重整计划,保障债权人合法权益,也无法掌握重整计划实际执行情况,不利于及时反馈并解决重整计划执行过程中的阻滞,增加重整后的企业陷入"二次破产"危机的风险。为使重整计划执行监督规则发挥应有的效用,建议对重整计划执行监督规则予以重构,增设中介机构辅助管理人履职、明确债务人报告的内容、增加相关期限的规定以及重整计划调整规则等,以期通过重整计划执行监督规则,保障重整计划高效可行的执行,提升企业重整成功率,充分发挥破产拯救功能。

随着营商环境构建与优化,破产制度逐渐被市场主体更广泛地认识与接受。破产制度的核心是优化市场资源配置,一方面,通过清算程序,清退与经济发展不适配的企业;另一方面,通过重整程序,促进债务人重获新生,调动市场主体积极性,减少因破产导致的资源浪费、资产流失、人员失业等消极影响。[1] 在实务中,常常称"企业破产法是企业家的拯救法"。而重整制度是破产制度积极促进市场活力的重要体现,对企业的重整成功是各方主体利益的协作共赢。重整计划执行监督规则是对重整计划执行的程序制约,是为更好地保障各方主体的合法权益,进一步保障重整目的的实现。现行《企业破产法》在制度框架上采用执行与监督双线并行的设计思路,也反映出立法者的价值取向,即重整计划执行期间依旧隶属重整程序之中,不能完全脱离程序制约。同时,对债务人需要借助外部力量,规制其诚信执行重整计划,以实现破产制度兼顾保护债权人与债务人合法权益的主旨思想。法律的修订"牵一发而动全身",笔者在本文中仅对重整计划执行监督规则进行有限思考与梳理,对该项规则的条款修订及体系协调,不仅仍须学术界、实务界同仁进一步探讨研究,更需立法者重视该项制度的程序价值,期待在《企业破产法》的最终修订中,以法律规定的形式对该项规则的实务问题及规则缺失作出正式回应。

---

[1] 参见郑智斌、张婷:《公司重整:角色与规制》,北京大学出版社2013年版,第175页。

破产重整余债风险的法律问题慎思

张学军[*]

破产重整,是挽救有再生希望的问题企业生存的积极法律程序,是社会化生产发展到一定阶段的产物。随着经济主体之间联系日益紧密,单个经济主体的破产可能引起连锁反应,乃至形成对整个社会市场资源配置的沉重打击。预防经济主体尤其是大的经济组织倒闭,渐渐成为国家现代公共政策的重要目标,破产重整制度以其社会本位价值取向为世界各国和地区所青睐。2007年6月1日,《中华人民共和国企业破产法》(以下简称《企业破产法》)正式实施,设立第八章专章对企业破产重整进行规范。从相关法律规定看,《企业破产法》体现了破产重整制度的一般性特征,即通过"私法民主"及"司法权"调整和平衡重整利害关系人利益,集中表现为多数人表决机制以及法院强制裁定的制度安排。在重整程序中,对债权人及股东权利的削减通常是强制的。基于私法自治原则,在强制削弱当事人权利的同时,各国立法也尽可能给予其权利救济途径,裁定重整计划遵循的三大原则(最大利益保障原则、绝对优先原则和公平对待

---

[*] 中国中信集团有限公司财务管理部总经理、高级会计师,注册会计师、注册税务师。

原则)①就是最典型的体现。由于立法存在相对滞后性,现行法规部分规定对当事人的权利救济要么过度、要么不足,债权人、投资人等利益相关主体在信息不对称下很可能进行逆向选择,反而不利于破产重整目标的实现。本文就逾期申报债权及债务重组所得税引起的余债风险展开讨论,以期对破产重整相关法律的修订提供借鉴,推动我国破产重整制度不断得以完善。

一、不同重整模式的余债风险及后果

破产重整主要包括存续式重整、出售式重整和清算型重整三种模式,我国破产重整相关法规和实践主要涉及前两种模式,基本不涉及清算型重整。

存续式重整也称为传统型重整、保壳型重整,通过豁免部分债务等方式,维持企业主要经营业务,使企业渡过困境。存续式重整的最大特点是经营资产由重整主体继续负责,原企业法人资格存续,因而余债风险是其最突出的风险。余债风险主要来自预期外的债务(主要是未预留偿债资源的逾期申报债权)以及债务重组所得税,通常金额较大,或导致投资人不敢参与重整投资招募,或投资人通过投资对价折价以对冲风险进而降低普通债权清偿率,或导致重整后企业再次陷入财务困境引发二次破产。总之,若不能解决存续式重整的余债风险,长期来看,将使存续式重整难以招募到重整投资人导致重整失败或引发二次破产。

出售式重整,又称事业让与型重整,核心是将债务人拥有的有重整价值的营业事务全部或者部分转让给其他主体,使之在新的主体得到继续经营延续②。由于投资人收购的重整主体资产范围以及承接的债务规模都是确定性的,出售式重整可有效阻断重整主体的余债风险③,越来越受到市场的欢迎。但出售式重整涉及大量的资产交易和过户,因而也增加了交易税费等显性成本和交割手续等隐性成本,降低债权清偿比例、影响重整执行效率。此外,出售式重整的弊端还在于其无法适用于主要经营价值存在于特殊经营资质(如行政许可等)的企业。

实际上,在部分破产重整案例中,出售式重整往往是为规避余债风险而不得不选择的无奈之举。使市场主体的行为尽可能基于商业判断,减少不合理的法

---

① 参见王欣新:《重整制度理论与实务新论》,载《法律适用》2012年第11期。
② 参见丁燕:《论"出售式重整"的经济法品格》,载《法学杂志》2016年第6期。
③ 参见王欣新:《重整制度理论与实务新论》,载《法律适用》2012年第11期。

律及行政法规对市场行为的干扰,是提升市场化水平、优化营商环境的题中之义。为此,需要对破产重整逾期申报债权及债务重组所得税相关法律规定进行重新审视。

二、逾期申报债权权利需予以限制

在破产重整程序中,逾期申报债权是指超过法院规定期限(通常是提交重整计划表决前)后申报的债权[①]。《企业破产法》第92条第2款规定,债权人未依照本法规定申报债权的,在重整计划执行期间不得行使权利;在重整计划执行完毕后,可以按照重整计划规定的同类债权的清偿条件行使权利。这看似遵循了公平原则,但实际上却产生了对投资人、重整企业和其他债权人的新的不公平,在落地执行上也存在一定困难,甚至对最终重整成功产生较大威胁[②]。

(一)如何执行未予明确

该条规定并未明确逾期申报债权按照重整计划规定的同类债权的清偿条件行使权利,是否仅限于预留的偿债资源。如仅限于预留的偿债资源,则在管理人事先没有预留偿债资源且已完成债权清偿和补充分配的情况下,并无多余财产用于清偿逾期申报债权。如不限于预留的偿债资源,由重整后企业承担,则将损害重整后企业及投资人利益,不符合破产重整集中清理债权债务关系以使企业获得新生的目标,甚至对存续式重整带来灾难性影响。

(二)与追求效率目标相悖

公平正义是法律追求的基本价值,但在破产重整中效率也是极其重要的追求目标。对于陷入财务困境的企业而言,时间意味着成本和金钱,对于效率的追求就意味着对损失的控制和减少。从《企业破产法》关于破产重整申请、受理、重整计划提交和裁决的一系列期限安排来看,对效率的追求不言而喻。如果允许债权人一再拖延债权申报时间,或者对逾期申报债权缺乏有力的约束和惩戒机

[①] 参见邹海林:《重整程序未申报债权的救济问题研究》,载《法律适用》2022年第8期。

[②] 参见张善斌、翟宇翔:《破产重整程序中未按期申报债权处理方式的选择与构建》,载《河南财经政法大学学报》2020年第4期。

制从而给予债权人间接拖延债权申报的过大空间,将阻碍重整进程,与效率目标相违背。

(三)权利与义务不对等

权利行使应当具有正当性,法律不保护躺在权利上睡觉的人,权利人不应当滥用权利[1]。在破产重整程序中,债权人享有债权清偿的权利,也应当履行按期申报债权的义务。事实上,民法典对于债权权利行使也进行了限制,一旦经过诉讼时效,债务人便拥有了抗辩权。美国、法国和日本等国家对债权申报均采取了较严格的处理模式,债权人无正当理由逾期未申报债权将丧失实体权利。例如,《法国商法典》第 L.622-26 条第 1 款规定,除非是因为自身以外的原因或是债务人有意遗漏,在规定期间内未申报的债权人将无权获得破产财产分配。我国《企业破产法》第 56 条第 1 款规定,在人民法院确定的债权申报期限内,债权人未申报债权的,可以在破产财产最后分配前补充申报;但是,此前已进行的分配,不再对其补充分配。为审查和确认补充申报债权的费用,由补充申报人承担。由此可以看出,我国立法在破产清算程序中对逾期申报债权的救济是有严格限制的,但是到了破产重整程序中反而有所放松。

(四)损害投资人及其他债权人利益

在破产重整中,对资产负债的审计评估结果对投资成本、债权清偿率有重大影响。投资成本是投资人参与重整的重要考量因素,清偿率则是影响债权人是否同意重整计划草案的核心因素。无论是债权人故意还是疏忽导致漏报债权,如未纳入审计评估范围的逾期申报债权可参与重整分配,意味着审计评估的结果将被动摇,甚至普通债权清偿率都会被颠覆,投资人参与重整、债权人表决重整计划草案的基础都将不复存在。

基于以上理由,同时考虑破产重整具有公示性,债权申报对于债权人几乎没有任何额外成本。为督促债权人积极行使权利,应考虑从立法层面对逾期申报债权的权利行使进行必要的限制。一种可行的思路是严格限定债权人在法定期

---

[1] 参见赵国滨、胡祥英、郭月:《重整程序中逾期申报债权处理制度的完善——以重整计划执行期新发现债权处理为切入点》,载《人民司法》2022 年第 1 期。

限内申报债权,对于债权人自身以外的原因(举证责任在债权人)导致确实无法在规定期限内申报的,债权人应事先向管理人进行书面说明,管理人基于债权审查的一致标准,与审计和评估机构充分沟通后,在制定重整计划草案时预留相应偿债资源。未申报债权在偿债资源预留期间仍未申报的,视为债权人放弃获得清偿的权利,重整主体对该部分债权不再承担任何清偿责任;在预留期间申报的,如通过债权审查,以相应的预留偿债资源和按确权债权计算的偿债资源孰低为限进行清偿,按确权债权计算的偿债资源超过相应预留偿债资源的部分,参照《企业破产法》第 56 条规定,可以参与尚未分配的偿债资源(如有)对全体未获全额清偿债权的补充分配。额外产生的债权审查费用应由债权人承担。通过对债权人债权实体和程序权利的适当限制,抑制债权人怠于行使权利乃至故意隐瞒债权,提高重整效率和成功率,引入更具竞争力的投资人,更好地维护全体债权人利益。

三、破产重整债务重组所得认定应调整

我国《企业破产法》并未对破产重整债务重组涉及的企业所得税进行特别规定。除企业所得税法及实施条例中的一般性规定外,涉及债务重组所得税的主要是财政部、国家税务总局 2009 年发布的《关于企业重组业务企业所得税处理若干问题的通知》(财税〔2009〕59 号,以下简称 59 号文)以及此后对 59 号文个别条款的修订。该文件所称债务重组,是指在债务人发生财务困难的情况下,债权人按照其与债务人达成的书面协议或者法院裁定书,就其债务人的债务作出让步的事项。破产重整通常涉及对重整主体债务的强制削减,符合 59 号文关于债务重组的定义。根据 59 号文规定,债务重组在适用一般性税务处理规定时,债务人和债权人分别就债务豁免金额确认重组所得和重组损失;在适用特殊性税务处理时,债务人可享受一定的税收优惠,即(1)企业债务重组确认的应纳税所得额占该企业当年应纳税所得额 50% 以上,可以在 5 个纳税年度的期间内,均匀计入各年度的应纳税所得额;(2)企业发生债权转股权业务,对债务清偿和股权投资两项业务暂不确认有关债务清偿所得或损失,股权投资的计税基础以原债权的计税基础确定。在破产重整实践中,重整企业难以承受债务重组所得税,转而采用出售式重整模式规避风险,将债务重组所得税纳税义务留给没有纳税

能力的重整主体。59号文的税收优惠政策并不足以为市场主体提供解决债务重组所得税余债风险的选择①,需要结合实践,从理论上进一步厘清现行税收法规在破产重整特定情形下关于债务重组所得认定的合理性。

(一)债务豁免是损失的吸收

资本的属性是能吸收损失,资本是承担风险的第一资金来源。企业在破产重整的情况下,往往已资不抵债,资本已被损失耗尽,债务被迫充当资本的角色继续吸收损失,债务豁免并未产生也不会产生真实现金流入。此时,债务的刚性偿还特征转换为资本的可随意支配特征,豁免的债务应视同被消耗掉的资本。税收管理机构认为,债权人的重组损失必定对应债务人的重组所得,既然重组损失可以抵税,那重组所得就应该纳税,本质是忽视了破产重整特定情形下债务特征的变化。按照这一思路,重整企业原股东的投资损失也可在税前扣除,那是否意味着重整企业也应当相应确认所得?再进一步探究,对于破产清算的企业,大部分债务也不可能完全清偿,是否也要视为债务豁免而缴纳债务重组所得税?显然,这在法理逻辑上是难以自洽的。应及时摒弃这种绝对零和博弈思维,回归企业所得以及资本和债务的属性,将破产重整情形下的债务豁免视为损失吸收而非收入。

(二)多数破产重整企业难以适用特殊税务处理

在实际操作中,破产重整企业很难满足59号文两项税收优惠政策的适用条件,也很难享受到"真金白银"的优惠。一是债务重组确认的应纳税所得额占当年应纳税所得额50%以上的,可以在5个纳税年度的期间内均摊。这一规定只是延缓了纳税时间,并未真正减轻企业的现金流出。况且,对于重整后的企业而言,未来5年是企业继续清偿债务、重新恢复经营的关键时期,其融资功能也未完全恢复,现金流压力仍在。二是债权转股权业务,债务清偿暂不确认所得需要和股权投资暂不确认损失同步进行。在破产重整情形下,要协调债权人不确认损失,几乎是不可能的。

---

① 参见封延会、贾晓燕:《论我国破产重整所得税优惠:介绍美国税法实践》,载《经济法论丛》2022年第1卷。

(三) 应纳税所得额的收支对称处理

通常情况下,企业的经营总是收入和支出相伴,这体现了经济活动的对称性。这种对称性也体现在企业所得税相关法规之中。根据我国企业所得税法,与取得收入有关的、合理的支出,准予在计算应纳税所得额时扣除。对于破产重整情形下的债务豁免,即使将其视为一项收入,也应基于对称性原则将产生收入的支出纳入抵扣范围。根据企业资产损失税前扣除的相关政策,应收债权、贷款类债权、股权投资等实际发生的损失在符合法定条件下,可以抵扣应纳税所得额,但对于企业按会计制度计提的各项减值准备,除税务机关核准以外,不得在企业所得税前扣除。实践中,非金融企业的减值准备基本不可能予以税前扣除。在破产重整情形下,债务豁免多是企业资不抵债引起的,而资不抵债除实际经营亏损的原因外,相当一部分是资产评估减值、计提大量减值准备的原因,否则不会有投资人愿意购买"虚胖"的资产。如果将债务豁免视为收入,那引起债务豁免的必要因素减值准备也应作为合理支出允许在税前抵扣,并相应调整计税基础。

(四) 着重关注法的共同目标

破产重整的首要目标是挽救有再生希望的企业。尽管税收的首要目标是公平地从纳税人处获得财政收入,但从我国各项税收优惠规定来看,其在进行经济调节、维护经济秩序等方面的功能也不言而喻。因此,两者在首要目标上虽然并不一致,但在社会本位目标上也存在融合的空间,应着重关注破产重整和税收相关法律在所追求目标上的交集[1]。既然维护社会公共利益是二者极其重要的共同目标,而调整税收相关法律对实现破产重整首要目标至关重要,对税收首要目标影响却很小,则调整税收相关法律可以实现社会福利的更大化,甚至成为"帕累托改进"。因为从长期来看,无论以何种方式实现重整主体债务重组所得税纳税义务的豁免或减轻,只要能促进重整企业获得新生,国家就能获得稳定的长期税源。相反,在相关税收法律不进行调整的情况下,市场主体被迫通过出售式重

---

[1] 参见王池:《法际交集中的重整企业所得税:理论协调与制度重构》,载《法学评论》2020 年第 6 期。

整隔离纳税义务,无疑是扭曲了市场主体的行为模式,破产重整债务重组所得税实际也难以成功征缴。

59号文关于债务重组所得税的规定,已不符合破产重整的特定情形。国家立法或行政机关应对相关规定进行调整,进一步区分债务重组的一般情形和破产重整情形。更优的做法是在破产重整的特定情形下,允许债务人将债务豁免视为资本补充,不确认应税收入;或者退而求其次,如债务人只能确认债务重组所得,应允许债务人将重整期间计提的减值准备认定为实际损失并调整计税基础。

四、结　　语

随着我国新时代社会主义市场经济的发展和国内大市场的建设,破产重整制度将在实现市场主体有序退出、优化市场资源配置和改善营商环境中发挥越来越重要的作用。在破产重整实践不断丰富的基础上,相信相关法律法规也会进一步完善。本文从破产重整的余债风险角度出发,分析了不同重整模式规避余债风险的利弊及由此产生的后果。在对逾期申报债权、债务重组所得税相关法律条文进行理论探析后,提出限制逾期申报债权权利、豁免破产重整债务重组所得税等建议,希望通过制度和法律安排,使市场主体对重整模式的选择更接近商业判断,从而节约重整成本、提高重整效率,进一步促进我国破产重整制度实现挽救企业的价值追求和目标。

三、债务人财产与破产债权

破产衍生诉讼中待履行租赁合同处理的规则建构

张时春* 王秦豫**

一、缘起:"待履行租赁合同" 反差案例引发的思考

《中华人民共和国企业破产法》(以下简称《企业破产法》)第18条对"待履行合同"[①]选择履行权的规定试图涵盖所有类型的待履行合同,[②]而本文研究的待履行合同主要是指以使用、收益为目的的不动产租赁合同,拓展延伸至技术类专利许可等合同。假设A代表承租人,B代表出租人,a为不动产,b为动产(A、B分别是破产企业,a、b分别是租赁合同标的物),常见的企业破产有Aa、Ab、Bb、Ba四种情形。前三种情形,因不涉及不动产

---

* 四川省德阳市中级人民法院立案庭庭长。
** 四川省德阳市中级人民法院法官助理。
[①] "待履行合同"译自《美国破产法》第365条,学理上借此来概括本国破产法赋予破产管理人或者债务人决定权的合同。
[②] 《企业破产法》第18条规定,"人民法院受理破产申请后,管理人对破产申请前成立而债务人和对方当事人均未履行完毕的合同有权决定解除或者继续履行,并通知对方当事人。管理人自破产申请之日起二个月内未通知对方当事人,或者自收到对方当事人催告之日起三十日内未答复的,视为解除合同。"待履行合同有如下特征:一是该合同为双务合同;二是该合同于破产案件受理前已经成立;三是双方均未履行完毕。如果一方当事人已经履行完毕,则管理人无权行使选择权。

使用、收益一方利益的平衡保护问题，实践中争议不大，不属于本文论述范围。本文主要研究的是不动产租赁合同中出租人破产的情况。① 笔者在中国裁判文书网搜索了"待履行租赁合同"的两个反差案例，案例透析出《企业破产法》第18条规定对司法裁判所造成的实质性差异影响。

案例1②（租赁合同解除——预付租金作为共益债务）：被告新大陆公司将厂房租赁给原告坎门机械厂，法院裁定受理被告破产后原告对债权是否享有优先受偿权存有异议。一审法院对双方的租赁合同因破产受理而解除予以认定。原告一次性支付了定金、租金、保证金，在合同解除时，被告受领原告支付的租金，有部分尚未履行的对等义务，被告取得该尚未履行对等义务的租金没有合法根据，构成不当得利，依法应当视为共益债务。二审法院对一审法院的判决结果予以维持。

案例2③（租赁合同解除——预付租金作为普通债权）：鲍某林承租了欧亚公司名下的房屋，欧亚公司被法院裁定受理破产后，鲍某林向法院起诉请求确认预付租金为破产共益债务。一审法院认为，《企业破产法》第18条赋予管理人对相关合同的任意解除权，故双方签订的租赁合同已经解除。根据《企业破产法》第53条的规定，因解除合同而产生的损害赔偿请求权是普通债权，并非共益债务。④ 二审法院认为，合同解除之后，费用的结算返还义务是否应作不当得利对待，现行法律并无明确规定。至于湖南省高级人民法院根据最高人民法院的答复将预付租金返还责任界定为不当得利乃个案处理意见，对于该案审理并不当然具有约束效力。⑤

---

① 不动产的商业租赁合同租期较长，承租人会根据自己的经营需要对租赁房屋等进行装修改造，出租人因为破产而提前解除租赁合同会产生预付租金，装修损失及可得利益的损失。
② 参见浙江省台州市中级人民法院民事判决书，(2019)浙10民终1224号。
③ 参见浙江省嘉兴市中级人民法院民事判决书，(2019)浙04民终2235号。
④ 《企业破产法》第53条规定，管理人或者债务人依照本法规定解除合同，对方当事人以因合同解除所产生的损害赔偿请求权申报债权。
⑤ 最高人民法院(2016)最高法民他93号答复函答复湖南省高级人民法院《关于破产企业签订的未履行完毕的租赁合同纠纷法律适用问题的请示》的答复意见，"租赁合同如判解除，则预付租金构成不当得利应依法返还"。

二、实证:"待履行租赁合同"破产衍生案件之样态

为了总结该类案件在司法实践中呈现出的特点和典型问题,笔者在中国裁判文书网设置以下检索条件:"全文检索:待履行合同""案由:租赁合同""案件类型:民事案件",择取相关裁判文书65件。

(一)租赁合同履行情况

笔者通过检索的判决书发现,破产受理时未到期不动产租赁合同的履行情况主要为以下4种情形:一是租赁期未届满,租金提前支付,如杨某广与湖南阿里某公司房屋租赁合同纠纷案中,合同约定,租赁期限为15年,租金总额3600万元,杨某广分两次向湖南阿里某公司汇款共计1800万元,自2013年签订合同到2014年出租人破产,杨某广多付租金1320万元。[①] 二是定期支付尚有部分租金未履行。三是"以债抵租",如福泰隆公司与中兴公司租赁合同纠纷一案中,合同约定,2014年3月20日至2024年3月29日10年的租金1200万元,由中兴公司应退还福泰隆公司的1200万元保证金一次性冲抵。出租人破产时,10年合同履行期未到期,保证金抵付租金尚有剩余。[②] 四是无偿免费租赁,笔者检索到该类案件只有一件。

(二)合同解除认定理由

从检索的裁判文书来看,所有法院均无一例外认为,未到期租赁合同应当解除。各地法院认定合同解除的理由主要有以下4种裁判理由:第一种是根据《企业破产法》第18条得出管理人享有待履行合同的挑拣履行权,以此直接认定合同解除,没有具体分析合同是否符合解除的条件;第二种是通过租赁合同的继续性特征,认为出租人在收取租金的同时具有交付租赁物并保持租赁物符合约定效用的义务,在期限届满之前,双方合同均未履行完毕,据此认定租赁合同解除;第三种是有些法院认为,管理人在处置破产财产过程中,如果财产标的上存在租

[①] 参见湖南省高级人民法院民事判决书,(2016)湘民终412号。
[②] 参见浙江省高级人民法院民事判决书,(2020)浙民再227号。

赁权等权利负担,必然会影响破产财产的价值,甚至导致破产财产无法处置变现;第四种是少数法院通过《企业破产法》第 18 条规定,即管理人 2 个月没有通知继续履行这种视为解除的情形,以此来认定租赁合同已经解除。

(三)预付租金等损失

各地法院关于未到期不动产租赁合同的判决结果主要为以下 4 种情形:一是确认解除合同,确认预付租金等为共益债务。因破产管理人单方解除租赁合同后,出租人丧失了占有承租人预付租金的依据,并因此获益,承租人遭受相应损失,构成不当得利,且发生在法院受理破产申请后,根据《企业破产法》第 42 条的规定,①因债务人不当得利所产生的债务属于共益债务,参照最高人民法院的答复意见。二是确认解除合同,确认预付租金等为普通债权。承租人取得预付租金的时间在受理破产之前,并未在受理破产之后增加财产总额而使全体债权人获益,因解除合同而产生的损害赔偿请求权属于普通债权,不属于共益债务。三是确认解除合同,预付租金的返还一并在破产程序中解决。因出租人已进入破产程序,当事人的债权应在破产程序中统一处理。四是确认解除合同,承租人腾退房屋。根据诉请只判决合同解除,未提及租金处理。

三、省思:各地法院对"待履行租赁合同"认定不同

《企业破产法》第 18 条仅用一个法律条文涵盖了所有类型的"待履行合同",未对不同类型的破产合同解除权作限制和区分,没有对合同解除条件作清晰的界定等导致司法实践中各地的法律适用不统一。

(一)宏观:《企业破产法》第 18 条制度设计未作区分

王欣新教授认为:"破产程序应当保护不动产租赁合同,限制管理人选择履行权的行使。"我国《企业破产法》第 18 条只对选择履行权作出了简单规定,并未根据不同的合同类型作出相应的限制规定,因此,实践中各地法院遇到此类案件

---

① 《企业破产法》第 42 条规定:"人民法院受理破产申请后发生的下列债务,为共益债务:……(三)因债务人不当得利所产生的债务……"

均支持管理人的选择解除权。这种近乎"任意性"单方解除租赁合同会导致与其他法律对不动产租赁关系的特殊保护存在价值冲突,特别是在疫情背景下,当承租人签订了长期租赁合同并预付全部租金,投入大量资金进行装饰装修和设备安装,出租人突然破产时已履行租赁期间很短,若解除合同提前收回不动产,势必造成承租人巨大损失。

(二)微观:相关法律适用缺乏操作规则

1. 对"双方均未履行完毕"合同未明确界定

《企业破产法》第18条规定,对待履行合同解除条件"双方均未履行完毕"的合同未作出具体界定,如合同未到期,承租人一方已经提前给付了全部租金,这种情形是否属于一方已经履行完毕的合同,管理人对此有无权利解除?有学者认为,合同义务的履行应该既包含主义务也包含从合同义务。[①] 从检索到的判决书来看,承租人起诉一般以租金已提前支付完毕,合同义务履行完毕,不属于"双方均未履行完毕"的合同为由要求管理人继续履行合同。笔者发现,很多法院遇到此类案件直接认定合同已经解除,并未按照破产法的规定对双方当事人的合同履行情况是否属于"双方均未履行完毕的合同"进行界定,回应承租人的起诉理由,而是只要出租人破产,管理人就享有挑拣履行选择权。有些法院认为,只要租赁合同在履行期限内,就属于双方均未履行完毕的合同。对该问题界定标准不一。

2. 对预付租金等问题如何处理并未明确规定

我国《企业破产法》第53条规定,因合同解除所产生的损害赔偿请求权应当申报债权,这也是判决书中将合同解除后的损失费用认定为普通债权的唯一依据。实践中,承租人因管理人解除租赁合同可能产生的损失包括预付租金、保证金(押金)、装修费用及搬迁期间营业收入等预期利益的损失,这些损失的性质如何认定,我国破产法并未作出明确规定。

---

① 参见王红亮:《论我国破产程序中待履行租赁合同的处分》,吉林大学法学院2017年硕士学位论文,第4页。

四、求索:我国《企业破产法》关于"待履行租赁合同"的原则指引

"一个高效率的破产法应当追求破产程序与整个法体系价值观的一致性,以尽量维护交易关系和风险的可预测性,减少破产程序对既有经济、法律秩序的冲击。"[①]破产法对于未到期不动产租赁合同的解除权的规定应当与《中华人民共和国民法典》(以下简称《民法典》)"买卖不破租赁"和承租人优先购买权的价值追求相符,从而维护法律体系价值观的一致性。

(一)平衡兼顾承租人的利益

《美国破产法典》第365条(h)(1)(A)(ii)限制了拒绝承继未届期的不动产租约的法律后果,即承租人可以保留其依据租约享有的使用、占有、安宁的享有、转租、转让或者设定担保等权利,拒绝承继不能导致合同终止、消灭或者解除,不能据此收回出租的不动产。《德国破产法》第108条也明确在出租人破产时,只要出租人已交付了租赁物,不动产使用租赁和用益租赁就会存续,不存在选择权。日本对待履行的不动产租赁合同也作出了区别规定,经登记的租赁权可以对抗第三人,不受债务人破产的影响。破产管理人没有选择权,即使出租人破产,合同也将被维持。

(二)保证生产要素的稳定供给

美国、日本、德国的破产法原则上规定,未到期不动产租赁合同是不能破产解除的,破产受理后,承租人有权继续租赁不动产,出租人的管理人无权收回不动产。管理人有权拒绝承继但并不意味着管理人具有破产解除权。国外的这种待履行租赁合同不解除原则充分保证了生产要素(不动产厂房、土地的使用权,技术类专利许可等)的长期稳定供给。

---

① 王欣新、乔博娟:《论破产程序中未到期不动产租赁合同的处理方式》,载《法学杂志》2015年第3期。

五、破局:"待履行租赁合同"破产解除权的规则建构

(一)明确前提:租期未满属于双方"均未履行完毕"的合同

不动产租赁合同双方"均未履行完毕"是管理人行使选择履行权的前提条件,但是关于"双方均未履行完毕"的标准法律却没有具体的规定。首先,依据《民法典》第 703 条、第 708 条、第 712 条的规定,对出租人而言,将不动产交付给承租人使用是其主要的合同义务。出租人还需要保障房屋符合约定的使用功能,履行房屋维修义务。其次,依照《民法典》第 709 条、第 714 条规定,承租人应当承担的义务包括妥善使用、保管租赁物,并不是只需要按照约定支付租金就算履行完毕。有观点认为,承租人的妥善保管、使用义务属于附随义务,出租人交付租赁物是其主合同义务,修缮义务是出租人瑕疵担保义务的延伸,属于附随义务。但是笔者认为,在合同存续期间,出租人应当承担房屋修缮义务,租赁物瑕疵担保等义务,否则影响了承租人租赁不动产这一根本目的。只要是在不动产租赁合同存续期间,合同就属于"双方均未履行完毕",都可以适用管理人选择履行权。最后,在我国司法实践中,债务人从财务状况恶化、经营停滞,到最终进入破产程序,拖延时间较长,形成了大量"僵尸企业"。[①] 在一般情况下,意向承租人与债务人洽谈签订不动产租赁合同时,都能获取债务人的实际状况,在出租人快要破产时签订长期租赁合同并投入大量费用装修的情况非常少见。加之我国没有完备不动产租赁登记制度,司法实践中为逃避执行而签订虚假长期租赁合同并"预付全部租金"的情形比较常见。尤其在该不动产对企业重整成功、继续经营具有基本价值的情形下,租赁负担将严重损害广大破产债权人的回收利益。因此,原则上只要租期尚未届满就属于双方均未履行完毕的合同,管理人可依法解除。

(二)例外限制:根据"商业判断标准"综合判定合同解除的效力

债务人在破产前为了缓解债务危机,将闲置的土地、厂房等出租,到进入破

[①] 例如,北京市法院系统近 3 年来受理的破产案件中,63.6% 是在企业停止经营 3 年后提出申请。参见《全国人大常委会执法检查组关于检查〈中华人民共和国企业破产法〉实施情况的报告》。

产程序时,破产财产上仍然设有租赁权而租赁合同尚未到期。北京市高级人民法院注意到这一立法不足,并通过内部规定予以解决,如《北京市高级人民法院审理民商事案件若干问题的解答之五(试行)》(京高法发〔2007〕168号)规定,对租赁合同的处理没有采取均认定合同解除的"一刀切"做法,而是综合考虑出租财产的情况,达到了更加实质公平的结果。① 总之,是否解除合同要兼顾承租方利益以及实现破产财产的价值最大化,即承租人对管理人解除租赁合同有异议的,应当向人民法院起诉。人民法院应当结合租赁合同的履行期间、装修装饰情况、租金的标准等情况以及所涉及的不动产对破产企业重整的价值,综合评判解除合同对于债务人财产的最大化以及减少承租人的损失,判定合同解除是否有效。人民法院判决合同解除无效的,租赁合同继续履行,但从破产财产最大化保护的角度出发,债务人不应再承担租赁物的维修和瑕疵担保义务。这里,笔者借用判断"拒绝承继"是否有效所运用的"商业判断标准",即合同解除给哪一方带来更大的商业价值。

(三)利益平衡:构建"待履行租赁合同"解除后多层次区分处理

1. 未履行租赁期间的预付租金应当作为共益债务

笔者认为,预付的租金应当为共益债务。作为认定共益债务的法律依据是《企业破产法》第42条第3款规定,破产申请受理后,债务人取得的不当得利产生的债务属于共益债务。但是,理论上,需要就作为继续性合同典型的租赁合同与非继续性合同解除的法律效果进行辨析的前提下,对《企业破产法》第42条第3款进行目的性限缩解释,才能充分明晰裁判理由。从理论类型上来讲,存在一种所谓"给付目的嗣后不存在"的不当得利,包括合同解除所为的给付,可构成不当得利。② 照此推演,通过行使破产解除权解除合同,导致债务人破产申请受理

---

① 《北京市高级人民法院审理民商事案件若干问题的解答之五(试行)》(京高法发〔2007〕168号)规定:"破产企业出租的房屋土地无租赁期限的,可以随时解除租赁合同,但应留给承租人合理的时间。破产企业出租的房屋土地有租赁期限但未到期的,应区别情况处理:(1)如果承租人的各项财产情况表明可以继续使用,且该位置适于承租人发展的,则可以考虑继续履行租赁合同。继续履行的,拍卖时应向竞拍人做出说明,适用买卖不破租赁的规则。(2)如果该地点作其他开发更有价值,解除合同更有利于财产变现的,应解除合同。解除合同的补偿属于共益债权性质,在解除合同时向承租人优先支付。"

② 参见黄薇主编:《中华人民共和国民法典释义及适用指南》(中册),中国民主法制出版社2020年版,第1454页。但也有人主张合同解除后返还请求属于物权请求权,不是不当得利。

前已收取相对人的货款、租金等的给付目的嗣后不存在,到底解释为产生于"破产申请受理后的"还是"破产申请受理前的"不当得利呢?在买卖合同等非继续性合同中,合同解除后,部分履行交货或付款义务的合同相对方,只能就其损失申报普通债权。那么,为什么预付租金返还请求可以作为共益债务呢?如何做到逻辑自洽?笔者认为,我们不宜过分纠结预付租金返还请求权的性质究竟是不当得利还是物权请求权,在我国立法对未到期不动产租赁合同的破产解除权并未予以限制的制度背景下,应从兼顾平衡不动产承租人利益出发,对"破产申请后因债务人不当得利所产生的债务"进行限缩解释,即原则上不包括破产申请前债务人订立合同取得相对方财产,在破产申请受理后因合同被宣告无效、撤销或者解除基于恢复原状而产生的返还财产的债务。但未到期不动产租赁合同系继续性合同,不存在对已履行部分恢复原状,因合同解除后尚未履行租约终止履行,故此前已预收部分的租金则属于破产申请后债务人之不当得利,应当作为共益债务处理。

2. 装饰装修、搬迁费等直接损失应当作为普通债权

根据最高人民法院《关于审理城镇房屋租赁合同纠纷案件具体应用法律若干问题的解释》第9条规定,[①]承租人经出租人同意装饰装修,因不可归责于双方的事由导致合同解除的,剩余租赁期内的装饰装修残值损失,由双方按照公平原则分担。这种损失分担应当具体考量剩余租赁期的长短,出租人是否可以利用等因素。如果装饰装修对出租人而言毫无用处,加上出租人已经破产的情况下,将其直接作为共益债务优先于普通债权获得清偿,对其他债权人和出租人都不公平。因上述装修损失系申请前添附到不动产上,并非债务人申请后所取得之不当得利,故作为普通债权亦符合法理。

3. 押金(保证金)应作为普通债权申报

以《日本破产法》为例,押金合同虽与租赁合同相关联,但被解释为另外的单独的合同,而且押金返还请求权是租赁合同终止后,从押金中扣除建筑物返还时产生的欠付租金等被担保债权后,存在余额的条件下才能行使的附条件请求权,

---

① 根据最高人民法院《关于审理城镇房屋租赁合同纠纷案件具体应用法律若干问题的解释》第9条规定,承租人经出租人同意装饰装修,合同解除时,双方对已形成附合的装饰装修物的处理没有约定的,人民法院按照下列情形分别处理:……(四)因不可归责于双方的事由导致合同解除的,剩余租赁期内的装饰装修残值损失,由双方按照公平原则分担。法律另有规定的,适用其规定。

所以,押金返还请求权只能成为破产债权。如果押金(保证金)设置专户、封金等方式实现了特定化,承租人对其享有所有权,在向管理人主张抵销其欠付的租金、水电费、物业费、欠付违约金等及造成的租赁物损失后,如果尚有余额的,可以行使取回权。否则,赔偿损失请求还是作为普通债权对待,更符合我国法律规定。

4. 间接损失不作为普通债权申报

《企业破产法》第53条关于申报债权的损害赔偿范围是否包括间接损失即搬迁停业期间的营业损失呢?笔者认为,在我国,损害赔偿请求权基础为违约责任或侵权责任。原则上,只有违约损害赔偿范围包括可得利益的损失。我国破产解除权系法定合同解除权,管理人依法解除待履行合同并不属于违约行为,由此,不宜将间接损失计入赔偿范围。(见图2)

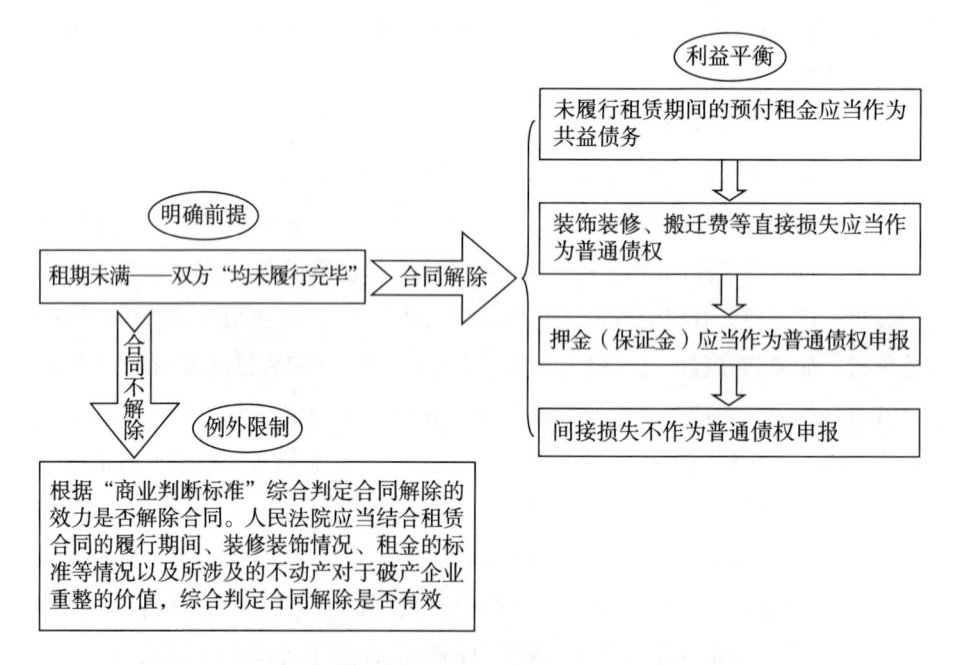

图2 "待履行租赁合同"破产解除权的规则建构

附件:待履行不动产租赁合同和待履行专利
实施许可合同解除的立法建议

条文一[待履行不动产租赁合同]管理人根据《企业破产法》第18条的规定

解除租赁期间未届满的不动产租赁合同,承租人以已支付全部租金抗辩合同已履行完毕的,人民法院不予支持。

破产申请前债权人与债务人签订租赁合同,并就其对债务人享有的债权抵销全部租金的,以此抗辩合同已履行完毕的,人民法院不予支持。

破产申请前债权人与债务人签订租赁合同,并就其对债务人享有的债权逐期抵销产生的租金,合同解除后债权人可就剩余部分债权向管理人申报。

条文二[法院综合判定合同解除]承租人对管理人解除租赁合同有异议的,应当在收到解除通知或者自视为解除合同期间届满之日起 15 日内向人民法院起诉。人民法院应当结合租赁合同的履行期间、装修装饰情况、租金的标准等情况以及所涉及不动产对于破产重整的价值,综合解除合同对于债务人财产的价值和承租人的损失,判定合同解除是否有效。

人民法院判决合同解除无效的,租赁合同继续履行,但债务人不再承担租赁物的维修和瑕疵担保义务,承租人可以主张扣减相应租金。

条文三[预付租金的性质]合同解除后,承租人主张未履行租赁期间的预付租金作为共益债务清偿的,人民法院应予支持。

条文四[装饰装修费等损失的性质]合同解除后,承租人可以就装饰装修、搬迁费等直接损失的依照《企业破产法》第 53 条的规定向管理人申报债权,但主张停业期间的营业等可得利益的损失除外。

条文五[押金(保证金)的性质]如果押金(保证金)以设置专户、封金等方式实现了特定化,在向管理人主张抵销其欠付的租金、水电费、物业费、欠付违约金等及造成的租赁物损失后,如果尚有余额的,承租人可以向管理人行使取回权。

论信用交易中待履行合同解除权的限制原理

赵凤海[*]　冯成丰[**]

一、问题的提出

合同是最基本的社会关系构建方式。尤其是在非即时交易大量发生的今天，经济财富越来越多地包含在合同中。处在复杂合同关系网中的企业一经破产，将不得不面对大量的履行未毕合同，也即学理上指称的"待履行合同"处理问题。从理论上讲，待履行合同的复杂之处在于破产财产界定的困难性，即相较于破产财产中的其他资产，双务合同仍遵循权利义务对等的原则。如果合同一方业已履行完毕，那么该合同就转化一方对另一方的"单向性"债权，在会计上表现为应收或应付，易于计算处理。相反地，如合同尚未履行完毕，则必须经由破产财产履行义务或支付才能享受可能变成有价值资产的权利，[①]并且这种财产权利会因合同类型和破产债务人所处的合同地位的不同而发生变化。基于此种特点，为清

---

[*]　浙江点金律师事务所高级合伙人。
[**]　北京大学法学院博士研究生。
[①]　参见联合国国际贸易法委员会编著：《破产法立法指南》，第109页。

楚界定破产财产,各国立法都大量地设置了待履行合同的处理原则和例外,即在原则上赋予破产管理人解除(拒绝履行)合同权利的同时,①又通过立法列举直接剥夺相当部分典型有名合同管理人解除合同的权利,以及运用"过重负担检验"和"利益平衡检验"等法官的自由裁量权限制该权利的行使。② 由于各国法律规定差异较大,关于待履行合同解除权限制的问题显得尤为复杂,主要表现在以下三个方面。

第一,就质疑解除权正当性带来的限制。一般认为,在破产程序开始后,管理人解除权可以消灭因适用履行抗辩权等民法一般规则带来的"胶着"状态,尽快使双方摆脱合同束缚。另外,它能够实现破产财产价值最大化的目标,将有价值的合同继续履行,同时摆脱造成负担或履约成本过高的合同。③ 然而,有反对者指出,管理人的选择权并未创设以损害相对人的代价来优待破产财产的例外规则,只是在破产程序中额外给予管理人一次选择的机会。④ 这种解除权不仅违背了民法上法定解除权基于"非违约方"产生的法理,在破产法上亦无正当性可言。如果管理人同意履行,相对方的合同债权将升级为共益债;如果不同意履行,则该合同债权和其他普通债权一样申报处理,因而无论管理人拒绝履行合同与否,至少都不会改变相对人的地位,破产带来的只是程序上的宣示效力。相反地,解除权行使后带来的清算效果会干扰既有交换关系,可能减少债务人的破产财产,降低全体债权人的清偿比例。

第二,就解除权行使构成要件和法律效果带来的限制。由于解除合同可能破坏稳定的商业关系,学说上意图修正相关法律后果和严格解释权利适用空间。在构成要件上,争议集中于对"尚未履行完毕"的理解。按照民法的分类方法,合同义务可以包括主给付义务、从给付义务和附随义务。由于附随义务不属于对待给付义务,不发生同时履行抗辩权的问题,附随义务的违反一般也不能成为传

---

① 不同立法例对管理人待履行合同选择权中否定的表述略有不同,《美国破产法典》第365(a)条和《德国破产法》第103条表述为"拒绝履行",《日本破产法》第53条表述为"解除权"。我国《企业破产法》第18条表述为管理人解除权,因此下文以"解除权"代指此项否定性的权利。
② 参见许德风:《破产法论:解释与功能比较的视角》,北京大学出版社2015年版,第140~142页。
③ 参见王欣新:《破产法前沿问题思辨》(上册),法律出版社2017年版,第130页。
④ 参加庄加园、段磊:《待履行合同解除权之反思》,载《清华法学》2019年第5期。

统民法上法定解除权的发生原因,①据此,有学者认为,主给付和从给付义务的完成即为合同履行完毕。② 然而实践中,却有不少法院将附随义务纳入是否履行完毕的判断标准。例如,湖南省高级人民法院认为,由于租赁合同具有继续性的重要特点,交纳租金只是承租人的主要合同义务而非全部合同义务,承租人尚有保管租赁物、返还租赁物的义务以及通知等附随义务等,因此,在租期届满承租人返还租赁物之前,承租人始终处于履行租赁合同过程中;同样地,出租人将租赁物的占有、使用权利让与承租人,也是处于履行租赁合同的过程中。因此,租赁合同只要在租赁期内,承租人与出租人的义务即均未履行完毕,管理人单方解除该租赁合同有法律依据。③ 在法律效果上,争议则集中在合同解除后已履行部分返还请求权的性质问题。其内在机理是,若无法事先限制解除权,至少要从后果上保护相对人的利益,如通过共益债或者取回权的方式赋予相对人较其他债权更优先的地位。有文献指出,溯及力带来的清算效果将扰乱既有的财产和法律关系,浪费破产清算成本而带来无效率。④ 然而,即便采取清算关系说,学界也认可对已履行返还的部分应当具有优于普通债权的保护。如有观点认为,合同法旧说中的"直接效果说"能够使相对人的权利作为共益债权获得保护,按照"举轻以明重"的解释方法,更多保护相对人的"结算关系说"更应提供共益债权的地位。⑤

第三,就对何种类型和性质合同加以限制的问题。除了就不动产租赁合同中对出租人作为破产方的权利限制外,各国存在大量特色性的法律限制规定,如《美国破产法典》独有的对知识产权许可合同和贷款合同的限制,《德国破产法》中独特的可分割给付、雇佣合同和所有权保留合同特殊规定,《日本破产法》中的委任合同,以及联合国国际贸易法委员会《破产法立法指南》中的特许经营权合同和高度人身性专属性的合同等。列举的多样性几乎涵盖了所有权转移、使用

---

① 参见王泽鉴:《债法原理》(第 2 版),北京大学出版社 2013 年版,第 109 页。
② 参见兰晓为:《破产法上的待履行合同研究》,武汉大学 2010 年博士学位论文,第 20 页。
③ 参见湖南省高级人民法院民事判决书,(2017)湘民再 461 号;类似案件参见安徽省滁州市中级人民法院民事判决书,(2019)皖 11 民终 2233 号;江苏省苏州市中级人民法院民事判决书,(2017)苏 05 民终 8010 号。
④ 参加庄加园、段磊:《待履行合同解除权之反思》,载《清华法学》2019 年第 5 期。
⑤ 参见许德风:《破产法论:解释与功能比较的视角》,北京大学出版社 2015 年版,第 143 页。类似观点,参见王欣新、乔博娟:《论破产程序中未到期不动产租赁合同的处理方式》,载《法学杂志》2015 年第 3 期。

权享有和服务提供等各类典型合同的特点,以至于使人怀疑,基于合同特色所作的权利限制列举究竟是例外还是一般原则。

可见,管理人解除权的行使,无论从理论正当性还是特定类型合同的具体适用中都充满争议。在我国,由于仅有《中华人民共和国企业破产法》(以下简称《企业破产法》)第18条的简单规定,未曾见明确的适用限制行使解除权的案例发生,因此,实践中就时间、是否履行完毕等构成要件存在理解分歧。下文将在明确管理人解除权的体系定位和适用条件的基础上,试图对上述限制理由进行整合,以探讨管理人合同解除权的一般限制原理。

二、管理人解除权的理解方法

(一)体系定位

一般认为,"尊重非破产法规范"是破产法重要的实体性原则之一,理由在于破产法并不能创设突破原法律规范设定的权利。如果破产的事实可以改变企业基于非破产规范为基础的市场竞争,那么将会促使债务人通过破产程序获得本不该获得的额外利益,[①]事实上,破产法中诸如撤销权、抵销权、取回权和别除权等实体性权利均源于民商一般实体法规范。因此,包括管理人解除权在内,也应当遵从这一基本的思维,寻找对应的体系位置,与其直接相关的,便是民法上的法定解除权体系。

从原因来看,合同解除本身是对"契约严守"的突破,学理上支持合同解除的正当性大致包括以下三点:一是合同义务之间的依存关系,因给付义务的消灭而导致对待给付义务的消灭;二是合同双方相互忠实义务的反应和合同补充解释的后果,只有债务人忠实于合同义务才能换取债权人严守合同;三是法政策上效率的考量,[②]是对守约方实际履行请求权和损害赔偿请求权两种救济方式的补足。[③] 上述导致合同解除的事由,包括违约行为、不可抗力等风险事件和导致对待给付义务消灭的履行不能等,这些都属于民法上给付障碍事件的范畴。结合《中华人民共和国民法典》(以下简称《民法典》)第563条同根本违约相关的表

---

① 参见许德风:《破产法论:解释与功能比较的视角》,北京大学出版社2015年版,第80页。
② 参见赵文杰:《〈合同法〉第94条(法定解除)评注》,载《法学家》2019年第4期。
③ 参见陈自强:《违约责任与契约解消》,台北,元照出版有限公司2016年版,第221页。

述,可以知晓,现行法定解除权体系是建立在严重给付障碍的基础之上,目的是帮助当事人在此种羁绊状态下解脱出来并重新获得自由,[①]因此,以"合同目的不能实现"作为解除权行使的必备条件。[②] 然而,在破产法中,管理人解除权的行使目的是从整体上公平实现债权的按比例受偿,并不过多关注单个合同债权的目的是否能够实现,这与法定解除权体系背道而驰。因此,现行理论将《企业破产法》第18条中的管理人解除权纳入《民法典》第563条法定解除权体系下的第5项"法律规定的其他情形"存在体系上的不兼容性。[③] 毕竟该解除权的发生并非因违约所致,权利的享有方也并非属于"非违约方",更不存在合同目的无法实现的情形。因此,在实践中,法院将管理人解除权同根本违约所生的法定解除权等同起来便值得商榷,如在联建(中国)科技有限公司与苏州珧正兴丰企业管理服务有限公司委托合同纠纷一案中,一审、二审法院在认可管理人行使解除权解除合同的同时,却均又承认合同解除是因债务人进入破产程序而导致根本违约所致。[④] 显然,法院错误地将根本违约认定为导致合同解除的原因,并混淆了因违约所致和因破产程序发生的解除权所享有的不同主体。

那么,管理人解除权的正当性基础是什么?对此,存在以下两种解释方法。一是修正法定解除权体系。在《民法典》的编纂过程中,因继续性合同信赖丧失产生的特殊解除权被纳入了法条之中,[⑤]形成了不定期继续性合同预告解除、定期继续性合同重大事由解除和任意解除权这三种继续性合同解除权体系。因此,制定法上也慢慢出现了非基于违约和风险事件的法定解除权,据此,即便进入破产程序,在某些基于信任和长期的特定类型合同中,也存在适用实体性解除权解除合同的空间。当然上述解释还是站在民事实体法的立场上,只能针对个性化的合同。二是跳出解除权的体系,将管理人解除权理解为合同效力延续至破产程序开始后的特殊表现形式。经有学者对德国破产法的历史考证,发现所谓的管理人解除权其实源于破产程序开始后对合同的履行方式。此时,由于所

[①] 参见杜景林、卢谌:《债权总则给付障碍法的体系建构》,法律出版社2007年版。
[②] 参见章杰超:《合同目的含义之解析》,载《政法论坛》2018年第3期。
[③] 参加庄加园、段磊:《待履行合同解除权之反思》,载《清华法学》2019年第5期。
[④] 参见江苏省苏州园区人民法院民事判决书,(2018)苏0591民初2661号;江苏省苏州市中级人民法院民事判决书,(2020)苏05民终5448号。
[⑤] 参见韩世远:《继续性合同的解除:违约方解除抑或重大事由解除》,载《中外法学》2020年第1期。

有的合同债权都将被转化成金钱债权的方式以便申报清算,而待履行合同的财产价值如需以金钱的方式加以衡量,必须要等待管理人选择履行或不履行,才能清除这一效力待定的状态,①这也是德国破产法学说上形成权理论的来源。无独有偶,《美国破产法典》也遵循了"拒绝履行"的相同表述方式。

可见,管理人解除权实则源于因破产清理财产需要的拒绝履行,其体系定位并非在于因违约或风险等给付障碍事件所产生的传统法定解除权,而是合同进入破产程序后因清理破产财产所需的特殊履行形式,由管理人选择拒绝或继续履行合同。这种权利,更接近于民法形成权体系中的选择权,②只是这一选择权从"否定层面"表现为"解除合同"的权利,因与制定法上已存在独立的解除权类似而往往被单独讨论,理论上错误地将完整的待履行合同选择权割裂开来,创设了所谓的"管理人解除权"概念,引人误解。换言之,管理人对待履行合同的权利,不仅包括否定层面的"合同解除",还包括肯定层面的"继续履行"。

(二)构成要件

在明确管理人解除权非独立权利而是合同进入破产程序后的表现形式基础之上,才能准确理解前述争议较大的问题。上文已述,解除权的行使目的是界定破产财产,实现破产财产最大化的目标。在待履行合同的处理上,是否履行完毕的判断标准也应当围绕资产货币计量的确定与否展开。

在合同义务群的概念中,主给付义务是债务关系所固有的、必备的、可以决定债的类型的基本义务,理应属于履行完毕的范畴之内。从给付义务虽然不具有独立意义,但在为契约目的之达成而必要的特定情形下,从给付义务能够独立诉请履行并发生同时履行抗辩权的问题,也会对破产财产价值的确定产生重大影响。附随义务是随着债的发展依诚信原则产生的具有辅助或保护功能的义务,其义务的违反不会发生双务合同上专有的任何牵连性法律效果。在破产财产的计算中,并不会产生因是否履行完毕产生货币计算困难问题,也同双务合同的特性无关。因此,笔者认为,界定合同是否履行完毕的核心标准应为主给付义务是否完成,在会影响合同目的实现的特定情形下须考虑从给付义务的履行状

---

① 参加庄加园、段磊:《待履行合同解权之反思》,载《清华法学》2019年第5期。
② 如无权代理发生是被代理人是否追认的选择权、选择之债中债务人确定给付内容的选择权等。

况，而附随义务的履行情况被排除在外。例如，天津市高级人民法院认为，出租人负有支付租赁物购买价款、将租赁物交付承租人使用的积极义务并承担保证承租人在租赁期间对租赁物占有、使用的消极义务。出租人就其中的积极义务履行完毕，即实现了签订融资租赁合同的实质性目的，应认定出租人就融资租赁合同已履行完毕。[①] 判决书中指称的消极义务，是基于诚实信用原则所生的附随义务。因此，法院抛开履约期限而将主要义务、积极义务是否履行完毕作为判断标准，具有正当性。

权利行使主体、时间等其他要件也应遵循相同规律。待履行合同选择权作为一种形成权，易对既有法律关系产生较大的不确定性影响，其权利行使需同时受到民商实体法和破产法的双重限制。我国《民法典》第564条对期限作出限制，指出"法律规定或者当事人约定解除权行使期限，期限届满当事人不行使的，该权利消灭"。并且，此种权利是一次性的，不得反向再次或多次行使。我国《企业破产法》第18条第2款有关2个月期限的规定，其实同样是对管理人合同选择履行权的限制，而非对其的优待。该款立法目的是保护合同相对方的利益，避免管理人长期不对合同是否继续履行作出决定，使合同处于不确定状态。[②] 另外，待履行合同选择权作为因破产程序所引发的权利，应当被严格限制在破产程序期间内，避免破坏利害关系人基于各方权利义务权衡作出的安排，改变既定的法律关系。实践中，有法院会对过去发生的权利事项进行认定判断，作出确认之诉判决，以维护实质正义。[③] 这种做法其实忽略了因破产程序所生的程序性选择权的特殊性。由于待履行合同处理的难点在于界定破产财产的困难性，在破产程序早已结束的情况下，已无用货币计算界定相关财产的必要，这种做法反而造成了允许债务人挑战基于多数人合意、法院批准形成的法律关系秩序的危险。

可见，把握双务合同特殊性对破产程序中界定破产财产困难性的影响，贯穿管理人解除权行使的始终，涉及其权利正当性及构成要件的准确适用。但尚未解决的问题是，管理人解除权在特定类型双务合同中是如何呈现的。下文将继

[①] 参见天津市高级人民法院民事判决书，(2015)津高民二终字第0070号；类似案件，参见江苏省南京市中级人民法院民事判决书，(2015)宁商再终字第5号。

[②] 参见王欣新：《破产法前沿问题思辨》(上册)，法律出版社2017年版，第123页。

[③] 参见江苏省苏州工业园区人民法院民事判决书，(2018)苏0591民初2661号；江苏省苏州市中级人民法院民事判决书，(2020)苏05民终5448号。

续沿着破产发生的信贷本质,思考这一问题。

三、信用交易的类型划分

比较法和学理上就合同类型对管理人解除权的限制可以分为两种情形,前者是因破产程序开始而必须自动终止的,后者则是不允许管理人加以解除的,合同必须加以继续履行。至于为何存在特殊规定,则存在多种解释。例如,同样针对租赁合同,有的学者认为,限制合同解除的原因在于公共政策,不动产租赁涉及公共利益。[①] 也有的学者认为,是因为此类合同以使用、收益为目的所致,负有使用权的财产并不阻碍破产企业就其所有权的转让,因此,此类合同并不会阻碍破产企业通过转让合同标的物增加破产财产,相反地,解除以使用、收益为目的的合同必然导致破产企业丧失租金等费用收益。[②] 还有的学者从物权和债权的区分出发,认为破产法应当尊重既有物权的效力,不破坏侵占他人的财产,限制租赁合同的解除原因在于债权物权化,即法律需要保护租赁权对财产的占有使用利益,这是"买卖不破租赁"规则的体现。[③]

在现代市场经济条件下,一手交钱一手交货的交易已很少发生,大量存在的是非即时交易,这种基于信用发生的交易使负债无处不在。破产法的制度设计也是围绕信用交易展开的。在界定破产财产的同时,法律必须准确判断哪些财产属于债务人所有,不能偏袒任何一方,以保障实体信贷的可获得性和交易的稳定性。对于这一点,传统理论上的判断方法是将物权与债权作区分。物权由于其对世性而足够强大,因此,某些基于合同而实际由债务人占有的财产不应当属于破产财产,而被特殊"照顾"。相反地,法律对合同债权的保护较弱,因而其稳定性和预期性也会遭到破坏,这也是许多学者论证不动产租赁权和知识产权许可等准物权可以排除解除合同的基本逻辑。但进一步而言,优待上述权利的理由不仅仅涉及其类属,而是信用交易中对长期稳定性交易实践的必然结果。事

---

① 参见陈本寒、陈超然:《破产管理人合同解除权限制问题研究》,载《烟台大学学报(哲学社会科学版)》2018年第3期。
② 参见兰晓为:《破产法上的待履行合同研究》,武汉大学2010年博士学位论文,第160页。
③ 参见王欣新、乔博娟:《论破产程序中未到期不动产租赁合同的处理方式》,载《法学杂志》2015年第3期。

实上,早已有学者在引入管理人解除权时对金钱债权和非金钱债权作出区分,并认为在非破产方负担非金钱债务的情况下,非破产方是否完全履行合同债务对破产财产能否增值意义甚微;但若破产方的合同义务恰为金钱债务,那么非破产方"继续履行"或"采取补救措施"后,都必然会增加破产财产的负担,进而减少破产财产,因此,赋予破产方选择解除合同的权利,能使其摆脱负有金钱债务的合同。[①] 这种区分,体现了待履行合同中信贷属性,尤其是破产方在给付继续负担金钱债务的情况下。因此,笔者基于信用属性,将可能存在限制权利情形的合同划分为以下类型。(见表1)

表1 信用视角下的限制权利合同

合同类型	功能细分	信用度	信用类型	法律效果	举例
给付为财产性权利	纯粹的货币性权利交换	强	—	自动终止	货币借贷、交易所、金融衍生品
	非纯粹的货币性权利交换	弱	转移所有权	具体分析	—
			转移使用权	不得解除	租赁、知识产权许可等
		强	债务人为授信方	不得解除	所有权保留、保理、融资租赁等担保交易
			债权人为授信方	具体分析	
给付为提供服务	特殊信用等合同基础动摇	强	—	自动终止	委托、特许经营等
	公共政策限制	—	—	不得解除	劳动、保险等
	其他	—	—	具体分析	

在财产性权利的交易中,带入合同自身的信贷属性,就容易理解某些合同的限制理由了。例如,就租赁合同而言,租赁合同的远期信用属性并不比借款合同显著,其存在通常不会导致出租人破产。承租人对房屋占有使用的稳定期待便有了正当性,且资金流动方向是从破产方向非破产方,因此,管理人作为出租人不得随意解除房屋租赁合同。[②] 再如,在所有权保留买卖等动产担保交易中,出卖人保留所有权,是为确保出卖人价款请求权的实现,因此,只要买受人能够依

[①] 参见兰晓为:《破产法上的待履行合同研究》,武汉大学2010年博士学位论文,第21页。
[②] 参见许德风:《破产法论:解释与功能比较的视角》,北京大学出版社2015年版,第160页。

约付清全部价款,不违背所有权保留制度的本意,当然不允许管理人随意解除。这些合同呈现共同的特点,即同时存在财货变动。债务人在先前交易发生时属于授信方,此时的财货变动方向为资金从债务人中流出,当破产事实发生后,则债权人负有相应金钱债务,若合同能够被继续履行下去,资金流向由债权人流向债务人,并不会导致收取债权和清算的困难性。此时,出于对非破产实体法律规范的尊重,破产法没有理由赋予管理人以解除权合同的权利,随意解除合同反而易助长不诚信的风气以破坏稳定的商业预期。至于纯粹的货币性合同,由于其交易本身基于组织体自身的信用,不存在转移所有权或使用权的情形,加之金融风险和结算的需要,应当被自动终止。在以提供服务为给付的合同中,由于不存在授信的情形,法律限制解除权的理由更多地在于合同特殊属性和相应公共政策,需要就合同分别加以判断,如委托合同直接规定了法人的死亡属于委托事项的终止情形,其表明了破产开始后此类合同应当自动终止,许多基于特殊信任、专属性人身性合同的处理也是如此。

最后需要指出的是,管理人解除权总是被认为有一种天然的正当性,因为人们往往寄希望于管理人来判断能否增加破产财产、摆脱不利,实现破产财产的最大化,但是,管理人解除合同破坏既定的交易关系同样可能属于判断失误,致使破产财产减少,因此,这种功利化的论据不能适用于所有情形。[1] 事实上,无论管理人解除合同与否,双务合同自身牵连性的特点将无法被改变,一直延续至合同结算完毕,这也就决定了破产财团若不承担合同规定的相应义务,就无法享受相应的合同权利。那种寄希望于解除合同而获利的情形,仅在交易标的价格发生重大变化的情况下才会实现,在大多数情形下,解除合同并不会带来明显的财产增加。这种以破产财产最大化为借口的行为往往会被司法所禁止,本文在开头列举的"过重负担"和"利益平衡"检视规则,其实就是在比较解除合同对债权人造成的损害和对债务人获得的利益,排除权利的滥用。因此,理解管理人解除权的关键,应当是以清理界定破产财产为核心,另外在特定类型合同中考虑公共政策目标。至于破产财产最终能否实现最大化,仅是合同处理结果的表现形式。

---

[1] 参加庄加园、段磊:《待履行合同解除权之反思》,载《清华法学》2019 年第 5 期。

四、结　　论

本文论证表明,管理人解除权其实是待履行合同选择权概念的片面误用,只是拒绝履行合同的表现形式,因此,其产生正当性不应当同一般的法定解除权等同。管理人解除权的核心在于处理双务合同给破产财产界定带来的困难性,因此,权利行使的期间和主体应当受到破产程序的严格限制,在适用过程中也应当围绕双务合同牵连性的特点展开。在具体合同类型的适用过程中,应当区分财货给付和提供服务两大类别,前者要注重合同的信贷属性强弱来判断权利行使的限制,后者则以个案判断合同的公共政策目标。在信用交易和负债经营极其普遍的现代社会,破产法律规范必须最大限度地尊重实体法规则,通过维系稳定的商业预期,推动信贷的可获得性和便利度,用债推动社会的进步。这或许也能解释为什么比较法上管理人解除权的例外如此之多。

承租人破产清算语境下管理人解除融资租赁合同的法律问题

高传法[*]　秦启辉[**]

一、案件概要与问题提出

2017年7月18日,中力公司作为出租人与卡德公司签订《融资租赁合同》和《买卖合同》,约定:(1)以回租方式,由中力公司向卡德公司购买租赁标的物并出租于卡德公司使用。(2)租赁物成本人民币300万元(含增值税)。(3)租赁期间为2017年7月28日至2020年7月28日。(4)本合同项下应付租金包括以下全部租金,其金额含增值税税费,首付租金人民币38,400元应于2017年7月28日支付,余下租金按以下方式支付:第1~12期租金,每期租金人民币12万元;第13~24期租金,每期人民币10万元;第25~35期租金,每期租金人民币88,000元;第36期租金,每期租金人民币32,000元。共计应付36期,第1期租金给付日为2017年8月28日。(5)各期租金给付日自第1期租金给付日起每隔1个月之同一日。合同签订后,中力公司通过银行汇款、保证金、服务费冲抵方式将上述300万元价款支付给卡德公

---

[*] 江苏省南京市溧水区人民法院民二庭副庭长。
[**] 江苏省南京市溧水区人民法院党组成员、副院长。

司。双方完成了合同约定的结算、所有权转移、租赁物交接、抵押登记等事项。2019年7月30日,中力公司将卡德公司起诉至法院,称卡德公司自2019年7月28日起即出现违约延滞支付情形、已到期之第24期租金10万元尚未支付等,请求法院判令卡德公司立即支付租赁合同项下剩余全部未付租金40万元(已扣除60万元履约保证金)、未到期租金总额10%计算的违约金10万元。2019年10月15日,卡德公司被法院裁定进入破产清算程序。

从上述案例中引申的问题是:在租期尚未届满的情况下,承租人进入破产程序的,管理人能否基于《中华人民共和国企业破产法》(以下简称《企业破产法》)第18条规定的"双方均为履行完毕的合同"而行使任意解除权?而这个问题的答案又要以"双方均未履行完毕的合同"这一概念及《企业破产法》第18条是否不适用于融资租赁合同,排除管理人任意解除权的问题。[1]

二、融资租赁合同的法律性质与识别

(一)融资租赁合同的法律性质

融资租赁合同是仅次于银行信贷的第二大融资工具,[2]其融资与融物的双重特性决定了其复杂的法律性质难以被传统的租赁或分期付款买卖合同或借款关系等法律关系所概括。对承租人破产程序中管理人解除融资合同问题分析的前提,应是对于融资租赁合同法律性质的分析和对融资租赁合同的识别。

融资租赁合同虽与传统租赁、货币借贷、分期付款买卖、动产担保等法律关系在性质上有所重合,但上述法律关系均不能完全概括融资租赁合同的特征,更不能完全套用上述法律关系来分析融资租赁合同的法律性质。

融资租赁合同本质为融资工具,内容包含了融资和融物,建立在所有权的分化的基础之上,是一种独立的法律关系。

---

[1] 参见[美]杰伊·劳伦斯·韦斯特布鲁克、[美]查尔斯·布斯、[德]克里斯托弗·保勒斯、[英]哈里·拉贾克:《商事破产——全球视野下的比较分析》,王之洲译,中国政法大学出版社2019年版,第86页。

[2] 参见高圣平、钱晓晨:《中国融资租赁现状与发展战略》,中信出版社2012年版,第8页。

(二)融资租赁合同的识别

融资租赁合同的识别有实质说和形式说两种观点。① 实质说认为,融资租赁合同的识别应关注风险、报酬、租金等核心内容,并对上述要素进行综合分析,不应局限于合同的表象(如三方当事人、两个合同、同一标的物)。② 形式说侧重于从交易外观判断是否满足融资租赁的形式要求,即"一个标的物、两类合同和三方当事人",如果满足形式要求,就将该交易关系认定为融资租赁合同。③

对于融资租赁合同的识别,我国在立法模式上采用了形式说。《中华人民共和国民法典》(以下简称《民法典》)第 735 条规定,融资租赁合同是出租人根据承租人对出卖人、租赁物的选择,向出卖人购买租赁物,提供给承租人使用,承租人支付租金的合同。但实践中又要求结合标的物的性质、价值、租金的构成以及当事人的合同权利和义务,对是否构成融资租赁法律关系进行认定。对名为融资租赁合同,但实际不构成融资租赁法律关系的,人民法院应按照其实际构成的法律关系处理。④ 在司法实践中,人民法院基于融资租赁的特殊法律性质,围绕风险、报酬、租金、租期展开分析,采用了实质审查标准。⑤

三、双方均未履行完毕合同的含义

管理人有权依照《企业破产法》第 18 条决定解除或者继续履行破产申请受理前成立而债务人和对方当事人均未履行完毕的合同。即在债务人未履行合同的 3 种形态中只有在"双方均未履行完毕"的情况下,管理人合同挑拣式履行选

---

① 参见谢鸿飞:《合同法学的新发展》,中国社会科学出版社 2014 年版,第 594 页。
② 参见金海:《判定融资租赁法律性质的经济实质分析法——以承租人破产时租赁物归属为例》,载《华东政法大学学报》2013 年第 2 期。
③ 参见韩长印主编:《破产法学》,中国政法大学出版社 2016 年版,第 594 页。
④ 最高人民法院《关于审理融资租赁合同纠纷案件适用法律问题的解释》(2020 年修正)第 1 条规定:"人民法院应当根据民法典第七百三十五条的规定,结合标的物的性质、价值、租金的构成以及当事人的合同权利和义务,对是否构成融资租赁法律关系作出认定。对名为融资租赁合同,但实际不构成融资租赁法律关系的,人民法院应按照其实际构成的法律关系处理。"
⑤ 在"江苏金融租赁股份有限公司苏南通惠港造船有限公司等融资租赁合同纠纷案"中,江苏省南通市中级人民法院认为,承租人最终未取得租赁物的所有权,实际租赁物也与合同约定不一致,该笔交易只融资不融物,不能认定为融资租赁,应适用借贷关系。

择权才有存在必要。[1] 对债务人已履行完毕而向对方未完全履行的合同,管理人不得解除,而应要求对方继续履行,作为对外应收债权进行催收,并归入破产财产。对债权人已经履行完毕而债务人未完全履行的合同,管理人不得继续履行,否则有违破产程序公平受偿的原则。管理人选择解除权的准确适用和限制,需要对"双方均未履行完毕"标准界定清晰。

(一)"双方均未履行完毕合同"界定的比较法观察

在有些国家的立法例中,对于"未履行完毕"的合同的范围,没有明确的定义。美国使用"待履行合同"一语,未作具体界定。美国破产学者将其定义为,"破产人和合同相对人均未履行合同义务,致使任何一方的不履行都属于一种实质违约,对方当事人据此可以拒绝履行其合同义务。"[2]美国法在对"待履行合同"进行认定时,往往以"实质性违约"作为判断合同义务是否履行完毕的标准。即若一方未能履行的合同义务构成相对方拒绝履行合同义务的正当抗辩,则此种违约行为为构成"实质性违约";若当事人未履行之义务仅为次要义务,则不构成"实质性违约"。当然在以"实质性违约"作为判断原则下,美国法也会结合具体案情,并考虑破产财团利益最大化,在一定程度上突破了非破产法规范上的制度体系,体现了对破产解除权价值的尊重。[3] 德国的提法是"未履行(或者未完全履行)的双务合同"。《德国破产法》第 103 条明确限定了"未履行(或者未完全履行)的双务合同"的类型为"未为履行或未为完全履行的双务合同",并将履行的客体限制在给付义务,而将附随义务排除在外。[4]

(二)"未履行完毕"的界定标准

我国《企业破产法》对于"未履行完毕"没有给出明确规定,以至于实践中对

---

[1] 参见韩长印:《破产宣告对未履行合同的效力初探》,载《法商研究(中南政法学院学报)》1997 年第 3 期。

[2] [美]大卫·G. 爱波斯坦:《美国破产法》,韩长印等译,中国政法大学出版社 2003 年版,第 230 页。

[3] 参见韩长印主编:《破产疑难案例研习报告》(2020 年卷),中国政法大学出版社 2020 年版,第 252 页。

[4] 参见[美]威廉·H. 劳伦斯、威廉·H. 亨宁:《美国货物买卖和租赁精解》,周晓松译,北京大学出版社 2009 年版,第 12 页。

于《企业破产法》第 18 条规定的"双方均未履行完毕的合同"的履行客体的理解发生很多争议,甚至出现很多因理解错误导致的不当处理结果。主要观点有主要义务说与次要义务说、积极义务说与消极义务说。从文意上理解,《企业破产法》第 18 条并未将消极义务排除在"未履行完毕"之外,另外,从比较法观察的结果来看,合同义务履行客体的争议主要集中在主要义务和次要义务。目前,我国学界的主流观点是以主要义务未履行作为"未履行完毕"合同的履行客体进行考量。管理人选择履行权的目的在于确保合同的履行能够增加破产财产或摆脱破产财产的负担。如果允许管理人解除一个主要义务已经完全履行,而有次要义务尚未履行完毕的合同,不仅对破产财团无益,甚至会引发诉讼等不必要的麻烦。当然在坚持以主要义务和次要义务作为判断"未履行完毕"的标准时,还可以结合破产财团最大利益标准综合评判。

四、融资租赁出租人的抗辩

破产程序启动后,破产法赋予管理人的挑拣履行权(任意解除权)给合同相对方带来很大的风险。在融资租赁合同中,出租人为对抗承租人管理人行使解除权,往往会提出如下抗辩。

(一)融资租赁合同不属于双方均未履行完毕的合同

有的观点认为,根据《企业破产法》第 18 条的规定,破产管理人对破产申请受理前成立而债务人和对方均未履行完毕的合同有法定解除权。在融资租赁合同中,出租人负有支付租赁物购买价款、将租赁物交付承租人使用的积极义务并承担保证出租人在租赁期间对租赁物的占用、使用的消极义务。出租人就其中的积极义务履行完毕,即实现了融资租赁合同根本目的,属于出租人履行完毕的合同。[①]

在前文我们就"双方均未履行"的认定标准进行了讨论。在未到期的融资租赁合同中,出租人对租赁物不承担瑕疵担保责任,但是负有保证承租人在租期内对租赁物占有、使用的消极义务,这也是融资租赁合同中出租人的主要义务内容,而承租人负有支付租金的义务(在合同到期后不转移租赁物所有权至承租人

---

① 参见天津市高级人民法院民事判决书,(2015)津高民二终字第 0070 号。

的还负有返还租赁物给承租人的义务),因此,未履行完毕的融资租赁合同属于"双方均未履行完毕的合同"。① 因此,以出租人履行了积极义务,而仅有保证承租人对租赁物在租期内的占用、使用的消极义务属于承租了履行完毕的观点很难得到普遍认同;出租人以此抗辩也不应该得到人民法院的支持。

(二)解除融资租赁合同不符合破产财产利益最大化原则

有的出租人以允许管理人依据《企业破产法》第18条解除未到期的融资租赁合同,不符合破产财产最大价值原则,非但不能增加破产财产,也给出租人利益造成重大不利影响。《民法典》第735条规定,融资租赁合同是出租人根据承租人对出卖人、租赁物的选择,向出卖人购买租赁物,提供给承租人使用,承租人支付租金的合同。在租赁合同中,出租人的目的在于收取租金,并非获取租赁物所有权,且一般租赁合同履行完毕后,会约定租赁物归承租人所有,因此,回收租赁物,尤其是在合同未到期的情况下,因承租人、管理人解除合同而回收租赁物不在出租人的合理预期之内。

《企业破产法》第18条规定了管理人对于破产受理前成立而双方均未履行完毕合同的挑拣履行选择权,但是解除合同还是继续履行,管理人判断的标准是破产财产利益最大化,即增加破产财产或减少破产财产负担。这个判断权法律规定由管理人行使,因此,出租人或人民法院无权对管理人的判断是否符合破产财产利益最大化进行评判。当然,如果因为管理人的判断失误,不当履职,造成破产财产减少,损害债权人利益,债权人可以要求管理人赔偿。

(三)破产不破租赁

经济社会中合同类型繁多且服务于不同的社会活动,一些特殊的合同关系中蕴含特别的经济与社会问题,因此,在处置待履行合同的一般规则之外,也应该针对特殊合同关系作出例外规定。② 能否从"买卖不破租赁"原则推论出"破产不破租赁",以此来帮助出租人对抗管理人解除权,也有不同声音。有的学者

---

① 参见南京市中级人民法院民事判决书,(2015)宁商再终字第5号。
② [美]杰伊·劳伦斯·韦斯特布鲁克、[美]查尔斯·布斯、[德]克里斯托弗·保勒斯、[英]哈里·拉贾克:《商事破产——全球视野下的比较分析》,王之洲译,中国政法大学出版社2019年版,第79页。

主张,应当贯彻"尊重破产法外规则"的理念,在破产程序中尊重合同法等非破产法律给予合同当事人的权利保障,限制管理人对融资租赁合同的解除权。① 还有的学者认为,破产程序中应优先适用破产法的特特殊规定,管理人法定解除权优先。若按照破产公平受偿原则的要求,若允许出租人继续履行租赁合同,可能会造成债权人之间不公平。②

"破产不破租赁"的观点并无法律依据,且与破产法的有关规定相违背,也不符合破产程序公平受偿和管理人自主判断破产事务的破产法理念。

五、管理人解除融资租赁合同的法律后果

《民法典》第 566 条规定,合同解除后,尚未履行的,终止履行;已经履行的,根据履行情况和合同性质,当事人可以请求恢复原状或者采取其他补救措施,并有权请求赔偿损失。合同因违约解除的,解除权人可以请求违约方承担违约责任,但是当事人另有约定的除外。主合同解除后,担保人对债务人应当承担的民事责任仍应当承担担保责任,但是担保合同另有约定的除外。

管理人解除融资租赁合同解除后也将产生相应的后果,包括租赁物处置、欠付租金清偿、因合同解除产生的损失赔偿、出租人能否就租赁物享有担保权等问题需要处理。

(一) 租赁物处置

根据合同解除的后果和《民法典》第 566 条第 1 款、第 758 条第 1 款的规定,融资租赁合同解除后,出租人可以取回租赁物,其理论基础基于物权返还请求权和合同解除后产生恢复原状的后果。然而,考虑融资租赁合同的特殊性,在承租人破产管理人解除融资租赁合同情形下,就出租人租赁取回权的问题在学界也存在争议。在融资租赁合同中,出租人系根据承租人的指定购买租赁物,一般不参与租赁物厂家、型号等的挑选过程,也不承担质量瑕疵担保责任,为达到规避风险之目的而对租赁物保留名义上的所有权,而承租人享有对于租赁物的除处

---

① 参见王欣新、乔博娟:《论破产程序中未到期不动产租赁合同的处理方式》,载《法学杂志》2015 年第 3 期。
② 参见王欣新、尹正友:《破产法论坛》,法律出版社 2009 年版,第 286 页。

分以外的其他3项权能(所有权包括占有、使用、收益、处分4项权能)。[1] 出租人能否享有租赁物取回权深值商榷。有的观点认为,融资租赁合同中,出租人与承租人在租赁物上的利益会随着合同履行的时间推移而发生消长,并提出可以参考所有权保留买卖合同规定,[2]结合承租人支付租金的比例来综合考量,如可以将支付租金是否能达到75%作为参考标准。[3]

(二)合同解除后租赁物价值的确定

合同解除后,出租人丧失对剩余租金的期待权,同时,可以根据租赁物价值与损失的差额确定具体损失。[4]

租赁物的价值可以由出租人和管理人进行协商确定,如果对租赁物的价值有争议,可以按照融资租赁合同的约定确定租赁物价值;融资租赁合同未约定或者约定不明的,可以参照融资租赁合同约定的租赁物折旧以及合同到期后租赁物的残值确定租赁物价值。如果根据上述方法不能达成一致意见,可以通过诉讼解决,请求人民法院委托有资质的机构评估或者拍卖确定。

实践中,也可考虑以管理人委托的评估机构的评估报告来确定租赁物的价值。但是,出租人往往认为,管理人委托评估机构程序系单方委托或评估价格过高,而不能接受。

如果出租人不主张取回租赁物,与管理人协商一致由管理人按照破产财产变价方案进行处置,根据处置结果确定租赁物价值,较为公平。

---

[1] 参见史尚宽:《物权法论》,中国大学出版社2000年版,第63页。

[2] 最高人民法院《关于审理买卖合同纠纷案件适用法律问题的解释》(2020年修正)第26条第1款规定,买受人已经支付标的物总价款的75%以上,出卖人主张取回标的物的,人民法院不予支持。最高人民法院《关于适用〈中华人民共和国企业破产法〉若干问题的规定(二)》(2020年修正)第37条规定,买受人破产,其管理人决定继续履行所有权保留买卖合同的,原买卖合同中约定的买受人支付价款或者履行其他义务的期限在破产申请受理时视为到期,买受人管理人应当及时向出卖人支付价款或者履行其他义务。买受人管理人无正当理由未及时支付价款或者履行完毕其他义务,或者将标的物出卖、出质或者作出其他不当处分,给出卖人造成损害,出卖人依据民法典第641条等规定主张取回标的物的,人民法院应予支持。但是,买受人已支付标的物总价款75%以上或者第三人善意取得标的物所有权或者其他物权的除外。

[3] 参见韩长印主编:《破产疑难案例研习报告》(2020年卷),中国政法大学出版社2020年版,第276页。

[4] 最高人民法院《关于审理融资租赁合同纠纷案件适用法律问题的解释》第11条第2款规定,前款规定的损失赔偿范围为承租人全部未付租金及其他费用与收回租赁物价值的差额。合同约定租赁期间届满后租赁物归出租人所有的,损失赔偿范围还应包括融资租赁合同到期后租赁物的残值。

(三)出租人能否就租赁物享有抵押权

融资租赁交易中,出租人为保全自己的权利,可以就租赁财产设定动产抵押权,并办理抵押登记,以此切断第三人在取得租赁财产上权利的善意。但该动产抵押权并非出租人享有的真实权利。司法实践中,在租金未付之时,出租人主张行使动产抵押权的情形不在少数。就此,司法审判结果存在差异。[①] 有的裁判观点认为,出租人主张未付租金请求权,同时主张就租赁财产的动产抵押权的,法院予以支持。[②] 有的裁判观点认为,出租人不能就租赁物享有抵押权,理由为抵押权系"为担保债务的履行,债务人或第三人不转移财产的占有,将该财产抵押给债权人的,债务人不履行到期债务或发生当事人约定的实现抵押权的情形,债权人有权就该财产优先受偿",[③]抵押物应为债务人或第三人所有,根据物权法定原则,债权人不能就其自有财产为自己的债权设定抵押,在权利行使时也会被物权取回权所吸收。出租人能够就租赁物行使抵押权除考虑所有权和抵押登记的问题外,应关注合同解除后租赁物的处理。如果出租人取回租赁物,则抵押权无从行使,如果不取回,则从处分价值中优先受偿租金损失。

---

① 参见曹明哲、范佳慧、高圣平:《中国担保法裁判综述与规范解释》,人民法院出版社2019年版,第672~674页。
② "上海大唐融资租赁有限公司与蛟河凯迪绿色能源开发有限公司、凯迪生态环境科技有限公司融资租赁合同纠纷案"中,吉林省高级人民法院认为:关于上海大唐融资租赁有限公司请求对蛟河凯迪绿色能源开发有限公司享有的《最高额抵押合同》项下的抵押物折价或拍卖、变卖所得的价款享有优先受偿权是否应予支持的问题。原《物权法》第181条规定:"经当事人书面协议,企业、个体工商户、农业生产经营者可以将现有的以及将有的生产设备、原材料、半成品、产品抵押,债务人不履行到期债务或者发生当事人约定的实现抵押权的情形,债权人有权就实现抵押权时的动产优先受偿。"原《物权法》第189条规定:"企业、个体工商户、农业生产经营者以本法第181条规定的动产抵押的,应当向抵押人住所地的工商行政管理部门办理登记。抵押权自抵押合同生效时设立;未经登记,不得对抗善意第三人。"该案中,上海大唐融资租赁有限公司与蛟河凯迪绿色能源开发有限公司签订了《最高额抵押合同》,蛟河凯迪绿色能源开发有限公司将其生物质发电设备抵押给上海大唐融资租赁有限公司,并在吉林省蛟河市市场监督管理局办理了抵押登记,因此,上海大唐融资租赁有限公司对该生物质发电设备已享有抵押权。现蛟河凯迪绿色能源开发有限公司、凯迪生态环境科技有限公司不能履行合同义务,符合合同约定实现抵押权的情形,上海大唐融资租赁有限公司要求对蛟河凯迪绿色能源开发有限公司提供的生物质发电设备行使抵押权,符合合同约定和法律规定,应予支持。
③ 《民法典》第394条第1款。

商品房买卖合同继续履行的破产法逻辑

刘加桓[*] 王 平[**]

一、商品房买卖合同继续履行的破产法逻辑

在破产程序中,商品房买卖合同继续履行问题因每一个具体商品房买卖合同交易情形、履行状况不同而呈现出多样化和复杂性,靠单一规则或者理论解决其是否应当继续履行必然是捉襟见肘,力有不逮。因此,有必要梳理商品房交付义务及办理产权移转登记义务继续履行或者拒绝履行背后更为统一的破产法逻辑。笔者认为,支持商品房买受人商品房交付请求及(或)办理产权移转登记请求取决于3个条件:其一,商品房买受人对主张交付、办理产权移转登记的商品房享有优先受偿权;其二,不存在优先于商品房买受人的第三人权利;其三,请求交付及(或)办理产权移转登记的商品房在破产受理前已经建成。

---

[*] 福建省厦门市破产管理人协会副会长兼秘书长,福建信实律师事务所高级合伙人。

[**] 福建省破产管理人协会会长,福建信实律师事务所主任、高级合伙人。

(一)商品房买受人对相应商品房享有优先受偿权

商品房买受人主张交付、办理产权移转登记应以享有优先受偿权为必要前提。具体来说,商品房买受人如果不能提出其享有优先于其他债权人的权利,管理人则不能支持其主张;反之,如果商品房买受人能够提出其享有优于其他债权人的权利,管理人作出继续履行决定则不构成个别清偿。商品房买受人享有优先受偿权具体存在于以下几种情形。

1. 基于意定担保物权享有优先受偿权

房地产开发企业与商品房买受人在签订商品房买卖合同之外,又与商品房买受人就房地产开发企业某项或某几项价值与出售的商品房相当的财产设定担保物权,担保商品房买卖合同的履行。当然,也包含直接将销售给商品房买受人的商品房或商品房对应的在建工程抵押给商品房买受人。在这种情形下,拒绝交付及办理产权移转登记没有实质意义,其他债权人也无法从拒绝履行中获益,商品房买受人在因管理人拒绝履行商品房交付义务及办理产权移转登记义务上失去的利益可以从抵押财产中得到补偿。因此,法律并不禁止这种个别清偿。

2. 基于法定优先权对商品房享有优先受偿权

法定优先权,是指特定债权人基于法律的直接规定,对债务人的总财产或特定动产、不动产的价值享有优先受偿的权利,前者为一般优先权,后者为特别优先权。[①] 法定优先权是法律上基于特殊政策性考虑而赋予某些债权或权利以特殊效力,以保障该项权利在与其他权利发生冲突时能够优先实现。法定优先权制度旨在加强对人权的保护以及对弱势群体利益的维护,实现制度的实质公平。[②] 在房地产开发企业破产程序中,法定优先权具体体现为:

（1）特别优先权

房地产开发企业破产程序中的特别优先权包括:被征收人对产权调换房屋享有优先权、商品房消费者对所购买的商品房享有优先权、建设工程款优先权、预告登记商品房买受人对预告登记商品房享有优先权等。其中,建设工程款优

[①] 参见申卫星:《物权立法应设立优先权制度》(第1版),载王利明主编,房绍坤、梅夏英副主编:《物权法专题研究》,吉林人民出版社2002年版,第1414页。

[②] 参见王欣新:《破产法》,中国人民大学出版社2019年版,第366页。

先权已被法律确认,原《中华人民共和国合同法》第286条①及现行《中华人民共和国民法典》(以下简称《民法典》)第807条②均作出明确规定;而预告登记商品房买受人对所购买的商品房享有优先权在《民法典》第221条中虽然③没有十分明确,但根据《最高人民法院关于适用〈中华人民共和国民法典〉有关担保制度的解释》,可以认为,预告登记效力当然包括优先效力和破产阻却效力,也可以认为是通过立法确立的法定优先权;而被征收人对产权调换房屋优先权、商品房消费者对所购买的商品房优先权尚未在立法层面得到确认。

(2)一般优先权

房地产开发企业破产程序中的一般优先权包括:劳动债权一般优先权、税收债权一般优先权以及破产费用和共益债务一般优先权。④ 劳动债权一般优先权、税收债权一般优先权为《中华人民共和国企业破产法》(以下简称《企业破产法》)所确认,税收债权一般优先权还同时体现在《中华人民共和国税收征收管理法》中。劳动债权一般优先权、税收债权一般优先权与商品房买卖合同继续履行并没有直接关系,但在破产受理前,如果房地产开发企业以商品房抵偿此类债权,或者此类债权人购买商品房并以此类债权抵付房价款时,继续履行商品房交付义务及办理产权移转登记义务就成为管理人必须解决的问题。以下重点讨论的是共益债务一般优先权问题。

第一,因管理人决定继续履行房地产开发企业和商品房买受人双方均未履行完毕的商品房买卖合同,履行交付商品房义务及(或)办理产权移转登记义务

---

① 原《中华人民共和国合同法》第286条规定:"发包人未按照约定支付价款的,承包人可以催告发包人在合理期限内支付价款。发包人逾期不支付的,除按照建设工程的性质不宜折价、拍卖的以外,承包人可以与发包人协议将该工程折价,也可以申请人民法院将该工程依法拍卖。建设工程的价款就该工程折价或者拍卖的价款优先受偿。"

② 《民法典》第807条规定:"发包人未按照约定支付价款的,承包人可以催告发包人在合理期限内支付价款。发包人逾期不支付的,除根据建设工程的性质不宜折价、拍卖外,承包人可以与发包人协议将该工程折价,也可以请求人民法院将该工程依法拍卖。建设工程的价款就该工程折价或者拍卖的价款优先受偿。"

③ 《民法典》第221条第1款规定:"当事人签订买卖房屋的协议或者签订其他不动产物权的协议,为保障将来实现物权,按照约定可以向登记机构申请预告登记。预告登记后,未经预告登记的权利人同意,处分该不动产的,不发生物权效力。"

④ "一般优先权在立法上表现为《企业破产法》第113条规定的职工债权、税收债权等债权的优先清偿顺序。此外,实质上是为全体债权人的利益而发生的破产费用、共益债务也具有保护一般优先权人利益的性质,故此种优先权应当优先于其他普通破产债权的一般优先权受偿。"参见王欣新:《破产法》,中国人民大学出版社2019年版,第367页。

应按照共益债务认定。对于双方均未履行完毕的《商品房买卖合同》，管理人有权决定是否继续履行。如果管理人经过权衡，认为继续履行该合同对增益债务人财产有利，并选择继续履行，在此情形下，管理人作出继续履行商品房交付义务及办理产权移转登记，此时向商品房买受人交付商品房及（或）办理产权移转登记则构成共益债务支出。

第二，商品房买受人在破产受理前已经取得商品房所有权或者实际合法占有商品房。在商品房买受人一方已经全额支付房价款情况下，如果房地产开发企业只履行商品房交付义务或者办理产权移转登记义务中的一项，管理人原则上应拒绝履行另一项主要合同义务，因为任何形式的履行合同行为本质上都是一种清偿行为。当然，这并不是说，任何房地产开发企业只履行商品房交付义务或办理产权移转登记义务中一项的商品房买卖合同，管理人均不得继续履行。基于公平原则，债权人在破产受理前尚未实际取得的履行利益，有权主张违约损害赔偿，并就此申报债权。而债权人在破产受理前已经依法实际取得的履行利益，除非构成破产撤销权，应予以保护；当管理人解除合同时，债权人已支付的对价应按照共益债务予以返还；否则，债权人有权拒绝归还已经依法实际取得的履行利益。在房地产开发企业只履行商品房交付义务或者办理产权移转登记义务中的一项时，管理人虽有权拒绝履行，但商品房买受人在未返还房价款的情况下同样也有权拒绝返还商品房或恢复产权变更登记。换言之，因管理人拒绝履行，商品房买受人有权要求已付房价款按照共益债务返还。所以，管理人不应当简单拒绝继续履行，而应在权衡利弊的基础上作出拒绝履行或继续履行的合理决定。当管理人认为，拒绝履行商品房买卖合同而带来商品房产权回转，或者商品房返还与按照共益债务返还房价款对冲并不能增益债务人财产及给全体债权人带来更多可分配财产时，与其拒绝履行不如继续履行。因此，在商品房买受人已经取得商品房所有权或者实际合法占有商品房，管理人通过与商品房买受人博弈，最终可能选择继续履行商品房买卖合同，并不构成个别清偿。笔者认为，该部分支出仍可以视为共益债务支出，并可以归入《企业破产法》第42条第4项"为债务人继续营业而应支付的劳动报酬和社会保险费用以及由此产生的其他债务"。该项规定中"继续营业"既可以是债务人企业如同正常经营时的全面的继续营业，也可以是在破产程序中处理局部、个别未了结业务的继续营业。对此，我们还可以进一步从共益债务功能理论的角度作出合理解释，共益债务是为债权人共同利益而作出的支出，一般情况下是从积极角度有利于债务人财产的增益。但在某些特殊情况下，从消极角度为避免债务人财产的减损而发生的支出或债务，也应认定是为债权人共同利益而支出的共益债务。上述情形就是最好例证。

(二)商品房上不存在优先于商品房买受人的第三人权利

在房地产开发企业破产程序中，面对商品房买卖合同经常遇到多重、复杂的权利冲突，而解决权利冲突的办法只有一个，即对权利进行排序。继续履行商品房买卖合同不得损害顺位在先的权利。换言之，商品房买受人优先受偿权利必须居于第一顺位。反之，如果第三人对该商品房的权利优先于商品房买受人，那么，此时应优先满足该第三人的权利主张，并需拒绝商品房买受人提出的权利要求。因此，商品房买受人主张交付及(或)办理产权移转登记的商品房上不能存在优先于商品房买受人的第三人权利。

(三)商品房必须是已建成的现房

请求交付及办理产权移转登记的商品房应当是已经建成的现房，如果商品房尚未建成，原则上不能支持商品房交付请求及办理产权移转登记请求。无对价继续履行会造成无优先受偿权的债务人财产或其他债务人财产流向享有优先受偿权的商品房买受人，构成对商品房买受人个别清偿，并损害其他债权人的利益。

商品房买受人优先受偿权效力及于所购买的商品房，如该商品房在破产受理前尚未建成而处于在建工程状态，商品房买受人仍可以在该在建工程变现价值(假设为 A)的范围内优先受偿。当房地产开发企业进行破产清算时，商品房买受人与房地产开发企业签订的商品房买卖合同解除，在建工程作为债务人财产处置变现，在不考虑处置税费及其他费用的情况下，商品房买受人可以优先获得在建工程变现价值 A 的清偿。而如果同意继续履行商品房买卖合同，情况则大不相同。以重整程序为例，按照商品房买卖合同的约定，房地产开发企业应交付及办理产权移转登记的不可能是在建工程，而是竣工验收后的现房；因此，需要对在建工程追加财产投入进行续建开发，才能形成现房交付及办理产权移转登记。现房与在建工程之间存在一个价值差额，即续建增值部分(假设为 Δa)，它包含了续建完工应投入的开发成本、税收及房地产开发企业合理利润等。续建可能发生在重整期间,也可能发生在重整程序终止后的重整计划执行期间。续建如果发生在重整期间,续建增值部分 Δa 虽然属于债务人财产,但其中的续建开发成本等一般是以债务人拥有的、不存在优先受偿权的货币资金或不存在优先受偿权的其他财产变现取得的货币资金投入的。简言之,续建增值部分 Δa 是从其他无优先受偿权的债务人财产转化而来的。因此,从债权平等的原则出发,商品房买受人对续建增值部分 Δa 也不应享有优先权。如果允许无对价地继续履行商品房买卖合同,毋庸置疑则承认商品房买受人对续建增值部分 Δa 享有优先受偿权,进而就会导致一部分无优先受偿权的债务人财产(用于续建开发投入的债务人财产)流向个别的商品房买受人,而其他债权人也会因为续建行为而对这部分被用于续建成本支出的财产失去了原有的权利,这无疑会损害了其他债权人利益。当然,这不等于一概反对在破产程序中进行续建,笔者所要表达的是在该情形下应当充分考虑原有利益关系的均衡,应把续建增值部分 Δa 从完工后的现房价值中分离出来,并明确商品房买受人对此并无优先受偿权。

事实上,续建在大多数情况下是发生在重整计划执行阶段,管理人基于资金、技术、管理及复杂的法律问题等原因,并不愿意在破产程序中进行续建开发,而是把它留给重整投资人解决。那么,当续建开发发生在重整计划执行阶段时,是不是就不会损害其他债权人利益呢?笔者认为,即使续建发生在重整计划执行阶段,仍然会发生无优先受偿权的债务人财产流向享有优先受偿权的商品房买受人的现象,并损害其他债权人利益。这个问题可以从以下 3 个维度分析。

第一,从续建增值部分 Δa 的财产性质角度看,该部分财产不属于债务人的财产,债权人对该增值部分 Δa 不享有权利,管理人不能在重整计划草案中对其作出预先处置。债务人财产范围包括破产申请受理时属于债务人的全部财产,以及破产申请受理后至破产程序终结前债务人取得的财产。如前文所述,续建增值部分 Δa 是重整投资人接盘后,投入新的财产进行续建开发形成的增值,它是重整后的企业正常经营取得的财产,并不是债务人财产。而债权人的权利范围仅限于债务人的财产,超出债务人财产范围的其他财产,债权人并无主张的权利,特别是对重整后企业正常经营所得更无破产法上的权利。依此逻辑,既然增

值部分 Δa 是重整后的企业正常经营形成的财产,不是债务人的财产,那么,债权人就无权取得该部分财产,管理人也无权处置该部分财产。

第二,从债权人角度看,继续履行商品房尚未建成的商品房买卖合同会构成对商品房买受人个别清偿,违背破产法债权平等原则。商品房买受人所购买的商品房尚未建成,商品房买卖合同因房地产开发企业破产而无法继续履行,商品房买受人有权向房地产开发企业主张违约损害赔偿,违约损害赔偿的范围包括房价款的返还及预期利益损失。在商品房买卖合同完全履行状态下,商品房买受人得到的利益是商品房,其价值为现房价值,该价值就等于在建工程价值 A 加续建增值部分 Δa。当商品房买受人对所购买的商品房享有优先受偿权的情况下,该商品房对应的在建工程价值 A 也属于商品房买受人优先受偿权范围,故商品房买受人可以就其优先受偿,而违约损害赔偿剩余部分 Δa,商品房买受人不享有优先受偿权,应按照普通债权认定和清偿。如果继续履行商品房买卖合同,实质上就是对违约损害赔偿剩余部分 Δa 予以全额个别清偿,而该部分清偿财产必然源于其他无优先受偿权的债务人财产,也必然损害其他债权人利益。[①] 关于这一点,我们可以进一步从债务人财产定价理论中得到解释。

第三,从债务人财产定价角度看,继续履行商品房尚未建成的商品房买卖合同会减损在建工程的评估价值,进而降低重整投资人并购对价,损害其他债权人的利益。根据在建工程价值评估原理,在建工程价值＝开发完成后的房地产总售价－后续建筑开发费－后续管理费用－利息－后续销售费用－后续销售税金－后续开发商合理利润,如果把后续建筑开发费、后续管理费用、利息、后续销售费用统称为续建开发成本,上述等式可以简化为:在建工程价值＝开发完成后的房地产总售价－续建开发成本－后续销售税金－后续开发商合理利润。如果同意向商品房买受人交付及办理产权移转登记所购买的商品房,意味着该部分商品房不能销售,开发完成后的房地产总售价随之减少,在建工程价值也相应降低。而导致在建工程价值降低的根本原因在于,原本可以在所有商品房中分摊的续建开发成本却只能在未销售部分的商品房中分摊,本质上是从未销售的商品房中预提一部分财产,作为拟继续履行部分的续建开发成本。

[①] 参见刘加桓、王平:《被拆迁人及买房人在房地产企业破产程序中的法律地位解析》,载《福建法学》2019 年第 1 期。

基于上述理由,除管理人决定继续履行双方均未履行完毕的商品房买卖合同或者为债务人共同利益而必须履行的商品房买卖合同外,原则上不应支持尚未完工的商品房交付请求及办理产权移转登记请求。当然,这并不是绝对的。如果商品房买受人愿意对续建增值部分 Δa 给予合理的对价补偿,依然可以把继续履行商品房买卖合同作为解决债务清偿问题的一个选项。

二、完善《企业破产法》多层次的法定优先权体系

(一)完善多层次的法定优先权体系

造成目前破产程序中未履行完毕商品房买卖合同处理规则缺乏内在法律逻辑统一性的根本原因,就在于现行《企业破产法》法定优先权体系还有待完善。众所周知,大多数的破产程序面临的最大问题是有限的破产财产无法覆盖巨额的债务,因此,需要对债权人权利进行排序,决定优先保护的对象和必须退让或放弃的对象。而权利的排序又依赖于通过立法确立各类权利在破产程序中法律地位。现行《企业破产法》关于破产企业的负债包括破产程序启动前发生的负债和破产程序启动后至破产程序终结前发生的负债。破产程序启动前发生的负债从债权人角度即为破产债权,《企业破产法》将破产债权细分为4类:担保债权、劳动债权、税收债权、普通债权。破产程序启动后至破产程序终结前发生的负债可分为破产费用和共益债务。该分类体系和顺位安排不足以解决破产程序中复杂的权利冲突,亟待进一步完善,特别是根据破产法价值追求构建不同层次、不同优先等级的优先权体系。

(二)在立法层面确立法定优先权

不同类型的破产债权在破产程序中的法律地位应由法律层级的规范性文件作出规定,至少也应由行政法规位阶的规范性文件作出确定。优先权制度亦然,不宜通过司法解释或个案司法裁判创设。目前,我国已创设的几项法定优先权,

如船舶优先权①、航空器优先权②、建设工程款优先权③、预告登记商品房买受人对所购买的商品房享有优先权都是通过全国人民代表大会及其常务委员会立法确立。而被征收人对产权调换房屋享有优先权、商品房消费者对所购买商品房享有优先权并未在立法层面得到确认，无论是现行法律文件，还是行政法规，都找不到相关规定。这些优先权的确定仅仅停留在司法解释层面，甚至连司法解释也未作出明确而仅仅存在于司法实践中。④ 当然，为了避免创设法律之嫌，这些司法解释文件或个案裁判并没有直接使用优先权概念，而是在出现权利冲突时，对权利作出排序事实上予以优先保护，起到创设优先权的实质效果。因此，建议在《企业破产法》修订过程中，将被征收人对产权调换房屋享有优先权、商品房消费者对所购买商品房享有优先权、预告登记商品房买受人对所购买的商品房享有优先权作出明确的立法确认。

---

① 《中华人民共和国海商法》第22条规定："下列各项海事请求具有船舶优先权：(一)船长、船员和在船上工作的其他在编人员根据劳动法律、行政法规或者劳动合同所产生的工资、其他劳动报酬、船员遣返费用和社会保险费用的给付请求；(二)在船舶营运中发生的人身伤亡的赔偿请求；(三)船舶吨税、引航费、港务费和其他港口规费的缴付请求；(四)海难救助的救助款项的给付请求；(五)船舶在营运中因侵权行为产生的财产赔偿请求。""载运2000吨以上的散装货油的船舶，持有有效的证书，证明已经进行油污损害民事责任保险或者具有相应的财务保证的，对其造成的油污损害的赔偿请求，不属于前款第(五)项规定的范围。"

② 《中华人民共和国航空法》第19条规定："下列各项债权具有民用航空器优先权：(一)援救该民用航空器的报酬；(二)保管维护该民用航空器的必需费用。""前款规定的各项债权，后发生的先受偿。"

③ 《民法典》第807条。

④ 法释〔2003〕7号《关于审理商品房买卖合同纠纷案件适用法律若干问题的解释》第7条第1款(该条款已删除)规定："拆迁人与被拆迁人按照所有权调换形式订立拆迁补偿安置合同，明确约定拆迁人以位置、用途特定的房屋对被拆迁人予以补偿安置，如果拆迁人将该补偿安置房屋另行出卖给第三人，被拆迁人请求优先取得补偿安置房屋的，应予支持。"该条款可以理解为创设被拆迁人对补偿安置房屋享有优先权。法释〔2002〕16号《关于建设工程价款优先受偿权问题的批复》(已失效)规定："……二、消费者交付购买商品房的全部或者大部款项后，承包人就该商品房享有的工程价款优先受偿权不得对抗买受人……"

房地产企业破产不动产买受人权利保护研究
——与案外人执行异议之诉衔接协调视角

于 淼[*]

一、问题的提出

目前,我国房地产开发企业普遍选择商品房预售作为主要销售方式,商品房买卖合同项下的标的物往往会涉及多个利益主体,权利性质各不相同,在房地产企业破产时发生冲突不可避免,因此,购房人与其他债权人的利益平衡向来是理论研究的重点和实务操作的难点。之所以如此,原因有3个方面:一是房地产企业破产,用以偿债的资产通常集中在土地与房屋之上,附着于土地与房屋的各项利益天然存在不可调和的矛盾;二是《中华人民共和国企业破产法》(以下简称《企业破产法》)规定的债权顺位过于笼统,而实践又缺乏融贯的思辨理性,各方利益难以在规范层面达成妥协;三是涉房问题关乎民生,倘若付款得不到房或房屋烂尾得不到退款,购房者群体在人数上占优,容易激化社会矛盾,对社会稳定造成冲击。

不动产买受人作为案外人提起的执行异议之诉因涉

---

[*] 辽宁省鞍山市中级人民法院民四庭庭长。

及购房人、申请执行人以及债务人三方利益,结构复杂、实体与程序交织、审判与执行胶着、金钱债权与生存权对立。为便于操作,执行程序设定了相对细致的标准,在破产程序中可以参照执行规定判断不动产买受人的债权性质及受偿顺位。但执行规定的制定初衷是为了更好地解决执行中涉不动产买受人权利对抗问题,能否直接用于破产程序,法律规范之间并无衔接授权。而且不可否认,由于上述规则并非为破产程序量身定制,直接适用难免存在不足。本文通过梳理上述规定的制定背景、目的,结合适用过程中产生的逻辑难题对原因进行分析,通过比较法试图在现有法律框架下探索一条平衡房地产破产利益的思路,这条思路不在于设计一条房地产企业破产利益分配的绝对真理,而在于实现一种价值说服,以致能够在经济关系和道德感受上达成平衡,并希望对破产法与相关法律衔接和融贯尽绵薄之力。

二、不动产买受人法律地位的历史沿革和正当性理由

(一)历史沿革

1. 权利初现

通说认为,2002 年施行的《最高人民法院关于建设工程价款优先受偿权问题的批复》(以下简称《工程款优先权批复》,已失效)①成为消费者购房人优先权的规范源头,自此形成了消费者购房人优先权 > 建设工程价款优先权 > 抵押权 > 其他债权的差序保护格局。2005 年,《关于人民法院民事执行中查封、扣押、冻结财产的规定》(以下简称《执行规定》)第 17 条②将"消费者"扩大到不动产买受人③,但同时也将优先性限制在只能对抗金钱债权人的查扣冻措施,如果不动产买受人据此请求人民法院"确认物权"的,应驳回其诉讼请求。④ 2015 年施行的

---

① 《工程款优先权批复》(已失效)规定:"……一、人民法院在审理房地产纠纷案件和办理执行案件中,应当依照《中华人民共和国合同法》第二百八十六条的规定,认定建筑工程的承包人的优先受偿权优于抵押权和其他债权。二、消费者交付购买商品房的全部或者大部分款项后,承包人就该商品房享有的工程价款优先受偿权不得对抗买受人……"

② 《执行规定》第 17 条规定,不动产买受人已经支付全部价款并实际占有但未办理过户登记手续的,如果该买受人对此没有过错,人民法院不得查封、扣押、冻结该不动产。

③ 参见潘军锋:《商品房买卖合同案件审判疑难问题研究》,载《法律适用》2014 年第 2 期。

④ 最高人民法院再审执行裁定书,(2015)民申字第 1886 号;广东省高级人民法院民事判决书,(2011)粤高法民一终字第 113 号。

最高人民法院《关于人民法院办理执行异议和复议案件若干问题的规定》(以下简称《执行异议和复议规定》)第28条①规定源于《执行规定》第17条,但在构成要件上,将"买受人对未办理登记没有过错"限缩为"非因买受人自身原因未办理过户登记"。可见,"消费者购房人"需要被进一步细化解释。

2. 权利发展和初步完善

《工程款优先权批复》虽然确定了消费者购房人优先权,但由于其内容过于原则,缺乏明晰化的操作规范,在司法实践中出现诸多困惑。例如,如何判断是否构成"消费者","消费者"的权利对抗他人的物权、债权时需要具备什么条件。为了解决实践难题,最高人民法院又陆续出台了司法解释②,进一步细化了消费者购房人权利的应用场景。从中可以看出,最高人民法院的态度也随着社会经济生活和司法实践的变化而不断调整,由最初严格限缩消费者内涵转变为在支付价款比例和居住面积解释上有所放宽,而突出"保障基本居住需要"的主线。然而,上述司法解释的出台背景是为了更好地解决执行程序中的权利对抗问题,

---

① 《执行异议和复议规定》第28条规定,金钱债权执行中,买受人对登记在被执行人名下的不动产提出异议,符合下列情形且其权利能够排除执行的,人民法院应予支持:一、在人民法院查封之前已签订合法有效的书面买卖合同;二、在人民法院查封之前已合法占有该不动产;三、已支付全部价款,或者已按照合同约定支付部分价款且将剩余价款按照人民法院的要求交付执行;四、非因买受人自身原因未办理过户登记。

② 首先,2005年12月针对广东省高级人民法院的请示,最高人民法院发布了《最高人民法院执行工作办公室关于〈最高人民法院关于建设工程价款优先受偿权问题的批复〉中有关消费者权利应优先保护的规定应如何理解的答复》([2005]执他字第16号),其中明确:"《最高人民法院关于建设工程价款优先受偿权问题的批复》第二条关于已交付购买商品房的全部或者大部分款项的消费者权利应优先保护的规定,是为了保护个人消费者的居住权而设置的,即购房应是直接用于满足其生活居住需要,而不是用于经营,不应作扩大解释。"但该答复仍未规定具体识别标准。其次,2015年《执行异议和复议规定》第29条规定:"金钱债权执行中,买受人对登记在被执行的房地产开发企业名下的商品房提出异议,符合下列情形且其权利能够排除执行的,人民法院应予支持:(一)在人民法院查封之前已签订合法有效的书面买卖合同;(二)所购商品房系用于居住且买受人名下无其他用于居住的房屋;(三)已支付的价款超过合同约定总价款的百分之五十。"最后,2019年11月8日,《全国法院民商事审判工作会议纪要》第125条明确了人民法院在审理执行异议之诉案件时可以参照适用《执行异议和复议规定》第29条,并进一步细化了消费者购房人权利判断的相关条件,即"'买受人名下无其他用于居住的房屋',可以理解为在案涉房屋同一设区的市或者县级市范围内消费者购房人名下没有用于居住的房屋。消费者购房人名下虽然已有1套房屋,但购买的房屋在面积上仍然属于满足基本居住需要的,可以理解为符合该规定的精神";"对于其中'已支付的价款超过合同约定总价款的百分之五十'如何理解,审判实践中掌握的标准也不一致。如果消费者购房人支付的价款接近于百分之五十,且已按照合同约定将剩余价款支付给申请执行人或者按照人民法院的要求交付执行的,可以理解为符合该规定的精神"。至此,如何识别消费者购房人有了更强的操作性。2023年4月,最高人民法院《关于商品房消费者权利保护问题的批复》再次明确了消费者购房人的超级优先位次。

能否直接用于破产程序,法律规范之间并无衔接授权。有观点认为,破产程序是概括的执行程序,当购房人权利能够对抗执行债权,则同样能够对抗破产债权①。而房地产企业破产案件又急需一个便于操作的权利排序规则,因此,理论界和实务界几乎似已达成一致,在破产案件中可以参照执行领域的规定来判断何为消费者购房人及权利顺位。

(二)社会背景和法理基础

传统民法理论权利间的对抗规则是物权优先于债权,债权之间地位平等。如果消费者购房人权利能够在众多权利的对抗中脱颖而出、获得优先,则必须回答:这是一种什么性质的权利,其优先性基础何在?

1. 社会背景

《工程款优先权批复》出台之时,其相关条文的制定理由为:消费者购买房屋的目的是用于自身居住,特别是目前房价居高不下的情况下,许多消费者穷其一生的收入和积蓄购买居住之所,其购房的利益属于生存利益,是最基本的人权,而承包人的利益属于经营利益,两相比较,消费者的生存利益、基本人权应当优先,承包人的经营利益应退居其次。更何况如果允许承包人行使优先受偿权,无异于用消费者的资金清偿发包人的债务,等于发包人将自己的债务转嫁给广大消费者,严重违背特殊保护消费者的法律政策②。由此可知,司法解释以保护消费者购房人生存权为基础,赋予其可对抗其他权利的优先性。

随后出台的《执行异议和复议规定》有其深厚的实体法渊源和社会背景。一方面,在 2007 年原《中华人民共和国物权法》颁布之前,不动产登记并不完全具备彰显不动产物权变动的功能。在改革开放之初,我国实施的是住房实物分配制度,房屋交易比较少见。在房屋交易中,买受人支付房款与实际使用管理房屋具有明确所有权归属的意义,转移登记只是行政管理手段。这表明变更登记只是行政管理因素而非房屋权属变动要件,房屋所有权因买卖合同生效而直接移

---

① 参见陆晓燕:《保障生存利益与维护交易安全的平衡——房地产开发企业破产中购房人权利之顺位研究》,载《法律适用》2016 年第 3 期。

② 参见杨永清:《建设工程价款优先受偿权司法解释的理解与适用——兼谈与该权利相关的几个重要问题》,载曹建明、中华人民共和国最高人民法院民事审判第一庭编:《民事审判指导与参考》(第 3 卷),2002 年版。

转①。1994年,国务院发布《国务院关于深化城镇住房制度改革的决定》,标志着我国逐步实行住房分配货币化,房屋交易由此渐趋频繁。然而,1997年颁布的《城市房屋权属登记管理办法》第17条仍然规定"因房屋买卖、交换……等原因致使其权属发生转移的,应当自事实发生之日起30日内申请转移登记"。另一方面,在相当长的时间内不动产登记制度被视为合同的生效要件,发挥的是公法意义上的管理功能。究其原因,我国学理与立法长期以来并未明确区分物权与债权制度,缺乏保护交易安全的价值理念和完备的不动产登记制度②。因不动产登记制度缺失,通过支付价款、转移占有取得不动产的所有权在事实层面得以被认可。由此可见,执行程序规定不动产买受人的债权在符合一定条件下具有排除强制执行的特殊效力,是因为我国不动产登记制度未达到法律形式理性化的标准。不动产买受人未进行不动产登记可能并非因为权利人的懈怠,而是长期以来不动产登记本身就未被赋予物权变动的法律意义。这也解释了为什么有的破产案件中不动产买受人支付价款、占有房屋却拒绝申报债权,究其原因是这种支付价款和占有即享有所有权的观念根深蒂固。

自2007年原《中华人民共和国物权法》确立不动产物权变动的登记生效主义规则以来,不动产登记簿所具有的公示效力使不动产物权与债权得以严格区分,支付价款、转移占有等要素不再具有移转不动产所有权的法律意义③。2015年《不动产登记暂行条例》及其实施细则取代了《房屋登记办法》(已失效)和《土地登记办法》(已失效),统一了不动产登记的物权体系,为不动产确权与交易创造了坚实的制度基础。但在计划经济向市场经济的转型过程中,由于城市大规模扩张,城中村引起的土地权属问题复杂多样,城市房屋的权属状态并不完全清晰。长期以来,农村的大量房屋未纳入不动产登记,不仅进行初始登记,而且房屋交易行为受到极大限制。在不动产登记制度极不完善且人们的法律观念及实践均不足以完全实施物权公示原则的背景下,买受人若非因自身原因未办理登记,之后房屋又遭遇出卖人的金钱债权人申请查封,有失公允。为给无过错的不动产买受人提供适当救济路径,《执行规定》第17条和《执行异议和复议规定》第28条、第29条实质上是司法实践对我国尚不完备的不动产登记现状的妥协和回

---

① 参见许德风:《不动产一物二卖问题研究》,载《法学研究》2012年第3期。
② 王利明:《物权法研究》(上卷),中国人民大学出版社2013年版,第46页。
③ 参见程啸:《不动产登记簿之推定力》,载《法学研究》2010年第3期。

应。虽然上述司法解释有悖于《中华人民共和国民法典》(以下简称《民法典》)所确立的物权公示公信原则,却是解决当时不动产登记制度不完善弊端与维护生存权的切实方案,合乎实质公平。《全国法院民商事审判工作会议纪要》(以下简称《九民会议纪要》)仍然赋予不动产买受人的债权特殊情形的优先法律地位的主要理由是:《执行规定》第17条适用的基本社会环境和制度基础并未得到根本改变,社会上仍然存在大量非可归于买受人的原因而未登记的不动产,如果不加分别一律准许强制执行,将会危及社会稳定。《执行规定》第17条的基本精神仍应当予以坚持,但是应当根据适用中出现的问题进行修改和补充[①]。

2. 法理基础

依照《民法典》第209条的规定,除法律另有规定外,不动产物权的设立需经登记。依此逻辑,案外人和房地产开发企业签订买卖合同之后完成过户登记之前,案外人并未完全取得房屋的所有权,享有的是债权。然而,针对无过错的买受人和以居住为目的的买受人在何种法定条件之下具有足以排除其他强制执行债权之效力,学界一直在为其寻求正当化依据。

(1)有学者从事实物权与法律物权的划分方面入手,认为不动产出让人具有法律物权人的名义,而买受人则享有与法律物权具有同等意义的事实物权或准法律物权。事实物权作为新型物权介入债权与物权之间,在性质上属于不完全物权,虽然在形式上与"物权法定"原则相悖,但是依据"物权法定缓和说",在一定条件下承认"依习惯创设物权"可以回应时代产生的新物权之需[②]。(2)有学者主张,通过"物权变动三阶段理论"在债权设立至所有权转移之间增加一种"中间型权利"形态,以解决债权与物权相混合的法律难题。该"中间型权利"具有实质性的物权属性,由支付价款与交付占有两个要素构成,不仅可以对抗出卖人的债权人,还可以优先于建设工程优先权与建设工程抵押权[③]。制度设计适当考虑交易主体的"不完全理性",不动产买受人怠于申请登记,是因为不动产登记公信力被人们普遍接受之前的过渡阶段,人们观念中的权利状态与法律规则下的权利状态不一致。因此,在司法审判中,一些判决虽然表面上不符合法律规定,但

[①] 参见《全国法院民商事审判工作会议纪要》,人民出版社2019年版,第86页。
[②] 参见陶丽琴、陈永强:《不动产事实物权的适用与理论阐释》,载《现代法学》2015年第4期。
[③] 参见陈永强:《物权变动三阶段论》,载《法商研究》2013年第4期。

实质上却合乎公平①。(3)有学者主张的"物权期待权"理论,是不动产买受人获得优先性的另一理论基础。②"物权期待权"系引入德国法"期待权"概念的结果,"期待权是对未来完整权利的一种期望,因取得权利之部分要件而受到法律保护"。③依此理论,期待权的完整取得存在一个发展的过程,在期待权转变为既得权之前,权利人在已取得部分权利构成要件,且该部分构成要件对取得完全所有权具有基础性、推动性的作用时,使权利人对取得完全所有权具有相当的期待,而该种期待应当受到法律的保护。这是"一个所有权的预备阶段",一项接近物权但还不是完整物权的权利。④至于何种法律关系,或者具备何种法律地位的当事人能够取得期待权,观点尚未统一。⑤在我国,由于不动产处于普罗大众的基本生活资料地位,尤其强调"无恒产者无恒心",对不动产买受人在执行程序中予以优先保护,对于增强人民群众对法律公平的信心无疑具有特殊的意义。⑥不动产买受人享有的请求出卖人将涉案房屋转移登记至其名下之权利的本质虽为债权,但法律赋予其类似所有权人的地位是基于特殊的立法价值取向。若接受不动产给予的一方已经长期居住于该不动产,为保障居住者的基本生活,适度地向作为消费者的不动产买受人倾斜,从而使其生存利益优先于银行、企业等主体的经营利益⑦。(4)也有学者提出,前述"事实物权说"、"法律物权说"、"中间权利说"或者"物权期待权"等理论学说赋予不动产买受人优先于债务人金钱债权人的法律地位均存在不足,是司法实践为回应长期以来不动产登记现状而采取的权宜之计⑧。

---

① 参见许德风:《不动产一物二卖问题研究》,载《法学研究》2012 年第 3 期。
② 参见王毓莹、史智军:《涉商品房消费者之执行异议之诉的若干要件分析》,载《法治研究》2021 年第 3 期。
③ 申卫星:《期待权研究导论》,载《清华法学》2002 年第 00 期。
④ 参见王轶:《期待权初探》,载《法律科学·西北政法学院学报》1996 年第 4 期。
⑤ 王泽鉴先生认为,需考虑如下两个因素:一是该法律地位是否已经获得法律的充分保护,二是此种地位是否有赋予其权利性质之必要。参见王泽鉴:《民法学说与判例研究》(第 1 册),中国政法大学出版社 2005 年版,第 139 页。
⑥ 参见江必新、刘贵祥主编:《最高人民法院关于人民法院办理执行异议和复议案件若干问题规定理解与适用》,人民法院出版社 2015 年版,第 422 页。
⑦ 参见《全国法院民商事审判工作会议纪要》,人民出版社 2019 年版。
⑧ 参见冉克平:《〈民法典〉视域中不动产买受人的法律地位——以"执行异议复议"的修改为中心》,载《武汉大学学报(哲学社会科学版)》2021 年第 3 期。

三、现有法律规范之正当性评判

(一)以生存权和居住利益为基础将购房人区分为消费者购房人和普通购房人正当性存疑

对于物权期待权优先性的适用范围,《九民会议纪要》第 126 条与《执行异议和复议规定》的思路是一脉相承的,都是回归到最初《工程款优先权批复》的精神实质上,即保护购房人的基本生存权。《九民会议纪要》第 126 条①特别强调,赋予消费者购房人物权期待权优先性是针对实践中存在的商品房预售不规范现象,为保护消费者生存权而作出的例外规定,以此明确将其他房屋买受人排除在消费者购房人物权期待权优先性的适用范围之外。一般购房人虽然也有物权期待权,但不具有对抗抵押权和建设工程优先受偿权的优先性,仅能依据《九民会议纪要》第 127 条主张对抗债务人的普通债权人。

笔者认为,以生存权和居住利益为基础将购房人区分为消费者购房人与一般购房人的理由非常牵强且正当性依据不足。如果说消费者购房人物权期待权的正当性基础是基于对生存权的保护,很难得出结论一般购房人就没有值得保护的生存权和居住利益。消费者购房人与一般购房人所享有的物权期待权在权利性质上并无二致,在当事人达成关于不动产转让的债权合意时,无论是消费者购房人还是一般购房人都仅享有请求让与人交付房屋及移转房屋所有权的债权请求权。若认为基于生存权至上的考虑有必要给予消费者购房人以优待的权利保护,那么这一保护应当同样适用于一般购房者,方才能够体现法律之周延性。若仅因为主体身份的不同,就对这两者所享有的物权期待权的权利性质和法律效果区别对待,对法律地位相同的权利人进行不同的法律评价,这样的价值判断与裁判规则的正当性是值得怀疑的。

---

① 根据《工程款优先权批复》第 1 条、第 2 条的规定,交付全部或者大部分款项的商品房消费者的权利优先于抵押权人的抵押权,因此,抵押权人申请执行登记在房地产开发企业名下但已销售给消费者的商品房,消费者提出执行异议的,人民法院依法予以支持。但应当特别注意的是,此情况是针对实践中存在的商品房预售不规范现象为保护消费者生存权而作出的例外规定,必须严格把握条件,避免扩大范围,以免动摇抵押权具有优先性的基本原则。因此,这里的商品房消费者应当仅限于符合本纪要第 125 条规定的商品房消费者。买受人不是本纪要第 125 条规定的商品房消费者,而是一般的房屋买卖合同的买受人,不适用上述处理规则。

退一步讲,即使相较于一般购房人,消费者购房人的生存权处于更高的位阶这一价值判断成立,但是二者在最初的界定上已作区分。消费者购房人对抗其他债权既不要求主观无过错,也不要求支付全部价款,更不要求占有房屋,是否还需要在法律效果上对消费者购房人和一般购房人区分评价,本文认为值得商榷。且在司法实践中,对符合《执行异议和复议规定》第 28 条规定的购房者,也不乏通过取回权说①、继续履行合同不构成个别清偿说②、对消费者购房人采取"宽进宽出"认定标准等方式来保障购房人权利和社会稳定的处理方式,是对现有规则的挑战。

我国物权期待权保护制度,在具体规则设计上应当尤其谨慎,现对同样法律主体做不同的法律评价,法律依据不足且未给予充分的正当性,容易造成物权期待权保护制度内部体系的混乱而且也难以与《民法典》顺畅衔接。

(二)现有规范 VS 逻辑难题

通过梳理消费者购房人优先权产生的规范及适用场景,可以发现其对抗性都是产生于金钱债权的执行中。无论是《工程款优先权批复》第 2 条、《执行异议和复议规定》第 29 条还是《九民会议纪要》第 125 条都重申了这一前提。究其原因,在于消费者购房人权利之优先的"相对性呈现"。换言之,消费者购房人权利的生存性权益,唯有在与非生存权性权益的对抗中才能显示出优越性,如与金钱债权相比,人的生存权在价值衡量体系中自然更值得法律优先保护,然而,在非金钱债权的执行中,尚难以得出此种结论。例如,一个房屋标的上存在两个买受人,两个买受人都具备消费者购房人身份的前提下,如何确定哪个购房人的生存权更具优先性,恐难以就此得出一致性结论。此外,如果权利对抗的主体变成了一般购房人和消费者购房人,权利对抗的基础变成了一般购房人的物权期待权和消费者购房人的物权期待权,纵观现行的法律及司法解释,其中并无上述两种主体及其权利之间的对抗规则。换言之,上述两种权利也难以确定出实现的优劣顺位,原因在于无论是从债权还是物权期待权的层面进行界定,上述两者的本质趋于相同。在司法实践中,面对房地产企业一房数卖,一般是遵循《第八次全

---

① 参见王欣新:《房地产公司破产案中的房产权属与合同继续履行问题》,载《人民法院报》2011 年 4 月 13 日,第 7 版。

② 参见齐明:《论破产法中债务人财产保值增值原则》,载《清华法学》2018 年第 3 期。

国法院民事商事审判工作会议纪要》第 15 条规定处理①,而并未关注买受人是否具备消费者购房人身份。

由此可见,面对上述非金钱债权的执行,消费者购房人权利不一定具有优先性,当然,由此也会引发一个逻辑难题,即消费者购房人优先性时有时无。② 回到文章开头案例,如果房地产企业一房数卖,在确定各个买受人之间债权合同的履行顺序时,消费者购房人权利的超级对抗性并不存在,然而,一旦抵押权和建设工程款优先受偿权介入,则消费者购房人权利的优先性又立即浮现。此种逻辑难题的产生,与消费者购房人权利所存在的"时空性"紧密相关③,该种权利的产生是为了平衡房地产企业的债权人、抵押权人和消费者之间的利益冲突,因上述债权人、抵押权人大多为银行、企业等经营主体,因此,法律规范依照保护弱者的原则确定了权利的优劣顺序。然而,一旦脱离这个背景和时空,依然需要回到传统民法理论中的物权、债权体系框架,否则,将会产生诸多解释学层面的难题。

四、不动产买受人权利保护的完善路径

物权期待权始于德国,德国法上的期待权理论系由学说发展而来,法律并无相关定义,买受人的期待权是其中最主要的类型④。不动产买卖合同在完成登记之前,受让人尚不能获得不动产的所有权,仅对未来取得不动产物权享有一种期待,这种期待的效力极为微弱,仅为一种单纯期待。但是,受让人一旦就物权合意提出登记申请或已作出预告登记,其就取得一项受法律保护的期待权⑤。《德国民法典》第 873 条第 2 款对不动产物上期待权的认定要件更为严苛,在德国法

---

① 《第八次全国法院民事商事审判工作会议纪要》第 15 条规定:"审理一房数卖纠纷案件时,如果数份合同均有效且买受人均要求履行合同的,一般应按照已经办理房屋所有权变更登记、合法占有房屋以及合同履行情况、买卖合同成立先后等顺序确定权利保护顺位。但恶意办理登记的买受人,其权利不能优先于已经合法占有该房屋的买受人。对买卖合同的成立时间,应综合主管机关备案时间、合同载明的签订时间以及其他证据确定。"
② 参见王毓莹、史智军:《涉商品房消费者之执行异议之诉的若干要件分析》,载《法治研究》2021 年第 3 期。
③ 参见王毓莹、史智军:《涉商品房消费者之执行异议之诉的若干要件分析》,载《法治研究》2021 年第 3 期。
④ Karl Larenz, Allgemeiner Teil des Bürgerlichen Rechts, Verlag C. H. Beck, 2004. S. 179.
⑤ 参见[德]鲍尔、[德]施蒂尔纳:《德国物权法》(上册),张双根译,法律出版社 2004 年版,第 391 页。

下双方当事人达成物权行为合意后,从开始办理登记手续到完成登记前,受让人的法律地位已较为确定,此时才产生物权期待权保护的问题。因此,德国法中不动产买受人期待权的核心是不动产登记申请,而不要求买受人必须占有不动产和支付对价。我国赋予不动产买受人的物权期待权与不动产登记无关,而是依赖于不动产买卖合同的履行程度(占有和支付对价),在当事人仅达成关于不动产转让的债权合意且无公示外观时,其权利顺位就可以优先于其他普通债权,甚至优先于抵押权和建设工程价款优先受偿权。

在对权利的处分上,德国法不动产登记申请后产生的期待权不仅可以转让、质押或者成为扣押的对象,还可以作为"其他权利"受到《德国民法典》第823条第1款的保护。同时,对非法侵犯期待权的第三人,期待权人可以依据第988条和第1004条行使物上请求权[1]。我国的"期待权人"享有占有、使用、收益等权能,却不享有决定物权归属的处分权能[2]。我国不动产买受人期待权仅具有债权属性,占有不动产与支付价款既不能直接导致不动产物权变动,也不具有物权归属意义的期待权。

为使未办理转移登记的不动产买受人具有排除被执行债权人的强制执行效力,我国学理上与实务中从物权或物权期待权的角度所构造的理论基础有待加固。

笔者建议,修订《企业破产法》时可以考虑将房地产企业破产债权排序规则固定成文。具体制度构造上,首先,一方面,应整合现有司法解释所确立的规则体系,明确概念和适用范围;另一方面,可以考虑购房者在取得所有权的过程中,确定哪一节点可以界定为其实体法律地位已经足够稳固,已具有充分正当性优先于其他债权人。其次,完善相应配套登记制度。赋予购房人的物权期待权以权利公示的外观。将现行的登记备案制度作为预告登记制度的一部分。如出现"一物数卖"情形,网签可与不动产登记制度合二为一,具有维护交易安全和保障交易秩序的共同目标[3]。这样可以避免削弱不动产登记簿的公示作用,也能与《民法典》现有的预告登记制度顺畅衔接。《民法典》公示公信原则的实施效果

---

[1] 参见申卫星:《期待权基本理论研究》,中国人民大学出版社2006年版,第85页。
[2] 参见庄加园、段磊:《不动产买受人的实体法地位辨析——兼谈〈异议复议规定〉第28条》,载《法治研究》2018年第5期。
[3] 参见常鹏翱:《存量房买卖网签的法律效力》,载《当代法学》2017年第1期。

取决于不动产登记簿所受交易当事人的信赖程度。对于不动产登记簿而言,法律规范越是维护不动产登记簿的公信力,越能促使交易当事人正确完成相应的权属登记,并进而增强交易当事人对不动产登记的信任,从而最终促成不动产公信力的形成[①]。

---

① 参见叶金强:《公信力的法律构造》,北京大学出版社2004年版,第22页。

企业破产法与民法典的衔接和修正
——以所有权保留买卖合同为视角

王 昊[*]

一、前 言

2020年5月28日,十三届全国人大三次会议表决通过《中华人民共和国民法典》(以下简称《民法典》),并于2021年1月1日起正式施行。编纂《民法典》,是以习近平同志为核心的党中央作出的重大法治建设部署,承载着新中国几代法律人的不懈追求。《民法典》是新中国成立以来首部以"法典"命名的法律,是新时代社会主义法治建设的标志性成果。

我国《民法典》采用的是民商合一的立法模式,构建了独特的商事主体体系,通过一系列商事规范的创设,实现了民商合一,达成了商事法律规范的体系化。[①]《中华人民共和国公司法》《中华人民共和国企业破产法》(以下简称《企业破产法》)等一系列商事法律,独立于《民法典》存在,且依据《中华人民共和国立法法》第88条的规定,在处理具体争议事项的法律适用时,这些商事法律作

---

[*] 重庆海川企业清算有限公司法律顾问。
[①] 许中缘:《我国〈民法总则〉对民商合一体例的立法创新》,载《法学》2017年第7期。

为特别规定,优于一般规定适用。民法一般法与特别法之间遵循特别法优先、特别法未规定者适用一般法的基本原则,这一原则体现了民法对于特别法的尊重,但需明确,特别法的规定不得违背民法的基本原则。[1] 当《民法典》与《企业破产法》等商事法律在相关规定上出现不一致时,不能简单地以《企业破产法》属于特别法为由,优先适用其规定,而应结合《民法典》编纂的立法目的和具体法律条文,运用法律适用的一般方法进行具体分析,从而妥善解决《民法典》和《企业破产法》等商事法律的衔接问题。对于同一事项,若《民法典》与《企业破产法》等商事法律规定存在差异,且该差异部分是《民法典》编纂时有意对商事特别法相关条款进行修正完善、补充发展的,则应当优先适用《民法典》的新规定。[2]

二、《民法典》对所有权保留买卖合同的价值取向

《民法典》第 641 条第 1 款规定:"当事人可以在买卖合同中约定买受人未履行支付价款或者其他义务的,标的物的所有权属于买受人。"一般情况下,买卖合同标的物(尤其是动产标的物)的所有权自交付时起转移,但所有权保留买卖合同中,买受人需履行支付价款或者其他义务后,所有权才发生转移,这属于当事人之间的特殊约定情形。[3]

关于所有权保留买卖合同的性质,学界一直存在诸多争议,主要观点包括特殊质押关系说[4]、担保下财产托管说[5]和担保物权说[6]等。特殊质押关系说,将所有权保留类比作一种特殊的质押形式,认为出卖人保留的所有权类似于质权,以此保障价款债权的实现,但该学说在解释所有权保留中标的物的占有、使用和处分权等方面存在一定局限性。担保下财产托管说,则强调出卖人保留所有权是

---

[1] 参见孙宪忠:《我国民法典编纂中的几个问题》,载中国人大网 2016 年 9 月 13 日,http://www.npc.gov.cn/c12434/c541/201905/t20190521_268356.html。
[2] 参见王雷:《民法典适用衔接问题研究动态法源观的提出》,载《中外法学》2021 年第 1 期。
[3] 参见李永军:《所有权保留制度的比较法研究——我国立法、司法解释和学理上的所有权保留评述》,载《法学论坛》2013 年第 6 期。
[4] 参见王洪亮:《所有权保留制度定性与体系定位——以统一动产担保为背景》,载《法学杂志》2021 年第 4 期。
[5] 参见姚轼、付娴:《所有权保留制度若干问题探讨》,载微信公众号"天达共和法律观察"2021 年 7 月 6 日,https://mp.weixin.qq.com/s/Z4qtswhrERs1gaRGvJ8mkg。
[6] 参见孙宪忠:《德国当代物权法》,法律出版社 1997 年版,第 345 页。

为了实现对标的物的托管,以保障价款债权,但对出卖人在托管过程中的权利性质和具体权能界定不够清晰。担保物权说为学界主流观点,该学说认为,所有权保留买卖通过在所有权转移效力上附加生效条件,当买受人违约时,出卖人可凭借所有权保留行使取回权,以实现对标的物价款债权的优先受偿。[①]

从条文来看,《民法典》在所有权保留买卖合同的立法中采纳了担保物权说。《民法典》第641条第2款规定:"出卖人对标的物保留的所有权,未经登记,不得对抗善意第三人";第642条第2款规定:"出卖人可以与买受人协商取回标的物;协商不成的,可以参照适用担保物权的实现程序"。《民法典》第642条第2款规定,以条文形式明确了所有权保留的出卖人参照适用担保物权实现权利,这一规定旨在贯彻《民法典》编纂过程中消灭隐形担保的目标。[②] 依据原《中华人民共和国合同法》(以下简称《合同法》)第134条的规定,出卖人对保留所有权的标的物享有所有权人的权利(包括在破产程序中行使取回权),但是该权利无须公示,其存在会对标的物上其他法定或已公示的担保物权人产生冲击,增加前期商业调查交易成本,严重影响商业交易安全。特别是在破产程序中,当破产企业已资不抵债时,若继续允许这种"隐形"保留所有权存在,使所有权保留的出卖人能够为实现其保留的所有权或价款债权,优先于担保物权人和普通债权人对标的物进行清偿,极有可能引发道德风险。

因此,《民法典》在所有权买卖合同中增设了登记制度,将其确立为一项可登记的"担保物权"。[③] 该项权利同样受《民法典》第414条的规范,即:(一)抵押权已经登记的,按照登记的时间先后确定清偿顺序;(二)抵押权已经登记的先于未登记的受偿;(三)抵押权未登记的,按照债权比例清偿。基于此,所有权保留买卖合同的出卖人为保障其对标的物保留的所有权或对价款债权优先受偿的权利,应在将标的物交付给买受人时,对其保留的所有权进行登记。如此,在买受人出现未按约支付价款、完成特定条件或将标的物不当处分等情形时,出卖人可凭借已公示的权利行使取回权,或参照适用担保物权的实现程序,实现其标的物价款债权。

[①] 参见高圣平:《〈民法典〉视野下所有权保留交易的法律构成》,载《中州学刊》2020年第6期。
[②] 参见黄薇:《〈中华人民共和国民法典〉释义》,法律出版社2020年版,第1232页。
[③] 参见黄薇:《〈中华人民共和国民法典〉释义》,法律出版社2020年版,第1233页。

三、《企业破产法》与《民法典》的衔接和修正

《企业破产法》并未对所有权保留买卖合同的权利性质和清偿顺位作出专门规定。破产程序中涉及所有权保留买卖合同的内容,主要规定在最高人民法院《关于适用〈中华人民共和国企业破产法〉若干问题的规定(二)》(以下简称《破产法解释(二)》)的第 34 条至第 38 条。其中,第 34 条是对合同是否属于双方均为履行完毕的合同的规定,第 35 条至第 38 条则分别针对出卖人破产、买受人破产以及管理人决定继续履行或者解除所有权保留买卖合同这四种情况作出规定。[①]《破产法解释(二)》于 2013 年 9 月 5 日公布,其涉及所有权保留买卖合同相关规定的制定,主要依据《企业破产法》、原《合同法》以及最高人民法院《关于审理买卖合同纠纷案件适用法律问题的解释》(以下简称《买卖合同解释》)。尽管最高人民法院在《民法典》正式施行前,对《破产法解释(二)》进行了配套修改(详见最高人民法院《关于修改〈最高人民法院关于破产企业国有划拨土地使用权应否列入破产财产等问题的批复〉等二十九件商事类司法解释的决定》),但此次修改主要是对援引的法律条文等文字表述的修正,并未依据《民法典》的新条文和新规范,对规定内容本身进行实质性修改。鉴于《民法典》在所有权保留买卖合同的性质、出卖人标的物取回权行使的条件和权利性质等方面均作出重大修改,《企业破产法》应当积极回应这些修改内容,并作相应修正,以确保两部法律之间实现有效衔接。

(一)一方当事人破产,所有权保留买卖合同不属于双方均未履行完毕的合同

《破产法解释(二)》第 34 条规定:"买卖合同双方当事人在合同中约定标的物所有权保留,在标的物所有权未依法转移给买受人前,一方当事人破产的,该买卖合同属于双方均未履行完毕的合同,管理人有权依据企业破产法第十八条的规定决定解除或者继续履行合同。"《破产法解释(二)》作出上述规定的理由

[①] 参见王欣新:《〈民法典〉与破产法的衔接与协调》,载《山西大学学报(哲学社会科学版)》2021 年第 1 期。

是,在当时施行的原《合同法》和《买卖合同解释》的框架下,所有权保留买卖合同可被视为一种附所有权转移停止条件的买卖合同。在此情形下,出卖人未转移标的物的所有权,买受人未履行支付价款或完成特定条件的义务,双方均未履行各自义务,所以该合同属于《企业破产法》第18条规定的双方均未履行完毕的合同,管理人对合同是否继续履行享有选择权。①

《民法典》在编纂过程中,对所有权保留买卖合同的性质采纳了担保物权说,并规定出卖人对标的物保留的所有权,未经登记,不得对抗善意第三人。依据《民法典》第641条第1款的立法目的及担保物权说,所有权保留的目的在于实现标的物价款债权的担保。因此,在《民法典》背景下,所有权保留买卖合同中,标的物的所有权在出卖人交付标的物时即发生转移,出卖人通过对标的物进行登记的方式,对其"保留"的所有权进行公示。此时,出卖人标的物交付的合同义务已经履行完毕。出卖人保留的所有权属于担保性所有权,仅具有担保功能意义,标的物交付给买受人后,买受人即取得实质所有权。买受人在履行支付价款或完成特定条件的义务后,所谓的"所有权转移",实际上只是出卖人的担保性所有权的消灭。② 由此可见,《破产法解释(二)》中以出卖人未转移标的物的所有权为由,认定所有权保留买卖合同属于双方均未履行完毕合同的理由,已不再成立。

笔者认为,在所有权保留买卖合同中,若一方当事人破产,由于出卖人已履行完毕标的物的交付义务,其保留的所有权仅为具有担保功能意义的担保性所有权,买卖双方中只有买受人尚未履行完毕支付价款或完成特定条件的义务,此时,所有权保留买卖合同不再属于《企业破产法》第18条规定的均未履行完毕的合同,③管理人无权单方决定继续履行或解除合同。建议在《企业破产法》修改时,重新明确所有权买卖合同是否属于双方均未履行完毕的合同这一问题。

---

① 参见最高人民法院民事审判第二庭编著:《最高人民法院关于企业破产法司法解释理解与适用—破产法解释(一)、破产法解释(二)》,人民法院出版社2017年版,第392~393页。
② 参见王立栋:《〈民法典〉第641条(所有权保留买卖)评注》,载《法学家》2021年第3期。
③ 参见沈真鸣:《破产程序中所有权保留问题之研究》,华东政法大学2020年硕士学位论文,第21页。

(二)买受人破产时,出卖人取回权的限制问题

1. 出卖人取回权的登记对抗规则

《民法典》第 641 条第 2 款规定:"出卖人对标的物保留的所有权,未经登记,不得对抗善意第三人。"基于优化营商环境、消灭隐形担保的总体目标,该条明确了保留的所有权实质上属于"可以登记的担保权",只有经过登记公示,才能取得对抗善意第三人的效力。①《民法典》对所有权保留买卖制度的完善,旨在解决原《合同法》第 134 条规定带来的问题,即出卖人未经公示却享有可对抗其他对标的物享有担保物权的对世权和排他权(包括破产取回权),导致其他担保物权人的权利可能落空。

如前所述,由于所有权保留买卖合同已不属于《企业破产法》第 18 条规定的双方均未履行完毕的合同,当买受人破产时,买受人管理人无权单方决定继续履行或解除合同。出卖人可依据《破产法解释(二)》第 37 条规定和合同约定,要求买受人管理人支付标的物的价款或完成特定条件。若买受人管理人同意支付价款或完成特定条件,出卖人自然无须行使取回权。若买受人管理人不同意支付标的物价款、完成特定条件,或者将标的物出卖、出质等不当处分,出卖人能否行使取回权以及行使取回权的程序,则需根据出卖人保留的所有权是否进行登记来具体分析。

笔者认为,若出卖人对标的物保留的所有权依法进行了登记,其保留的所有权可以对抗包括担保物权人、普通破产债权人、破产管理人在内的善意第三人。②此时,出卖人首先可依据《民法典》第 642 条第 2 款之规定,与买受人协商直接取回保留所有权的标的物。但需要注意的是,由于买受人已进入破产程序,其全部财产均由管理人接管,此时,出卖人协商的对象实际上为买受人的管理人。而关于买受人管理人是否有权自行协商,还是应当报告人民法院或债权人会议同意,法律并未作出明确规定。实践中,存在买受人管理人以无权协商为由,不同意出卖人直接行使取回权的可能性。若买受人管理人不同意出卖人直接取回标的物,出卖人则需依据《民法典》第 642 条第 2 款的进一步规定,在协商不成的情况

---

① 参见黄薇:《〈中华人民共和国民法典〉释义》,法律出版社 2020 年版,第 1234 页。
② 参见高圣平:《民法典动产担保权登记对抗规则的解释论》,载《中外法学》2020 年第 4 期。

下,主张参照适用担保物权的实现程序。依据最高人民法院《关于适用〈中华人民共和国民法典〉有关担保制度的解释》(以下简称《民法典担保解释》)第64条第1款规定:"在所有权保留买卖中,出卖人依法有权取回标的物,但是与买受人协商不成,当事人请求参照民事诉讼法'实现担保物权案件'的有关规定,拍卖、变卖标的物的,人民法院应予准许。"出卖人参照适用担保物权实现程序的具体操作步骤如下:出卖人以买受人为被申请人,向受理破产案件的人民法院申请取回标的物;人民法院受理申请后,组成合议庭进行审查,裁定出卖人是否有权取回其保留所有权的标的物。[1] 若人民法院裁定出卖人有权取回保留所有权的标的物,出卖人有权要求买受人管理人在破产程序中对所有权保留买卖标的物即时进行变价,并就拍卖、变卖标的物所得价款享有优先受偿权,[2]优先受偿的范围包括买受人未支付的价款以及取回费用等必要费用,优先清偿后仍有剩余的,剩余部分作为买受人财产依法分配;不足部分则由出卖人向买受人管理人申报普通债权。

若出卖人对标的物保留的所有权未经登记,则其保留的所有权不得对抗包括担保物权人、破产债权人、破产管理人在内的善意第三人。[3] 对于出卖人要求行使取回权或参照适用担保物权实现程序的主张,管理人有权不予认可,人民法院也不予支持。参照《民法典担保解释》第54条第4项规定:"动产抵押合同订立后未办理抵押登记,动产抵押权的效力按照下列情形分别处理:(四)抵押人破产,抵押权人主张对抵押财产优先受偿的,人民法院不予支持。"出卖人只能就买受人未按约定支付的标的物价款或未完成特定条件义务所造成的损失,向买受人管理人申报普通债权。

2. 买受人未按照约定支付价款时,出卖人通过催告程序行使取回权不受买受人已支付价款比例的限制

《民法典》第642条第1款规定:"当事人约定出卖人保留合同标的物的所有权,在标的物所有权转移前,买受人有以下情形之一,造成出卖人损害的,除当事

---

[1] 参见杜夕宏:《对民诉法实现担保物权程序的理解与适用》,载中国法院网2013年10月8日,https://www.chinacourt.org/article/detail/2013/10/id/1104330.shtml。
[2] 参见邹海林:《论出卖人在破产程序中的取回权——以所有权保留制度为中心》,载《上海政法学院学报(法治论丛)》2021年第4期。
[3] 参见高圣平:《民法典动产担保权登记对抗规则的解释论》,载《中外法学》2020年第4期。

人另有约定外，出卖人有权取回标的物：(一)未按照约定支付价款，经催告后在合理期限内仍未支付；(二)未按照约定完成特定条件；(三)将标的物出卖、出质或者作出其他不当处分。"《民法典》关于买受人未按约定支付价款时出卖人行使取回权的规定，与《破产法解释(二)》第37条及该条文所依据的《买卖合同解释》第36条的规定存在差异。上述两部司法解释规定，若买受人已经支付标的物总价款的75%以上，或善意第三人取得标的物所有权或者其他物权，出卖人及其管理人主张取回标的物的，人民法院不予支持。《民法典》在编纂过程中认为，在买受人未按约定支付价款，已违反买卖双方约定的情况下，设定一个出卖人不能行使取回权的买受人已支付法定价款比例，缺乏充分的合理性，且与《民法典》第416条的规定不符。① 因此，《民法典》第642条第1款未采纳关于标的物总价款支付法定比例的内容，而是增加了买受人未按约定支付价款时出卖人的催告程序。然而，也有学者认为，当买受人已经支付价款达到标的物总价款的75%以上时，出卖人仍不受约束地采用取回标的物的方式寻求救济，存在权利滥用之嫌。所以，在破产程序中，出卖人向买受人管理人请求取回标的物占有的，管理人仍应依据修正后《破产法解释(二)》第37条规定进行审查。②

笔者认为，《破产法解释(二)》第37条关于买受人已经支付标的物总价款的75%以上时，出卖人不能行使取回权的规定，是基于当时有效的《买卖合同解释》第36条制定的。在《民法典》编纂过程中，已对原《合同法》《买卖合同解释》第36条进行了有意修正和完善，《民法典》未采纳买受人已支付的法定价款比例的内容，而是增加了出卖人行使取回权的前置催告程序，这一调整已对出卖人和买受人之间的利益进行了平衡。最高人民法院对《破产法解释(二)》的修正仅涉及文字表述方面，未对实质内容进行修改。在《民法典》施行后，处理买受人未按约定支付价款时出卖人行使取回权的问题，应当优先适用《民法典》的规定，③《破产法解释(二)》第37条原则上应不再适用。④ 建议在《企业破产法》修改时明确，当买受人未按约定支付价款时，买受人不得以已支付标的物总价款的75%

---

① 参见黄薇：《〈中华人民共和国民法典〉释义》，法律出版社2020年版，第1234页。
② 参见邹海林：《论出卖人在破产程序中的取回权——以所有权保留制度为中心》，载《上海政法学院学报(法治论丛)》2021年第4期。
③ 参见王雷：《民法典适用衔接问题研究动态法源观的提出》，载《中外法学》2021年第1期。
④ 参见高圣平：《〈民法典〉视野下所有权保留交易的法律构成》，载《中州学刊》2020年第6期。

为由进行抗辩。① 即当买受人破产时，无论其已经支付标的物总价款的比例如何，出卖人都应当先行催告；经催告后，若买受人在合理期限内仍未支付价款，出卖人则有权行使取回权。

在破产案件实务中，为避免出现买受人已支付价款占标的物总价款较高比例（如75%以上），而出卖人仍采用取回标的物这种较为激进方式的情形，买受人管理人应综合标的物对买受人的经济价值、买受人的履约能力等因素，决定是否继续履行合同支付剩余价款或完成特定条件，以此尽可能降低因解除合同给买受人带来的损失风险。《德国破产法》在处理类似情况时，会综合评估出卖人取回标的物对破产财团整体价值的影响、买受人后续履行的可能性等因素，同时，给予出卖人一定补偿机制，以平衡双方利益。例如，若买受人虽未完全支付价款但已投入大量成本对标的物进行加工增值，德国法院可能会限制出卖人的取回权，要求出卖人给予买受人相应补偿后再进行处理，这种做法在保障出卖人权益的同时，也最大限度减少了对破产财团的不利影响。

四、结　　语

《民法典》与《企业破产法》的衔接与修正，是我国法治体系不断完善过程中的重要命题。随着《民法典》的施行，其对所有权保留买卖合同性质、登记制度以及出卖人取回权等方面的规定，为交易安全和市场秩序的维护带来了全新的规则框架。然而，《企业破产法》及其相关司法解释在这一问题存在一定的滞后性，两部法律之间的不协调之处亟待解决。

从理论层面深入剖析，明确所有权保留买卖合同在破产程序中的性质，是构建合理法律适用规则的基础。《民法典》采纳的担保物权说，重塑了对所有权保留买卖合同的理解，使在破产语境下重新审视合同履行状态、出卖人权利行使等问题成为必然。而从实践角度出发，在破产案件中，如何准确适用法律，平衡出卖人与买受人、担保物权人以及普通债权人之间的利益关系，直接影响着市场经济主体的合法权益和市场交易的稳定性。

---

① 参见李征宇：《论破产程序中所有权保留出卖人的取回权》，载《南开法律评论》2020年第00期。

未来,随着我国市场经济的持续发展,交易模式不断创新,法律体系也需与时俱进,在《企业破产法》的修订过程中,应当充分吸收《民法典》的立法理念和规定,对所有权保留买卖合同相关内容进行系统梳理和完善。通过明确合同在破产程序中的性质、规范出卖人取回权的行使规则、合理界定各方权利义务,实现两部法律在该问题的有效衔接,为司法实践提供清晰、统一的裁判和实操依据。这不仅有助于提升司法效率、保障公平正义,更能为市场经济的健康有序发展提供坚实的法律保障,推动我国法治建设迈向新的高度。

所有权保留买卖中买受人破产时出卖人别除权的借鉴

王中煜*

一、所有权保留买卖中买受人破产现行规则概述

现行制度中,对所有权保留买卖中的破产的相关规定主要见于最高人民法院《关于适用〈中华人民共和国企业破产法〉若干问题的规定(二)》(以下简称《破产法解释(二)》)第34~38条。第34条将标的物所有权未转移前的所有权保留合同定性为双方均未履行完毕的合同。按照《中华人民共和国企业破产法》(以下简称《企业破产法》)第18条的规定,管理人有权选择解除或继续履行。《破产法解释二》第37条、第38条规定,在买受人破产时,若管理人选择继续履行合同,则价款义务加速到期,若违约则出卖人有权取回标的物,此时,取回权的请求权基础是《中华人民共和国民法典》(以下简称《民法典》)第641条有关所有权保留买卖的规定;若买受人决定解除合同,则出卖人享有取回权,此时,取回权的请求权基础是《企业破产法》第38条有关破产取回权的规定,

---

* 北京市中伦律师事务所实习律师,中国人民大学法学院硕士,卢森堡大学法学院硕士(LL.M.)。

若出卖人行使取回权,则管理人可主张返还价款。两种情况下的违约损失和损害赔偿均归入共益债务进行清偿。

由此可见,我国《企业破产法》对所有权保留买卖的处理逻辑是将所有权保留合同依照其形式认定为买卖合同,赋予管理人继续履行或解除的选择权。同样地,对于交易中被保留的标的物所有权,也依照其形式认定为所有权转让。[①]

二、所有权保留合同的性质

(一)形式主义:双方均未履行完毕的合同

目前,我国立法将所有权保留合同认定为买卖合同,从而适用双方均未履行完毕的合同的规定。按照《美国破产法典》,待履行合同是债务人对第三人负有义务,而第三人也对债务人负有义务的合同,债务人和合同另一方当事人到目前为止均未履行合同义务,任何一方未能履行合同都将构成免除对方履行义务的实质违约。[②] 综上所述,形式上,在所有权保留买卖中买受人尚有对出卖人支付价款的义务,而出卖人尚有使买受人获得"完全所有权"的义务。[③] 故自然可以认定为属于双方均未履行完毕的合同。

在美国破产法上,在待履行合同对管理人不利的情况下,管理人可以选择拒绝履行(reject)来违反合同;反之,在待履行合同对管理人有利的情况下,管理人可以选择承继(assumption)来继续履行合同。[④] 我国现行立法下赋予管理人选择权的路径是建立在将所有权保留合同认定为双方均未履行完毕的合同的基础上的。

(二)功能主义:担保合同

《民法典》第388条第1款规定,担保合同包括抵押合同、质押合同和其他具

[①] 参见王欣新:《破产法》(第4版),中国人民大学出版社2019年版,第364页。

[②] 参见[美]道格拉斯·G.贝尔德:《美国破产法精要》,徐阳光、武诗敏译,法律出版社2020年版,第115~118页。

[③] 参见[德]鲍尔、[德]施蒂尔纳:《德国物权法》(下册),申卫星、王洪亮译,法律出版社2006年版,第676~677页。此为德国学说,但是,关于此类合同形式上是否属于双方均未履行完毕的合同尚存争议。

[④] 参见[美]道格拉斯·G.贝尔德:《美国破产法精要》,徐阳光、武诗敏译,法律出版社2020年版,第115~118页。

有担保功能的合同。第641条第2款规定,出卖人对标的物保留的所有权,未经登记,不得对抗善意第三人。对此,高圣平教授指出,从功能主义的视角看,在承认出卖人享有所有权的基础上,所有权保留是担保价款债权清偿的担保手段,并以标的物本身作为担保物,当买受人违约时,出卖人可以凭借所保留的所有权行使取回权,并可以再行变卖,从变卖所得价款中优先受偿,以实现担保目的。其中,出卖人的价款债权是主债权,而出卖人所保留的所有权已被功能化为担保物权,标的物的所有权从属于价款债权。

高圣平教授进一步指出,《民法典》采取了形式主义和功能主义相结合的立法方法。所有权保留交易以买卖标的物为表现形式,规定于合同编买卖合同章,并未被重构为担保物权。但为克服出卖人权利的隐蔽性,规定了登记对抗规则。又用《民法典》第388条明确了所有权保留交易的担保功能。①

最高人民法院《关于适用〈中华人民共和国民法典〉有关担保制度的解释》(以下简称《担保制度司法解释》)第1条规定,所有权保留买卖适用担保制度的有关规定。同时,将所有权保留买卖规定于非典型担保部分,确认了所有权保留合同属于实质上的担保合同性质。

三、债务人的选择权问题

(一)形式主义进路:有选择权

许德风教授指出,在所有权保留买卖中买受人破产时,对所有权保留在破产程序中地位的考察,应当建立在"破产中的待履行合同"制度基础上。即应允许买受人根据其利益得失进行选择,若其选择解除合同,则出卖人可以将其"所有物"取回,若其选择继续履行合同,则应允许其付清剩余款项并取得所有权。其理由是,所有权保留的本质目的是确保出卖人价款请求权的实现,允许买受人在履行全部付款义务的前提下取得所有权,并不违背所有权保留制度的本意,这也是破产法上尊重非破产法规范原则的体现。② 在将所有权保留合同认定为双方未履行的合同时,买受人破产的情况下应当赋予其管理人选择权,这也是我国现

---

① 参见高圣平:《〈民法典〉视野下所有权保留交易的法律构成》,载《中州学刊》2020年第6期。
② 参见许德风:《论破产中尚未履行完毕的合同》,载《法学家》2009年第6期。

行破产法的处理进路。

(二) 功能主义进路：无选择权

日本学者石川明认为，若将所有权保留合同认定为担保合同，那么，应当认为因标的物已移转，所以，所有权在实质上也已移转。只是出于担保之目的才将所有权保留了下来，因此，买主已经履行了契约，所以，不属于双方未履行的契约。遵循这种逻辑，在买受人破产的情况下，出卖人的取回权就不被认可，出卖人享有的应当是对还未支付的钱款的别除权。由此，出卖人可以向管理人请求，管理人可通过支付这部分钱款来获得标的物的观念上的所有权。而在管理人不能支付钱款的前提下，出卖人可以返还已经支付的价款，通过取回所有权的形式行使担保权，返还的价款归入买受人破产财产。[①]

由此可见，在担保合同的进路下，由于不存在双方未履行合同的问题，因此，不承认管理人的选择权，管理人只能选择继续履行合同。而出卖人对未支付价款部分享有别除权，在债务不履行的前提下，出卖人可以通过取回所有权的形式行使担保物权。

四、借鉴出卖人别除权：形式主义和功能主义结合的进路

我国《民法典》对所有权保留买卖制度的架构采取了形式主义与功能主义相结合的进路，既以第641条第1款、第642条承认所有权保留买卖的买卖合同形式，又以其第388条及《担保制度司法解释》明确了其担保合同的实质功能。

在这种进路下，本着尊重非破产法规范的原则，似亦应适当调整破产所有权保留买卖之规范内容。在尊重原有的立法框架的前提下，借鉴功能主义思路，改变原有的单纯形式主义逻辑。具体来说，在买受人选择继续履行的前提下，应当认为出卖人对未支付价款享有别除权，出卖人可以被功能化后的所有权为担保，向管理人请求这部分价款。管理人不能支付价款时，出卖人可以通过取回所有权的形式行使担保权。具体而言，如图3所示。

[①] 参见［日］石川明：《日本破产法》，何勤华、周桂秋译，中国法制出版社2000年版，第74~77页。

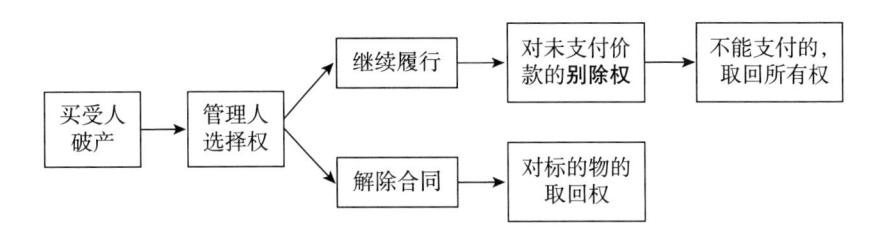

图3 形式主义和功能主义结合进路下的所有权保留出卖人别除权制度建构

综上所述,由于我国并未将所有权保留买卖重构为担保合同,因此,直接按功能主义进路否认管理人的选择权是不合适的。美国破产法学说认为,破产中"待履行合同"的概念的界定本身应当以赋予管理人承担合同或拒绝合同的选择权为目的。[①] 如前所述,在《民法典》将所有权保留合同界定为买卖合同的情况下,仍然应当承认所有权保留买卖合同属于双方未履行的合同,从而赋予管理人选择权。

但是,在买受人选择继续履行的情况下,应突出所有权保留买卖的担保合同之实质,承认出卖人对未支付价款享有别除权。如前所述,在所有权保留买卖中,取回标的物所有权即为实现担保物权之方式。对于实现担保物权的清算程序,由于担保的主债权是尚未支付的价款,而实现担保物权的方式是取回标的物的所有权,因此,应返还买受人已经支付的价款,从而达到清算效果。

当然,此时若将所有权保留买卖合同认定为担保合同,那么,也应当准用登记对抗规则。《担保制度司法解释》第67条规定,所有权保留买卖中出卖人的所有权的登记对抗规则参照适用第54条动产抵押合同的规则。第54条规定,未登记的动产抵押合同,抵押人破产时抵押权人不得主张对抵押财产优先受偿。由此可知,未登记的所有权保留买卖合同的出卖人不享有对未支付价款的别除权,也不得主张对未支付价款优先受偿。

如此,就将别除权进路丰富了我国现有的所有权保留买卖制度框架,从而贯彻了形式主义与功能主义结合的立法思路。下面以破产清算和破产重整两个制度为例,探讨这种变化可能带来的影响。

---

① [美]大卫·G.爱泼斯坦、[美]史蒂夫·H.尼克勒斯、[美]詹姆斯·J.怀特:《美国破产法》,韩长印等译,中国政法大学出版社2003年版,第232页。

五、借鉴别除权的影响——以破产清算和重整为例

(一)破产清算

现有规定下,在破产清算程序中,若管理人选择继续履行合同,则按照《破产法解释(二)》第37条的规定,合同义务加速到期。若管理人不能即时支付剩余价款,出卖人可以依照所有权保留买卖的相关规定取回标的物,但买受人已支付标的物总价款75%以上或者第三人善意取得标的物所有权或者其他物权的除外。不能支付的剩余价款和违约债务应当作为共益债务清偿。

如前所述,在引入别除权的情况下,出卖人对剩余价款享有别除权。根据《全国法院破产审判工作会议纪要》(以下简称《破产审判会议纪要》)第25条的规定,在破产清算程序中,对债务人特定财产享有担保权的债权人可以随时主张优先受偿。

由于现行规定要求债务加速到期,与随时主张就未清偿价款优先受偿似无差异。同时,所有权保留买卖下实现担保物权的方式仍是取回标的物,故此处和现行规定亦无差异。对于不能支付的剩余价款和违约债务,王欣新教授指出,别除权优先受偿的权利范围原则上是依照相关民事实体法确定的。[①]《民法典》第389条规定,当事人若无特别约定,违约金和损害赔偿金等都在担保物权担保范围之内。可知剩余价款和违约债务应当都属于别除权优先受偿范围之内,出卖人可以随时主张优先受偿。似可认为,这种进路较之将二者归于共益债务的进路更充分地保障了出卖人的债权。但是,在别除权进路下,即使买受人已支付标的物总价款75%以上,出卖人仍可以主张取回标的物所有权来实现担保物权,当然,出卖人需要返还已经支付的价款。在标的物被第三人善意取得的情况下,如前所述,损害赔偿金仍然应当纳入担保物权优先受偿的范围之内。

此处会产生一个解释上的矛盾,按照前述逻辑,形式上应当承认所有权买卖合同属于双方未履行的合同,标的物所有权仍然应当属于出卖人而非买受人,不能被认为是债务人(买受人)的特定财产。同样地,《破产法解释(二)》第2条之(2)亦规定,债务人在所有权保留买卖中尚未取得所有权的财产不属于债务人财

[①] 参见王欣新:《破产法》(第4版),中国人民大学出版社2019年版,第357页。

产。这种解释冲突的出现需要我们用解释方法厘清此种情况下标的物所有权的归属问题。

对此,首先,可以遵循前述的别除权论的功能主义思路,认为实质上的所有权已经转移,形式上的所有权已经功能化为担保物权,因此,可以认为买受人已经取得标的物所有权,出卖人可以就标的物优先受偿。其次,如果坚持形式主义思路,则可以认为管理人在决定继续履行合同之时,该合同转化为担保合同,由此买受人取得标的物的所有权,再以此所有权为出卖人设定动产抵押。不得不说,形式主义解释过于复杂,应当采用功能主义的解释,或者依赖于相关法律和司法解释的进一步完善。

综上所述,虽然在实现担保物权的环节有利于出卖人的变动,但从整体看,在实现路径和双方当事人享有的权利上,均无变化。可以说,借鉴别除权并不会对所有权保留合同中买受人破产的破产清算程序造成影响。

(二)破产重整

现有路径下,在破产重整程序中,如果管理人选择继续履行合同,则按照《破产法解释(二)》第 40 条的规定,重整期间,权利人应当按照事先合同下约定的条件行使取回权。

在这种情况下,虽然合同义务不加速到期,在一定程度上减缓了买受人的债务负担,但是考虑所有权保留合同的担保合同性质,一旦买受人不能按合同缴纳费用,出卖人就有理由以行使《破产法解释(二)》第 40 条规定的取回权的形式实现担保物权。再考虑进入破产重整的企业的经济情况,可以认为买受人不能按照合同缴纳费用的可能性较高,自然也可能被出卖人取回标的物。

事实上,在破产实务中,有人指出,所有权保留买卖合同一般签订在大型核心设备采购的情形下,在破产重整案件中,核心设备对重整工作的开展至关重要,因此,管理人一般很难做到向出卖人交付买卖标的物,而若将剩余价款或相关损失认定为共益债务,对重整企业来说将是一笔非常大的负担。而这些设备,即使是出卖人取回,一般来说也很难卖出好价格。但由于《破产法解释(二)》对于剩余价款作为共益债务的硬性规定,重整企业就会被裹挟。① 由此可见,在破产重整制度中,有必要赋予买受人更强的保护。

而在引入别除权的情况下,如果管理人选择继续履行合同,则其对未支付价款享有别除权,而依照《企业破产法》第 75 条的规定,在重整期间,对债务人的特定财产享有的担保物权应当暂停行使。

对于暂停行使的范围,王欣新教授指出,从重整需要角度分析,担保权暂停行使的范围时,要考虑两个方面的因素。其一,担保财产对企业生产经营的影响,具体来说,凡是移转担保财产占有的担保原则上可以不停止权利行使。其二,暂停行使对担保权的影响,即重整企业对担保财产的占有与使用是否会损害担保权利,影响其优先受偿权,具体来说,凡是担保财产因占有转移回债务人而将使债权人失去担保权的担保方式,均不应暂停担保权的行使。由此,在重整程序中原则上仅抵押担保(包括动产浮动抵押)和不转移质押权利凭证的质押担保以及部分转移权利凭证的权利质押应当暂停行使。② 如前所述,担保制度司法解释规定,所有权保留合同适用动产抵押的有关规定,属于应当暂停行使的范围。当然,原则上非企业生产经营所必需的担保财产也不应纳入暂停行使范围,这需要法院在个案中自由裁量。

对于暂停行使的具体权利,王欣新教授指出,担保权人的权利可分为对担保物的变现权和对变价款的优先受偿权。在重整程序中,担保权人暂停行使的是对担保财产的实现权利即变现权,但对担保财产变现后款项的优先受偿权并不停止行使。③ 如前所述,所有权保留买卖中,实现担保财产的方式是取回所有权,因此,可以认为在重整期间出卖人不得主张取回标的物。当然,由于出卖人对剩余价款有担保物权,其在重整计划通过阶段应被归入有担保权的优质债权组进行表决,剩余价款的价额即为其享有优先权的价额。

徐阳光教授指出,重整制度诞生之后,破产法的拯救功能日益突出。在重整程序中的担保物权暂停行使,有助于企业的继续经营,使债务人获得整顿业务的

---

① 参见王兆同、陈垚:《〈民法典〉担保司法解释对破产程序的影响》,载中国破产法论坛 2021 年 1 月 4 日,https://mp.weixin.qq.com/s/ZOHszyQBhN10vzUxjFx9UQ。
② 参见王欣新:《论破产程序中担保债权的行使与保障》,载《中国政法大学学报》2017 年第 3 期。
③ 参见王欣新:《论破产程序中担保债权的行使与保障》,载《中国政法大学学报》2017 年第 3 期。

喘息空间,有时间制订和批准重整计划,并能采取其他措施。① 遵循着这种价值观,对企业生产经营至关重要的机器设备,若在其上设定了所有权保留买卖,则在重整制度中有理由赋予其更强力的保护。通过引入别除权制度,使所有权保留买卖的出卖人在重整期间停止行权,可以使买受人更好地保留核心机器设备,减轻负担,提升重整的成功率,更好地开展生产经营。可以说,在所有权保留买卖中,买受人破产时引入别除权制度符合重整制度的目的,对提升重整成功率有着重要意义。

(三)破产重整中的配套制度:暂停行使的前移

如前所述,在别除权路径下的破产重整程序中,如果管理人选择继续履行合同,则该所有权保留买卖应当被视作担保物权从而暂停行使。其目的是使重整企业保留核心机器设备,提升重整的成功率。在这种价值取向之下,有必要适当地前移暂停行使的时间点,从而预防出卖人在管理人作出选择之前行使取回权而导致制度目的落空的情况。

《美国破产法典》规定了"自动冻结"条款。具体来说,为了阻止个别债权人采取阻碍重整的行动,同时,允许债务人继续以正常条件经营,破产申请一经提出,担保债权就暂停行使。但这种暂停行使仅是一种推定,如果担保债权人无论如何都会获得财产,并且该财产不是重整所必需的,或者不存在在合理时间内成功重整的合理可能性,或者担保物面临风险等情况下,担保债权人可以申请解除冻结。②

对于所有权保留买卖合同,在买受人提出破产申请时,出卖人的取回权(在管理人没有选择的情况下,出卖人的权利表现为取回权)就被自动冻结。如果管理人选择解除合同,则冻结自动解除,出卖人可行使取回权;如果管理人选择继续履行合同,则根据《企业破产法》第75条的规定,对取回权的自动冻结转化为担保物权在重整期间的暂停行使。由此,在所有权保留买卖合同买受人破产时,前移权利暂停行使的时间点至破产申请提出时,有利于保留核心机器设备这一制度目的的达成。

---

① 参见徐阳光:《破产法视野中的担保物权问题》,载《中国人民大学学报》2017年第2期。
② 参见[美]道格拉斯·G.贝尔德:《美国破产法精要》,徐阳光、武诗敏译,法律出版社2020年版,第200~209页。

徐阳光教授指出,自动冻结模式的优点在于覆盖面广、自动中止措施生效简捷,其弊端在于必须辅之以完善的救济措施,否则容易出现债务人滥用破产程序以阻却执行程序的现象。具体来说,在重整程序中,担保物权人可以提出自动中止解除动议的情形有三种:一是债务人重整对此财产不存在权益,或者此财产对有效的重整来说并非必要;二是债务人或管理人无法为担保权人提供"充分保护"①,包括无法提供必要的利息补偿;三是债务人恶意申请破产的情形。② 由于在管理人行使选择权之前冻结出卖人取回权和在重整程序中冻结担保物权的目的相同,且如前述,在破产程序中,所有权保留买卖的别除权的实现方式就是取回标的物,故可以将这几种情况准用于在管理人作出选择前对取回权的自动冻结,在出现上述的三种情况时,出卖人可以向法院申请解除自动冻结,行使取回权。

六、余论:需要进一步探索的问题

通过以上分析,在所有权保留买卖中,买受人破产时引入出卖人别除权的核心面向在于在破产重整程序中更好地保留债务人的核心生产设备,保存其生产经营能力,促进重整的成功开展和企业的"重新开始",这样有利于债权人债权的实现和社会经济的健康发展,可谓是一个双赢的选择。

但是,由于形式主义进路和功能主义进路的理论基础不同,特别是对所有权保留合同标的物的所有权问题判断迥异,因此,在试图将其融合的过程中势必会遇到解释上的冲突。虽然前文提出相应解释方案,但难免有以实质判断遮蔽教义学形式分析,或拟制过于繁复的教义学解释,增加不必要的论证负担之嫌。如果认为在此种情况下引入出卖人别除权确有实际价值,那么,还需要立法和解释的进一步完善。

同时,不能忽视的是所有权保留买卖合同中尚存出卖人破产的情况,限于本文篇幅,恐难以全面讨论出卖人破产时如何借鉴别除权制度及其对现有破产程序的影响,以及所有权保留买卖中出卖人破产规范和买受人破产规范的协调等问题,留待后续深入讨论。

---

① 充分保护是美国破产法上解除司法冻结的重要理由,指无论担保物权人的债权是否进入破产程序都必须获得同样的保护。

② 参见徐阳光:《破产法视野中的担保物权问题》,载《中国人民大学学报》2017年第2期。

房企破产程序中的"以房抵债"问题

季 晖*

一、"以房抵债"的概念和协议类型

我国现行民事法律中并没有"以房抵债"的明确规定,其仅是在民事实践过程中形成的一个概念。作为一种特殊的债务履行方式或非典型的担保方式,较多地出现在民间借贷领域。实践中,最常见的"以房抵债"的形式有两种,一种是双方订立借贷合同的同时签订一份房屋买卖合同,签订房屋买卖合同的目的在于为借款债权的实现提供担保。另一种是在借款到期后双方签订"以房抵债"协议,签订协议的目的是清偿债务。

(一)"以房抵债"的概念和类型

原《中华人民共和国物权法》(以下简称《物权法》)将物权分为不动产和动产,房屋即属于其中的不动产物权。"以房抵债"实质上属于"以物抵债"。而"以物抵债"在法律行为的层面,是指当事人之间达成的以他种给付替代原定给付的协议。[1]

---

* 江苏省镇江市中级人民法院立案庭庭长、四级高级法官。
[1] 参见高圣平:《论流质契约的相对禁止》,载《政法论丛》2018年第1期。

"以房抵债"作为"以物抵债"的形式之一,是指债权人与债务人之间达成合意,约定以给付房屋代替原有给付的受领,消灭原有的债权债务关系。通说认为,成立"以房抵债"需要满足三个条件:(1)有既存的债权债务关系;(2)当事人之间达成以房抵债的合意;(3)以给付房屋代替原有给付。[①]

审判实务中的"以房抵债",大体可分为两种情形:一种是当事人双方之间已就"以房抵债"达成了协议,且已经办理了房屋过户手续;另一种是只有双方当事人就"以房抵债"达成了一致意见,但没有办理房屋过户手续,也没有现实地交付房屋。[②] 房企作为借款人,一旦出现资不抵债或者明显缺乏清偿能力等破产原因,进入破产程序后,"以房抵债"产生的纠纷,绝大多数是后一种情形引起的。

(二)"以房抵债"协议的类型

按照"以房抵债"协议订立时间的不同为划分标准,可分为清偿期届满前订立的"以房抵债"协议和清偿期届满后订立的"以房抵债"协议。[③]

由于债务履行期届满后订立的"以房抵债"协议属于当事人意思自治的范畴,属于正当的履行债务的行为,法律也没有对其予以禁止,但法院处理当事人意思表示时,应当考察当事人之间的利益是否失衡,即考察当事人之间是否存在高利贷关系、房屋价值是否高于借款本息等问题。[④] 因此,其在效力上并不存在任何瑕疵,引起的争议也较少,其典型的表现形式就是执行和解。[⑤]

对于债务未届清偿期的"以房抵债"的效力,司法实践中的主流观点认为,债务清偿期届满前订立的"以房抵债"协议,违反了物权法、担保法关于禁止流押、流质的规定,应属无效。但笔者认为:债务清偿期届满前订立的"以房抵债"协议,违反流押、流质的规定应限于合同约定"不履行到期债务,财产归债权人所有"的条款。如没有该条款,应认定"以房抵债"协议的效力。

---

① 参见高勇主编:《房地产要素化审判》,人民法院出版社2019年版,第223页。
② 参见杜万华主编:《〈第八次全国法院民事商事审判工作会议(民事部分)纪要〉理解与适用》,人民法院出版社2015年版,第323~324页。
③ 参见娄永、胡哲:《买卖型以房抵债合同的性质及效力》,载《人民司法》2019年第29期。
④ 参见章晓英:《"以房抵债"与抵销预约——〈最高人民法院公报〉载"朱俊芳案"评释》,载《西部法学评论》2016年第1期。
⑤ 参见胡近南:《论"以房抵债"协议的性质与效力》,华中科技大学2019年硕士学位论文,第20页。

二、"以房抵债"协议的性质和效力认定

"以房抵债"协议的性质如何确定,学界对此观点不一,司法实务中的判决也大相径庭。通说认为,"以房抵债"协议的性质是基于当事人的真实合意,分为担保和清偿债务两种。为区别当事人的真实合意,将"以房抵债"协议按照签订房屋买卖合同的时间不同进行分类,即债务履行期届满前的"以房抵债"协议和债务履行期届满后的"以房抵债"协议两种类型。前后的意思表示分别对应担保和清偿债务。也有学者提出,应按以下标准分类:一是达成协议的时间;二是订立买卖合同的最终目的;三是先具有担保债务履行的合意,若借款人到期不偿还债务,双方建立新的买卖合同以偿还之前的借款债务。① 无论采取何种分类标准,其目的均在于说明双方的意思表示。司法实践中,法官也正是通过证据分析判断当事人订立合同的真实目的,从而认定借贷双方是用房屋对债权进行担保(担保纠纷),还是用房屋来偿还债务(债务清偿)。②

(一)债务履行期届满前"以房抵债"协议的性质

对于债务履行期届满前的"以房抵债"协议的性质,学说分为三种类型。

一是肯定协议具有买卖合同的性质,认为"以房抵债"协议是附解除条件的买卖合同。当借款合同内容得以实现,随之带来的结果是买卖合同就此得以解除。③

二是否定买卖合同的性质,认为"以房抵债"协议是一种非典型担保。其中又包含三种分类:第一种是让与担保,④即否定当事人之间存在真实的买卖合意,以此体现担保合意。第二种是将这种以房屋买卖合同的形式为借款合同提供的

---

① 参见石冠彬:《论民法典对买卖型担保协议的规制路径——以裁判立场的考察为基础》,载《东方法学》2019 年第 6 期。
② 参见戴昌年:《以房抵债协议效力认定问题研究》,内蒙古大学 2020 年硕士学位论文,第 4 页。
③ 参见陆青:《以房抵债协议的法理分析——〈最高人民法院公报〉载"朱俊芳案"评释》,载《法学研究》2015 年第 3 期。
④ 参见梁曙明、刘牧晗:《借贷关系中签订房屋买卖合同并备案登记属于让与担保》,载《人民司法》2014 年第 16 期。

担保定性为后让与担保,①并称为一种正在形成的习惯法担保物权。②但也有学者认为,让与担保制度并未在司法实践中取得担保物权之地位,主要是在违反物权法定的法效上进行考量,与其他国家和地区让与担保的非典型担保(物权)地位不同。在我国司法现状之下,尚无法通过解释而证成让与担保的物权地位。③第三种认为"以房抵债"协议是代物清偿预约,即当事人之间关于债务人不能按期偿还借款,需要履行他种给付以清偿债务的约定。该约定在原债务清偿期届满前就已经成立,而代物清偿往往发生在债务履行期届满之后的债务清偿之际。因此两者不能混为一谈。④

三是否定买卖合同的性质,认为以房屋买卖合同设立的担保在实质上属于不动产抵押权。⑤

从担保制度的发展所呈现的趋势来看,非典型担保形态发展迅速,这些具有担保性质的融资担保方式,突破了传统典型担保的条框约束,程序简便、操作灵活且更有效率。⑥ 对当事人双方在债务履行期届满前订立的"以房抵债"协议,双方订立合同的真实目的是融资和担保,并非为了实际取得房屋的所有权,双方并未将买卖标的物进行抵押或抵押登记,虽然该担保形式最接近于让与担保,但因与让与担保就转移所有权先后次序存在区别,因此,应将"以房抵债"协议的性质认定为买卖型担保,属于非典型担保。⑦

(二)债务履行期届满后"以房抵债"协议的性质

对于债务履行期届满后"以房抵债"协议的性质,一般有两种观点:一是看作代物清偿,坚持实践性的观点;⑧二是认为是诺成性合同,包括债的更改和

---

① 参见杨立新:《后让与担保:一个正在形成的习惯性担保物权》,载《中国法学》2013 年第 3 期。
② 参见高治:《担保型买卖合同纠纷的法理辨析与裁判对策》,载《人民司法》2014 年第 23 期。
③ 参见高圣平:《物权担保新制度新问题理解与适用》,人民法院出版社 2013 年版,第 504 页。
④ 参见郑玉波:《民法债编总论》,中国政法大学出版社 2003 年版,第 501 页。
⑤ 参见董学立:《也论"后让与担保"——与杨立新教授商榷》,载《中国法学》2014 年第 3 期。
⑥ 参见徐阳光:《破产法视野中的担保物权问题》,载《中国人民大学学报》2017 年第 2 期。
⑦ 参见冯洁语:《民法典视野下非典型担保合同的教义学构造——以买卖型担保为例》,载《法学家》2020 年第 6 期。
⑧ 参见崔建远:《以物抵债的理论与实践》,载《河北法学》2012 年第 3 期。

清偿。①

(三)"以房抵债"协议的效力认定

审判实践中,对"以房抵债"协议产生纠纷的处理,大致存在以下五种做法:一是依据双方订立买卖合同的目的,按照民间借贷法律关系进行审理,驳回当事人请求履行买卖合同的诉请。二是从鼓励交易、维护诚信原则的角度出发,尽可能维护买卖合同与民间借贷合同的效力。三是按照当事人意思自治原则,由当事人自由选择,法院按照当事人的起诉进行审理。四是以买卖合同是为民间借贷合同设定担保,在债务人到期不能还清债务的情况下,应当履行双方的买卖合同,由债权人取得房屋。五是以双方约定买卖合同标的物直接归债权人所有,违反禁止流质契约的规定,应当认定买卖合同无效。②

1. 各地统一裁判尺度的探索

(1)北京市高级人民法院:维护"以房抵债"协议的有效性。北京市高级人民法院于 2014 年 12 月 16 日印发《北京市高级人民法院关于审理房屋买卖合同纠纷案件若干疑难问题的会议纪要》(京高法发〔2014〕489 号),明确以"民间借贷债务履行期届满前、后"为时间节点将"以房抵债"分为两类,即担保和债务履行方式的变更。对债务履行期限届满后达成的"以房抵债"协议,认定为债务履行方式的变更,贷款人请求履行房屋买卖合同办理过户的,予以支持。

(2)上海市高级人民法院:在债务清偿期届满之前约定房屋买卖,应为无效。上海市高级人民法院在"以房抵债"协议效力的认定上,与北京市高级人民法院观点颇为相似。上海市高级人民法院认为,在债务清偿期届满前约定房屋买卖,是为担保借款,房屋买卖并非双方的真实意思表示;若依约支持将房屋转移给相对方,实属买卖担保型的非典型流质,应为无效。但约定进行清算的除外。

(3)江苏省高级人民法院:从时间、内容、履行情况等方面综合判断。江苏省高级人民法院于 2014 年 4 月 14 日印发《江苏省高级人民法院关于以物抵债若干法律适用问题的审理纪要》,明确应以时间节点区分不同情形进行判定,对于债

---

① 参见韩俊英:《以房抵债的理论争点与效力探讨》,载《安徽大学学报(哲学社会科学版)》2018 年第 4 期。

② 参见最高人民法院民事审判第一庭编:《最高人民法院新民间借贷司法解释理解与适用》,人民法院出版社 2021 年版,第 342~343 页。

务清偿期届满前的清算型"以房抵债"协议,认为仅在合同主体之间有效,不能对抗第三人;对债务清偿期届满后达成的"以物抵债"协议,仅对已办理了物权转移手续的才予以支持。①

2. 最高人民法院裁判理念之变化

在最高人民法院早期的判例中,肯定"以房抵债"条款的效力,认为借款协议中的以抵押物来抵顶借款的约定,不符合原《中华人民共和国担保法》(以下简称《担保法》)第40条和原《物权法》第186条禁止流押的规定。如"朱某芳与山西嘉和泰房地产开发有限公司商品房买卖合同纠纷案"。② 此后,最高人民法院认为,出借人请求直接取得案涉房屋所有权的主张违反原《物权法》关于禁止流质的规定。如"广西嘉美房地产开发有限责任公司与杨某鹏商品房销售合同纠纷案"。③ 在"六盘水兴吾源典当有限公司与六盘水玖盛房地产开发有限公司商品房预售合同纠纷案"中,最高人民法院认为,根据原《物权法》第186条,借款人与出借人之间关于以合同价值16,820,460元的案涉房屋抵销9,000,000元借款债务的约定,违反法律的禁止性规定,应认定为无效。④ 在"古某与福建省泉南投资开发有限公司商品房销售合同纠纷案中",最高人民法院同样认为,案涉商品房买卖属名为房屋买卖,实为房屋担保性质,双方之间所订房屋所有权转移的约定无效,出借人请求借款人依约交付有关房屋,无法律依据。⑤ 由此可见,最高人民法院已经以违反物权法定原则以及流押禁令为由,明确否定了"以房抵债"条款的效力。⑥

虽然债务履行期届满后的"以房抵债"一般被认为有效,但在案例分析中可以发现,有些债务履行期限届满后签订的"以房抵债"协议被认为无效,而对于这些案件进行分析,可以总结出最高人民法院对于此种情形的观点,主要有以下几个方面:①"以房抵债"协议以基础债权债务为前提,没有基础债权债务的"以房

---

① 参见倪晶雄:《以房抵债协议的解释与认定》,华东政法大学2017年硕士学位论文,第16~18页。
② 参见最高人民法院民事判决书,(2011)民提字第344号。
③ 参见最高人民法院民事判决书,(2013)民提字第135号。
④ 参见最高人民法院民事裁定书,(2015)民申字第182号。
⑤ 参见最高人民法院民事裁定书,(2015)民申字第949号。
⑥ 参见李卫国:《不动产让与担保适用问题研究——基于对178份民事裁判文书样本的考察》,载胡云腾主编:《法院改革与民商事审判问题研究》(下册),人民法院出版社2018年版,第864页。

抵债"协议无效。②恶意串通,损害他人利益的"以房抵债"协议无效。③双方当事人没有达成合意的"以房抵债"协议无效。④债务人对房产不享有明确产权的"以房抵债"协议无效。⑤没有书面协议的"以房抵债"协议无效。[1]

2015年最高人民法院《关于审理民间借贷案件适用法律若干问题的规定》(以下简称2015年《民间借贷规定》)施行后,该规定第24条统一了此前复杂多样的司法实践,对此类纠纷明确了审理裁判思路,对清偿方式采取的是清算型担保的处理思路。[2]但也有人提出,借款合同与担保型买卖合同是相互关联的两个合同,虽然后者具有督促借款人按时清偿的作用,但并非法律意义上的担保,其性质是买卖合同。只有当有足够的外部证据证明买卖双方系通谋虚伪表示时,才应适用2015年《民间借贷规定》第24条。司法实践中,应先通过合同解释探究当事人真实意思表示,再行决定是否适用第24条,而不能"唯担保论"。[3]

此后,最高人民法院于2020年8月及2020年12月,先后两次对2015年《民间借贷规定》作出修正。2020年12月第二次修正的《最高人民法院关于审理民间借贷案件适用法律若干问题的规定》(以下简称新《民间借贷规定》)第23条,保留了2015年《民间借贷规定》第24条规定的基本内容,但对是否释明变更诉讼请求以及当事人不变更诉讼请求的后果,根据最高人民法院《关于民事诉讼证据的若干规定》的修正情况作了相应修正。

三、"以房抵债"协议效力认定之思考

2015年《民间借贷规定》第24条、新《民间借贷规定》第23条均规定了人民法院对"以房抵债"协议纠纷应依照民间借贷关系进行审理的裁判思路。但是实务中仍存在诸多问题。

(一)"以房抵债"协议的性质仍未得到解决

2015年《民间借贷规定》第24条的规定是对债务人不履行债务时依法处置

---

[1] 参见李阳:《以房抵债协议法律问题研究》,西南政法大学2019年硕士学位论文,第20页。
[2] 参见杜万华主编:《最高人民法院民间借贷司法解释理解与适用》,人民法院出版社2015年版,第429页。
[3] 参见赵申豪:《〈民间借贷司法解释〉第24条之解释与检视》,载《甘肃政法学院学报》2019年第6期。

担保物的必然安排,其目的在于保护债权人的合法权益不受侵害。但该规定依然无法解决实务中关于"以房抵债"类案件性质的认定问题。① 有学者认为,该规定第 1 款明确担保的性质为后让与担保。但该规定第 2 款明确,判决确定后,出借人可以申请拍卖买卖合同标的物以偿还债务。"这一司法解释的前款和后款却存在明显的矛盾。承认其为担保,担保权人又不享有担保物权的优先受偿权,其前后的矛盾正是因僵固的物权法定主义限制所致"。② 笔者认为,司法实务中应当从标的物转移的时间及债权人对标的物所享有的权利状态来分析判断。

(二) 债权人是否享有优先受偿权

新《民间借贷规定》第 23 条规定,借款人不履行生效判决确定的金钱债务,出借人可以申请拍卖买卖合同标的物,以偿还债务。就拍卖所得的价款,出借人是否享有优先受偿权? 最高人民法院认为,应当区分情形来进行认定。第一种是双方当事人仅签订了买卖合同,但是对买卖合同标的物本身并未进行抵押、质押,亦未进行所有权转移的,对第三人而言,不具有公示效果。第三人无法以此为依据判断是否和借款人进行交易,在这种情形下,如果认定出借人对价款享有优先受偿权,对借款人的其他债权人有失公平,也会影响交易安全。第二种是双方不仅签订了买卖合同,而且已经进行了权利转移的,如动产已经交付、不动产已经办理所有权转移登记的,对第三人而言,已经具有了公示的效果,认定出借人对价款享有优先受偿权就具有合理性。《中华人民共和国民法典》(以下简称《民法典》)关于担保物权的规定及《民法典担保制度解释》第 68 条第 2 款规定亦体现了这种精神。③

(三) 债权人是否享有物权期待权

根据"以房抵债"协议约定的内容,理解"以房抵债"的真实意思表示。对于符合最高人民法院《关于人民法院办理执行异议与复议案件若干问题的规定》第 28 条规定情形的,应当认定其属于购房人并对房屋享有物权期待权。而大部分

---

① 参见瞿春凤:《从实务分析"以房抵债"类案件的法律性质》,载《法制博览》2020 年第 11 期。
② 杨立新:《民法分则物权编应当规定物权法定缓和原则》,载《清华法学》2017 年第 2 期。
③ 参见最高人民法院民事审判第一庭编著:《最高人民法院新民间借贷司法解释理解与适用》,人民法院出版社 2021 年版,第 350~351 页。

债权人在债务人到期不能偿还债务时签订的"以房抵债"协议,本质上只产生债权,不产生物权。当然,有一种观点认为,"以物抵债"协议以消灭金钱债务为目的。另一种观点认为,房屋买卖合同本质上系"以物抵债"协议,目的在于通过其消灭金钱债权,系当事人之间的真实意思表示,买受人的期待权可以排除强制执行。①

四、"以房抵债"协议在破产程序中的处理

债权人与企业在债务履行期届满前订立"以房抵债"协议,其根本目的并不是在签订协议时取得房屋所有权,而是希望相比其他债权人在该担保物价值范围内能优先受偿,此种优先受偿的效力在破产程序中表现得更为明显。② "以房抵债"协议,作为履行债务的一种方式,其优先性在我国立法中尚未得到明确。根据2002年最高人民法院《关于建设工程价款优先受偿权问题的批复》(已失效)的规定,依据生存利益大于经营利益的社会政策原则,立法赋予购房者在法定情况下对其购买的尚未交付或者未办理产权过户的商品房享有优于建设工程承包人工程款的权利。③ 管理人接受法院指定后,如果在破产程序中没有妥善处理好"以房抵债"协议的债权性质或清偿顺位的认定,会激化债权人之间的矛盾。在实务中,无论构成让与担保或者债权性担保,都需要管理人严谨的判断,并通过法院诉讼的方式撤销这些合同或者认定这些担保条款的效力。④

在房企破产案件中,"以房抵债"协议签订的时间不同、"以房抵债"价款不同、基础债权法律关系不同,以及破产案件公平受偿原则的要求,会导致破产前订立的"以房抵债"协议存在无效、可撤销的法律后果。对此,笔者认为,破产程序中的"以房抵债"协议,是否有效,除按照常规合同审查是否有效之外,还要审查"以房抵债"协议的基础合同,是否办理了预告登记及抵债行为是否存在管理

---

① 参见高圣平、曹明哲、范佳慧:《中国担保法裁判裁判综述与规范解释》,人民法院出版社2019年版,第1157~1158页。
② 参见[德]鲍尔、[德]施蒂尔纳:《德国物权法》(下册),申卫星、王洪亮译,法律出版社2006年版,第634页。
③ 参见王欣新:《破产法前沿问题思辨》(下册),法律出版社2017年版,第449页。
④ 参见吴晓:《企业破产时以房抵债问题研究》,上海交通大学2019年硕士学位论文,第49页。

人撤销权范围之内。① 同时,法院、管理人应当在破产财产最大化、债权人利益平衡考量的基础上,确定"以房抵债"协议是否属于未履行完毕的合同,由管理人决定是否继续履行或者解除。

对房企破产前,债权人与债务人已经就"以房抵债"协议抵债房产办理了预告登记或者物权公示的,预告登记及物权公示具有对抗破产的能力。② 当然,对于房企破产前办理预告登记或者物权公示,其目的是为担保并防止房企再行处分该担保物,在此种情况下,管理人应当依据新《民间借贷规定》第23条的规定,通过诉讼来否定房屋买卖合同效力,同时应当请求撤销该预告登记行为。在实务中,还存在"以房抵债"协议约定抵债房产办理网签的效力认定问题。对此,笔者赞同以下观点,即对于办理了商品房网签手续的,因网签作为一种行政管理手段,虽然在一定程度上限制了义务人对担保房屋的另行处分,但尚无法替代或者承载预告登记对外的公示功能,不足以产生对抗第三人的物权效力,因此,难以直接认定权利人的优先受偿权。③ 但从现实角度考虑,网签几乎是强制性的,其目的与预告登记一样,限制担保房屋的另行处分,因此,从破产实务处理的角度,对办理了网签手续的,应当适当给予保护。当然,对于已经办理了预告登记或者物权公示的,但管理人经审查认为,"以房抵债"协议存在基础债权不真实或者恶意损害其他债权人合法权益的情形,可以分别依据《中华人民共和国企业破产法》(以下简称《企业破产法》)第16条、第31条的规定申请法院予以撤销。对债务人通过虚构债权达成"以房抵债"协议的方式转移资产的,应当依据《企业破产法》第33条的规定,认定"以房抵债"协议无效,并予以追回。

五、"以房抵债"协议债权的清偿规则

我国《企业破产法》虽然并未针对法定特别优先权作出明确规定,但是在破产实务中购房人优先权、建设工程价款优先权等法定特别优先权,都可以依照别

---

① 参见苗凯莉:《破产程序中以房抵债协议的效力认定及处置办法》,第十二届"中部崛起法治论坛"2019年论文。
② 参见金可可:《预告登记之性质——从德国法的有关规定说起》,载《法学》2007年第7期。
③ 参见徐振华:《买卖型担保的效力认定及应对思路——以民间借贷司法解释第24条为视角》,载郭兵主编:《法院改革与民商事审判问题研究》2018年版。

除权进行处理。在清偿顺位上,一般认为承认法定特别优先权优先于担保物权受偿,或许更符合特别优先权的立法旨趣。[①] 基于"以房抵债"协议约定的内容及当事人的真实意思表示,"以房抵债"协议作为买卖型担保,并未构成担保物权。当抵债对应的房屋出现权利竞合时,"以房抵债"债权人不能对抗担保债权人而直接取得该房屋所有权,该"以房抵债"债权人只能恢复到原债权债务关系中参与破产财产分配。

管理人在对"以房抵债"债权进行审查时,应根据"以房抵债"协议签订的时间、办理预告登记或者物权公示情况,对债务履行期届满前或者债务履行期届满后的"以房抵债"协议效力进行判断,并对其清偿规则进行合理区分。

(一)债务履行期届满前达成的"以房抵债"协议的清偿规则

根据《全国法院民商事审判工作会议纪要》(以下简称《九民会议纪要》)第45条、第71条,以及新《民间借贷规定》第23条的规定,将"以房抵债"协议认定为买卖型担保,与让与担保进行区分,更有利于平衡债权人、债务人各方的利益。根据《民法典》第401条、第428条关于禁止流质、流押的规定,债权人不能直接请求债务人履行房屋交付或者权属变更义务。但是,流质和流押条款无效并不意味着整个"以房抵债"协议无效。事实上,"以房抵债"协议仍然是有效的,该类"以房抵债"的清偿规则是:当债务人不履行债务时,债权人可以通过折价、拍卖、变卖抵押房产等方式偿还债务,至于对拍卖所得的价款是否享有优先权,则因抵债房产是否完成权属变更登记而异。

根据抵债房产是否完成权属变更公示,可以将"以房抵债"协议的清偿规则作出区分。

第一,尚未完成权属变更登记的,鉴于"以房抵债"协议在性质和功能上与买卖合同类似,双方签订"以房抵债"协议类似于签订房屋买卖合同作为原金钱债务的担保,因此,此时可以参考适用新《民间借贷规定》第23条的规定来处理,债权人只能就金钱债务申报普通债权,根据债权人会议通过的财产分配方案或者重整计划草案确定的普通债权清偿比例受偿。

第二,对于已经完成不动产权属预告登记或者变更登记的"以房抵债"协议,

---

① 参见韩长印:《破产法学》,中国政法大学出版社2016年版,第158~159页。

构成让与担保,应当参照《九民会议纪要》第 71 条有关"让与担保"的规定处理,债权人可以就房产价值内的金钱债务申报担保债权,要求就该房产的变价款项优先受偿。

(二)债务履行期届满后达成的"以房抵债"协议的清偿规则

参照《九民会议纪要》第 44 条的规定,并根据"以房抵债"协议属于诺成合同的性质,债务履行期限届满后达成的"以房抵债"协议在双方当事人的意思表示真实、协议内容不违反法律、行政法规的强制性规定的情况下,协议即为有效。但是,管理人在审查此类"以房抵债"协议时,一方面,要根据抵债房产是否已经完成权属登记,对该"以房抵债"协议作进一步的区分;另一方面,应当依照《企业破产法》第 31 条、第 32 条的规定,审查是否存在以明显不合理的价格进行交易、对没有财产担保的债务提供财产担保、对未到期的债务提前清偿或者构成个别清偿等情形,防止虚构债务转移资产、恶意损害其他债权人利益的情形发生,如存在上述情形的,应当依法行使撤销权。如果"以房抵债"的房产已经完成权属登记,同时经管理人审查,不存在前述情形的,债权人依法享有该房屋的所有权,由债权人行使取回权。而如果抵债房产尚未转移登记,即实际交付给债权人,应当将"以房抵债"协议视为双方尚未履行完毕的合同,管理人应当在接受指定后,在法定的期限内决定继续履行或解除合同,即行使合同解除权。对于债权人在债权申报期内不依法申报债权,并经债权审查确认程序,直接起诉要求债务人履行"以房抵债"协议并交付房产的,应当从以下几个方面分析判断:一是对债权人是否属于消费性购房人作出认定;二是在管理人未同意继续履行合同的情况下,"以房抵债"协议是否已解除;三是分析债权人要求继续履行合同的行为,是否构成个别清偿。

当然,如果存在"以房抵债"协议债权人在房企破产前,已将抵债房产转让给其他消费性购房者的,而这些购房人事实上已支付全部或大部分购房款的,应当依法保护该消费性购房者的生存利益,按照已经支付购房款的消费者进行优先受偿。

管理人对行政协议的合同解除权
——以 PPP 协议为例

江星燕[*]

一、问题的提出

现行《中华人民共和国企业破产法》(以下简称《企业破产法》)赋予了破产管理人选择继续履行或无条件解除合同的权利,因此,该合同解除权又称为任意解除权。但是若该权利无任何限制,在某些情况下可能与其他单行法规定相冲突,进而损害其他债权人利益或公共利益,由此需要管理人在债务人利益、债权人利益以及社会公共利益之间作出权衡。而就该权利与其他单行法的潜在冲突,破产法应当在实体领域内贯彻"尊重破产法之外规则"的理念,其运作的结果不应与破产法以外的法律所依据的前提有根本冲突,[①]这需要通过合理的制度设计实现。

因此,本文试以政府和社会资本合作(Public-Private-Partnership, PPP)为例,论述 PPP 协议是否落入破产管理人合同解除权的范畴,以及该协议若落入合同解除权,管

---

[*] 中国人民大学法学院硕士研究生。
[①] 参见庄加园、段磊:《待履行合同解除权之反思》,载《清华法学》2019 年第 5 期。

理人的选择权是否应当受到限制、如何予以限制。

二、破产管理人合同解除权的解读

（一）现行法律规范视角

《中华人民共和国民法典》（以下简称《民法典》）将合同解除权分为两类：基于当事人意思自治约定及协商的解除权、基于平等诚信原则的法定解除权。就一方无条件解除合同的任意解除权，也有约定和法定之分，但法定的任意解除权仅限于不定期继续性合同以及服务合同。其中，不定期继续性合同任意解除权的规范目的是避免当事人无期限地受到合同约束，防止逸出个人自主决定范围；而服务合同任意解除权的规范目的是出于对社会主体特别信任度的考量。[①] 但该任意解除权也并非完全任意，实务中也存在基于政策性考量而排除上述两类合同任意解除权的可能，如服务性供电合同中供电人、无固定期限劳动合同中用人单位均无任意解除权。

而待履行合同在进入破产程序后，若仅适用民法的一般规定，则可能出现"胶着"状态：管理人请求继续履行合同而合同相对人以不安抗辩权或先履行抗辩权抗辩，若合同相对人请求继续履行合同，则管理人有权以禁止个别清偿为由拒绝履行。为消除"胶着"的状态，《企业破产法》第18条第1款规定："人民法院受理破产申请后，管理人对破产申请受理前成立而债务人和对方当事人均未履行完毕的合同有权决定解除或者继续履行，并通知对方当事人。"由此可见，一旦企业进入破产程序，仅破产管理人有权单方无条件解除已成立的合同。

应当注意的是，《企业破产法》规定管理人合同解除权的行权范围仅限为破产申请前成立且双方均未履行完毕的双务合同，"均未履行完毕"包括一方或双方均处于未履行或部分履行状态。[②] 相较于《民法典》视野下的合同解除权，《企业破产法》仅对合同解除权在合同的履行状态上作出了限缩，但不以特定的合同类型为前提和要求，赋予了破产管理人更多的自主性和任意性，以便实现债务人财产最大化利益。

[①] 参见朱虎：《分合之间：民法典中的合同任意解除权》，载《中外法学》2020年第4期。

[②] 参见李永军：《论破产管理人合同解除权的限制》，载《中国政法大学学报》2012年第6期。

(二)理论及实践视角

破产管理人的合同解除权,以单方意思表示即可使法律关系发生消灭,属于简单形成权。由此产生的问题是,管理人可能仅以债务人财产最大化的考量而解除合同,而双务合同类型复杂繁多,此时"任意且效能强大"的解除权,可能对个别债权人的基本权益、市场交易乃至社会秩序的稳定造成冲击。而"一个高效率的破产法应当追求破产程序与整个法体系价值观的一致性,以尽量维护交易关系和风险的可预测性,减少破产程序对既有经济、法律秩序的冲击",[1]因此,笔者认为,有必要对管理人的解除权作出一定的限制。

在破产程序中,对合同解除权的权利适用客体分为可自由选择解除的合同、不可自由选择解除的合同,其中不可自由选择解除的合同往往出于维护交易安全、保护当事人合理预期的目的而作绝对限制,如建设施工合同、所有权保留买卖合同、不动产租赁合同、已预告登记的房屋买卖合同等。[2] 而可自由选择解除的合同范围广泛,但管理人并非拥有绝对自由,应当认为其自由为受限制的相对自由,基本理念是以债权人利益最大化和利益平衡原则进路,需要管理人具体分析破产管理人的合同解除权是否应受限制。

三、行政协议应否纳入合同解除权范畴的分析

通览各类文献发现,学界对合同解除权行权范围限制的研究聚焦于民商事合同,而未对行政协议作出回应,甚至默认行政协议不属于管理人合同解除权的行权范围。[3] 但如今政府与企业之间合作交流密切化,行政协议签订频繁,涉及交易事项广泛,若不探讨行政协议的合同解除问题,既不符合现实需要,也不利于法治体系构建。因此,本文以 PPP 协议为例,对此类行政协议应否纳入合同解除权权限,以及若将此类行政协议纳入行权范围,是否有必要受到限制予以

---

[1] 王欣新、余艳萍:《论破产程序中待履行合同的处理方式及法律效果》,载《法学杂志》2010年第6期。

[2] 参见王欣新:《破产法》(第4版),中国人民大学出版社2019年版,第71页。

[3] 参见刘颖:《论破产法第18条中"合同"的界定——以美、德、日的判例与学说为借鉴》,载王利明主编:《判解研究》第70辑,人民法院出版社2015年版,第165~178页。

分析。

(一) PPP 协议性质分析

自 2015 年《基础设施和公用事业特许经营管理办法》出台以来，各市场主体为了获得河道、公路等公共基础设施的项目，或专门成立特许经营项目公司 (Special Purpose Vehicle, SPV)，或以现有企业承接 PPP 项目。但随后由于 PPP 机制不完善、政府投入资金不足、公司运转失灵等原因，承接 PPP 项目的公司被迫破产，尚存继续履行可能的 PPP 项目也陆续进入了破产程序。

在讨论 PPP 项目是否应纳入管理人解除权范畴之前，需要对 PPP 协议的性质予以认定，而之前学界对此争议不断，属于民事合同、行政合同、经济法合同的观点均有。根据 2020 年最高人民法院《关于审理行政协议案件若干问题的规定》（以下简称《审理行政协议案件规定》）第 1 条和第 2 条规定，行政协议包括"(五) 符合本规定第一条规定的政府与社会资本合作协议"。鉴于此，本文将 PPP 协议列为行政协议，为公法和私法、契约与行政融合之产物，类似于公共部门把服务外包给社会机构。

通常认为，由于公权力主体的参与，行政协议相对方为不平等民事主体，且该协议涉及社会公共利益，合同的签订与解除应当兼顾其内在的公法与私法属性，并谨慎对待。在 PPP 项目大面积违约的背景下，若 SPV 破产，公司设立目的完全落空，则无继续履行之必要，因此，无须考虑管理人解除权的问题。但对于兼营 PPP 项目的企业而言，若企业由于其他业务资不抵债，则需要分析 PPP 项目是否有挽救企业之可能，由此产生了是否应当落入管理人合同解除权范畴的问题。

与政府签订 PPP 协议的企业由于其他原因进入破产程序，但尚未完成基础设施建设，政府也尚未支付全部建设资金，则此时该 PPP 协议似乎符合《企业破产法》关于合同解除权的条件规定，但由于行政协议的特殊性，有学者直接将行政协议排除在破产管理人合同解除权权限以外，[1]笔者猜测，可能是出于 PPP 协议的行政性、公益性的考虑。但是本文对此持相反观点，并在下文予以阐述。

---

[1] 参见刘颖：《论破产法第 18 条中"合同"的界定——以美、德、日的判例与学说为借鉴》，载王利明主编：《判解研究》第 70 辑，人民法院出版社 2015 年版，第 165~178 页。

(二)行政协议与破产程序中的合同解除权

1. 行政协议性质上适用合同解除权

(1)行政协议解除权

有观点认为,破产法下的合同解除权属于民法的特殊合同解除权,仅限于平等民事主体之间的民商事合同,应当排除行政协议。

本文认为,即便《审理行政协议案件规定》将 PPP 协议定性为行政协议,其与民事合同存在诸多关联,二者并非泾渭分明、非此即彼的关系。首先,就规则适用上,民商事领域合同的某些规则可以在行政协议中适用,如合同成立要件规则相同,均属于形成权等;二者的法律效果相同,如最终导致债权债务关系消灭、双方互负返还请求权等。民法的合同解除权与破产法、行政法领域的合同解除权只是使用规则上存在区别,如破产法中管理人处于优势地位、行政法中政府主体处于优势地位,但本质并无区别。

其次,民法上的合同解除权也可以在其他法律中适用,如实质不平等劳资双方的《中华人民共和国劳动合同法》(以下简称《劳动合同法》)。且《企业破产法》并未明示阻止行政协议进入管理人选择权行权范畴,而债务人作为私主体,同样适用"法无禁止即自由"的法律原则,即如无特别明确之理由,不应将其特殊对待。笔者认为,将民法中的合同解除权仅作为平等民事主体之间适用的规则有误,民法提供了解除权的通用逻辑框架,但在不同部门法中适用时,立法者可以根据不同的制度需要予以调整。

另外,在制度目的上,无论是民法、破产法还是行政法,合同解除权均意旨及时止损。尤其在破产法领域,管理人可以通过行使合同解除权,解除对债务人负担过重的合同,尽量延续对债务人有利的合同,以实现债务人财产的整体增值。若将行政协议排除在解除权规则之外,则默示地放弃了通过行政协议增加财产价值的可能。

最重要的是,企业一旦进入破产程序后,无论其是民商事合同还是行政协议,即从民事或行政解除权跳到了破产法项下的解除权,其原本约定或法定的合同解除方式都将自动失效,而原本法律关系不论是否平等,都将转变为破产法上不完全平等的关系。法律关系都以破产管理人为主导,目的是让债务人可以尽可能无负担轻易处分,实现财产可变现的最大化价值,从而让申报债权的全部债权人获得尽可能多的份额分配。因此,以仅适用平等民事主体为由排除行政协议在破产法合同解除权适用的理由不成立。

(2)行政协议优益性

有的观点认为,破产法属于民商事及经济法法律,不应当染指行政法上具有优益性的行政协议。行政协议中政府占据主导地位,应以政府行政管理目的之实现为核心,其协议是否解除应由政府根据公共利益原则、比例原则等决定。

笔者认为,如今部门法交叉相容,法律原则或规则互相通用,PPP协议便是公法和私法融合的产物。区分民事合同和行政协议的核心标准是公权力使用和契约合意,平等或优益权并非行政协议的关键问题。[①] 实际上,行政合同中的双方可以在事实上不平等,但是占据优势地位的行政主体必须在合同缔结和执行过程中平等对待不平等的相对人,契约相对人必须有"议价能力"和可供选择的外部环境,只要合同关系具有可协商性,这个合同就是平等的。[②] 多数学者认为,PPP协议兼具公法和私法性质,在处理PPP协议纠纷时,应当跳出公私法二元模式的束缚。[③]

同时,随着20世纪后期的行政改革及新公共管理理念的引入,利用私法契约来提供公共服务,政府与社会、组织、个人间的地位变得越来越平等。若是不将行政协议纳入管理人合同解除权的行权范围,仍有行政协议特殊化的色彩,也无法体现PPP协议公私兼容之法律属性。

笔者认为,以政府优益性为由,主张行政协议(尤其是带有浓厚私法性质的PPP协议)不纳入破产管理人合同解除权范畴不成立,反之应当将其与其他民商事主体平等对待。

(3)行政协议公益性

行政协议(尤其是PPP协议)的另一特点是涉及公共利益重大,而这也是考虑排除管理人选择权的核心出发点。立法者设立合同解除权制度时,向破产财

---

① 参见于立深:《行政协议司法判断的核心标准:公权力的作用》,载《行政法学研究》2017年第2期。

② 参见于立深:《行政协议司法判断的核心标准:公权力的作用》,载《行政法学研究》2017年第2期;于立深:《契约方法论》,北京大学出版社2007年版,第104页。

③ 参见湛中乐、刘书燃:《PPP协议中的公私法律关系及其制度抉择》,载《法治研究》2007年第4期;刘飞:《PPP协议的法律性质及其争议解决途径的一体化》,载《国家检察官学院学报》2019年第4期。

团倾斜,赋予债务人"违约"的权利,此时财团利益高于个人利益,但是就某些基础设施建设行政协议,单个政府主体背后暗含着重大公共利益,其远比财团利益或财产债权人利益更为重要。

出于政府公信力和社会公共利益的考量,本文同样持有上述顾虑。但本文但更倾向于将其纳入管理人选择权的范畴,以限缩管理人选择权的方式平衡社会公共利益,原因在于,"一刀切"地将尚未履行完毕的行政协议全部归于终止,可能导致前期投资浪费,更加有违公共利益原则。

2. 法律效果上适用合同解除权

从法律适用效果考虑,若不将行政协议纳入合同解除权权限,则无论行政协议是否有继续履行的可能,行政协议都只能自动终止,对于某些尚可实行,甚至可能挽救企业的行政协议,也只能被迫"流产"。政府只能以因合同解除所产生的损害赔偿请求权申报债权,以普通债权人的身份与其他债权人平等受偿,此时通常无法获得全额清偿。这不仅可能导致社会资源的浪费,还会影响社会公共利益,对于其他债权人而言,原本可能通过破产重整提高企业财产价值的行政协议被迫终止履行,这并非最理想的结果。

若将行政协议纳入管理人选择权权限,此时管理人选择继续履行合同的一般前提是,继续履行有利于破产财产的增值,即以继续履行合同并以共益债务优先支付为代价,虽然可能在清偿上对其他普通债权人的短暂不公,但若总体上能使债务人财产增值,则该选择权就是有意义的,其不仅有利于行政协议目的之实现,也有利于其他债权人可分得财产增加。① 为了鼓励债权人继续履行,法律上对债权人也有双重保护,既可以根据《企业破产法》第 18 条第 2 款要求债务人提供担保,也可以根据第 42 条第 1 款规定,将该债权作为共益债权优先受偿。

若管理人选择解除合同,则尚未履行的债务自解除时归于消灭,对于已经履行的债务并不消灭,而是发生不当得利返还请求权。② 该返还请求权的性质,可以参考最高人民法院在 2016 年"最高院民他 93 号"答复函:"该不当得利返还债

---

① 参见湖南省高级人民法院民事判决书,(2017)湘民再 461 号;湖南省高级人民法院《关于破产企业签订的未履行完毕的租赁合同纠纷法律适用问题的请示》的答复意见;王欣新、余艳萍:《论破产程序中待履行合同的处理方式及法律效果》,载《法学杂志》2010 年第 6 期。

② 参见王欣新、余艳萍:《论破产程序中待履行合同的处理方式及法律效果》,载《法学杂志》2010 年第 6 期。

务应作为共益债务,由破产企业财产中随时返还"。[1] 况且管理人为使债务人财产利益最大化,而选择解除履行合同,使全体债权人受益,其所产生的债务由全体债权人共同负担无可厚非。此种处理模式与未履行完毕的普通民商事合同并无不同,不存在故意侵害其他债权人利益之嫌。政府作为共益债权人,其债权可能得到全额清偿,在地方财政紧缩的背景下,具有重要意义。

综上所述,将PPP协议纳入管理人选择权权限,并不会置公共利益于不顾,反而可能有利于公共利益的实现但出于公共利益需要,对行政协议解除权的担忧亦是合理的,这一担忧可通过对合同解除权限缩的形式予以缓解。

四、对行政协议解除权限度的探讨

既然将行政协议纳入破产管理人合同解除权,则对行政协议的限制同样适用民商事合同的限制规则,甚至由于涉及公权力主体和社会公众利益,还应以更高的标准要求。

实践中出于对物权、担保权乃至基本人权的尊重与保护,限制管理人民商事合同的解除权,如不动产租赁合同涉及公民居住权保障和社会安定性;公共事业服务合同仅限于劳动合同;具备担保性质的所有权保留买卖合同以及融资租赁合同等。[2] 回到行政协议中,破产法也应该限制管理人对于行政协议的解除权,以保障社会基本的公共利益和价值。例如,铁路、公路、垃圾焚烧厂、供热等项目的PPP协议,公共利益原则应始终贯穿企业全生命周期的始终。

然而行政协议种类繁多,且部分协议还带有私法性质,因此,针对不同的行政协议可以有不同的限制条件,可以采取过重负担检验、利益平衡检验法,[3] 但具体适用到行政协议的选择权时,还需要更深入的讨论与分析,并作出债权人利益和社会公共利益的权衡。立法上,可以采取一般条款与特别列举并用的立法模式,就典型行政合同的限制范围作出规定,而对于新型行政协议或细节繁杂的行

---

[1] 湖南省高级人民法院民事判决书,(2017)湘民再461号;湖南省高级人民法院《关于破产企业签订的未履行完毕的租赁合同纠纷法律适用问题的请示》的答复意见。

[2] 参见陈本寒、陈超然:《破产管理人合同解除权限制问题研究》,载《烟台大学学报(哲学社会科学版)》2018年第3期。

[3] 参见许德风:《论破产中尚未履行完毕的合同》,载《法学家》2009年第6期。

政协议,则可以赋予管理人一定的自由裁量权。

但无论采取何种立法模式和实践权衡模式,确立行政协议解除权以及其限制之精神,有必要予以明确和重申。

五、结　　论

《企业破产法》第18条并未就合同类型对管理人的选择权作出限制,反向推之,《企业破产法》将所有类型的待履行合同均纳入管理人合同解除权的范畴,赋予管理人尽可能最大限度的处分自由,以实现债务人利益最大化。但是,随着新型破产企业类型的增加和合同种类的出现,管理人是否享有完全的待履行合同解除权被质疑。经过近几年的研究,学界认为,出于法律体系完整性、社会稳定性、基本权利保障的考虑,需要将某些债权人的个别利益保护优于债务人利益最大化,即需要对某些民商事合同解除权予以限制,如带有居住权利保障色彩的不动产租赁合同。

然而,上述理论思想的变革却并未在行政协议界掀起波澜。实际上,随着政府"放管服"改革推进,政府职能转变加快,不少新型行政协议活跃于政府主体和社会主体之间,如PPP协议,此类协议往往同时带有公法和私法性质,具有便利政府工作效率、优化资源配置等诸多外部性。但是由于市场体制不完善、资金链断裂等原因,不少PPP协议难以推进,签署了类似行政协议的企业很可能破产。而一旦进入破产程序,破产法关于行政协议是否解除以及如何解除的问题,又长期处于立法空白状态。

反对将行政协议纳入管理人选择权范畴的观点认为,行政协议本身具有行政优益性和社会公益性,不应将合同继续履行与否的选择权只交给管理人一方决定。但本文认为,行政协议在性质上属于带有公法性质的非强制合同,合同双方虽然在协议签订时存在事实上的不平等,但是由于私主体一方具有较大的议价能力,因而二者在履行时实质上是平等的。就法律效果而言,将行政协议纳入管理人合同解除权的行权范畴不仅不会对公共利益造成影响,反而基于灵活变动的选择权,根据具体情况选择是否继续履行协议,兼顾社会公共利益和其他债权人利益。

由此可见,我国应当转变原本以债权人利益至上为原则的立法理念,而转向破产财产最大化原则和平衡利益原则的基本指导思想,平衡各方利益,作出最佳决策。在待履行行政协议是否解除以及如何解除的问题上,都应以此为原则。《企业破产法》需要以更严谨的态度重新思考和审视行政协议在债务人破产程序中的地位,在实践中赋予管理人选择权,在立法上作出更加细化的限制性规定。

破产财产网络拍卖的现状及改进路径

高美丽[*] 刘纡含[**] 王鑫磊[***]

一、破产财产网络拍卖的主要模式

近年来,破产财产网络拍卖这一破产财产处置方式,凭借其高效、便捷、传播范围广泛的特点受到了法院、管理人、债权人、买受人等各界的欢迎与支持,获得了广泛应用,并成为破产财产处置的主要方式。此方式对破产项目推动意义重大:一是在破产财产处置中,能依托网络平台与灵活规则,充分发掘财产市场价值,保障债权人利益,实现公开透明竞争;二是相比司法拍卖,可解决流拍、评估价争议等问题,更好实现财产价值;三是不仅用于破产清算财产拍卖,还伴随破产管理人实践创新,更多应用于出售式重整或重整式清算,保留企业营运价值,从而实现挽救企业目的。[①]

如何充分挖掘破产财产网络拍卖的潜力并将其纳入

---

[*] 北京大成律师事务所总部破产重整与清算专业组负责人、高级合伙人。
[**] 北京大成律师事务所总部合伙人。
[***] 北京大成律师事务所总部律师。
[①] 参见王欣新:《市场经济与破产资产网拍关系探讨》,载央广网财经,http://finance.cnr.cn/zt/fenghui/kaimushi/20200424/t20200424_525066003.shtml,最后访问时间:2021年8月2日。

法治轨道,日益成为学术界与实务界的关注点。目前,破产财产网络拍卖在法律层面未出现统一的法律条款对其进行规制,《中华人民共和国企业破产法》(以下简称《企业破产法》)及其司法解释亦未对破产财产网络拍卖做出具体规定,但基于企业破产案件审判实践的需要,破产财产网络拍卖在各地法院的监督下探索出不同的操作模式。从破产财产网络拍卖的主体来区分,主要存在两种操作模式:

第一,法院作为拍卖主体。此模式源于网络司法拍卖。2013年浙江省高级人民法院《关于企业破产财产变价、分配若干问题的纪要》[①]率先规定管理人可申请法院网络拍卖破产财产。2017年浙江多数法院借助网络司法拍卖平台进行处置,同年阿里司法拍卖平台破产资产网络拍卖通道启用,模式升级为设置执行与破产程序两个财产拍卖通道,破产网络司法拍卖独立性初显。

第二,管理人作为拍卖主体。2019年保定天威集团有限公司破产管理人首次自主通过网络拍卖处置破产资产,由此开创了管理人独立发拍的新路径。同年,阿里平台允许律师事务所、会计师事务所和清算事务所入驻,管理人可通过子账号独立发拍和结算案款,如此提高了破产财产处置的效率和便捷性。

关于这两种模式的区别。首先,拍卖参与人的角色分工不同。在管理人独立发拍的模式下,法院不再就管理人拟公示的拍卖信息进行事先审查,而是由管理人独立履职,法院进行必要的监督与协助。[②] 其次,二者在法律规则的适用上也存在区别。法院作为拍卖主体的模式下,拍卖程序适用《最高人民法院关于人民法院网络司法拍卖若干问题的规定》(以下简称《网络司法拍卖规定》)。[③] 而在管理人作为拍卖主体的模式下,管理人根据财产变价方案通过公开竞价处分破产财产的法律行为,破产财产拍卖遵循债权人会议的意思自治,并不当然适用《网络司法拍卖规定》。

目前,随着阿里巴巴、京东等网络拍卖平台发展完善、破产案件增多,借鉴网拍经验用于破产财产处置,加之管理人业务推广,管理人独立拍卖在破产财产网

[①] 浙江省高级人民法院关于印发《关于企业破产财产变价、分配若干问题的纪要》的通知(2013年7月5日,浙高法〔2013〕154号),第11条第1款:"经债权人会议决议以拍卖方式变价出售破产财产的,且破产财产适宜由法院主持进行网络拍卖的,可由管理人申请法院根据本院《关于全面推进网络司法拍卖工作的通知》和相关工作规程,通过网络拍卖方式变价破产财产。"

[②] 方志宗:《规范网络拍卖,强化监管职责——法院人士浅析淘宝平台司法拍卖》,载《中国拍卖》2013年第4期。

[③] 《网络司法拍卖规定》,法释〔2016〕18号,2017年1月1日。

络拍卖中广泛应用,并已成为主要形式。

二、破产财产网络拍卖法律规制现状考察

(一)破产财产网络拍卖立法尚处于探索阶段

我国破产财产网络拍卖立法仍在探索阶段,最高人民法院也未出台统一法律规范,然而一些法院在 2019 年年底至 2021 年发布了地方性规定。可见,破产财产网络拍卖是当前破产法立法和实践中的新问题。

关于破产财产拍卖方式的选择,一些地方性法规明确规定了处置破产财产时应当优先采用网络拍卖的方式,如北京[1]和陕西[2]。此外,上海[3]、河南[4]、重庆[5]、山东[6]、贵州[7]、深圳[8]、东营[9]和温州[10]等地均明确了优先通过网络拍卖方式

---

[1] 北京市高级人民法院《关于破产程序中财产网络拍卖的实施办法(修订)》第 2 条规定:"债务人财产处置,应当采用网络拍卖方式。债权人会议决议通过其他方式处置,法律、行政法规规定必须通过其他途径处置,以及债务人财产不适宜通过网络拍卖处置的除外。"

[2] 陕西省高级人民法院《破产案件审理规程(试行)》第 212 条第 2 款规定:"以拍卖方式处置破产财产,除法律、行政法规和司法解释规定必须通过其他途径处置的以外,应当采取网络拍卖方式。"

[3] 上海市高级人民法院《关于破产程序中财产网络拍卖的实施办法(试行)》第 2 条第 1 款规定:"破产程序中变价处置债务人财产的,应当采用网络拍卖方式,但法律、行政法规和司法解释规定必须通过其他途径处置,以及债权人会议另有决议或者不宜采用网络拍卖方式的除外。"

[4] 河南省高级人民法院《关于审理企业破产案件破产成本管理的指引》第 12 条规定:"破产财产处置应以网络拍卖为优先,坚持价值最大化原则,兼顾处置效率,最大限度提升财产变现溢价率。"

[5] 重庆市高级人民法院《关于破产程序中财产网络拍卖的实施办法(试行)》第 2 条第 1 款规定:"变价出售债务人财产应当通过网络拍卖方式进行,但债权人会议另有决议的除外。"

[6] 山东省高级人民法院《企业破产案件审理规范指引(试行)》第 183 条第 2 款规定:"以拍卖方式处置破产财产的,除法律、行政法规和司法解释规定必须通过其他途径处置,或者不宜采取网络拍卖方式处置的以外,应采取网络司法拍卖方式。"

[7] 贵州省高级人民法院《破产审判工作实务操作指引(试行)》第 157 条规定:"……以拍卖方式处置破产财产的,除法律、行政法规和司法解释规定必须通过其他途径处置,或者不宜采用网络拍卖方式处置的以外,应采取网络司法拍卖方式……。"

[8] 深圳市中级人民法院《破产程序中网络拍卖财产工作指引》第 1 条规定:"破产程序中变价出售债务人财产的,应当采用网络拍卖方式,法律及其他有关规范另有规定、债权人会议另有决议或者不宜采用网络拍卖方式的除外。拟不采用网络拍卖方式变价出售财产的,管理人应当在财产变价方案中充分说明理由。"

[9] 东营市中级人民法院《破产案件管理人工作指引》第 99 条第 3 款规定:"……债权人会议没有决议的,管理人应优先采取网络司法拍卖等有利于最大变现可能的方式进行。"

[10] 《温州市中级人民法院关于通过网络司法拍卖平台处置企业破产财产的会议纪要》第 1 条规定:"通过网络司法拍卖平台处置企业破产财产应遵循自愿、合法的原则。对符合条件的企业破产财产,应优先考虑通过网络司法拍卖平台进行处置,债权人会议决议不同意的除外。"

处置破产财产的指导原则。①

在检索破产财产网络拍卖法律法规时,笔者发现,多数地方法院未出台专门规范文件,仅在破产相关文件中提及破产财产拍卖可以或优先采用网络拍卖这一原则,对拍卖流程具体问题和重要环节,如公告期、起拍价等,未作具体明确规定,相关规定尚显不足。目前,北京、上海和深圳等地方法院出台实施办法或工作指引,是规范破产财产网络拍卖的有益立法尝试,为其他地方法院乃至全国出台统一规范文件提供了借鉴。

(二)现有地方性破产财产网络拍卖规定考察

鉴于我国多地破产财产网络拍卖立法不成熟,本文整理分析相关地方性法规,梳理公告期、起拍价、降价幅度和保证金四个关键环节的部分地方规定异同,总结有益思路,以期为全国统一文件出台和司法实践提供借鉴。

1. 破产财产网络拍卖公告期设置规定

公告期的设置直接影响网络拍卖信息的传播范围,并且需要保证潜在买受人对拍卖财产的合理了解、尽职调查及内部决策时间。公告期设置太短,将会使破产财产处置效果大打折扣,影响破产财产价值和债权人利益,因此有必要设置合理的最短公告期间。例如,北京市、上海市、重庆市、齐齐哈尔市、广州市、阜宁县和银川市规定首次拍卖公告期不少于 15 日,流拍后再次公告期不少于 7 日;深圳市、安阳市规定首次拍卖公告期不少于 15 日,整体转让的不少于 30 日,流拍后再次公告期无规定;青岛市、浙江省和温州市对此无规定。《网络司法拍卖规定》

---

① 主要参考法规为:《北京市高级人民法院关于破产程序中财产网络拍卖的实施办法(修订)》(2021 年 4 月)、《上海市高级人民法院关于破产程序中财产网络拍卖的实施办法(试行)》(2021 年 5 月)、《深圳市中级人民法院关于破产程序中网络拍卖财产工作指引》(2020 年 1 月)、《重庆市高级人民法院关于破产程序中财产网络拍卖的实施办法(试行)》(2019 年 12 月)、《安阳市中级人民法院关于破产程序中网络拍卖财产工作指引(试行)》(2021 年 1 月)、齐齐哈尔市中级人民法院《关于破产程序中财产网络拍卖的实施办法》(2020 年 11 月)、《青岛市中级人民法院办公室关于破产程序中财产网络询价的实施办法(试行)》(2020 年 9 月)、广州市中级人民法院《破产程序中财产处置的实施办法(试行)》(2020 年 2 月)、温州市中级人民法院《关于通过网络司法拍卖平台处置企业破产财产的会议纪要》(2015 年 9 月)、《银川市中级人民法院关于破产程序中财产网络拍卖的实施办法(试行)》(2019 年 10 月)以及《浙江省高级人民法院关于企业破产财产变价、分配若干问题的纪要》(2013 年 6 月)。

中对于公告期的规定同样区分了标的物种类,但分为不动产与动产。① 对于区分拍卖次数,但不区分拍卖标的物种类,如北京市、上海市、重庆市、齐齐哈尔市、广州市、阜宁县和银川市规定:"首次拍卖的公告期不少于15日,流拍后再次拍卖的公告期不少于7日。"

笔者认为,采用区分"需现场看样、资料查阅等尽职调查及整体营业转让"的标的物方式较为合理。对竞拍人而言,现场看样、法律财务尽调、整体接盘决策等耗时更长,而不动产与动产的区分影响不明显。此外,首次规定最短时限后,第二次拍卖不做特别规定,管理人和债权人可依拍卖物情况在财产变价方案中灵活处理,充分体现债权人意思自治,从而兼顾处置效率。

2. 破产财产网络拍卖起拍价设定规定

起拍价设置影响破产拍卖财产价值实现:如起拍价过低,不利标的物价值充分实现;过高则可能无人竞拍导致流拍。起拍价高并非破产财产价值最大化的充分条件,实践中低起拍价拍品也经常吸引更多投资者,实现高溢价率与理想成交价。如北京市、上海市、重庆市、齐齐哈尔市、阜宁县和银川市规定由管理人提出处置参考价供债权人会议参考确定起拍价;深圳市、安阳市规定首次网络拍卖起拍价沿用执行程序中的定价依据、经由债权人会议决定或委托评估机构确定,若管理人向债权人会议提出起拍价建议的,应当通过网络询价系统进行询价,以询价系统显示的价值或者多个询价系统比对后的平均值为依据;广州市、温州市规定管理人应在财产变价方案中明确网络拍卖方案并提交债权人会议讨论、表决;浙江省、青岛市对此无规定。

关于破产财产网络拍卖起拍价的确定,各地都规定先由管理人提出参考价,经债权人会议讨论、表决后确定,但参考价确定依据有差别。笔者认为,起拍价对成交结果作用无法确定,且受标的物、潜在购买者等因素影响,因此建议以债权人意思自治方式在破产财产变价方案中规定起拍价,由债权人共同决定合理设置方式。若债权人会议无法就起拍价决议,则建议由法院裁定,以提高财产处

---

① 《最高人民法院关于人民法院网络司法拍卖若干问题的规定》第12条第1款规定:"网络司法拍卖应当先期公告,拍卖公告除通过法定途径发布外,还应同时在网络司法拍卖平台发布。拍卖动产的,应当在拍卖十五日前公告;拍卖不动产或者其他财产权的,应当在拍卖三十日前公告";第26条第1款规定:"网络司法拍卖竞价期间无人出价的,本次拍卖流拍。流拍后应当在三十日内在同一网络司法拍卖平台再次拍卖,拍卖动产的应当在拍卖七日前公告;拍卖不动产或者其他财产权的应当在拍卖十五日前公告。再次拍卖的起拍价降价幅度不得超过前次起拍价的百分之二十。"

置效率。

3. 破产财产网络拍卖降价幅度规定

在破产财产网络拍卖中,流拍后需合理降低起拍价。确定降价幅度时,应综合考虑标的物的市场价值,减少财产折损,并兼顾拍卖效率,以尽可能避免财产贬值。如北京市、上海市和齐齐哈尔市法院文件规定破产程序中拍卖标的物流拍后再次拍卖降价幅度不受限,其他地方无明确规定,而最高人民法院《网络司法拍卖规定》明确限定再次拍卖起拍价降价幅度不超过前次的20%。

笔者认为,破产财产网络拍卖需兼顾挖掘市场价值与效率。具体而言,因拍卖标的物类型和情况各异,为提高效率,再次拍卖起拍价降价幅度不宜"一刀切",且因起拍价与最终结果无直接关联,故建议降价幅度不明确设限,由债权人意思自治确定。实践中,拍卖方式除一次性明确流程外,也可在过程中依实际调整策略,如拍卖次数及降价幅度可由债权人会议决议确定。

4. 破产财产网络拍卖保证金规定

破产网络拍卖需合理确定保证金比例。保证金能约束竞拍人,以保障拍卖有序。另外,拍卖成交后若买受人违约,还能为发拍人提供救济。同时,保证金也会影响竞拍人准入门槛,因为保证金过高易致潜在买受人流失。如北京市、上海市、重庆市、齐齐哈尔市、广州市和银川市则明确保证金比例,数额原则上在起拍价的5%~20%范围内确定;深圳市、安阳市规定管理人应当根据起拍价的金额等因素,合理确定保证金数额和尾款支付期间,并于发布首次拍卖公告前10日内向人民法院提交拍卖报告,拍卖公告包含保证金数额;温州市规定司法技术管理部门决定通过网络司法拍会议决议的意见确定保证金;青岛市未明确规定。

对此,笔者赞成规定保证金数额范围,可作为管理人拟定破产财产变价方案时的参考,但也需尊重债权人会议决议,若其确定的保证金数额不在规定范围,则以该决议为准。

(三)尚未出台具体规定的地区破产财产网络拍卖实践考察

目前我国对破产财产网络拍卖详细规定的只有少数地区,绝大多数地区尚存在规范性文件的缺失的情况。依据《最高人民法院关于司法拍卖网络服务提供者名单库的公告》,目前我国破产财产网络拍卖的7大平台分别是:淘宝网、京东网、人民法院诉讼资产网、公拍网、中拍网、工商银行融e购和北京产权交易所。通过调查7大平台发现,在目前尚未出台破产财产网络拍卖相关规定的地区,破产财产网络拍卖原则上不限制发拍次数、公告时间、降价幅度和保证金数额,其具体环节由债权人会议决定。但为了方便法院监督,在制定具体的拍卖方案时,往往会参考司法拍卖的具体规则,如北京、重庆、深圳、上海和广州等地的破产网络拍卖管理办法也在其参考范围内,当然这些参考并非强制性的。

三、财产网络拍卖实践中存在的问题

(一)缺乏统一的制度规范

破产财产网络拍卖是财产处置新方式,需从法律依据、配套制度等方面完善。虽然目前部分地方法院出台相关规定,但多数地区缺乏专门法律规定等制度规范,其实践依赖《网络司法拍卖规定》或参考京沪等地既有规定。本文第二部分对比了各地法律规定,在破产财产网络拍卖公告期、起拍价、降价幅度、保证金等拍卖流程重要环节中,各地差异较大。

(二)拍卖流程上缺乏监督机制

网络平台在拍卖流程的审核上主要进行形式审查,缺乏实质审查的监督机制。具体问题如下:

第一,拍卖流程是否符合债权人会议决议。目前主流模式为管理人独立发拍,管理人只需提供基础身份证明文件和其他文书(如法院裁定书、管理人决定书等)即可入驻平台并发拍,且平台不要求提交债权人会议决议等文件。平台对拍卖流程是否符合债权人会议表决通过的财产变价方案缺乏实质审查,可能导致债权人会议决议无法有效执行,损害债权人利益,违背债权人意思自治原则。[1]

第二,拍卖标的物权利瑕疵的审查。平台对管理人提供的拍卖公告真实性不进行实质审查,若管理人隐瞒或疏漏未披露标的物瑕疵或权利受限情况,则可能损害买受人利益。拍卖公告通常包含免责条款,将标的物权利瑕疵风险转移给买受人,平台和管理人不承担赔偿责任。

综上,网络拍卖平台在审核拍卖流程和标的物时,主要依赖管理人提供的信

---

[1] 杜军:《管理人制度完善的路径与思考》,载《人民法院报》2018年3月21日,第7版。

息,缺乏实质审查机制,则可能导致债权人利益受损和买受人面临风险。为促进交易顺利完成,需加强审查,避免疏漏和后续问题。

(三)存在权利瑕疵标的物的过户风险

破产财产网络拍卖标的物若存在权利瑕疵,如已经被抵押、查封、扣押、冻结,买受人即使在竞拍成功之后,也将面临财产过户有关的难题。在司法拍卖中,由法院作为主体执行拍卖,借助法院公信力的保障,即使拍卖物权利有瑕疵,往往也能顺利过户,依据的是《网络司法拍卖规定》第 6 条规定①和《最高人民法院关于人民法院民事执行中查封、扣押、冻结财产的规定(2020 年修正)》第 27 条规定。② 因此,无论是被抵押还是被查封、扣押或者冻结的财产,在司法拍卖中均能顺利过户。

目前,尽管《中华人民共和国民法典》(以下简称《民法典》)第 406 条③已经明确了被抵押财产可以进行转让,并且无须经抵押权人同意。但是在管理人拍卖模式下,部分不动产管理中心不接受仅凭拍卖成功确认书办理带抵押财产过户;法院主导拍卖时,买受人又要求持成交裁定书和协助执行通知书才能办理过户,有的不动产登记部门还要求解除原抵押和查封才可办理过户登记。

---

① 《网络司法拍卖规定》第 6 条规定:"实施网络司法拍卖的,人民法院应当履行下列职责:(一)制作、发布拍卖公告;(二)查明拍卖财产现状、权利负担等内容,并予以说明;(三)确定拍卖保留价、保证金的数额、税费负担等;(四)确定保证金、拍卖款项等支付方式;(五)通知当事人和优先购买权人;(六)制作拍卖成交裁定;(七)办理财产交付和出具财产权证照转移协助执行通知书;(八)开设网络司法拍卖专用账户;(九)其他依法由人民法院履行的职责。"

② 《最高人民法院关于人民法院民事执行中查封、扣押、冻结财产的规定(2020 年修正)》第 27 条第 2 款规定:"查封、扣押、冻结的财产已经被执行拍卖、变卖或者抵债的,查封、扣押、冻结的效力消灭。"以及《最高人民法院关于查封法院全部处分标的物后轮候查封的效力问题的批复》(2007 年 9 月 11 日,法函[2007]100 号)规定:"人民法院对已查封、扣押、冻结的财产进行拍卖、变卖或抵债的,原查封、扣押、冻结的效力消灭,人民法院无需先行解除该财产上的查封、扣押、冻结,可直接进行处分,有关单位应当协助办理有关财产权证照转移手续。"

③ 《民法典》第 406 条规定:"抵押期间,抵押人可以转让抵押财产。当事人另有约定的,按照其约定。抵押财产转让的,抵押权不受影响。抵押人转让抵押财产的,应当及时通知抵押权人。抵押权人能够证明抵押财产转让可能损害抵押权的,可以请求抵押人将转让所得的价款向抵押权人提前清偿债务或者提存。转让的价款超过债权额的部分归抵押人所有,不足部分由债务人清偿。"

(四)网络拍卖影响范围有限

目前,破产财产网络拍卖信息的影响力和传播范围有限。一方面,与淘宝、京东等日常网购平台相比,网络拍卖平台的知名度较低,且拍卖信息在各平台间不互通,因此限制了信息传播。另一方面,7大网络拍卖平台在市场规则下存在竞争,可促使平台优化服务,有利于破产财产网络拍卖的发展。然而,实践中拍卖人通常只在部分平台发布公告,信息传播受限导致潜在买受人若未关注相关平台,则难以及时获取信息。此外,意向购买人在搜寻特定拍卖信息时也面临不便的情况。网络拍卖的优势在于广泛传播信息,吸引更多潜在买受人,最大化财产变现价值,但平台间信息不互通,导致拍卖信息传播受限,因此削弱了破产财产网络拍卖的优势。

四、破产财产网络拍卖的改进路径

(一)完善破产财产网络拍卖制度体系建设,遵循"以价值最大化为原则,兼顾处置效率"的处置原则

目前,由于缺乏全国性规范文件的支持,很多地区在破产财产网络拍卖实践中缺乏具体的操作规范或仍依赖于司法拍卖规则。为了解决这一问题,需要加强破产财产网络拍卖法律体系建设,出台统一的规范性文件,统一基本原则和操作规范,为各方主体参与拍卖提供必要的操作指引与制度保障。

通过考察现有地方性破产财产网络拍卖规定中的主要环节——公告期、起拍价、降价幅度和保证金,笔者发现各地规定存在一定的相似性,又有很大的区别。对于出台全国统一性的破产财产网络拍卖制度,笔者在上述关键环节结合各地现有规定提出了一些建议(详见本文第二部分)。从立法角度,可结合目前各地的实际情况,以推动规则逐渐统一:从个案的前后统一,到跨地区的统一,再到国家层面的统一。当然,在整个统一过程中,也需要尊重各地区或个案情况的差异,如在立法中体现充分尊重债权人会议在具体个案中的特别决议。

在破产财产网络拍卖制度设计的过程中,应遵循最高人民法院印发的《全国法院破产审判工作会议纪要》,以价值最大化为原则,兼顾处置效率。一方面,以网络平台为载体进行拍卖,因为网络平台上的潜在买受人范围广,程序公开透

明，有利于充分挖掘破产财产的市场价值，保障财产价值最大化；另一方面，破产财产网络拍卖摒弃了司法拍卖中两次拍卖流拍后变卖的方式，①拍卖不限次数，又从制度和拍卖流程上充分保障了价值最大化原则的实现。但是，对财产价值最大化的过度追求往往会影响拍卖效率，如实践中多次降价寻找投资人耗时较久，对贬值速度快的资产则会影响最终的处置价格。因此，从制度设计上兼顾价值最大化和处置效率就显得尤为必要。

首先，为遵循"以价值最大化为原则，兼顾处置效率"，部分地区法院在拍卖启动和后续流程上进行了有益尝试。北京市、安阳市规定网络拍卖要坚持效率原则，管理人应依据财产实际状况及时启动程序，北京市还明确若债务人无重整可能等情况，管理人应及时拍卖，不得借故拒绝或拖延；上海市、深圳市也有类似效率原则和及时启动程序的规定；深圳市、安阳市还规定，在法院宣告债务人破产前，若债务人财产有季节性等需尽快变价出售情形，管理人应立即启动网络拍卖。

其次，为提高处置效率，各地从程序推进方面做出有益尝试。北京市、深圳市、重庆市、安阳市、齐齐哈尔市、广州市、银川市规定管理人可聘用第三方社会服务机构，北京市还规定债权人会议无法就起拍价决议时由法院裁定。浙江省规定法院可指导管理人加快拟订破产财产变价与分配方案，必要时可合并拟订且以一次分配为首选，破产财产分配方案应明确追加分配事项以加快进程。

再次，关于破产财产的及时变价及其变价方式。上海市、浙江省均有相关规定，上海市允许管理人依据财产性质、状态等，选择整体营业转让、合并处置等方式；若财产存在季节性、易腐易贬值等情况，管理人则应另选合适方式及时变价。浙江省规定，对不宜保管的破产财产需变价处置时，管理人经法院同意，在法院和主要债权人监督下，可进行紧急处置。

上述规定在制度层面探索提升破产财产网络拍卖程序效率，为国家出台统一规定提供了有益经验。因破产财产性质、状态、行情复杂且多变，应分类判断

---

① 《网络司法拍卖规定》第26条规定："拍卖竞价期间无人出价的，本次拍卖流拍。流拍后应当在三十日内在同一网络司法拍卖平台再次拍卖，拍卖动产的应当在拍卖七日前公告；拍卖不动产或者其他财产权的应当在拍卖十五日前公告。再次拍卖的起拍价降价幅度不得超过前次起拍价的百分之二十。再次拍卖流拍的，可以依法在同一网络司法拍卖平台变卖。"

标的物,及时处置、简化流程,实现债务人财产价值最大化。①

综上,各地构建破产财产网络拍卖制度需兼顾价值最大化与效率,既能提高拍卖效率、节约成本,又能实现破产财产价值最大化,符合破产制度精神。

(二)完善拍卖流程,促进平台监督作用

为保障拍卖流程顺利和交易完成,建议网络拍卖平台从流程上进一步监督控制拍卖各环节,重点监督如财产管理及变价方案、拍卖资产有无权利瑕疵等问题。另外,平台应要求管理人在启动拍卖程序前提交债权人会议决议,对拟发布公告是否符合决议做实质审查,以此发挥监督作用。同时,全程跟进拍卖流程,确保债权人会议决议中关于拍卖起拍价、公告期、降价幅度和保证金等事项在拍卖环节得到落实。

此外,针对资产权利瑕疵等风险的披露问题,北京市、上海市、深圳市、安阳市和银川市均规定管理人对破产财产需在拍卖公告里载明风险提示,但对于标的物是否实际上存在权利负担和瑕疵等情况并未实质性核查。因此,建议增加"管理人需提供破产财产权利负担信息查询结果"等要求以加强平台对拍卖标的物的实质核查,为其后续办理过户登记等手续提供便利,尽可能保障交易安全和最终落地。

(三)权利瑕疵财产过户风险的解决

为解决权利瑕疵财产过户困难的问题,建议从如下两方面进行深化和推动。

第一,充分发挥破产程序中的府院联动机制,推动解决破产财产过户登记问题。府院联动机制是破产审判工作中解决企业破产衍生社会问题的重要机制,企业破产程序会产生职工救济安置、重整企业信用修复、涉破产税费缴纳与工商注销登记等需政府履职解决的社会衍生问题,破产财产网络拍卖后续过户问题也在其中。②

关于推动府院联动机制解决破产财产拍卖过户难的问题,已有个别地区做

---

① 周亚峰:《网络拍卖问题的法律思考》,载《法制与社会》2010 年第 28 期。
② 王欣新:《府院联动机制与破产案件审理》,载《人民法院报》2018 年 2 月 7 日,第 7 版。

出了有益尝试,如浙江省[①]。同时,在目前《民法典》已经颁布的背景下,各地不动产登记中心等相关部门也需要加大力度推动抵押财产的登记制度,推动《民法典》第406条规定在实践中落地。

第二,进一步强化法院协助力度。个别地区在破产财产网络拍卖的立法中作出了有益尝试,如北京市[②],深圳市的规定则更进一步,从法院强制注销抵押、质押登记的角度进行解决。[③]

综上,破产程序推进需要大量社会协调工作,更离不开外部支持,特别是地方党委与政府支持。破产法律法规的实施受社会环境等外部因素影响制约,也会对市场经济与社会制度产生深远影响。因此各地政府应认识到解决破产衍生问题是职责所在,各级法院更应明白破产财产网络拍卖对市场化进程的重要意义,自觉助力其执行。政府与法院需紧密配合,法院积极协助、政府及时承认结果并简化手续,才能保障破产财产网络拍卖公信力,以充分发挥其对破产程序的潜在作用。

(四)扩大网络拍卖影响力

针对7大平台竞争、拍卖信息不互通的情况,建议打造统一拍卖信息搜索引擎。将各平台上传破产拍卖公告信息并设置链接分组,购买人登录后能快捷搜索全标的物或特定企业拍卖公告并对比,点击链接可跳转至相关平台,这既能保证平台公平竞争,也方便潜在买受人获取全面信息。

总体而言,拍卖是市场行为,市场能调节时不应过度干预,要保证交易信息公开透明,让各方主体在自选平台有序交易。另外,可借助微信公众号、商业网

---

① 《浙江省人民政府办公厅关于加快处置"僵尸企业"的若干意见》第18条规定:"对破产财产中的不动产处置后需要办理过户手续的,凭经债权人会议通过的或法院裁定的破产财产中不动产变价方案等资料,由破产案件管理人与受让人共同提出申请,国土资源部门按照相关规定办理不动产过户。"

② 北京市高级人民法院《关于破产程序中财产网络拍卖的实施办法(2021年修订)》第26条规定:"管理人应当协助买受人办理拍卖财产交付、证照变更及权属转移手续,必要时可以申请人民法院出具协助执行通知书。"

③ 深圳市中级人民法院《关于破产程序中网络拍卖财产工作指引》第20条规定:"拍卖财产设有抵押、质押登记的,管理人应当协助办理解除抵押或者质押登记。相关抵押权人、质权人不予配合的,管理人可以向人民法院申请强制注销抵押或者质押登记。人民法院强制注销抵押、质押登记的,不影响抵押权人、质权人的债权性质。"

站等媒体,加强破产网络拍卖信息在买方群体的宣传。

　　扩大破产财产网络拍卖影响力,需管理人、拍卖平台与监管部门共同努力。拍卖平台应在法律范围内简化程序,提供操作指引,适度降低门槛,如创新保证金形式、尝试使用信用值担保。同时,对标日常网购平台扩大拍卖信息传播,吸引更多潜在买受人参与,促进成交。监管部门也要尊重市场规律,为拍卖实践提供创新空间,履行监督职责,保障拍卖公正性与公信力。此外,政府与法院应紧密配合,协调司法裁判和行政管理服务关系,协同解决拍卖后续过户与交付问题,最大限度发挥网络拍卖作用,以提升破产财产处置价值,助力破产程序推进。

破产法的有效实施与金融监管规则之完善

赵坤成[*] 胡荣杰[**]

《中华人民共和国企业破产法》(以下简称《企业破产法》)在颁布实施10余年间,对市场主体的优胜劣汰、科学拯救和有序退出发挥了重要作用。在当前《企业破产法》修改的大背景之下,如何有效释放破产法功能、保障破产法的有效实施,是一项提纲挈领性的重要议题。破产法的实施,受制于诸多因素,如与之相配套的法律制度是否完善,就是极为重要的影响因素。鉴于金融机构[①]是我国市场经济中主营资金业务的市场参与者,金融机构的贷款质量与运行不仅关系到我国金融体系的健康发展,而且因为其在破产企业负债中往往占据绝对比例,对破产程序的顺利推进和高效运转也有重要影响,所以金融机构是推动破产制度有效实施、不断完善的重要

---

[*] 北京市金杜律师事务所高级合伙人。
[**] 北京市金杜律师事务所合伙人。
[①] 不同语境下金融机构含义不一样,本文的金融机构主要指中国人民银行2020年9月颁布的《金融控股公司监督管理试行办法》(〔2020〕第4号)第2条规定的金融机构,包括以下类型:(一)商业银行(不含村镇银行)、金融租赁公司。(二)信托公司。(三)金融资产管理公司。(四)证券公司、公募基金管理公司、期货公司。(五)人身保险公司、财产保险公司、再保险公司、保险资产管理公司。(六)国务院金融管理部门认定的其他机构。

力量。因此,在《企业破产法》修改的大背景下,配套金融监管制度的完善是关键之举。

施行一部科学完备的破产法应当是保护金融债权人利益、维护金融市场稳定、防范系统性金融风险行之有效的手段,而金融监管制度对破产制度的价值发现与程序回应也影响着破产法的有效实施和执行。鉴于此,在《企业破产法》修改的同时,我们也应当同步关注配套金融监管制度的完善,实现二者的改革互动与联动,以真正发挥破产法在化解金融风险过程中的积极作用,实现破产法高效率、高质量的实施落实,以点带面,从而推动我国营商法治环境的整体优化和系统升级。

本文以金融机构债权人对破产法实施具有重要影响为研究起点,剖析当前金融监管规则与破产法有效实施的互动现状,进而对如何建立金融监管与破产法实施之间协同互动的长效机制提出建议与构想。

一、破产法有效实施与金融债权人积极参与

金融机构债权人作为企业的主要资金提供方,相较于其他债权人对于企业困境更具敏感性,能够针对企业不同程度的困境在不同阶段采取灵活、有效的施救与止损措施。在破产过程中,金融机构的积极参与对于防范金融风险、维护金融债权人利益以及破产制度的有效施行和价值发挥发挥着重要作用。

(一)破产预防阶段的前瞻性

陷入困境后有意及早寻求挽救具有挽救价值的企业,一般会通过协议重组、预重整等方式脱困。银行等金融机构通过对企业的困境风险监测,能够及早发现债务人资金方面的隐性风险和显性危机,并在必要时协调成立金融机构债权人委员会(以下简称金融债委会)。金融债委会在破产预防阶段往往以帮助企业脱困发展和维护金融机构债权人权益相结合为基本原则,通过统一行动、稳定融资、推动重组、托管经营等各种措施,积极推动各利益相关方开展法庭外债务重组协商与谈判,这既不影响企业声誉,又能积极主动和快速高效地对债务人财务

问题作出安排。① 尤其是在预重整程序中，金融债委会更有能力和意愿推荐（临时）管理人、进行充分协商和参与拟定重整计划草案。且往往会集体行动，在内部约定不对债务人财产予以执行等，而且金融债委会决议在符合条件的情况下将在正式重整程序中继续有效。② 破产预防阶段金融机构的积极参与对提前进行风险预测、精准发力帮扶困境企业有着重要作用。

（二）正式破产程序中的决定性

在破产程序开始前，金融机构债权人基于前期的风险监测和谈判协商工作，更有可能掌握债务人企业是否具备破产条件的实际情况。金融机构积极适用破产程序，对于抓住债务人企业的最佳挽救时机，充分发挥破产制度价值具有重要意义。

在破产程序中，由于金融机构债权人金额大、占比高，其在债权人委员会选任、监督管理人，重整计划、和解协议等方案的制定与表决通过、投资者引进等环节发挥着举足轻重的作用。此外，实践中，为维持企业重整期间正常生产经营和营运价值，多数重整企业在重整程序中均有强烈的融资需求，而金融机构能够为重整企业提供较为充分的资金支持，如通过提供借款、主动投资或协助引入战略投资人等方式帮助企业重整。金融机构的理解支持和积极参与，对于破产程序的启动、顺利推进以及破产目标的实现尤为重要。

（三）破产程序终结后的影响性

企业在通过重整或和解程序化解危机后，消除不良信用记录、成功融资是企业实现继续生存、重新焕发新生的关键环节。金融机构作为主营资金业务的市场参与者，无疑是重整后企业融资的重要角色，对重整企业不良记录的消除和提供资金支持也具有一定决定权，而该等支持不仅有利于企业顺利存活，更是对破产重整/和解效果的检验和维系。

---

① 张艳丽、陈俊清：《预重整：法庭外重组与法庭内重整的衔接》，载《河北法学》2021年第2期。
② 王欣新：《预重整的制度建设与实务辨析》，载《人民司法》2021年第7期。

二、破产法有效实施与金融监管规则的影响

破产法以非破产法为基础,是在非破产法的背景下运行的。[①] 破产程序中债务清偿与权益调整的各种安排与尝试均须符合我国金融监管规则的要求。然而受制于诸多因素,现行金融监管规则对破产法的有效实施尚存在一定影响,需予以特别关注。

(一)贷款分类等规则影响部分金融机构主动适用破产程序的积极性

我国目前银行贷款监管的重要目标之一是预防和出清不良贷款,而借款人破产往往是银行不良贷款集中爆发的场域,因此银行贷款监管制度对破产程序应给予充分的重视和回应。根据中国银监会(现国家金融监督管理总局)发布的《贷款风险分类指引》第5条规定,中国商业银行将公司及个人贷款划分为以下五类:正常、关注、次级、可疑和损失,其中次级、可疑和损失类贷款被视为不良贷款。从审慎性以及不能清偿到期债务为企业破产一般原因的角度考虑,贷款企业一旦进入破产程序,该贷款一般要归为不良贷款。若不良贷款未被核销,则银行贷款额度将受到限制,银行放贷业务和获取的利润亦将承受负面影响。鉴于不良贷款核销需要适用严格的程序和条件以及漫长的等待,甚至要完成对破产企业的保证人追偿后才能符合核销条件,这无疑增大了贷款行贷款规模的释放压力。

此外,不良贷款的损失可能会对经办行的业绩考核、经办人员的职务奖金以及其个人责任等切身利益产生负面影响。在破产程序,尤其是重整程序中,金融债权人能够通过与债务人、管理人、投资人的协商谈判,选择留债、现金清偿、债转股等多种方式最大程度挽回债权损失、消化不良贷款。且破产程序作为司法程序,受到法院和债权人会议的监督,使不良贷款处置更具合规性、更有利于维护金融稳定。但因破产程序作为化解不良贷款和挽回债权损失的法律手段的价值还没有被充分发现,银行贷款一旦涉及债务人破产反而将导致一系列不利

---

① [美]道格拉斯·G.贝尔德:《美国破产法精要》,徐阳光、武诗敏译,法律出版社2020年版,第4~5页。

于贷款行、贷款经办人的后果，使贷款银行、经办人难以积极主动适用破产程序。

综上，我国目前的金融监管规则有待针对利用破产程序化解不良贷款作出相应制度完善，这在一定程度上导致了部分金融机构债权人对破产程序的疏远，使破产法的有效实施缺乏金融债权人这一重要力量的支持。因此，在现行不良贷款认定规则的基础上，思考如何建立破产程序中不良贷款的长效化解机制，是十分必要的。

（二）重整程序中债转股的资本占用问题存在不同理解

随着重整实践的发展和经验积累，债权清偿方式呈现出多样化的特征，不仅有现金一次性清偿、留债延期或分期清偿等惯常清偿方式，还有以物抵债、债转股、信托受益权等清偿方式，其中债转股在实践中应用越来越广泛。

由于重整企业偿债资源有限，债转股可以拓宽偿债资源范围，达到以时间换空间的效果，有助于缓解债权人压力。因此，尤其对于金融机构债权人而言，在重整程序中实现债转股对于缓解和降低商业银行的不良贷款率和拨备负债率的监管压力具有积极意义，对促进不良贷款的核销有着不可替代的作用。

然而，破产程序安排债转股会相应地占用银行资本金，如不能在一定期限内处理股权或抵债资产，占用资本金比例则将大幅提高，贷款行的抗风险能力将被削弱，正常经营也会受到不利影响，资本占用问题是困扰市场化债转股的一个长期痛点。

银保监会颁布的《关于市场化债转股股权风险权重的通知》（银保监发〔2018〕41号）明确，商业银行因"市场化债转股"持有的上市公司股权的风险权重为250%，持有的非上市公司的股权风险权重为400%；《金融资产管理公司资本管理办法（试行）》（银监发〔2017〕56号）规定，金融资产管理公司持有市场化债转股股权的风险权重为150%，因此商业银行通过金融资产投资公司进行市场化债转股的风险权重为150%。

《商业银行资本管理办法（试行）》（中国银行业监督管理委员会令2012年第1号）对银行资本充足率有严格规定，若债转股导致风险权重增加和资本充足率下降，则将限制银行后续的经营活动，对银行营收和利润产生不利影响，使商业银行对破产重整中是否实施债转股仍持犹豫态度。另外，相关规定并未明确重整程序中的债转股属于"市场化债转股"并可适用"银保监发〔2018〕41号"的规定,因此导致部分商业银行对重整程序中债转股的风险权重计提存有不同理解。

(三)破产程序中不良资产处置路径相对有限

根据《金融企业不良资产批量转让管理办法》(财金〔2012〕6号)的规定,商业银行转让不良资产最有效和合规的方法是批量转让给四大国有资产管理公司,但四大国有资产管理公司为防止国有资产流失而在不良资产处理问题上较为谨慎,且近年来的业务占比也持续下降。[①] 而地方资产管理公司在数量、经营范围、处置手段、资金规模等方面也受到制约,并未充分发挥在不良资产处置中的作用。

若采取核销方式处理不良贷款,要经过银行内部严格的审批程序,且须证明已用尽可能的清收手段。在实践中,我国呆坏账核销审批流程较长、证明资料多且成本高,造成呆账损失不能及时核销、不良贷款率和拨备覆盖率双高的局面。[②] 此种情况在重整程序中依然存在,并且贷款核销只是银行内部的账面处理,核销后银行并未放弃债权,继续保留追索权,贷款人仍负有还款义务,即"账销案存"。[③] 因此,核销并不能真正解决重整程序中的债务清偿问题,甚至部分银行将不良信息展示在信用报告中作为债权追偿的手段之一,又进一步阻碍了重整企业信用恢复。

此外,目前不良资产处置手段还包括接受以物抵债、债转股和不良资产证券化等,如前文所述,以物抵债和债转股中资本占用率高、影响金融机构资本充足率和抗风险能力的困境有待疏解,而不良资产证券化目前仍处于尝试阶段。

总体来说,我国破产程序中不良资产处置路径看似多样,但实际运行却受限,这也使得部分金融机构债权人参与和推动企业破产程序的积极性不高,对破产法的有效实施造成了一定影响。

[①] 杨宇焰、雷翔、卢鹏宇:《僵尸企业进入破产处置面临的问题、障碍及政策建议——来自企业与银行的经验证据》,载《当代经济管理》2018年第5期。

[②] 王昕、任书亮:《呆账核销在防范和化解金融风险中的运用》,载《中国国情国力》2018年第12期。

[③] 黄金龙、邱鹏、魏丹:《银行呆账核销与终结执行之关系》,载《人民司法》2014年第3期。

(四)破产程序中金融债权人委员会运作机制有待完善

金融债委会是金融机构债权人自发组成的协商性、自律性和临时性组织,在成员达成一致协议的基础上,旨在统一联合行动,依法维护债权人利益并帮助困境企业纾困。原银监会于2016年7月和2017年5月分别发布了《关于做好银行业金融机构债权人委员会有关工作的通知》(银监办便函〔2016〕1196号)和《关于进一步做好银行业金融机构债权人委员会有关工作的通知》(银监办便函〔2017〕802号),银保监会、国家发展改革委、人民银行、证监会四部门于2021年1月印发了《关于印发金融机构债权人委员会工作规程的通知》(银保监发〔2020〕57号),鼓励和推动金融债权人积极介入和主动参与企业脱困和破产程序中。

然而金融债委会的设立和运行实则缺乏强有力的法律保障,且前述文件中提到的金融债委会并非《企业破产法》规定的在破产程序中代表金融债权人正式行权的机构。正是由于金融债委会的法律地位不明确,因此金融债委会的协议、决议和其他共同行动,对困境企业全体债权人无法律上的强制约束力,与正式破产程序如何有效衔接也需要进一步探讨。

(五)金融机构支持重整企业信用恢复的相关制度亟须建立

重整企业信用恢复困境主要表现在以下两方面:一是企业进入破产重整后,维持运营和制定重整计划可能涉及银行融资,但由于它在银行的贷款已被归类为不良,企业自身也被银行列入了不良贷款客户名单之中,因此很难再从银行融资用于脱困和发展,即使《最高人民法院关于适用〈中华人民共和国企业破产法〉若干问题的规定(三)》已为重整融资作为共益债务优先清偿提供了依据;二是在重整计划表决通过、重整程序终结后,企业在中国人民银行征信系统的信用报告上仍呈现出较差的历史信用状况,商业银行出于诸多考量难以将重整企业恢复为优质客户并为其继续提供融资。[1]

国家发展和改革委员会、中国人民银行、原中国银行保险监督管理委员会、中国证券监督管理委员会等十三部门于2021年3月联合发布《关于推动和保障

---

[1] 南单婵:《破产重整企业信用修复研究》,载《上海金融》2016年第4期。

管理人在破产程序中依法履职进一步优化营商环境的意见》(发改财金规〔2021〕274号)中指出,"人民法院裁定批准重整计划或重整计划执行完毕后,重整企业或管理人可以凭人民法院出具的相应裁定书,申请在金融信用信息基础数据库中添加相关信息,及时反映企业重整情况。鼓励金融机构对重整后企业的合理融资需求参照正常企业依法依规予以审批,进一步做好重整企业的信用修复"。

然而实践中,破产重整企业信用恢复仍面临着诸多障碍。一方面,重整企业信用恢复路径不清晰。破产重整企业信用修复涉及中国人民银行、金融监管部门、人民法院、管理人及债权人等多方主体,实施难度大,且目前在法律、法规层面没有对制度框架和实施细节的明确规定与指引。另一方面,身份标识的延续使企业重整前后的信用记录难以区分。企业破产重整后,其法定代表人、实际控制人、股东等均可能已改变,但其身份的重要标识——统一社会信用代码可能无法变更,该标识项下对应的信用报告也就无法做到新旧区分,使不良征信记录与新生企业如影随形。[①]

三、破产法有效实施与金融监管规则的完善

值此《企业破产法》修改完善之际,我们倡导树立破产能够保护金融机构债权的新理念,重视破产法在维护金融稳定中发挥的不可替代的作用,建立与破产法有效实施相适应、相对接的金融监管规则。

现行的金融监管规则完善的方向之一就是重视和发挥破产法在化解金融风险过程中的积极作用,与破产法的有效实施相互协同、良性互动。我们有理由相信,若破产法与金融监管规则之间能够形成正向的良性协同机制,破产制度则将对金融机构贷款进行更为及时和损失最小化的处理,使金融市场在破产制度的护航下实现更加流畅、稳定和可预测的持续性发展。

(一)建议明确"破产友好型"的贷款监管规则改革方向

建立与破产法有效实施相适应的金融监管规则,建议在修改完善商业银行

[①] 刘敏、王冬冬、王东豫、赵程:《破产重整企业金融信用修复问题研究》,载《金融发展研究》2020年第10期。

贷款监管规则时树立"破产友好型"的改革理念和方向，充分激发金融机构积极主动适用破产制度的内在动力。具体而言，可从以下几方面予以考虑。

1. 建立金融机构债权人积极适用破产法的激励机制

第一，为防止金融机构债权人在处理不良贷款时的拖延导致债务恶化，激励其诉诸破产程序及时止损，可考虑建立破产程序与债权回收结果挂钩的考评机制。若贷款行能够及时启动破产程序，尤其是重整程序，取得较好的债权回收效果，对该贷款行的不良贷款核销、贷款规模等方面可予以适当放宽监管。

第二，企业破产是市场竞争优胜劣汰的结果，并非贷款行相关部门和经办人的责任，因此应当确立涉破产不良贷款的损失免责机制，但有足够证据表明相关部门和工作人员故意违反《中华人民共和国商业银行法》相关规定的除外。

第三，贷款行有义务关注贷款企业的运行状况、还款能力以及资产安全情况，对具备破产原因的企业应及时申请启动破产程序。若无故拖延、一味回避，导致贷款企业资产和营运价值严重贬值和流失的，贷款行要承担对企业监管不到位的责任；对错过最佳破产挽救时机而导致的贷款损失，亦要承担相应责任。

2. 灵活审慎认定破产程序中的不良贷款

对进入破产程序的银行贷款债权，不应一律认定为不良贷款，而是要根据破产案件的具体情况来认定该破产企业贷款债权是否确实属于不良，以减少仅因进入破产而认定为不良贷款给银行贷款业务造成的冲击。例如，根据重整计划的安排，若已经采用债转股或留债清偿方式，则不应再认定贷款债权为不良贷款，从而不再影响贷款行的贷款业务。[1]

3. 拓宽与优化破产相关不良资产的处置路径

第一，为提升不良资产转让二级市场的流动性，可在提升地方资产管理公司的专业处置能力的前提下，有序开放市场，提高地方资产管理公司的市场参与度。[2]

第二，支持不良资产证券化，并从不同方面为不良资产证券化提供配套制度支持，如"通过提供国家信用、优惠政策、便利措施等公共政策帮助银行加快处置

---

[1] 王福祥、李锴：《破产法之有效实施与配套法律制度之完善》，载李曙光、刘延岭主编：《破产法评论：营商环境与破产重组》第 2 卷，法律出版社 2021 年版，第 75 页。

[2] 黄鸿星：《商业银行不良资产处置的难点与建议》，载《银行家》2020 年第 7 期。

不良资产"。①

第三,由于重整计划的通过往往已经经过银行债权人的内部沟通和审批认可,且经法院裁定批准后已具有法律效力和强制执行力,因此建议考虑到破产程序的特点,依据重整计划等司法文书认定呆坏账核销,简化和放宽银行对不良资产核销的审批和证明手续,以缩短核销时间、提高破产实施效率。

4. 缓解资本金占用和资本充足率指标的监管压力

金融监管中的资本金占用制度,原是为促使银行尽快处置股权或实物资产,防止出现经营风险。在未来改革中,可考虑建立弹性化、可视情况调节的资本金占用机制。如根据重整计划,若银行债权人分得上市公司股票,且二级市场流动性强,交易价格稳定,银行随时可以变现,此种债转股不适合再规定资本金占用。另外,一定期限内不处置的股权或抵债资产,可以考虑设计为资本金占用规定区间比例,时间越长,占用比例越高。②

同样地,为缓解资本充足率指标对银行债权人接受债转股造成的监管压力,建议将目前对于债转股风险资产权重的特殊规定和政策的适用范围拓宽至破产重整的债转股安排之中,同时鼓励银行向非本行所属实施机构转让债权实施转股,支持不同银行通过所属实施机构交叉实施市场化债转股,并对无独立金融资产管理公司的中小银行,可鼓励其通过向其他商业银行的金融资产管理公司转让债权实现债转股,以降低中小银行资本充足率的压力。

此外,建议鼓励金融资产投资公司(Asset-investment Company, AIC)对符合条件的重整企业优先考虑开展市场化债转股,并明确 AIC 参与破产重整企业市场化债转股的规范通道。根据银保监会于 2018 年发布的《金融资产投资公司管理办法(试行)》(中国银行保险监督管理委员会令 2018 年第 4 号)中鼓励银行设立 AIC 从事债权转股权及配套支持业务,AIC 的主营业务就包括以债转股为目的收购银行对企业的债权,将债权转为股权并对股权进行管理。其第 35 条、第 36 条、第 37 条规定了支持和禁止 AIC 实施债转股的企业类型,一般来说,银保监会允许 AIC 对扭亏有望、符合国家产业政策并且企业资产和信用状况相对良好

---

① 洪艳蓉:《资产证券化与不良资产处置——中国的实践与反思》,载《证券市场导报》2018 年第 12 期。

② 王福祥、李锴:《破产法之有效实施与配套法律制度之完善》,载李曙光、刘延岭主编:《破产法评论:营商环境与破产重组》第 2 卷,法律出版社 2021 年版,第 75 页。

的企业实施债转股,因此建议后续《金融资产投资公司管理办法(试行)》在修订完善时,可明确鼓励 AIC 对符合条件的重整企业优先考虑开展市场化债转股。

(二)完善金融债权人委员会运作机制

为促使金融债委会更好地发挥作用,与破产程序进行更有效的衔接,首先,需明确金融债委会的法律地位,赋予其在协议、决议和债权人一致行动等方面对成员的法定约束力,明确其主体责任。同时,细化金融债委会的成员组成和组织运转机制,如金融债委会应吸纳全体金融债权人参加,尤其要通过协调联络保证异地金融机构债权人的参与。另外,金融债委会应选择具有拯救可能和发展潜力的企业,帮助其进行金融债务重组等。

其次,建立金融债委会与破产程序的顺畅衔接机制。如对于法院受理重整申请前成立的金融债委会,可以考虑直接指定其金融机构成员为临时债权人委员会成员,并由金融债委会成员和破产程序中选举的债权人及职工代表最终共同组成债权人委员会;金融债委会对破产程序中各工作环节享有监督权和建议权;管理人可主动吸纳金融债委会参与债务人财产的调查、分配方案和重整计划草案的制定之中;协议重组、预重整程序中金融债委会决议若符合法定条件、经法院批准可在重整程序中延续其效力等。

(三)建立系统的重整企业信用恢复制度

彻底挽救重整企业,离不开重整企业信用恢复。建立重整企业信用恢复制度可从以下几方面考虑:

一方面,从失信"黑名单"中删除重整企业。进入重整程序的企业,并非主观不愿偿还债务,而是服从了破产程序公平、有序清偿债务的整体目标。而且重整企业的信用还受到管理人、法院、政府等多方监督,在重整程序中一般不会再出现失信情况。重整企业进程序前的失信记录不应成为重整企业重新融资的阻碍,因此此种信用恢复安排,有利于重整企业在重整程序中顺利开展融资,尤其是共益债融资,这对于重整企业维系营运价值、最终重整成功、重获新生具有重要意义。

另一方面,重整之后的企业即被视为新企业,该主体之前的失信不良记录应被屏蔽或作废,将重整前的企业与重整后的企业隔断开来,另外对重整后企业的信用情况重新进行考核记录。如此一来,可为金融机构向重整后企业发放贷款提供更充分、更合规的依据。

此外,还可考虑在征信记录之外引入第三方评级机制,由专业权威的信用评级机构对重整程序中和程序结束后企业的信用状况进行客观评价,评价等级较高的企业,在信贷市场、资本市场可获得一定的融资便利。①

---

① 刘敏、王冬冬、王东豫、赵程:《破产重整企业金融信用修复问题研究》,载《金融发展研究》2020年第10期。

债权人权益保障语境下破产程序中注册资本的追缴

杭州市富阳区人民法院课题组[*]

一、引　言

　　Z公司系一家建筑公司,成立于1998年,原注册资本为588万元,后公司股权和注册资本经数次变更。至2013年12月,该公司注册资本为2008万元,其中李某持股70%,王某持股30%。2015年5月,冯某受让李某持有的51%股权,胡某受让李某持有的19%股权并受让王某持有的30%股权。2015年11月,Z公司增资10,492万元,冯某和胡某分别按股份比例确定了认缴金额。2020年8月,富阳法院受理Z公司破产清算案,管理人在清产核资过程中,发现冯某和胡某追加认缴的注册资本未到位,遂提起诉讼并申请保全。但法院调查发现,冯某名下无资产,胡某名下房产已于Z公司破产受理前一周出售。后该案虽经审理结案,但未执行到任何款项。Z公司破产清算案涉及债务1.5亿余元,而资产仅为应收

---

[*] 课题组成员:喻青霞,浙江省杭州市富阳区人民法院党组成员、副院长;黄赛琼,浙江省杭州市富阳区人民法院民四庭庭长;蒋明,浙江省杭州市富阳区人民法院四级高级法官;章华海,浙江省杭州市富阳区人民法院民四庭副庭长;骆苏群,浙江省杭州市富阳区人民法院民二庭副庭长;金叶群,浙江省杭州市富阳区人民审管办副主任。

款4000余万元,之后虽已申请执行但至今未执行到位。该案所涉债权基本为民工工资、工程款、材料款等,注册资本的追收情况引发债权人不满。除了现有法律对认缴未缴无强制力支撑外,对于抽逃出资的法律后果虽有所规定,但实务中对股东进行惩处的案例少之又少,故对此应当引起足够的重视。

二、现实之困:破产企业注册资本追缴现状

(一)注册资本未到位情形普遍存在

破产司法实践中,与注册资本相关的民事案件案由主要有追收未缴出资纠纷和追收抽逃出资纠纷两类。通过检索发现,2016年至2024年浙江省内法院受理该两类纠纷案件量均呈递增态势。其中,前者从2016年的2件增加到2024年的1466件,后者从2件增加到109件。从对2024年审结案件的文书类型看,以判决结案的占绝大部分,分别为879件和48件,占比分别为80.64%和70.59%;从法院层级看,基层法院数量较多,分别为1338件和98件,占比分别为91.27%和89.9%。

(二)注册资本追缴效果不理想

一方面,关于注册资本有无到位的核查难度大,涉及主客观因素并存。其中,主观因素是指部分管理人责任心不足,有畏难情绪,在法院未要求核查的情况下,不主动核查;或即使核查出相应凭证,也怠于行使追缴权利。客观因素是由于破产企业账目混乱、财务凭证缺失、股权变更频繁等,使核查难度增大。特别是出现前手股东抽逃出资、认缴未缴情况,往往因没有相关证据,导致注册资本催收不能。另一方面,股东无履行能力,导致追缴效果不佳。根据富阳区人民法院审理的495件破产案件可知,90%破产案件的股东或为企业债务担保,或个人举债用于公司经营,均有大量涉诉、涉执案件。有的案件涉及标的额巨大,个人财产均被查封尚不足以偿还全部债务。因此,这种情况下,再对其追缴注册资本明显欠缺可执行性。

(三)现行法律规定在破产条件下水土不服

现行法律关于抽逃出资与认缴未缴的法律后果的规定不符合破产审理实

际。如《中华人民共和国公司法》(以下简称《公司法》)第253条规定,抽逃出资的法律责任为由公司登记机关责令改正,处以所抽逃出资金额5%以上15%以下的罚款。司法实践中,公司破产后,债权清偿率普遍较低,即使管理人发现股东存在抽逃出资,也不会要求对股东处以罚款从而稀释债权清偿率。因此,在破产条件下,该条款形同虚设。再如,《最高人民法院关于适用〈中华人民共和国公司法〉若干问题的规定(三)》(以下简称《公司法司法解释(三)》)第18条规定,有限责任公司的股东未履行或者未全面履行出资义务即转让股权,受让人对此知道或者应当知道,公司请求该股东履行出资义务、受让人对此承担连带责任的,人民法院应予支持。但在认缴制下,实务界对此看法不一,有的法院认为该条款仅针对实缴制企业,有的法院认为该条款可以适用认缴制企业的案件。再如,股东在企业破产前一定期限内转移个人名下资产的,由于无相应规定予以规制,间接造成破产企业资产流失,引发债权人不满。

(四)裁判结果不统一

各地法院对于发起股东、前手股东是否需要承担责任的认定裁判结果不一。部分法院认为,发起股东、前手股东在章程规定的出资期限届满前未向公司缴纳出资并不构成未履行或未全面履行出资义务,在股权转让后,其所负的义务及享有的权利已一并概括转让给了受让人,因此,发起股东、前手股东不需要承担出资义务。而部分法院认为,在破产清算情形下,企业无法清偿全部债务已构成事实,股东的出资义务加速到期,实质仍是股东对债权人不能获偿债务承担补充赔偿责任,该补充责任的法理基础在于债权人对公司资本充实的信赖。认缴制下,股东虽享有出资期限利益,但股东的出资是债权人对公司偿债能力的预期。因此,已转让股权的前手股东或发起股东是否需要承担出资义务,应当考虑股东的股权转让行为是否构成对债权人合理信赖的侵害。如果在转让前既已大量负债且在企业破产时仍未清偿的,股权转让行为已构成了对债权人信赖利益的侵害,因此需要承担出资义务。

三、问题之源：导致破产企业注册资本追缴不畅的原因探寻

(一) 认缴制度衍生的法律后果

2006年以前，我国实行严格的实缴登记制。2014年3月1日，《公司法》进行了重大改革，取消除法律行政法规有特别规定的以外公司注册资本最低限额的限制性规定、公司注册资本由实缴制改为认缴制、取消注册资本验资制度。这样大大降低了公司设立的门槛，在一定程度上激发了市场活力，但随之也产生了一些问题。

首先，注册资本虚化，存在随意申报的风险。设立认缴制最初的目的是降低创业成本，鼓励小微企业发展，但是投资者曲解政策本意，产生了诸多误读。有人认为，认缴制代表不需要缴纳注册资本，忽略了政策本身仅是赋予期限利益；有人认为认缴的注册资本越高，表示企业实力强、信誉高、有保障。盲目投资设立与自身经济实力不相符的公司，却忽视了巨额认缴注册资本带来的风险。有学者研究发现，或是股东出于恶作剧而申办公司，又或是股东误读公司资本制度而贪心求大，实行认缴制滋生了一批注册资本巨大、缴纳期限超长的所谓"无赖公司"。[1] 实践中，该项改革引发了滥设公司、注册资本申报过分随意以及超越认购能力申报注册资本等问题，企业投资者往往通过认缴制以巨额资本虚报注册资本等非理性出资行为装点门面，而在实际经营过程中企业投入资金不足，承担经营风险的能力不强。甚至在公司陷入经营困境时，一些出资人为了逃避巨额出资责任，会选择转让股权转嫁责任或者弃企逃债，使公司陷入人去楼空的"三无"境地。[2] 其次，信用体系不健全，存在监管不到位的风险。认缴制实行后，股东出资无须审查验资证明，实现了股东出资自治。然而我国现阶段仍存在诚信失范、信用体系不健全、市场主体竞争不充分等问题，认缴制对股东出资仅有形式上的要求，缺乏实质判断标准，造成认缴资本与实缴资本的信息不对称，原有的事前审批转变为事中、事后监管，导致出现风险隐患。另外，市场主体的高速大量增长也凸显了有限监管力量与无限监管任务之间的矛盾。以上原因都使监

---

[1] 甘培忠：《论公司资本制度颠覆性改革的环境与逻辑缺陷及制度补救》，载《科技与法律》2014年第3期。
[2] 王静、蒋伟：《股东认缴出资加速到期的司法路径》，载《人民司法》2019年第13期。

管出现真空地带,为不诚信经营、投机经营大开方便之门,为企业注册资本的追收埋下了隐患。

(二)股东法律意识淡薄及诚信缺失

股东是充实资本的责任主体,也是参与公司经营管理的主要责任主体。股东的法律意识淡薄,对自身与公司定位不清,对出资义务认识不足,以及常常滥用股东及经营管理者的地位和权利违规操作,导致出资不实及抽逃出资行为时常发生。笔者认为,股东法律意识淡薄及诚信缺失主要体现在三个方面:一是股东将公司资产和股东资产画等号,混淆公司权益与股东权益。二是股东将公司债务与股东债务画等号,混淆公司责任与股东责任。三是为了某种目的,股东利用他人作为挂名股东出资,自己作为隐名股东或者实际控制人操纵公司经营。

(三)破产企业财务管理不规范

大量破产企业存在财务制度混乱、投资人财产和企业财产混同、企业财产下落不明等问题,如投资人从企业取得财物或金钱不入账;个人账户用于企业经营资金往来;随意使用企业资金或处分企业财产;投资人利用企业名义对外借款或以企业财产作抵押对外借款;通过虚假买卖合同,编制不真实的会计报表;等等。究其原因,一是破产企业财务管理透明度差,缺乏规范的财务管理制度或者有制度而不严格执行,对企业财务管理的认识还停留在"记账""算账"上。企业普遍存在"两本账册"现象,会计核算制度极不规范。二是破产企业财务人员的选聘上存在严重的人合性。大部分民营企业由管理者本人的亲属担任会计、出纳等财务主管人员,且多不具备财务专业知识和素质,导致财务监控不严、管理职责不分,财务管理形同虚设。此外,存在部分企业主弃企出逃使得财务账册、会计凭证等重要财务资料无专人妥善保管导致丢失,部分股东及实际控制人不配合提供公司财务账册或提供的账册不完整、不齐全的情况,账册缺失成为破产案件的常态,在无产可破的案件中尤甚。

(四)对瑕疵出资义务股东的责任规制不力

股东出资瑕疵问题在公司领域较为常见,公司法及相关司法解释也作出了一定的责任规范。经笔者梳理,股东瑕疵出资引起的法律责任主要包括民事、行政、刑事责任。股东瑕疵出资的行政责任及刑事责任规定较为简单明确,主要涉及《中华人民共和国刑法》(以下简称《刑法》)第158条、第159条。我国立法主要从民事责任进行规制,一是《公司法》第49条规定除应当向公司足额缴纳外,还应当对给公司造成的损失承担赔偿责任;二是《公司法司法解释(三)》规定出资不实的股东应在未足额出资的部分对公司债务承担连带责任。此外,《公司法司法解释(三)》第16条也对相应股东权利的合理限制作了规定。

尽管上述规定在一定层面起到了制约瑕疵出资股东的作用,但仍然存在规制不足的情形,如对股东权利的限制不包括表决权、知情权等共益性股东权利。因此可能导致作出限制瑕疵出资股东权利的决议时出现以下情况:如瑕疵出资股东是大股东,则按照资本多数决的表决机制,在没有就关联事项表决回避的情况下,很难作出有效决议,从而使这一有效的约束机制成为空文。又如公司被瑕疵出资的股东所控制时,公司无法要求股东补足出资额,而公司的其他股东则为请求权的最佳行使者,但是根据法律规定如代表公司提起诉讼的股东仍要承担连带责任,这样则会造成股东消极行使请求权。此外,对于瑕疵股东承担违约责任的具体内容及赔偿责任的具体标准和范围均规定得过于模糊,缺乏实务操作性,导致一定程度上减弱了对瑕疵出资股东的规制作用。

四、影响之深:破产企业注册资本追缴不畅的不利后果

(一)注册资本功能弱化,公司成"空壳"

传统的公司法围绕"资本确定""资本维持""资本充盈"三原则,建构了庞大的注册资本法规群,以保护债权人的权利。但2018年《公司法》修正后,规定从有限责任公司注册资本实缴制变为认缴制,并彻底取消了注册资本及出资形式的法定限制,公司注册资本实质已不再附着保护债权人利益的功能,"公司资本信用"不复存在,取而代之的是动态的信用累积。然而,法律规则的变更并未立即改变对注册资本制度的路径依赖,一些市场主体选择交易对象时仍倾向于注册资本较高的企业,为迎合这种倾向,投资者设立公司时就会忽略风险而认缴较高数额的注册资本,从而导致公司财产状况与经营风险极不对称。然而公司一旦破产,注册资本往往无法实际追收,公司几无实际财产可供清偿,债权人不得不吞下苦果。

(二)侵蚀市场诚信基石,破坏营商环境

信用是市场发挥高效配置资源作用的前提,如果在市场上混杂着各种虚假不实的信息,那么市场主体将不得不小心翼翼地去辨别,想方设法以保证交易安全,而这些都需要花费时间、人力和成本,然而即使这样做了,市场主体也不能完全避免虚假信息带来的损害。事实上,不恰当地认缴高额注册资本,开展与自身风险负担能力极不相称的经营,也是一种虚假信息。此种信息的泛滥,首先将直接导致市场风险增加,合同的有效履行率降低,违约率上升;其次将产生"劣币驱除良币"效应,一些虚有"注册资本"的公司此起彼伏,相反,一些注册资本不高却有一定履约能力尚待培育的公司却因不受市场青睐而不得不黯然退出;最终阻碍资源的有效配置。全社会都将因此蒙受损失。

(三)激发劳资矛盾,影响社会稳定

根据《企业破产法》第113条规定,职工债权、社会保险费用等居于破产财产清偿顺序的前列,这种安排凸显了对经济利益以外价值的追求,尤其是对社会弱势群体的援助,这在根本上有利于社会秩序的稳定和整体经济的持续繁荣。一些劳动密集型服务公司(如建筑、培训教育等),以雇佣员工提供服务为经营范围。这些公司维持经营所需的财产较少,一旦进入破产程序,一方面会产生大量职工债权,另一方面又无财产可供清偿。此时,公司请求股东出资的债权就被寄予厚望,然而如果其不能实现,可能就会成为压垮职工心理的"最后一根稻草",由此引发群体性事件或极端事件。

五、价值之基:破产企业注册资本追缴的价值取向

(一)责任就是责任,有限但不能免除

公司股东以出资为限,对公司债务承担责任。责任有限,有利于激发投资者的投资热情;落实责任,才能保护债权人的利益。长期以来,公司法改革的方向就是减少投资束缚、激发投资热情。受此影响,司法实践中也形成了重"有限"轻"责任"的倾向,表现在追收注册资本中,如核查走过场,缺乏实质审查手段和能力;出资事实举证责任分配还存在一些混乱;对于明显抽逃或出资未到位的,简

单"一诉了之",不对投资人的状况做必要调查,缺乏后续关注等。这一倾向实际上助长了抽逃或虚高注册资本之风,长远看,亦有害于经济健康发展。因此,必须切实把追收注册资本的责任落到实处。

(二)法人是"人",非任意支配的客体

管理人追收注册资本依据的是股东对于公司的承诺。毋庸讳言,追收注册资本尚不尽如人意,一个重要原因就是公司的主体地位未得到全面的承认,公司仍被视为支配的客体。公司既已资不抵债,股东自然不该继续出资,以及时止损,逃避追收竟成了趋利避害的合理行为,为人所容忍。但法律已明确规定公司亦为"人",有独立的民事权利能力和民事行为能力,有一定程度之"人格",有自己的意思表示机关,是"人"就应当得到人的尊重,对"人"毁约就是失信。因此追收注册资本必须突出公司的主体地位,将公司行为与股东个人行为严格进行区分,严厉打击股东滥用权利损害公司利益的行为。

(三)为债权人利益之最大化而奋斗

宪法规定国家依照法律规定保护公民的私有财产权利,债权系财产权之一,因此非经法定程序不得限制。企业破产法允许公司在资不抵债时按比例清偿债权,系出于追求更大的公共利益考虑,但在债权与公共利益不冲突时,债权仍应得到充分的尊重与保护,其直接反映就是债权以最大比例实现。《企业破产法》明确保护债权人合法权益为立法目的之一,且此目的贯穿《企业破产法》始终,为债权人所极力关注。追收注册资本亦不例外,笔者认为关于其体现形式,不仅应追求结果,更应注重过程。必须全面接管债务人财产,充分保障债权人的知情权、表决权,全面加强程序仪式感。

六、探索之路:厘清破产企业注册资本追缴的实现路径

(一)完善注册资本认缴制度的配套措施

1.完善立法,立法先行

《企业破产法》第35条虽对股东出资义务加速到期进行了规制,现行公司法也对股东出资从单纯认缴制转变为5年内实缴到位,但在破产程序下仍存在适

用困境。因此,当务之急是对《企业破产法》的相关条文进行修改和完善,即作出适度的制度调试,适当向处于弱势地位一方债权人进行倾斜。① 做到立法先行,让债权人向未履行出资或抽逃出资的股东追缴注册资本有法可依。

2. 实行特定事项不定期公开制度

公司登记制度和公司章程公示是外界对公司产生信赖利益的基础。债权人的信赖利益应予保护。然而实行注册资本认缴制后,公众难以知悉各股东实缴出资期限及出资方式等信息。相关信息只有在公司成立一年后才会被登记公示在企业信用信息公示系统,甚至司法实践中尚有不少企业的认缴、实缴出资信息无法查询,即便能查询,也往往存在注册登记事项与实缴出资事项不一致的情形。对于不具备专业知识的一般债权人,更无从知悉并熟练操作。鉴于此,在公司设立后,可由登记机关就特定事项,如公司注册资本(包括增资减资)、股东实缴出资情况、出资方式、认缴期限、股权转让情况等特定事项在发生变更时进行不定期公开,以节省债权人调查成本,更好保护债权人的信赖利益。具体可参照借鉴证券法中信息披露相关制度。

(二)严格股东未出资或抽逃出资的制约机制

1. 建立企业资信评级制度

资信评级指由专业的独立机构根据独立、客观、公正的原则,使用科学的综合分析方法和评价方法收集信息,对影响经济主体或者金融工具的风险因素进行考察,从而对于这些经济主体偿还债务的能力和意愿进行评价,并以简单明确的方式向市场公开。② 我国仅债券市场存在资信评级制度,但该制度在欧美等地已得到较为广泛的应用。在市场经营中,没有哪家商业银行或者投资者愿意投资一个无良好资信评级的公司。因此,在我国市场信用日渐成熟后,可通过法律规定要求公司进行资信评级。

2. 实行股东财产申报机制

企业进入破产程序后,股东需向管理人申报个人财产,但此时股东名下往往无多少财产。为防患于未然,股东财产申报机制可提前介入,即要求公司股东在

---

① 参见孙青山:《公司注册制改革视阈下债权人利益保护问题研究》,吉林大学 2018 年博士学位论文,第 114 页。
② 参见朱荣恩、丁豪樑、袁敏:《资信评级》,中国时代经济出版社 2006 年版,第 19 页。

认购股权时,无论是否有实缴出资能力,还是在名下财产发生明显变化时均需主动向公司申报名下财产。相对资产查控制度,该机制具有主动性。如股东恶意隐瞒不报,由此对公司或其债权人造成损失的,可考虑实行处罚措施。

3. 限制股东权利及解除股东资格

《公司法司法解释(三)》第 16 条规定:"股东未履行或者未全面履行出资义务或者抽逃出资,公司根据公司章程或者股东会决议对其利润分配请求权、新股优先认购权、剩余财产分配请求权等股东权利作出相应的合理限制,该股东请求认定该限制无效的,人民法院不予支持。"第 17 条第 1 款规定:"有限责任公司的股东未履行出资义务或者抽逃全部出资,经公司催告缴纳或者返还,其在合理期间内仍未缴纳或者返还出资,公司以股东会决议解除该股东的股东资格,该股东请求确认该解除行为无效的,人民法院不予支持。"这是对股东权利限制和解除股东资格的法律依据,但在司法实践中,真正提出该申请的少之又少。因此,建议公司切实维护自身合法权益,对恶意股东的权利及资格进行限制。

4. 追究恶意认缴注册资本股东的刑事责任

针对股东未履行或未全面履行出资义务或抽逃出资的情形,现行《刑法》仅规定了抽逃出资罪。《刑法》中规定的抽逃出资是指公司发起人、股东违反公司法的规定,在公司成立后又抽逃其出资,数额巨大、后果严重或者有其他严重情节的行为。但不可忽视的是,司法实践中还存在公司设立之初,股东明显无出资能力,但为了吸引投资等目的,恶意认缴注册资本的情形,事后再以减资、股权转让等方式逃避公司债务,给公司及债权人造成严重后果。对该情形,建议参照抽逃出资罪的规定,将此行为纳入刑事追责范畴。

(三)强化注册资本追缴的事后倒逼机制

1. 统一追缴注册资本的裁判标准

对于已转让股权的前手股东或发起股东是否需要承担出资义务的问题,结合实践中的做法,笔者认为,应当统一裁判标准,应考虑股权转让行为是否构成对债权人合理信赖的侵害。具体规定,无论前手股东或发起股东,对债权人合理信赖构成侵害的,均需承担责任。具体做法可以股权转让为节点,对于转让之前已经形成的债务承担连带责任。

2. 重视管理人的注册资本追缴履职

破产程序中,管理人接管了破产公司后,应由管理人代表破产公司向股东行使追缴注册资本的权利,故应当特别重视管理人的履职情况。第一,必须明确追缴注册资本既是权利更是义务;第二,如果管理人因为怠于履职,造成债权人损失的,应当由管理人承担相应的赔偿责任;第三,如果管理人在履职过程中有其他违法违规行为的,应当取消管理人资格,并限制该管理人在3年内不能担任其他破产企业管理人,以此重压来敦促管理人积极履职。

论破产程序中浮动抵押分配制度的探索与完善

贾丽丽[*] 刘博文[**]

一、两项制度的不足

(一)价值取向冲突

现代破产法更多的是兼顾债权人、债务人等各方利益,其立法价值核心是为了规范企业破产程序,公平清理债权债务,保护债权人和债务人的合法权益,维护社会主义市场经济秩序公平清偿;而相对应的浮动抵押制度扩大了抵押财产的范围,旨在提升企业的融资能力,但未能很好地保障各方的利益。因此,当破产程序与浮动抵押两项制度产生交集时,不得不作出利益平衡。现实中往往会导致破产程序中浮动抵押权人的权利在更高的价值面前作出牺牲。

(二)制度设计不足

从制度设计的角度看,虽然在《中华人民共和国企业破产法》(以下简称《企业破产法》)第113条、第109条

---

[*] 上海锦天城(天津)律师事务所合伙人。
[**] 上海锦天城(天津)律师事务所律师。

中对清偿顺序作了规定,但并未对浮动抵押权人的清偿顺位进行特别界定。其次,破产法的保护、监管、救济相关制度更多的是站在一般抵押权人的角度,因此一旦在破产程序中涉及浮动抵押权人,这些制度则不能很好地保护浮动抵押权人的权益,使相关制度失去了公平性。例如,浮动抵押物一般是原材料、半成品和产品等,这些抵押物在破产重整程序中,若需要持续使用该抵押物,那么浮动抵押权人的抵押物就会被持续消耗。或者管理人不主动告知抵押物的具体范围,则难以进行浮动抵押中的结晶固化,此时浮动抵押权利人的权益就会受到侵害。面对此种情景,若不及时完善相关制度,则会让破产分配制度与浮动抵押制度失去其立法价值和应有的作用。

二、相关案例及分析

(一)典型案例

案例1:由于甲公司资金链短缺,该公司与该市银行A支行签订了1000万元的《抵押借款合同》,并在合同中约定:银行A向甲公司拨发资金贷款1000万元,贷款到期时,甲厂生产的所有动产转为担保财产,其中包括储存在仓库中的所有机器、设备、原材料以及所有成品、半成品,约定借款期限为两年。此后,甲公司又陆续和B、C公司办理了同样的浮动抵押合同,但B、C公司对先前甲公司与A银行签订的浮动抵押合同均不知情。后甲公司因经营不善,面临破产。经对其资产的审核,发现除了上述借款外,甲公司还存在税费未缴纳、职工工资未发放等情形,因此围绕上述甲公司的债务清偿顺序与清偿方式产生了争议。

案例2:2008年8~9月,甲公司与乙公司、自然人丙及丁公司先后签订三份《借款协议》及两份《补充协议》,约定乙公司为债务人,丁公司与自然人丙为连带保证人。基于该债权债务关系,丁公司又于2008年10月7日向甲公司开具了一份《丁公司产品出库单》,以价值4000万元的玻璃作为乙公司借款的抵押担保。甲公司主张在重整宣告前甲公司的抵押财产未能得到有效的保护,对结晶时间产生争议,导致其4000万元的浮动抵押债权最后仅受偿2,202,562.53元。最终法院判定甲公司与丁公司设立的4000万元玻璃抵押权成立;甲公司就法院民事判决确定的对乙公司享有的债权,对丁公司"1-4"生产线玻璃在4000万元范围内享有优先受偿的权利。

(二)典型案例分析与总结

在案例 1 中,围绕各债权人的清偿顺位以及如何清偿引发了争议,其中所暴露出的问题也值得我们深思。首先,从该案中可以发现,因破产程序中浮动抵押分配制度法条的不完善,从而对清偿顺位引发争议,如本案中税费、职工债权以及浮动抵押财产的清偿顺序该如何界定,才能更好地保障各方权益。其次,我们可以进一步思考,若假设案例一的浮动抵押物不能清偿所有债权人,那么是否按照一定顺位清偿,是否可以考虑计算清偿比例并进行清偿,从而保障各方利益。

在案例 2 中,可以发现在破产程序中浮动抵押权人的权利更容易受到侵害。因为在破产程序中,若管理人不及时通知或者不配合实施固化,助力企业持续经营,则会导致抵押物被持续消耗。而浮动抵押权人的救济途径又较弱,导致抵押物不能及时结晶,从而损害了浮动抵押权人的利益。因此,如何完善制度,及时保障浮动抵押权人的权利是我们需要进一步思考完善的方向。

总体来讲,因为破产制度和浮动抵押制度两种制度的立法价值取向不同,制度设计存在缺陷,从而产生了分配顺位的纠纷以及界定浮动抵押物范围等纠纷中的认定问题,我国可通过规定破产程序中浮动抵押的相关制度来完善国内相关法律法规,以保障各方权利。

三、域外破产程序下浮动抵押制度的分析

(一)分配顺位制度

综合各国的实际情况,各国浮动抵押担保在破产程序中所处的分配顺位有所差别。从保护浮动抵押债权人的利益层面,在美国,因其浮动抵押制度更加侧重于保护浮动抵押债权人的利益,因此其浮动抵押债权人的受偿顺序优先于投资和税收;[1]在英国,英国破产法规定的浮动抵押担保的清偿顺位则在优先债权之后、普通债权之前;[2]日本《企业担保法》对浮动抵押制度中的适用主体进行了严格的限定,仅准许股份有限公司有权就自身公司债务上设立浮动抵押,同时规

---

[1] 潘琪:《美国破产法》,法律出版社 1999 年版,第 14 页。
[2] 丁文联:《破产程序中的政策目标与利益平衡》,法律出版社 2008 年版,第 24 页。

定一般优先权应当优于浮动抵押担保物权。

美国又对其浮动抵押制度的优先性进行了限制,于是购买价金担保权就顺应着写进了《美国统一商法典》第九篇中。换言之,购买价金担保权之所以能写进商法典是因为其是商业交易需要的产物,且赋予购买价金担保权以超级优先权的效力,如果同一担保物上发生各种担保物权的竞合,那么购买价金担保权具有优先受偿的效力,使购买价金担保权成为登记在先原则的例外情形;[1]在德国,因在其民法典中并不承认浮动抵押制度,而是转以通过信托转让的担保方式来保障市场主体商业融资的需求,主张保留所有权的债权人其所处的顺位应当位于信托转让之前。[2]

(二) 分配比例制度

因为浮动抵押的标的物往往是债务人现在和将来的所有的全部财产,一旦发生破产,所有的普通债权清偿率几乎为零,所以浮动抵押制度的出现也带来了一种"恐慌",针对这种恐慌,域外各国有不同的处理方式。在英国1982年的《科克报告》中提出建议,从浮动抵押资产价值中削出10%用于清偿普通债权人,同时保证普通债权人的清偿率不能超过浮动抵押清偿率;[3]在德国,破产法委员会于1985年建议,只给予动产担保75%的优先受偿权;[4]在美国,有的学者提出在借鉴德国破产委员会建议的基础上修改而成的"固定部分优先"方案,即在破产分配中保持固定比例的担保债权的优先地位,把剩余部分比例的担保债权视为非担保债权。也有学者提出了一个"裁剪"方案,即将动产担保物变价收益的一定比例提取出来用于清偿非担保债权。可见,国外学术界进行的上述研究,无论是在对财产担保债权完全优先受偿权限制的理论根据上还是在保障特定非担保债权的清偿方式上,既保障了抵押权人的优先权,也考虑了其他权利人的权益,有利于市场经济的蓬勃发展。

---

[1] 李运杨:《美国〈统一商法典〉中购买价金担保权及其对中国的启示》,山东大学2012年博士学位论文,第16页。

[2] 崔靖尧:《发达国家浮动抵押制度及其借鉴》,载《中国经贸导刊(中)》2020年第11期。

[3] 韩长印:《我国破产分配顺位的重构——"破产分配顺位"学术讨论综述》,载《上海交通大学学报(哲学社会科学版)》2005年第6期。

[4] 张作顺:《破产程序法律制度研究》,中国政法大学2002年博士学位论文,第33页。

(三) 分配中的监管制度

为了对破产程序中的浮动抵押物进行更好的监管,从而更有效地保护浮动抵押权人的利益,域外各国有不同的处理方式。如在英国,浮动抵押权人在需要行使浮动抵押时,首先委任管理接管人(既可以基于申请由法院委任,也可以基于抵押合同中所包含的权利由浮动抵押权人委任),英国《公司法》规定了明确和详细的程序。出于接管人在法律上并非浮动抵押权人的代理人,而是债务人的代理人的考量,为了更好地保护浮动抵押权人的利益,英国《公司法》允许浮动抵押权人行使权利时无须事先向法院申请许可,[1]同时管理接管人也具有通知、报告的义务。

(四) 分配中的救济制度

为了对破产程序中的浮动抵押权人进行更有效的救济,更合理合法保护浮动抵押权人的利益,域外各国有不同的处理方式。如在美国,保护手段主要为自动冻结救济。自动冻结是指在当事人向法院提出破产申请之后,所有有关债务人财产的执行行为及其他对债务人的财产构成消极影响的行为均应中止的一项制度。[2] 本来通过自动性的冻结,可以避免某些债权人抢先执行,使债务相对方可以获得一些合理的时间,同样也能够促使债权人能够得到合理有序的兑付,但是此项制度会使得债权人以及担保债权人的权利受损,使易折损的浮动抵押物因为自动冻结而持续损耗,无法保障债权人的合法权益。对此,美国破产法采取了解除冻结的救济措施,也就是说某个债权人的权利因为自动冻结而削弱的时候,他可以向法院提出诉求,请求解除该项冻结。该制度的大意为以下两点:一是债权人对财物存在权益,并且该财物并不属于重整所必需;二是担保权人缺少在此冻结财产上的合法权益的有效保护。

---

[1] 彭贵:《中英浮动抵押制度之比较》,载《法律适用》2008 年第 Z1 期。
[2] 韩长印、李玲:《简论破产法上的自动冻结制度》,载《河南大学学报(社会科学版)》2001 年第 6 期。

四、破产程序下浮动抵押分配制度的完善

我国对破产程序中的浮动抵押相关制度的规定还有待完善，而这些相关制度实际上就是跟债权人的优先权与财产分配顺位息息相关。为了推动和促进建立健全相关制度，引导债权人安全合理使用该项制度，降低因制度不完善导致的司法成本，使该项法律制度重新焕发其自身应有的活力和生机，本节对分配顺位制度、分配比例制度、分配中的监管制度和分配中的救济制度提出以下几项完善建议。

(一) 分配顺位制度的完善

关于动产浮动抵押与固定抵押之间的清偿顺序，我国《民法典》并没有对该问题作出详细的规定。但浮动抵押因其法律上具备的特殊性，因此我国民法典有必要对于该问题进行更进一步细致的规定。

从保障浮动抵押权人权益的角度考量，若在已经被明确设定为具有浮动定性担保的固定资产上再次施加固定担保，即使固定担保权利人明知前置已有浮动担保，但浮动抵押的结晶问题等原因往往导致固定担保处于较高的位次。因此，为了保障其他抵押在先债权人的合法权益，可以通过制定相关规定，如浮动抵押权人可以同抵押人在法律允许的情况下达成合意，实现禁止日后设定享有优先或与其他地位相等的其他抵押权，从而切实保障浮动抵押权人的合法权益。

若从促进融资的角度考量，由于浮动抵押权人进入破产程序时，设立在先的浮动抵押权和设立在后的购买价金担保权对于流入财产的拍卖金的清偿顺序必然会发生冲突。若不考虑浮动抵押制度之特殊性，强行适用《民法典》第415条规定："同一财产既设立抵押权又设立质权的，拍卖、变卖该财产所得的价款按照登记、交付的时间先后确定清偿顺序。"浮动抵押权会因为其在先登记的清偿顺序而优于其他，这会使浮动抵押人陷入了经济上的困境，使其不能开展任何其他的融资行为，反而会损害浮动抵押权人的合法权益。因此，可以在法律中规定给予购买价金担保权作为一种位次较高的优先权，也应促使购买价金担保权无论是否登记在后都具有比在登记在先的浮动抵押权更高的效力位次。

(二) 分配比例制度的完善

目前实务中,关于浮动抵押物的争议主要有以下两种:一是鉴于浮动抵押物的方式和内容不断地在发生变化,那么当某公司倒闭或者破产时,其继续生产的同类和浮动抵押物一样的商业或者服务是否仍然属于受偿浮动抵押物范围,若属于那么将其全部份额由浮动抵押权人优先受偿,这样是否合理;二是当浮动性抵押物经加工处理后已经通过转化成为产品时,这种处理转换已经导致使得原材料无法再和产品区分开来,如何更公平地保障各方权益。出于上述两种情况的考虑,可以将浮动抵押物的变价款份额划分为两个组成部分,一部分由浮动抵押权人进行优先受偿,另一部分被释放出来用于保障非担保债权的清偿,从而避免了以牺牲大多数债权人的合法利益而自行作出对个别债权人的优惠,至于其中比例的设定,还有待围绕我国市场经济的实情做进一步的研究。

(三) 分配中的监管制度的完善

一旦进入破产程序中,浮动抵押权人则容易陷入被动的局面,那么面对这种缺陷,则可以通过对我国相关规定进行完善,即设立破产监督管理人。该监督管理人在抵押财产尚未确定之前就开始监管工作,同时监督管理人履行相应的职责与义务,公司的管理人则从监督管理人中获得抵押财产的流动情况报告。在公司破产的环节中,若浮动抵押权人同意,管理人则可以直接委托监督管理人在公司重整前和重整计划实施的整个过程中进行监督管理,具体工作内容包括监督债务人的原始材料、半成品、成品的销售工作情况,并随时进行相关汇报。此外,若监督管理人进行了司法执行程序或破产、清算程序,则涉及浮动抵押财产都需要进行进一步详细的资产评估,目的是既要充分保障浮动抵押权人的利益,也要考量公司重整的目标。法院应当允许相关的救济,即抵押权人对评估报告有异议时可以向法院提出,法院按照流程设置异议裁决程序。

目前,我国破产程序中的浮动抵押权人的知情权容易受到损害,其知情权不能得到充分的保障。鉴于此,可以针对相关人员建立信息披露制度,使浮动抵押权人对于抵押物的相关信息能够得到充分了解,从而进行有效的监管。

(四)分配中的救济制度的完善

在我国目前破产程序中仍然存在一些不足,即浮动抵押权人在公司破产的流程中能够得到的司法救济有限且经常陷入被动的局面。虽然在我国现有法律中也有自动冻结的相关概念,但其规定尚待完善。我国《企业破产法》规定:"担保物有损坏或者价值明显减少的可能,足以危害担保权人权利的,担保权人可以向人民法院请求恢复行使担保权。"但该法条过于笼统,没有确切的落实方案,且其保护范围过于狭窄,救济方式也不足,对于权益受损的浮动抵押权人来说没有从根本上解决救济的问题。笔者认为,在此种情形下可以采用以下相关解决方案:第一,当债务人对于财产并无相关权益,且该财产对于重整而言并非必要之物时,债权人可以向法院申请解除自动冻结。抵押物通常而言流动性较强,如公司的存货等,若不能及时流通交易变卖,会导致其价值大幅缩水。在进行破产重整的流程中,按照常理而言,若公司的业务具有较强的盈利能力,那么该业务也会持续经营,相关抵押物也并非重整所必需。因此,相关法律法规,可以授予债权人就该浮动抵押物申请解除冻结和流通的权利。此举措一方面,将避免抵押物价值的缩水;另一方面,也可以减少抵押物的储藏管理成本,使债权人的合法权益能够得到充分的保障,进一步推进重整过程高效有序地进行。第二,浮动抵押标的物在被管理人使用的过程中,即使为担保物购买财产意外险或提供等额、替代担保的手段下,仍然会发生抵押物的价值大幅缩水的情况,若出现严重影响抵押债权的,相关抵押人可以随时向破产受理法院申请恢复行使抵押权。这样一来有利于对管理人的制约,二来有利于对债权人的保护。冻结解除后,浮动抵押物权人若未能确定抵押财产的具体范围,则有权向破产受理的法院提出申请,要求公司停止生产,从而确定财产的具体范围;若已经明晰了相关财产的具体范围,则可以依照法律法规的规定,直接行使抵押权。

破产审理中所涉劳动债权争议的程序适用
——以破产法、劳动争议调解仲裁法及民诉法的衔接为视角

李丽丽[*]

劳动争议仲裁程序既属于特殊规则,又兼具与民事诉讼程序平行的色彩。破产程序作为民事诉讼程序的特殊程序,其特有的规则如集中管辖、自动中止等亦对现有的民事诉讼程序作出了一定的改变。那么,当破产审理程序中涉及包括劳动债权确认在内的劳动争议[①],应当遵从何种程序予以解决?同为特殊程序的劳动争议法律程序与破产审判程序是否存在"冲突"?此类冲突是立法本身所致还是主观理解差异所致?因事关当事人权利的保护,且与民事诉讼程序、劳动仲裁程序与破产审判程序能否在各自领域内发挥程序价值功能相关,故有详细论证的必要。

---

[*] 上海破产法庭原法官,现为上海金融与法律研究院副院长,兼破产法研究中心主任、湘潭大学法学院博士研究生。

[①] 需要明确的是,本文所要讨论的问题不包括用人单位进入破产程序之前已经发生的劳动仲裁情形。根据《企业破产法》第20条的规定,该类问题相对明确,在实践中的争议并不显著。

一、问题的提出：劳动债权确认应否仲裁前置及管辖法院如何确定

对于破产债权的确认之诉，国外相关文献中主要存在四种观点：(1)为了破产执行而得到债务名义的给付诉讼；(2)要求异议者作出撤回异议或者承认债权的意思表示的给付诉讼；(3)为了达到消灭异议的效果，形成债权之效力为目的的形成诉讼；(4)求得对破产债权的适格、存否、顺序以及数额等成为异议的对象加以确认的确认诉讼。[①] 可见，破产债权的确认之诉，存在系形成之诉、给付之诉、确认之诉的不同观点。甚至，也有观点认为，破产债权确认之诉从功能上而言，是"一事不再理"原则的变通。[②] 在这一难题尚未得到解决前，关于劳动债权的确认可能为其"雪上加霜"。应对实践中涉及的两个问题引起重视：

一是用人单位进入破产程序后，管理人不予确认且未经仲裁的劳动债权争议，是否可以不经原劳动法所规定的仲裁前置程序，不区分劳动争议的具体类型，直接向法院提起债权确认之诉？

二是在当事人提起债权确认之诉时，是依据劳动争议案件的管辖原则（用人单位所在地及劳动合同履行地）确定管辖法院，还是依据集中管辖的原则（破产案件的受理）确定管辖法院？

(一) 前置肯定：包括劳动债权在内的劳动争议应当适用法定前置

该观点认为，劳动债权确认系劳动争议的范畴，根据现行法律规定，劳动争议应依法仲裁前置。因此，在未经劳动仲裁前，劳动者直接向破产案件受理法院起诉的，应当裁定驳回起诉。上海市第一中级人民法院曾于2018年7月25日裁定由金山区人民法院受理某投资公司破产清算案。该案中，某劳动者向金山区人民法院起诉，要求确认劳动债权金额。金山区人民法院认为，劳动者的诉求系劳动争议，尚未经过劳动仲裁，不属于普通民事案件受理范围，故裁定驳回起诉。裁定作出后，当事人并未提起上诉，驳回起诉的裁定已经生效。另外，在该债务

[①] [日]石川明：《日本破产法》，何勤华、周桂秋译，中国法制出版社2000年版，第124～125页。

[②] 吴正绵、王光宇：《破产债权确认诉讼疑难问题探究》，载《法制与社会》2016年第3期。

人另一劳动者追索报酬一案中,金山区人民法院作出裁决书,准予原告撤回起诉。此后,该涉案劳动者申请劳动仲裁,金山区劳动仲裁部门予以受理。由此可见,部分法院以及劳动仲裁部门在实践中认可劳动债权确认纠纷应当仲裁前置。

(二)前置否定:破产申请受理后所涉劳动争议均应直接起诉

对于用人单位进入破产程序后,所涉的劳动争议是否应当仲裁前置,劳动争议解决部门倾向于认为不应再适用仲裁前置,主要是根据《中华人民共和国企业破产法》(以下简称《企业破产法》)第21条以及第48条的规定。因此,实践中劳动仲裁机构及人力资源和社会保障部门的多数意见是,仲裁机构收到相关仲裁申请时,能确定企业进入破产程序的,应出具不予受理通知书;受理后知晓企业在之前已进入破产程序的,撤销相关案件。[①]

(三)集中管辖规则与特殊管辖规则:破产案件受理法院管辖还是劳动合同履行地或用人单位所在地基层法院管辖

对于劳动争议一审案件是否由破产法院集中审理,也存在不同的观点。肯定观点认为,其一,破产程序中所涉劳动债权确认属于破产债权确认纠纷,故应当适用《最高人民法院关于适用〈中华人民共和国企业破产法〉若干问题的规定(三)》(以下简称《企业破产法司法解释三》)的规定,向受理破产案件的法院提起诉讼。其二,破产程序作为一揽子债权债务纠纷解决程序,由破产法院集中受理,能够保证破产案件与诉讼案件的审理效率,减少不同法院之间的沟通成本,有利于当事人的权益保护。其三,据《企业破产法》第21条的规定,在法院受理破产申请后,有关债务人的民事诉讼,只能向受理破产申请的法院提起。除劳动债权的确认所涉争议外,其他劳动争议的管辖法院,应当适用集中管辖的规定,由破产案件受理法院管辖。

与此相反,另一种实务观点则认为,应当适用劳动争议案件的特殊管辖规

[①] 2020年5月28日,笔者曾参加上海市人社局、上海市仲裁院关于企业破产所涉劳动争议处理问题的调研座谈会,此部分系根据座谈会材料整理。具体案件为(2019)沪03破269号破产清算案所涉劳动争议。自2020年4月1日起,先后10名劳动者向上海劳动人事争议仲裁院申请仲裁,请求支付劳动报酬等,上海市劳动人事争议仲裁院已出具不予受理通知书(其中有3起案件在受理后得知破产清算情况后,以撤销案件的方式处理)。

则,即由劳动合同履行地或用人单位所在地法院管辖。理由是,暂且不论破产程序中包括劳动债权确认在内的劳动争议是否需要仲裁前置,涉及劳动债权的确认,或者其他劳动争议等基础关系仍旧是劳动合同法律关系。即便可以不适用仲裁前置,但这只是争议解决程序方面的简化,其实体审理仍应适用劳动法所规定的特殊管辖规则。因此,根据《最高人民法院关于审理劳动争议案件适用法律问题的解释》第3条规定,应当由用人单位所在地或者劳动合同履行地基层法院管辖。①

二、法律冲突还是理解有异:关于破产所涉劳动争议的立法梳理

司法裁判视野内的劳动仲裁与劳动争议的诉讼既需要考量劳动争议纠纷解决程序与破产审判的特殊性,还需要对现行的法律规定加以梳理;既要以权利的法律属性为基础,依法保护当事人合法权利,也要避免因理解有异而主观导致的"法律冲突",还要在现有法律框架内寻找融合处与衔接点,不给当事人造成"推诿""扯皮"的错觉,进而减损司法公信与权威。

(一) 与劳动债权确认相关的劳动争议解决程序的规定梳理与解读

工作场所的争议适用正式的解决程序,意味着职工个人与企业均可以就纠纷发声并予以解决。② 劳动争议解决不仅事关国家的就业率,也与一国的投资政策相关。如果抛却破产事由,包括劳动债权在内的劳动争议应当先行申请仲裁,对此并无争议。但是,用人单位进入破产程序后,根据《企业破产法》第21条的规定,但凡涉及民事诉讼,只能向破产案件受理法院提起。进一步讲,第48条第2款规定劳动债权不必申报,由管理人调查后列出清单并予以公示,职工对清单记载有异议的,可以要求管理人更正;管理人不予更正的,职工可以向人民法院提起诉讼。这突破了劳动法律范畴内仲裁前置的规定。但是,需要特别注意的

---

① 劳动合同履行地不明确的,由用人单位所在地的基层人民法院管辖。
② Fox,J. B., Donohue, J. M. & Wu, J., The Arbitration of Labor Disputes in China Today: Definition and Implication, *Emplo Respons Rights* J17,19 – 29(2005), http://doi. org/10. 1007/s10672 – 005 – 1811 – 1.

是,即便可以不经过仲裁前置,《企业破产法》第 48 条第 2 款并未将劳动仲裁解决路径予以全盘否定,从职工"可以"向法院(而非"应当"或"只能")提起诉讼这一表述即可得以印证。

另外,涉及劳动债权的确认是否可以根据《企业破产法司法解释三》第 8 条的规定提起债权确认诉讼呢? 对此,如果按照现行破产法的文义理解,答案是肯定的,因《企业破产法司法解释三》第 8 条并未将劳动者排除在异议债权人之外。① 即劳动者既可以依据《企业破产法》第 48 条的规定,针对管理人拒绝更正的劳动债权"清单"提起诉讼(不受是否召开第一次债权人会议的限制),也可以针对管理人制作,但仍持异议的债权表(管理人解释或调整后),在债权人会议核查结束后 15 日内向法院提起债权确认的诉讼。

(二) 各地高级人民法院的审理指引:差异之中存在的共性留白

部分高级人民法院对于劳动债权的确认进行了相应规定。如江苏省高级人民法院《破产案件审理指南(修订版)》规定,职工直接提起债权确认诉讼的,人民法院应当告知职工先行向管理人提出异议。即先行向管理人提出异议,是职工提起债权确认诉讼的前提条件。② 虽然江苏省高级人民法院并未就是否应当仲裁前置给予明确态度,但是肯定了劳动债权争议在向管理人提出异议且管理人未予更正后,可以直接向法院提起诉讼的做法。

四川省高级人民法院《关于审理破产案件若干问题的解答》对此问题给予了明确解答。四川省高级人民法院认为,虽然仲裁前置是劳动争议处理的一般性程序,但在破产程序中,根据《企业破产法》第 48 条第 2 款,职工对清单记载有异议的,可以要求管理人更正;管理人不予更正的,职工可以向人民法院提起诉讼"的规定以及《最高人民法院民事案件案由的相关规定》起诉。该类纠纷因用人单

---

① 尽管笔者认为应当对劳动债权争议与其他类型的债权确认争议予以区分并适用不同的程序(笔者将另行撰文予以论述),但仅从《企业破产法》第 21 条及《企业破产法司法解释三》第 8 条的条文本身而言,二者并不当然冲突,也没有排除劳动债权人的择一行使的程序性权利。

② 《江苏省高级人民法院民事审判第二庭破产案件审理指南(修订版)》(苏高法电〔2017〕794号)第六章"债权申报"关于"劳动债权的申报、审查及异议程序"中规定,对于企业破产法第 48 条第 2款规定的款项,管理人应当在第一次债权人会议召开 15 日前完成调查,列出详情清单,在债务人公告栏或者显著位置公示。职工对清单记载的金额相关事项有异议的,可以在第一次债权人会议召开前向管理人提出异议,异议成立的,予以更正;异议不成立的,管理人应予以通知并说明理由,异议职工不服的,可以自收到通知之日起 15 日内提起债权确认诉讼。

位进入破产程序后,可不经劳动仲裁前置程序直接向人民法院起诉,案由为"职工破产债权确认纠纷"。

以上两个地方高级人民法院系以指南或问答的方式直接或间接表明了意见。就涉劳动争议衍生诉讼的管辖进行专门发文的则是上海市高级人民法院。2020年12月7日,上海市高级人民法院发布《关于上海法院受理涉劳动争议破产衍生诉讼指定管辖的通知》,该通知明确,本着审级对应、方便诉讼、执法统一的原则,法院受理破产申请后,有关债务人的劳动争议诉讼案件,按照劳动争议纠纷的管辖原则,仍由用人单位所在地或劳动合同履行地的基层人民法院管辖;二审案件由该基层人民法院对应辖区的中级人民法院审理。在法院受理破产申请前,已经受理的有关债务人的劳动争议诉讼案件,待管理人接管债务人财产后,继续审理;二审案件则由该基层人民法院对应辖区的中级人民法院审理。简言之,上海市高级人民法院以指定管辖的方式明确相关劳动争议不论立案时间在破产受理前后,均由用人单位所在地或劳动合同履行地的基层人民法院管辖。上诉案件则由基层人民法院所属辖区的中级人民法院审理,而不再由破产案件受理法院集中管辖。

与江苏省、四川省不同的是,上海市高级人民法院以指定管辖的方式,让涉劳动争议破产衍生诉讼的管辖重新回归用人单位所在地或劳动合同履行地的基层法院管辖,二审亦不实行由破产案件受理法院管辖,而是由基层法院所属辖区的中级人民法院管辖。从共性留白看,三地高级人民法院均直接或间接认可了所涉劳动争议破产衍生诉讼无须仲裁前置,而是可以直接向有管辖权的法院提起诉讼。

三、破产审判视野内劳动债权争议的范畴与特定案件的程序适用

上述高级人民法院的规定均未涉及以下问题:一是未区分劳动争议的具体法律性质,是债权金额的争议,还是劳动关系以及劳动者身份的争议;二是未界定劳动债权确认之诉的法律属性,是确认之诉,形成之诉还是给付之诉;三是未能衔接《企业破产法》《中华人民共和国劳动争议调解仲裁法》(以下简称《劳动争议调解仲裁法》)《中华人民共和国民事诉讼法》,关于特定类型劳动争议(如

原本属于一裁终局案件)的管辖及程序适用问题。下文将予以详述。

(一)破产程序中并非所有的劳动争议均与债权金额直接相关

一方面,须符合《企业破产法》第48条第2款范畴内的,方属劳动债权争议。即与直接可归属于劳动者的金钱利益相关。另一方面,即便属于《企业破产法》第48条第2款规定的劳动债权争议,也无法完全排除《劳动争议调解仲裁法》的适用,仍旧需要结合《企业破产法》第48第2款以及《劳动争议调解仲裁法》第2条规定的劳动争议条款进行细致划分:对于债权金额之外的争议,尤其是劳动者身份的有无及劳动关系是否存续的争议,不属于债权争议,应属于债权争议的事项,则需要细致区分金额性质及大小;如当事人的"混合诉请"争议既涉及身份争议或者劳动关系存续争议,又涉及债权金额争议的,则因身份争议及劳动关系存续争议系基础争议,仍应当优先考虑适用基础争议的管辖规则。因为,按照最高人民法院的生效裁判案例的观点,关于补缴社会保险金、住房公积金之类争议,需要区分类型,比如需要视是否已经为劳动者办理了社保手续等,[①]来确定是否属于法院的受案范围。

(二)对于"一裁终局"争议事项的特殊考量

根据《劳动争议调解仲裁法》第47条的规定,两类争议的裁决为终局裁决:一是追索劳动报酬、工伤医疗费、经济补偿或者赔偿金,不超过当地月最低工资标准12个月金额的争议;二是执行国家的劳动标准在工作时间、休息休假、社会保险等方面发生的争议。

这两类争议在适用程序上有两个特征:一是除非法定主体依法提起诉讼,其系"一裁终局"事项;二是争议双方对于裁决结果不服,适用的法律程序不同,劳动者可以向法院提出诉讼,但用人单位在收到仲裁裁决之日起30日内只能向劳动争议仲裁委员会所在地的中级人民法院申请撤销裁决。

如对于上述"一裁终局"事项不进行甄选区分,就会导致出现两个悖论:第一,原本不具有起诉资格的用人单位(破产程序中的债务人),因破产程序获得了起诉资格,这造成进入破产程序的用人单位与未进入破产程序的用人单位在诉

---

① 相关裁判观点详情可见最高人民法院民事裁定书,(2017)最高法民申1125号。

讼主体资格与诉讼程序权利的不平等。第二，即便劳动者有权对"一裁终局"事项提起诉讼，如对一审法院的审级不予限制，就会导致原本属于"一裁终局"的争议事项，由中级人民法院一审，由高级人民法院二审，并且产生由最高人民法院再审的可能性。这不仅造成了进入破产程序用人单位的劳动者与正常经营用人单位的劳动者审级利益的不平等，也违背了"一裁终局"事项所适用的争议解决制度的立法价值初衷与制度功能目的。

(三)对于解决劳动债权确认争议的成本担忧

关于争议解决的费用成本方面，结合最高人民法院《民事案件案由规定》，破产债权确认纠纷主要包括两类案由：一是职工破产债权确认纠纷，二是普通破产债权确认纠纷。前者即指《企业破产法》第 48 条第 2 款规定所列清单记载的内容有异议，请求管理人予以更正，而管理人不更正时，职工提起的请求确认上述清单记载事项的纠纷，而非《企业破产法司法解释三》第 8 条规定的债权确认之诉。实践中，也有个别案件被笼统立为破产债权确认纠纷案由的情形，按照财产类案件标的收取诉讼费用，增加了劳动者提起诉讼的费用成本，与劳动仲裁相比，不具备费用成本优势。除费用成本外，因债权确认之诉涉及一审①、二审甚至再审程序，与劳动仲裁相比，时间成本及程序成本亦不具有优势：一是劳动仲裁一般为 45 天审结，最长需在 60 天内仲裁终结。如不经仲裁，会导致争议解决时间成本增加，则不具备时间成本优势。二是由破产案件审理法院集中管辖并非有利于当事人尤其是劳动者诉讼的。据统计，人力资源市场在全国范围内自由开放，劳动者在异地就业规模巨大。② 在"零工经济""去组织化"化的就业模式下，在本应由劳动合同履行地基层法院管辖更加有利于解决劳动债权争议的情况下，当事人却不得不舟车劳顿向破产案件受理法院提起诉讼。除北京市、上海市和深圳市外，破产案件集中管辖原则实际上加剧了诉讼困难。

---

① 如有的破产法庭设在中级人民法院，中级人民法院一审案件是否一律可以适用简易程序并无定论，在适用普通程序的情况下，审限为 6 个月。

② 根据 2021 年 7 月 7 日召开的国务院常务会议上所援引的部分数据，2020 年，我国灵活就业人数达 2 亿人。

四、基于正当程序的建议：于区分争议法律性质基础上对当事人程序选择权的尊重

程序并不比实体次要。[1] 正当程序以及作为正当程序渊源的自然正义，并不是专门为法律解释而建立的规则，但可以被运用来审查不确定法律概念的解释。[2] 如何在降低司法成本同时尊重三种程序价值的基础上进行有效衔接，以督促仲裁与审判的各司其职，发挥劳动仲裁的及时性和便捷性，是劳动债权确认法律程序的趋向。为此，笔者建议如下：

(一) 严格区分应属劳动债权的争议与其他劳动争议

劳动债权争议应当严格按照《企业破产法》第48条第2款的规定予以区分。如劳动者的诉求主张范畴符合该条款的规定，并援引该条款作为请求权基础的，可以视为劳动债权争议，进而讨论到底应"先裁后审"，还是"或裁或审"，抑或"直接起诉"的问题。除此之外，与债权无关的劳动争议，当事人应当根据《劳动争议调解仲裁法》申请劳动仲裁。

相对于民事诉讼法律制度而言，《企业破产法》与《劳动争议调解仲裁法》均属于特别法，且同属于全国人大常委会制定颁布的法律。从制定主体角度观之，二者处于同一效力位阶，但就新法与旧法的适用而言，《企业破产法》2006年8月27日公布，2007年6月1日施行，《劳动争议调解仲裁法》2007年12月29日通过，2008年5月1日起施行。二者同为特别法，按照新法优于旧法的适用而言，就劳动债权确认之外的其他劳动争议亦应当仍旧适用《劳动争议调解仲裁法》的规定。

(二) 对于可诉的劳动债权确认争议应排除法定的"一裁终局"事项

关于"一裁终局"的规定在出台之初即引发了较为广泛的关注与讨论，有学

---

[1] 许春晖：《正当程序：解释不确定法律概念的判断标准》，载《东方法学》2020年第3期。
[2] 许春晖：《正当程序：解释不确定法律概念的判断标准》，载《东方法学》2020年第3期。

者甚至将其归纳为劳动争议仲裁终局化研究。① 对于劳动者主张的追索劳动报酬、工伤医疗费、经济补偿或者赔偿金,不超过当地月最低工资标准12个月金额的争议,以及因执行国家的劳动标准在社会保险等方面发生的争议,应当仍旧适用《劳动争议调解仲裁法》第47条规定的"一裁终局"程序。如当事人的"混合诉请"争议既涉及身份争议或者劳动关系存续争议,又涉及债权金额争议的,因身份争议及劳动关系存续争议系基础争议,则应当优先考虑适用基础争议的管辖规则,确定是否属于法院的受案范围。

当然,在用人单位陷入经营困境时,劳动者为减少收入损失,通常会积极另寻他处,即便存有拖欠数月报酬事项,金额亦不会畸高。劳动者提出的诉求中可能不仅包含劳动债权的确认,还会包括劳动关系的认定、劳动债权身份的确认以及其他不属于《企业破产法》第48条第2款的债权金额范畴。如果涉及需要先行确认劳动关系或者劳动者身份的,因该事项关系其后的金额认定与权利享有,则应当根据《劳动争议调解仲裁法》第2条的规定申请仲裁。这样能够确保相关争议在60日内仲裁终结,在当事人均认同仲裁结论的情况,也可以避免一审、二审甚至再审之诉的发生。

(三)劳动债权确认不应排除当事人选择仲裁的权利

基于破产程序、诉讼程序、劳动争议解决程序的相互交叉,以及在考量如何确保破产审判程序推进的基础上,涉及劳动债权的确认须摒弃"全有"或者"全无"的思维,以尊重当事人的程序选择权利来缓和劳动仲裁与民事诉讼、破产案件衍生诉讼集中管辖的立法紧张关系,或许对于解决当前的困境更有助益。一方面,即便可以不经过仲裁前置,《企业破产法》第48第2款并未将劳动仲裁解决路径予以全盘否定,从职工"可以"向法院(而非"应当"或"只能")提起诉讼这一表述即可得以印证。另一方面,即使不存在用人单位的破产事由,在劳动争议案件的处理机制上,亦有研究提出应当赋予当事人自主选择劳动仲裁与诉讼的权利。② 允许劳动争议当事人选择申请劳动争议仲裁,或者向人民法院提起劳动

---

① 涂永前:《我国特色的劳动争议仲裁终局化之理念和制度架构——〈劳动争议调解仲裁法〉第47条释正》,载《法律科学(西北政法大学学报)》2013年第3期。

② 秦国荣:《我国劳动争议解决的法律机制选择——对劳动仲裁前置程序的法律批判》,载《江海学刊》2010年第3期。

争议诉讼。[1] 因此,赋予劳动者相应的争议解决途径,其选择权与当前的理论研究趋势并不冲突。再一方面,劳动仲裁费用成本低(不产生仲裁费用)、审结期限短(受理仲裁申请之日起 45 日内结束,延长期限不得超过 15 日),[2]并可借助劳动主管部门进行调处等优势,因此不应强行要求当事人予以放弃劳动仲裁的程序性权利。

(四)对符合《企业破产法》第 48 条第 2 款劳动债权确认之诉的程序适用

破产债权确认集中管辖是否排除当事人依法定连结点选择管辖法院[3]仍旧是需要细致论证的事项。如出于方便当事人尤其是劳动者的立场考虑与设计,应当赋予当事人对于劳动合同履行地法院、用人单位所在地法院以及受理破产案件法院的选择权。为维护破产企业劳动者的合法权益,保障破产审理程序依法进行,在有些地方,对于欠薪事项,劳动者可以先行申请向企业注册地所在的区人力资源和社会保障局申请办理垫付欠薪,前提是债权得以确认。因此,从维护劳动者合法权利,保障基本民生的角度出发,非待劳动债权确认之诉经历一审、二审(甚至再审)后,再行申请垫付或者待财产分配方案经债权人表决后获得清偿(亦存在无破产财产可供分配无法获得清偿的可能性),而是通过仲裁确认相关金额后申请垫付欠薪,则能更快速、有效、便捷地确保劳动债权及时得以清偿。

强拉硬拽的或裁或审,抑或推脱推诿的态度均与提升劳动争议解决效率的务实理念,以及推进不具备市场存续价值的市场主体尽快退出的破产审判价值相左。因此,破产程序中所涉包括劳动债权在内的劳动争议的解决程序及法律适用,需要实践部门研究。受篇幅限制,本文尚未讨论如下问题,如申请"仲裁时效"对于劳动债权争议的影响;用人单位进入破产程序后,对于尚未履行完毕的劳动合同,如何判断其终止时间等。除此之外,出于法律适用统一的现实需求以及当事人权利平等保护的急迫需要,包括本文试图探讨的涉劳动债权确认相关的所有争议问题,均需不遗余力地逐一梳理与论证的价值。

---

[1] 陈彬:《劳动争议处理宜"裁审分离"》,载《瞭望》2007 年第 32 期。

[2] 对于劳动者而言,为减少费用支出,保护劳动者利益有必要优先选择周期较短的争议解决方式。具体可参见《谈我国民事诉讼法及调解仲裁法中存在的问题及解决思路——以劳动争议案件审理为视角》,载《法制与社会》2019 年第 17 期。

[3] 尤其是涉及专属管辖、专门管辖等管辖法院的确定时。

一般保证人破产后保证责任承担诉讼问题之探析

黄 燕[*] 王 赟[**]

一、保证行为发生在受理破产前：责任承担的《民法典》规制与冲突

(一)追偿权的行使路径

依据《最高人民法院关于适用〈中华人民共和国企业破产法〉若干问题的规定(三)》(以下简称《破产法司法解释(三)》)第4条第3款规定:保证人被确定应当承担保证责任的,保证人的管理人可以就保证人实际承担的清偿额向主债务人或其他债务人行使求偿权。谁是"主债务人"不难理解,即保证人担保的主合同中的债务人,但谁是"其他债务人"？王欣新教授认为:"本款中规定的'其他债务人',是指其他与债务人一样对保证人的求偿权负有清偿责任的连带债务人、共同债务人……"《中华人民共和国民法典》(以下简称《民法典》)第699条对此("此"指代《中华人民共和国担保法》(以下简称《担保法》)第12条——笔者注)有相同的规定。据此,

---

[*] 江苏省南通市海门区人民法院党组副书记、副院长。
[**] 江苏省南通市海门区人民法院包场人民法庭副庭长。

保证人中承担了保证责任者,可以按照保证合同约定的保证份额,向其他共同保证人行使求偿权。①

但《民法典》第699条删除了原《担保法》第12条内部追偿的相关内容,使各保证人之间有无追偿权的问题缺乏法律依据,其意在不允许共同保证人、混合担保人内部追偿。原因是各个担保人一般无意思联络,未明确约定为连带共同保证时共同保证人之间是否享有内部追偿权存在争议。②刘凯湘教授从理论分析的角度指出:无意思联络的债务人之间仍然可以成立连带债务。③王欣新教授从现实弊端的角度认为:保证责任承担的随机性巨大差异难免会使保证人产生各种寻租行为,以获取利益。④结合《民法典》第700条关于保证人对债务人享有追偿权的规定,该条款中的"债务人"是否涵盖上述"其他债务人"？对这个问题的探索容易陷入法律逻辑中的两难推理:如果不涵盖,该条文中的"债务人"应作出仅指"其他债务人"的限缩解释;如果涵盖,第699条否定的内部追偿权将在第700条中作出相反的规定。实际上,官方编纂释义中对此已有明确观点:《民法典》未作关于承担了保证责任的保证人向其他保证人追偿的规定,实际上体现的是立法机关在该问题上的一贯意图,即不认可保证人之间可以相互追偿。⑤对此,最高人民法院刘贵祥专委这样总结保证人之间仅有的可以相互追偿的情况:一是合同约定保证人之间可以相互追偿的;二是合同明确约定系连带共同保证的;三是多个保证人在同一合同书上签字、盖章或按指印的。⑥

如此,向债务人追偿是保证人弥补损失的不二法门。理论上长期有个误解即追偿权源于法律的规定,通常会基于委托合同关系去充当保证人的角色,并在合同中约定保证人的相关利益获取方式。当然,还有小部分保证是基于无因管理或者不当得利。因此,委托合同关系才是最主要的保证人追偿权的依据。《民法典》第700条规定的法定代位权将保证人的追偿权加了个"双保险",其重要意

---

① 王欣新:《〈破产法司法解释(三)〉关于保证责任规定的评析》,载《法治研究》2020年第4期。
② 项彦:《论保证人代位求偿权》,载《昆明学院学报》2021年第2期。
③ 刘凯湘:《混合共同担保内部追偿权之否定》,载《兰州大学学报(社会科学版)》2021年第2期。
④ 王欣新:《〈民法典〉与破产法的衔接与协调》,载《山西大学学报(哲学社会科学版)》2021年第1期。
⑤ 江必新、夏道虎主编:《中华人民共和国民法典重点条文实务详解(中)》,人民法院出版社2020年版,第557页。
⑥ 刘贵祥:《民法典关于担保的几个重大问题》,载《法律适用》2021年第1期。

义在于要首先保护委托合同中的债务人和保证人的意思自治，因为这是保证人获取保证法律行为产生收益的途径，法定代位权只是无基础法律关系的兜底性利益维护的依据。

（二）诉讼时效的起算节点

《民法典》第188条第2款对诉讼时效的计算进行了一般性规定，而《民法典》第694条第1款对一般保证债务的诉讼时效的起算进行了特别规定，其中"拒绝承担保证责任的权利"的表述，是引用第687条第2款对先诉抗辩权的表述。不可混淆的一个认识是：保证责任的消灭可能是因为保证期间的经过，但一般保证人享有的先诉抗辩权并不因此而消灭。结合二者的规定进行系统解释：在一般保证人享有先诉抗辩权的情形下，不向债权人履行保障债务，则不构成债权人的"权利受侵害"，而非简单地一句say no，就使诉讼时效起算。只有因法定或者意定原因先诉抗辩权消灭后，才发生"权利受侵害"，诉讼时效才起算。

有个实践中很少遇到，但理论上难以回避的问题：《最高人民法院关于适用〈中华人民共和国民法典〉有关担保制度的解释》（以下简称《民法典担保制度解释》）第35条对"保证人知道或者应当知道主债权诉讼时效期间届满"承担保证责任的后果进行了规定，但保证人确属不知道且不应当知道，应如何处理？笔者认为，保证人如能举证证明受到债权人或债务人的蒙骗，可主张构成重大误解或者存在被欺诈的情况，请求法院撤销保证合同。那么，若已经承担保证责任，是否属于《民法典》第192条第2款中的"自愿履行"，即可否"请求返还"，笔者认为：当不知已过诉讼时效的情况由债务人造成，债权人在无过错的情况下理应可以受偿；若债权人存在过错，甚至因过错导致保证合同被撤销，则保证人有权请求返还。这样方能更好平衡债权人与保证人利益。

（三）案件的管辖冲突

探讨管辖冲突问题前，首先应解决被告适格的问题。《民法典担保制度解释》第26条规定：债权人未就主合同纠纷提起诉讼或者申请仲裁，仅起诉一般保证人的，人民法院应当驳回起诉。但如果先诉抗辩权消灭，可否单独起诉保证人，这在目前法律规定中尚属空白。笔者认为，债权人可以单独起诉丧失先诉抗辩权的一般保证人，因此其地位此时等同于连带责任保证人，但当经审理查明先诉抗辩权未丧失,则应当判决驳回诉讼请求,而非裁定驳回起诉,因为此时法院是对实体意义上的诉权,即胜诉权的评价,而非仅对程序意义的诉权作出的评价。

确定了适格的被告,再来看《民法典担保制度解释》第21条的三款规定,其中前两款对在一般保证人破产的情况下的主管和管辖作了具体规定,然而易造成管辖权的冲突:

1. 债权人与债务人,或债权人与保证人约定了仲裁管辖。根据第21条第1款规定,法院对保证合同纠纷无管辖权。

2. 债权人一并起诉债务人和保证人。根据第21条第2款规定,应当根据主合同确定管辖法院。

此时若向化身为《中华人民共和国企业破产法》(以下简称《企业破产法》)中"债务人"的一般保证人提起诉讼,依据该法第21条之规定,"只能向受理破产申请的人民法院提起"。但疑问随之出现:一是该规定中的"民事诉讼"是否可扩张解释为"提起仲裁";二是主合同确定的管辖法院若非受理保证人破产申请的法院,应如何解决?笔者认为:

1. "民事诉讼"不可扩张解释为"提起仲裁"。因为二者是解决纠纷的两种完全不同的机制,在程序上亦存在极大差异。约定仲裁不仅是对纠纷解决方式的意思自治,更是在权衡二者各自利弊之后当事人的理性选择,尤其在民商事领域,更不应淡化和弱化。

2. 仍应在受理保证人破产申请的法院专属管辖。观点预留此处,因为这涉及《民法典担保制度解释》与《企业破产法》的规定发生冲突时的法律适用问题,笔者将在下文进行详细论述。

二、保证行为发生在受理破产后:破产企业承担保证责任效力的探讨

(一)对破产企业民事行为能力的探讨

破产是"企业法人不能清偿到期债务,并且资产不足以清偿全部债务或者明

显缺乏清偿能力"[①]的情况发生时进行的一种特别程序。破产在法律事实的分类中属于事件，能够引起法律关系的产生、变更、消灭，即会对法人的行为能力产生根本性的影响。我国破产法规定破产程序的开始实行法院受理主义，但法院受理破产程序后并不导致法人行为能力的消灭，只是限制缩减了法人的行为能力，参照限制民事行为能力人理论，可以说破产企业是"限制民事行为能力法人"。

法院受理破产申请后，法院和管理人依职权可对企业法人的行为做出干涉，如《企业破产法》第13条规定法院依职权为破产企业指定管理人；第25条规定的管理人职责，通过列举和概括相结合的方式，将企业原法人机关（包括权力机构、执行机构和监督机构）的职责基本由管理人来履行，企业法人得以存续。尤其是该条第1款第(6)项规定"管理和处分债务人的财产"就动摇了营利法人行为能力的基础。"基于破产程序的目的，一旦企业法人进入破产程序，除非其行为能够使得企业法人的财产保值增值，否则一律不得进行或要求停止。也就是说，在企业法人进入破产后其原目的事业被改变为仅为使企业的财产保值增值，这也影响了企业法人的意志"。[②] 企业进入破产程序后，并非意味立即停止经营。《企业破产法》第25条第2款第5项和第26条对"继续或者停止营业"的决定权做了无缝对接：第一次债权人会议召开之前由管理人决定，召开后由债权人会议决定。

当企业被宣告破产后，债务人即成为了破产人，债务人的财产变成了破产财产，法人机关彻底停止工作（重整或和解程序已宣告失败），管理人以企业法人的名义进行的一切活动只是为了清偿债务，破产财产仅为偿还债务所用（实际上已属于全体债权人共有），再也没有能力支配这些财产来获取营业利润。因此，破产企业的行为能力随着破产宣告的到来也随之走到尽头，直到企业被注销后法人终止，权利能力和行为能力正式消灭。

(二)对破产企业自行营业效力的探讨

违反效力性强制性规定才会导致民事行为的无效。效力性规定是指法律及

[①] 参见《企业破产法》第2条第1款。
[②] 马东：《公司法人行为能力研究》，西南政法大学2012年博士学位论文，第94页。

行政法规明确规定违反该类规定将导致合同无效的规范,或者虽未明确违反之后将导致合同无效,但若使合同继续有效将损害国家利益和社会公共利益的规范。① 笔者认为,基于以下理由,破产企业自行营业的行为无效:

1. 关于企业在进入破产程序后是否能继续营业,破产法有着严格的规定:这是管理人和债权人会议的法定职责,且管理人不得擅自行使,须报法院许可;管理人实施"对债权人利益有重大影响的其他财产处分行为"具有及时报告的义务。"许可"和"及时报告"的目的就是便于审查继续营业和处分财产的行为是否有利于企业财产的保值增值,是否有损其他债权人的利益以及国家、社会公共利益。

2. 继续营业产生的共益债务因其随时清偿的特性决定了必须严格控制:因为共益债务优先于所有债权人群体,共益债务多一分的不当产生(没有换得营业效益)就是多一分对全体债权人利益的伤害,即违背了"公平清理债权债务,保护债权人和债务人的合法权益"的破产法立法宗旨。

保证的单务无偿性决定了在这一法律关系中,提供保证的破产企业是纯受不利益一方,不可能实现资产的保值增值。故企业破产后,对外自行提供担保应属无效。

三、《民法典》及其司法解释与《企业破产法》的适用关系

关于适用《民法典》或《企业破产法》的不同选择,关于案件管辖等问题,对判定破产企业提供担保的行为是否有效都至关重要。这涉及《民法典》和《企业破产法》的适用关系问题。

(一)《民法典》与《企业破产法》的优先适用问题

《民法典》是第十三届全国人民代表大会第三次会议于 2020 年 5 月 28 日通过,2021 年 1 月 1 日起施行;《企业破产法》是 2006 年 8 月 27 日第十届全国人民代表大会常务委员会第二十三次会议通过,2007 年 6 月 1 日起施行,两者的制定

---

① 董万程、王继君:《〈民法总则〉中的效力性强制性规定立法问题研究》,载《法律适用》2017年第11期。

主体不同,但依据《立法法》第 10 条和第 99 条之规定,并无效力等级之差别。长期以来,有个误解是全国人大的立法效力等级高于全国人大常委会,笔者认为,《立法法》第 10 条只是规定全国人大制定基本法律,全国人大常委会制定基本法律"以外的其他法律",并有权修改基本法律,这并非效力等级的规定。根据《立法法》第 99 条的规定,所有称之为"法律"的规范性文件效力等级应当相同。

再看两部法律的适用范围:《民法典》是基本法律,规定的是《立法法》第 11 条第 8 项的"民事基本制度";《企业破产法》是基本法律"以外的其他法律",规定的是企业在出现破产原因时如何"依照本法规定清理债务"。虽然根据《立法法》第 103 条规定"特别法优于一般法"的适用规则要求是"同一机关制定",但全国人大常委会是全国人大的常设机构,结合第 105 条"法律之间对同一事项的新的一般规定与旧的特别规定不一致"在适用问题需要裁决,因此可推断立法背后的意旨为法律对同一事项的新的特别规定理应优于旧的一般规定。

哪个法律具有正确解决实践问题的特殊功能,能够达到立法调整相关法律关系、解决社会矛盾的目的,哪个就是应当适用的特别法。[①]《民法典》相较于《企业破产法》是新法毋庸置疑,但后者确为特别法,就是因为其存在诸多相较于"民事基本制度"的特别规定:

1.《企业破产法》在实体方面有特别规定。如破产撤销权制度就是从合同法中的债权人撤销权制度中分离出来,进而形成自身特点的制度。两者均有着相同的通过诉讼行使权利的救济方式,债务人都有着大体相近的可被撤销的行为等。但与此同时,也存在着行为人主观目的有异,可撤销行为发生时间存有差别等不同之处。

2.《企业破产法》在程序方面有特别规定。有学者认为:"从广义上说,破产程序是一种特殊的民事诉讼程序,这也是中国最初在《民事诉讼法》第 19 章规定'企业法人破产还债程序'的原因"。[②] 这说明破产法有别于民事诉讼法的程序法属性,而《民法典》则是彻头彻尾的实体法。

3.《企业破产法》对同一制度存在实体和程序的双重规定。如共益债务制度既在程序上规定了其他费用和债务相较的清偿顺位问题;又在实体上列举了六

[①] 王欣新:《税收破产债权确认中破产法与税法的适用选择》,载《人民法院报》2021 年 6 月 17 日,第 7 版。

[②] 许德风:《破产法论:解释与功能比较的视角》,北京大学出版社 2015 年版,第 15 页。

种共益债务,分别涉及民事实体法中的合同之债、无因管理之债、不当得利之债、侵权之债等类型的债务。

因此,《民法典》与《企业破产法》的法律适用问题会出现符合《立法法》第105条的"法律之间对同一事项的新的一般规定与旧的特别规定不一致"的情形,因此"不能确定如何适用时,由全国人民代表大会常务委员会裁决"。

(二)《民法典》相关司法解释的效力等级问题

前文提出:如何解决《民法典担保制度解释》与《企业破产法》的规定发生冲突产生的问题呢?

有关司法解释的效力问题,笔者赞同王成教授的观点:最高人民法院只能够就"法院在审判工作中具体应用法律的问题"进行解释;最高人民法院只能够就具体的法律条文进行解释,并须符合立法的目的、原则和原意。在此前提之下,司法解释应当与其解释的具体法律条文同一效力。[1] 司法解释解释的是法律条文,即还原条文应有之义。因此,"合法"的司法解释应予认可其法律效力,而对于合法性的确认。刘风景教授提出:应直接"针对"具体法律条文,切实解决"立法化"问题,完善司法解释清理的常态化机制,认真做好涉讼法律草案的征求意见等四条改进意见。[2]

在承认该解释的效力应等同于《民法典》的前提下,仍需要指出整部《民法典》均未出现"管辖"之字眼,而该条款却对本应由《中华人民共和国民事诉讼法》规定的事项作出解释,并非针对具体的《民法典》中关于担保规定的法律条文进行解释,这种跨部门法进行解释的条款实质上造成了与《企业破产法》适用上的冲突问题。

四、《民法典》与《企业破产法》的选择适用建议

如果说案件管辖等程序性的冲突对案件的处理只是"软组织挫伤",法律适用的实体性冲突问题却可谓"伤筋动骨":如上述案件中所涉及的《最高额保证合

---

[1] 王成:《最高法院司法解释效力研究》,载《中外法学》2016年第1期。
[2] 刘风景:《司法解释权限的界定与行使》,载《中国法学》2016年第3期。

同》的法律适用问题。《民法典》第 423 条规定将"债务人、抵押人被宣告破产"作为最高额抵押权人债权确定的时间节点,并明确在第 690 条中规定最高额保证对此参照适用。但当保证人的破产申请被法院受理时,债权按照《民法典》的规定尚有变动之虞,变动的原因可能包括主债权履行期限届满后对保证人的不断计息,"保证人仍应承担破产申请受理后所产生的利息,并不得就已承担的该部分利息向主债务人追偿",①这将极大影响最高额保证人债权申报及相关破产程序的进行。

因此,现阶段对于涉及破产程序中的相关保证乃至担保类问题,仍应以适用《企业破产法》为主:

从宏观角度,特别法是指由于特殊理由,表现为一般法规范例外的个别规范。从这个定义可以看出,在一般法规范中,没有考虑某一特殊理由,所以个别规范才得以优先适用。② 国家立法机关规定之所以在一般法之外还要制定特别法,是因为在司法实践中存在着一般法无法解决的特殊问题,必须要制定特别法去解决。③

从微观角度,《企业破产法》能更为专业和有针对性地解决破产程序中出现的法律问题,凝聚着破产法方面的理论和实务工作者的智慧和共识。且《企业破产法》是针对企业非正常状态(进入到破产程序)所做的规定,属于"特别规定"……是专为陷入财务危机的企业设定的法律制度。④ 当然,这并非需摒弃《民法典》在该案的适用。如《民法典》第 504 条对于"越权订立的合同效力"的规定,为判定法定代表人在破产程序中私盖公章的性质问题提供了依据;再如《民法典》第 153 条对于"违反强制性规定及违背公序良俗的民事法律行为的效力"的规定,为判定破产企业自行营业的效力提供了依据。

《民法典》规定了民事法律基础中最重要的部分,这是《企业破产法》的制定

---

① 贺小荣主编:《最高人民法院第二巡回法庭法官会议纪要(第一辑)》,人民法院出版社 2019 年版,第 206 页。此观点在理论上存在争议,但官方口径较为统一,可参见《广东省高级人民法院执行局关于执行程序法律适用若干问题的参考意见》(2018 年 7 月)和《四川省高级人民法院关于印发〈关于审理破产案件若干问题的解答〉的通知》(2019 年 3 月)。

② 王雄飞、李杰:《破产程序中税收优先权与担保物权的冲突和解决》,载《法律适用》2018 年第 9 期。

③ 王欣新:《税收破产债权确认中破产法与税法的适用选择》,载《人民法院报》2021 年 6 月 17 日,第 7 版。

④ 徐阳光:《破产法视野中的担保物权问题》,载《中国人民大学学报》2017 年第 2 期。

和实施所需植根的沃土。《企业破产法》需要《民法典》用法律概念、法律原则、法律关系和法律理论构建的民事法律制度,因为只有在民事法律基础上,《企业破产法》才能在法律体系内顺畅地实施,发挥其应有的作用。[1] 幸而《企业破产法》的修改已及时纳入十三届全国人大常委会立法规划,上述适用冲突有望进一步得到弥合,这类留白有望进一步得到弥补。

五、结　　语

《民法典》在民事基础法律制度层面做了诸多调整,这使其与《企业破产法》的衔接与适用面临一些挑战。《企业破产法》应趁修法之契机,应对挑战、革新制度,化解因法律之间不契合带来适用冲突,更好地发挥《企业破产法》应有作用。同时,《民法典》亦应"及时当勉励",其保证合同制度"相关规则仍然存在一定的模糊之中,有待最高人民法院根据我国《民法典》的相关规范,及时制定并发布相关司法解释,并清理原有司法解释,以保障我国《民法典》关于保证制度的规定的贯彻实施"。[2]

---

[1] 刘冰:《〈民法总则〉视角下破产法的革新》,载《法商研究》2018 年第 5 期。
[2] 王利明:《我国〈民法典〉保证合同新规则释评和适用要旨》,载《政治与法律》2020 年第 12 期。

破产清算中保证金抵销的效力及抵销权行使程序的研究
——基于司法裁判案件的实证分析

王贤成[*]　赵心琪[**]

一、保证金抵销的裁判案例

保证金抵销作为破产抵销权纠纷的重要部分，因现行破产法未予以详细规定，其虽不当然属于不得抵销的法定情形，但若允许抵销，则又受到违反公平清偿原则的质疑。笔者以"破产""保证金抵销"为关键词在中国裁判文书网、无讼网上共找到与破产程序中保证金抵销有关9个的裁判案例，并大致按照保证金抵销的性质及权利行使，对各法院的说理与裁判结果进行了梳理。

（一）保证金抵销有效的案例
案例1：佛山市泰康卫生用品有限公司与蔡志雅破产抵销权纠纷，(2019) 粤06民终8787号

案例2：重庆金博机械制造有限公司与重庆仁成新材料有限公司房屋租赁合同纠纷，(2020) 渝05民初

---

[*] 硕士研究生，江苏省苏州工业园区人民法院审判监督庭庭长。
[**] 硕士研究生，江苏省苏州工业园区人民法院民二庭法官助理。

2512 号

案例 3：浙江立鹏建设有限公司与温州金源置业投资有限公司建设工程合同纠纷,(2016)浙 0305 民初 459 号

案例 4：舟山市商联房地产有限公司与舟山市定海区昌国街道义桥村股份经济合作社对外追收债权纠纷,(2018)浙 0902 民初 4241 号

案例 5：浙江龙舜建设集团有限公司与杭州长圣投资有限公司对外追收债权纠纷,(2019)浙 0105 民初 8915 号

以上案例 1~5 中,审理法院均认为,案涉抵销行为不属于法律规定的不得抵销的三种情形,故抵销有效。对于抵销权如何行使,如债权是否应当先向管理人申报并经管理人确认,均未提及。

(二)保证金抵销无效的案例

案件 6：四川广安建设集团有限公司管理人与林兴刚破产抵销权纠纷,(2017)川 16 民终 1055 号、(2018)川民再 732 号

一审法院认为,保证金抵销有效,判决驳回管理人的诉讼请求。

林兴刚提出用公司应返还的保证金抵销公司为其代付的货款所产生之债务,是符合合同法关于债务抵销规定的。……亦是符合破产法关于债权人抵销债务之规定的。

二审法院认为,债权尚未经破产程序确认,判决确认保证金抵销的行为无效。

林兴刚以四川广安公司名义承建的工程项目并未结算完毕……且林兴刚主张破产抵销所依赖的债权未经破产程序确认,故林兴刚以其向四川广安公司交纳的 100 万元履约保证金主张破产抵销权,本院不予支持。林兴刚可待其债权审查确认后再行主张破产抵销权。

再审法院认为,尚不符合互负债务的条件,判决确认保证金抵销的行为无效。

在履约保证金的担保功能解除前,林兴刚不能对履约保证金主张权利。……工程项目并未结算完毕……故林兴刚以其向四川广安公司交纳的 100 万元履约保证金主张债务抵销,本院不予支持。

案例 7：广州市梅山物业发展有限公司、广州市梅山热电厂有限公司破产抵销权纠纷，(2020)粤 01 民终 7361 号

一审法院认为，不符合互负债务的条件，且债权未经确认，判决保证金抵销行为无效。

债权人为梅山物业公司，梅山热电厂公司却在《债务抵销通知书》中以该债务债权人的身份主张以该债务与梅山物业公司应向力丽工业公司的退还的保证金进行部分抵销，不符合进行抵销的双方应当互负债务的原则。而且，……梅山物业公司、梅山热电厂公司在《债务抵销通知书》中要求作为抵销对象的债权尚未获得确认，在此情况下，其提出抵销主张，于法无据。

二审法院认为，债权尚未确认，诉讼主体不适格，裁定驳回起诉。

债权人地位还未得到确认，故其主张的债务是否能抵销的问题应在其债权人地位确定之后才能进行审查。故力丽工业公司在本案中的主张抵销无效的梅山物业公司和梅山热电厂公司的诉讼主体不适格。

案例 8：泰州市益众油脂有限责任公司与中棉集团廊坊储运有限公司对外追收债权纠纷，(2018)苏 1204 民初 8353 号

一审法院认为，债权人可以优先受偿，但应向管理人主张，判决债权人返还保证金。

根据《中华人民共和国企业破产法》第四十条，债权人在破产申请受理前对债务人负有债务的，可以向管理人主张抵销，中棉公司要求抵销的诉讼请求不符合法律规定，本院不予支持。

(三)保证金质押抵销的案例

案例 9：中博建设集团有限公司管理人与中国建设银行股份有限公司温岭支行破产抵销权纠纷，(2020)浙 10 民终 1146 号。

1. 关于保证金性质及抵销的效力

一审法院认为，案涉保证金属于质押金钱，质押期满后，所有权人可请求返还保证金，该权利属于物权请求权，但实际上等同于金钱债权，双方互负债务，债权人有权主张抵销。

应认定为案涉保证金属于质押金钱，所有权属于中博公司……有权在保证金质权消灭后请求建行温岭支行返还账户资金，该权利性质上属于物权请求权，

然而,金钱具有一般等价物属性,案涉金钱的物权请求权目的不在于要求返还存入保证金账户的特定金钱,而是要求返还等价货币,因而中博公司返还金钱的物权请求权实际上等同于金钱债权,建行温岭支行对中博公司负有实质上的金钱债务。

二审法院认为,银行对保证金直接享有优先受偿权利,无须通过返还保证金后再行使优先受偿权,以质押权提出抵销,不属于法定禁止抵销情形。

被上诉人通过订立质押合同及保证金账户特定化取得对中博公司保证金的占有,但所有权仍然归属于中博公司,如果在债务清偿完毕情况下,被上诉人负有返还保证金的义务。但如果中博公司不能归还债务,被上诉人可以对其占有的保证金直接享有优先受偿权利,无需通过返还保证金后再行使优先受偿权,本案被上诉人以质押权提出抵销,不属于企业破产法第四十条规定的禁止抵销情形。

2. 关于债权是否先申报并经确认

一审法院未提及。

二审法院认为,债权确认可在本案中一并认定,即并未以债权未经确认否认抵销的效力。

上本案双方既然进入诉讼,且诉讼的争议涉及质押权行使问题,因此,可以在本案中一并作出认定,无需再经过债权申报审核程序,否则浪费程序,增加讼累。

(四)问题提出

通过梳理以上裁判案例,可以发现:

第一,法院认为保证金抵销有效的案例居多,即使是判决抵销无效的案例,一般也主要是从抵销权行使程序上存在瑕疵而认定无效,如债权未经破产程序确认、尚不符合互负债务条件、未向管理人主张抵销等。在以上9个案例涉及的13个法院中,认为保证金抵销有效的有8个法院,认为保证金抵销无效的有5个法院,有效的判决占比为62%,无效的判决占比为38%。

第二,法院在保证金抵销的效力和行使程序上主要存在以下分歧:

1. 关于保证金的性质为何,是否要区分其类型,尚未有统一认识。以上案例中,涉及银行业务保证金时,有法院对具有质押性质的保证金进行了分析并提到了优先受偿权,其他案例中并未分析保证金性质。在保证金质押案例中,法院更易认定保证金抵销的有效性。因此,关于保证金性质为何,单纯的保证金担保与构成质押的保证金是否有必要区别对待,该区别对抵销效力有何影响,有待探究。

2.关于保证金抵销是否会因构成个别清偿而无效,法院与管理人看法不一。管理人通常以保证金抵销构成个别清偿而主张无效,但法院一般认为保证金抵销不属于破产法禁止抵销的情形,仅因抵销程序存在欠缺从而认定抵销无效。因此,关于保证金抵销是否会构成破产法上个别清偿而无效,须慎重审查。

3.一些法院对于抵销权的行使程序不尽相同。债权人主张抵销时,是否必须先申报债权,是否经管理人审核确认或经债权人会议核查无异议或经法院裁定确认债权,一些法院裁判结果不同。因此,有必要对抵销权的行使程序进行规范。

以上问题也反映出我国相关法律对保证金性质及其抵销的规定不完善,管理人及各地法院在实践中易产生分歧,这些有待在新一轮破产法修订中予以解决。笔者将在下文对以上问题进行一一探究。

二、保证金的性质认定

(一)保证金的类型划分

保证金在市场交易中运用广泛、类型多样,其一般指债权人为保障债权实现而要求债务人提供一定金额的款项作为担保。在破产程序中,常见的保证金的类型有:承租人向出租人交纳的房屋保证金、拍卖中竞买人交纳的拍卖保证金、承包人向发包人交纳的履约保证金或质量保证金、银行等金融机构的贷款或保函等业务中客户交纳的保证金、进出口业务中向海关缴纳的保证金等。根据以上常见约定与表述,可以将保证金归纳为以下几类:

第一类:有明确约定保证金为"质押",如银行业务中明确要求以保证金专户的保证金提供质押担保,且一般在合同中约定,非经银行同意,不得对专户内资金进行支用、划转或其他处分,银行享有优先受偿权等。

第二类:虽未明确约定保证金"质押"字样,但根据合同表述,保证金专户的保证金符合其特征,且约定未经同意不得支取或使用,以及有"优先受偿权"字样,该类保证金事实上与第一类保证金质押性质相同。

第三类:既未明确约定为保证金质押,也不符合质押特征,合同一般仅约定一方以现金或转账方式向另一方缴纳一定数额的保证金,未约定开设专户或进行其他特定化,也未约定优先受偿等内容。

本文将对前两类合并称为"保证金质押",将第三类称为"单纯的保证金"。之所以据此类型化区分,是因为这将影响收取保证金的一方对该保证金是否有优先受偿权的认定,而该优先受偿权又将对其能否行使抵销权的认定产生重要影响。

(二)单纯的保证金与保证金质押的区别

为了说明单纯的保证金担保与保证金质押担保方式不同,有必要先对二者的性质进行探讨。

1. 单纯的保证金的性质

我国《民法典》规定了5种担保方式,即保证、抵押、质押、定金和留置,但未明确保证金是否属于担保物权。与保证金最相近的是质押,在保证金符合特定化前提下,可构成保证金质押,笔者认为此时属于动产质押。对于保证金不符合特定化前提、未有质押合意的,即单纯的保证金,则不可当然归类为质押,此种情形下,保证金应为一种独立的担保形式。换句话说,对于虽名为"某某保证金",若性质属于为动产质押,则可以适我国担保和物权中有关质押的规定;而对于单纯的保证金担保,则应根据合同具体约定确定没收、退还等规则。

2. 保证金质押的性质

关于保证金质押的性质,学界一直存有争议,基于众多学者已进行的详细研究,总结出了动产质押说、权利质押说、账户质押说、让与担保说等学说。

(1)动产质押说认为保证金质押时账户内款项符合特定化前提,在外观上可被界定为动产或特殊动产,该保证金转由收取保证金一方控制的行为为出质,并非所有权转移。且保证金条款规定在相关司法解释中动产质押部分,最高人民法院发布的第54号指导性案例也采用该学说。在物权法定原则下,该学说相对其他学说,在现行法律体系内能够实现逻辑自洽。① (2)权利质押说认为货币占有即所有,收取保证金的一方获得保证金所有权,则支付保证金一方不再享有所有权而转变为要求返还金钱的债权。笔者认为,该观点不符合权利质押的公示特征,也无凭证交付或登记,不符合物权法定原则。且当事人约定保证金质押的目的看,其并非以该金钱之返还请求权设定权利质权。② (3)账户质押说着眼于存放保证金的账户,而非保证金本身。但笔者认为账户本身其实并无价值,实质上仍是以保证金作为质押。(4)让与担保说一般是指为保证债务的履行,要求债务人或第三人将担保标的物之财产权移转于担保权人,在债务人履行债务时,标的物应予以返还。在债务人怠于履行债务时,则担保权人可以就该物适用优先受偿的担保物权制度。③ 让与担保说认为,金钱进入银行账户,则所有权发生转移,当债务清偿后,保证金可取回。但笔者认为,银行业务中保证金通常仍在债务人名下账户内,与此模式不太相符。

以上观点虽对保证金质押性质认定有分歧,但不影响对担保优先权的讨论。为银行账户内的保证金设定担保的目的不在于对该金钱的使用和融资,而是保证债权人限制债务人的处分权,并对该保证金享有排他效力、优先效力,本质上也是一种价值担保。④

综上,笔者认为,在约定保证金质押或具有质押特征的保证金情形下,债务未获清偿时,收取保证金的一方对保证金具有优先受偿权;而单纯的保证金,则因其不具备特定化特征、没有约定质押或优先受偿合意等而不具备优先受偿性。

(三)"要求返还保证金"的权利性质

关于缴纳保证金的一方要求返还保证金时,该权利性质问题,可根据其是否质押,做类型化区分。首先,一般当合同未明确约定保证金质押的情况下,根据学界通说,货币具有所有权与占有权不可分离的属性,保证金由一方交付另一方

---

① 江苏省高级人民法院民二庭课题组:《破产程序中保证金抵销》,载《人民司法》2019年第34期。
② 陈振涛:《论银行保证金质权之构成要件——兼评最高法院54号指导性案例》,载《金融法学家(第八辑)》2016年第11期。
③ 梁慧星:《中国物权法草案建议稿:条文、说明、理由与立法例》,社会科学文献出版社2000年版,第83页。
④ 崔建远:《合同法》,法律出版社2007年版,第160页。

后,所有权即发生转移。支付保证金的一方要求另一方返还保证金的权利,实质上是根据合同约定而成立的债权请求权。

其次,合同当事人明确约定保证金以封金或专户款项质押担保时,该约定并不违反物权法定原则,若发生实现质押权情形时,收取保证金的一方可以请求该保证金优先受偿。在保证金质押的情况下,该保证金具有动产属性,收取方占有该保证金,支付方仍享有保证金所有权。若发生返还保证金情形时,保证金所有权人可行使返还原物请求权,该权利属于物权请求权,但鉴于金钱具有一般等价物的特殊属性,金钱的物权请求权目的不在于要求返还存入保证金账户的特定金钱,而是要求返还等价货币,因而返还金钱的物权请求权实际上等同于金钱债权。

有观点(赞同保证金质押构成动产质押)认为,"保证期届满后,质权即消灭,保证金在丧失担保功能后成为普通存款性质的金钱",[1]故支付方享有存款债权。该观点在"质权消灭后支付方享有债权"上与笔者观点一致,但对"享有债权"的原因分析存在分歧。质押期间质权人仅占有该保证金,质押期满质权消灭后,若依此观点,保证金变成普通金钱,此时债权人享有该金钱所有权,而支付保证金一方从享有所有权变成享有存款债权了,此逻辑不妥。

综上,关于是否为保证金质押,虽结果上不影响支付方要求返还保证金时所享有债权的认定,但因权利性质分析过程不同。认定不同会影响收取保证金的一方对该保证金是否具有优先受偿权,这将对能否行使抵销权产生重要影响。

三、保证金抵销的效力

(一)关于抵销的规定

我国现行法律中关于抵销的规定,主要是《民法典》第568条[2]、第569条[3],

---

[1] 江苏省高级人民法院民二庭课题组:《破产程序中保证金抵销》,载《人民司法》2019年第34期。

[2] 《民法典》第568条规定:"当事人互负债务,该债务的标的物种类、品质相同的,任何一方可以将自己的债务与对方的到期债务抵销;但是,根据债务性质、按照当事人约定或者依照法律规定不得抵销的除外。当事人主张抵销的,应当通知对方。通知自到达对方时生效。抵销不得附条件或者附期限。"

[3] 《民法典》第569条规定:"当事人互负债务,标的物种类、品质不相同的,经协商一致,也可以抵销。"

以及《中华人民共和国企业破产法》第40条。① 抵销的特点是：第一，双方互负债务，但不要求一定为同类债务，经协商一致不同类债务也可抵销；第二，抵销的通知到达对方时即生效，不得附条件或期限。这意味着，一方主张抵销时，对方收到抵销通知时，互负债务即消灭，对方无须通过划款或有其他行为来完成抵销。

破产程序中，抵销除适用《民法典》关于抵销的一般规定，也受制于《企业破产法》关于抵销的限制规定。债权人在破产申请受理前对债务人负有债务的，可以主张抵销，但有三种不得抵销的情形。这三种不得抵销的情形均是考虑到债权人可能故意通过互负债务的方式使自己获得清偿，从而违背破产法公平清偿的原则。

《企业破产法》的立法宗旨即是通过破产程序集中清偿，使债权获得公平受偿，以高效清理债权债务，维护各方合法利益，故而个别清偿行为可予以撤销或认定无效。同时，为提高效率、降低交易成本，《企业破产法》也规定了在一定条件下允许抵销，但这种抵销不得违背公平清偿原则。具体而言，在破产程序中，抵销有以下构成要件：双方互负债务；抵销通知到达对方时生效；不存在《企业破产法》规定的不得抵销情形，不得违背破产法公平清偿的原则。

（二）保证金抵销是否构成个别清偿

1. 实务中的争议由来

保证金能否抵销，要看其是否满足破产程序中抵销的法定条件。实践中，主张抵销的债权人一般对债务人即破产企业具有要求其赔偿损失或支付租金或返还借款等债权，而债务人对债权人负有要求其返还保证金的债权，一般满足"互负债务"的条件，且债权人的债权一般也是在受理破产前产生的。实践中双方对于明显属于法定不得抵销情形的案件一般不会有争议，该问题最大争议在于，保证金抵销是否违背破产法公平清偿的原则。

---

① 《中华人民共和国企业破产法》第40条规定："债权人在破产申请受理前对债务人负有债务的，可以向管理人主张抵销。但是，有下列情形之一的，不得抵销：（一）债务人的债务人在破产申请受理后取得他人对债务人的债权的；（二）债权人已知债务人有不能清偿到期债务或者破产申请的事实，对债务人负担债务的；但是，债权人因为法律规定或者有破产申请一年前所发生的原因而负担债务的除外；（三）债务人的债务人已知债务人有不能清偿到期债务或者破产申请的事实，对债务人取得债权的；但是，债务人的债务人因为法律规定或者有破产申请一年前所发生的原因而取得债权的除外。"

前述司法案例中,在不存在法定不得抵销情形下,法院大多即认定保证金抵销有效。即使认定抵销无效,也是基于行使程序,并非基于抵销违背了公平清偿原则,而这类案件中,管理人则更多的是从抵销违背公平清偿原则而提起诉讼,从而引发了保证金抵销是否会构成个别清偿的争论。

2. 笔者观点

对于保证金抵销是否会构成个别清偿,笔者认为,可根据保证金是否存在质押来区别对待。

首先,对于保证金质押,因其担保优先权,债权人或质权人本可以请求该保证金优先受偿。同时鉴于金钱的特殊性,实现该担保债权无须通过处置程序,质权人即可对该金钱优先受偿。因此,具有优先权的债权人主张抵销权,并不会违背破产公平清偿的原则。而且,根据《最高人民法院关于适用〈中华人民共和国企业破产法〉若干问题的规定(二)》第45条,债权人的担保债权与债务人的非优先权抵销,具有法律依据。① 因此,即使存在不得抵销情形时,鉴于担保债权的优先性,其亦可以主张抵销权。换句话说,保证金质押下,债权人同时具有优先受偿权与抵销权,其可择一行使。

其次,当不属于保证金质押时,则要进一步区分。根据抵销的要件,抵销通知到达对方时生效,这意味着,双方无须有其他行为,仅基于互负债务,因一方主张抵销,互负债务则消灭。因此,假如收取保证金的一方在其通知抵销后,还要将保证金账户的款项再划扣到自己账户。笔者认为,此时该债权人并不享有抵销权。故,根据是否需要多一步划扣行为,可以将一部分保证金抵销行为认定为无效,但剩余的一部分保证金抵销行为是否有效,还有待进一步研究考量。

对于不需要经过划扣等行为的保证金抵销,根据现行有效法律规定,若认定抵销无效则并没有明确法律依据,大多数裁判案例也是倾向于认定抵销有效。但笔者认为,适用法律条文时,不能过于机械僵硬,尤其是现行《企业破产法》出台时间久、有不完善之处,我们应从立法背后的宗旨、立法原则作出综合判断。

---

① 《最高人民法院关于适用〈中华人民共和国企业破产法〉若干问题的规定(二)》第45条规定:"企业破产法第四十条所列不得抵销情形的债权人,主张以其对债务人特定财产享有优先受偿权的债权,与债务人对其不享有优先受偿权的债权抵销,债务人管理人以抵销存在企业破产法第四十条规定的情形提出异议的,人民法院不予支持。但是,用以抵销的债权大于债权人享有优先受偿权财产价值的除外。"

司法实践中,管理人、其他债权人经常主张保证金抵销构成个别清偿时,当民众以朴素的价值观念衡量一种行为的不合理性时,我们是否可以考虑从破产法的公平清偿原则和立法宗旨去认定此种情形下保证金抵销行为的无效。

四、抵销权的行使程序

(一)实务中的争议

行使破产抵销权之前是否需要先申报债权、管理人先确认债权、债权人会议核查债权、法院裁定确认债权。各地做法不同,有的法院未对此作出论述,有的法院以此程序瑕疵认定抵销无效,有的法院认定该问题是抵销的前置程序,可以在诉讼中一并解决,不直接影响抵销的效力。

(二)笔者观点

1. 应经债权人会议核查

鉴于我国现行《企业破产法》尚未对抵销权的行使是否必须先经债权申报与认定作出明确规定,因此不宜在未经债权申报认定的情况下,直接认定抵销无效。但是,根据破产程序集中高效清理债权债务关系的精神,债权先经申报与认定后,债权人再主张抵销,则不仅有助于查明破产企业的债权债务情况,也有利于认定抵销的有效性,减少主张抵销后发生的诉讼纠纷。

至于要认定到何种程度,是只需要管理人审核确认,还是要债权人会议核查,甚至是还要法院裁定确认。笔者认为,主张抵销的债权人,其债权至少需要经债权人会议核查。理由如下:

首先,债权人不仅要核查自己的债权,也有权核查他人的债权,若债权人会议对主张抵销的债权有异议,可以在该债权人提出抵销前及时提出,先解决债权问题,以防止在该债权人提出抵销后因其他债权人对该债权人的债权有异议而对抵销提出无效,从而增加诉累。

其次,之所以不要求法院必须先裁定确认,是因为在债权人会议核查无异议后,管理人即可提请法院裁定确认债权。法院一般对管理人确认的并经债权人会议核查后的债权仅作形式审查后便予以裁定确认。而且实践中部分管理人在债权人会议核查后可能并未及时提请法院裁定确认,此期间若有债权人主张抵销,经管理人审查对抵销无异议的,抵销即可生效。如此,有利于提高破产程序效率,且不会损害其他债权人利益。

有关具体操作而言,欲主张抵销的债权人应当先在规定的债权申报期内申报债权,经管理人审核确认,并经债权人会议核查无异议后,其可以向管理人发出债权抵销通知。管理人收到债权人提出的主张债务抵销的通知后,经审查无异议的,抵销自管理人收到通知之日起生效。管理人对抵销主张有异议的,应当在约定的异议期限内或者自收到主张债务抵销的通知之日起 3 个月内向人民法院提起诉讼。

2. 未经核查的裁判路径

若债权未经债权人会议核查,债权人即向管理人主张抵销,当关于抵销效力纠纷诉至法院时,法院如何裁决。笔者认为,在此情况下,未经债权人会议核查并非抵销无效的法定情形,不能因此直接认定抵销无效。同时,也不宜以此裁定驳回起诉。为了避免增加诉累,可以在破产抵销权纠纷这一诉讼中对债权问题一并审理解决。即审理破产抵销权纠纷的法院首先应查明是否满足互负债务这一条件,对这一事实的认定即实质上对债权人的债权予以认定。

五、结　　语

近年来,随着破产理念转变,破产案件大幅增加,衍生诉讼亦逐渐增多,2007年施行的《企业破产法》已难以满足司法实践需要,因此全国人大常委会已将《企业破产法》修订纳入 2021 年重点立法计划。笔者希望此次修订能对实践中越来越多的破产抵销权纠纷中的法律适用问题予以立法回应。其中对于保证金抵销这一争议问题,笔者建议,首先对保证金是否明确约定为质押或具有质押特征予以区分。保证金质押情形下,债权人有优先受偿权,符合抵销条件的亦可主张抵销;非质押情形下,即单纯的保证金,若需债权人的扣划、转账等进一步行为才能完成抵销的,抵销无效。除此之外,关于保证金抵销的效力如何,则希望在即新一轮的破产法修订中能更多地从保护债务人财产、保障债权公平受偿的角度予以明确和限制。对于抵销行使程序也要予以规范,并明确未经行使程序的后果,然而是否必然导致抵销无效仍有待考量。

破产案件中国有土地出让金债权之认定

刘昌贵[*]

一、破产案件中国有土地出让合同的处理

如果解除国有土地出让合同，出让方往往需要返还受让方已支付的国有土地出让金，一般不存在土地出让金债权的认定问题，只有继续履行合同才需继续支付欠缴的土地出让金，才有可能出现出让方以欠缴的出让金及违约金向破产企业申报债权的问题。

(一)国有土地出让合同的性质——民事合同还是行政协议？

分析破产案件中国有土地出让金的债权性质，从而对土地出让金的优先性作出认定，首先必须判断土地出让合同是属于民事合同还是行政协议，因为合同性质的不同，其解除或继续履行适用不同的程序。按照现行《中华人民共和国民事诉讼法》(以下简称《民事诉讼法》)和2015年5月1日施行的《中华人民共和国行政诉讼法》(以下简称《行政诉讼法》)，国有建设用地使用权出让合

---

[*] 福建怀行律师事务所专职律师。

同(以下简称出让合同)的争议一般都通过民事诉讼方式来处理,而当涉及出让人与出让合同有关的行政行为时,受让人只能单独就该行政行为提起行政诉讼,且行政诉讼中法院只能审查行政行为的合法性,不能处理相关的民事争议。[1] 2015年《行政诉讼法》首次将行政协议纳入行政诉讼的受案范围,而有观点认为,土地出让合同特别是关于按期动工开发建设规定的内容属于行政协议的范畴,因此土地出让合同纠纷的解决是按照民事诉讼程序还是行政诉讼程序似乎又产生新的争议。

笔者主张,目前对于国有土地出让合同属于民事合同还是行政协议还存在争议,因为法律及相关司法解释亦未作出明确规定。实践中,全国绝大多数法院还是由民事审判部门审理国有土地出让合同纠纷案件,因此目前仍按民事争议来处理土地出让合同纠纷,较为妥当。其理由如下:

第一,按照《中华人民共和国物权法》(已失效)(以下简称《物权法》)的规定,建设用地使用权是用益物权,属于民事权利。[2] 同时《物权法》第138条对建设用地使用权出让合同应具备的条款作出规定,且建设用地使用权出让合同的内容是按照《中华人民共和国合同法》(已失效)(以下简称《合同法》)第12条对合同内容的规定而作出的。因此,建设用地使用权出让合同的性质应属于调整民事主体之间物权关系的民事合同。

第二,最高人民法院《关于审理涉及国有土地使用权合同纠纷案件适用法律问题的解释》(法释〔2005〕5号),制定依据也是《中华人民共和国民法通则》(已失效)(以下简称《民法通则》)、《合同法》等民事法律,故此表明国有土地使用权合同纠纷属于民事纠纷。

第三,根据《民事案件案由规定》第四部分第十章第86条的规定,建设用地使用权合同纠纷属于民事案件案由,因此建设用地使用权出让合同属于民事合同。

第四,《全国人大常委会法制工作委员会就最高人民法院提出的关于国土资源部门就解除国有土地使用权出让合同属于民事争议还是行政争议的函复》回复,"在国有土地使用权出让合同履行过程中,因土地管理部门解除国有土地使

---

[1] 刘旭华:《再议国有土地使用权出让合同法律关系性质》,载《中国土地》2016年第7期。
[2] 钟澄:《土地出让合同争议解决新思路——新修改〈行政诉讼法〉关于土地出让合同争议解决分析》,载《中国土地》2016年第4期。

用权出让合同发生的争议,宜作为民事争议处理",该回复代表最高立法机关意见。

第五,大多数省份的法院仍是将国有土地使用权出让合同纠纷作为民事纠纷审理的,全国只有浙江省、湖南省、江苏省、山东省等少数省份在新《行政诉讼法》2015 年 5 月 1 日后改为按行政诉讼程序处理。

第六,《最高人民法院关于审理行政协议案件若干问题的规定》审议通过前的草案,第 2 条第(3)项的表述是"国有土地使用权出让协议等国有自然资源使用权出让协议"。在审委会讨论中,认为该类协议属于民事合同还是行政协议还存在较大争议,同时民事部门还在执行相关司法解释,建议本次司法解释暂不列入行政协议范围,表明最高人民法院并未将国有土地出让合同明确归入行政协议,而是沿用原有的民事诉讼处理程序。①

(二)国有土地出让合同的处理——继续履行还是解除合同?

根据《中华人民共和国企业破产法》(以下简称《企业破产法》)第 18 条②的规定,第一,管理人有权决定继续履行合还是解除合同,但必须符合"双方均未履行完毕"的条件。第二,必须书面通知对方当事人,自破产申请受理之日起 2 个月内未通知对方当事人,或者自收到对方当事人催告之日起 30 日内未答复的,视为解除合同。第三,如果对方当事人要求提供担保,管理人不提供的,视为解除合同。

对于破产企业,特别是房地产开发企业,由于已支付全部或大部分购房款的购房消费者享有优于工程价款优先权和抵押权的优先权,如果房地产项目能够继续施工建设和竣工验收,破产企业需继续履行购房合同并交付房屋,很多情况下不宜解除合同。只有建设项目实际未开工和根本无法继续建设等情形下,才适合解除国有土地使用权出让合同。在解除合同的情况下,出让方往往需要返

---

① 最高人民法院行政审判庭:《最高人民法院关于审理行政协议案件若干问题的规定理解与适用》,人民法院出版社 2020 年版,第 45 页。

② 《企业破产法》第 18 条规定:"人民法院受理破产申请后,管理人对破产申请受理前成立而债务人和对方当事人均未履行完毕的合同有权决定解除或者继续履行,并通知对方当事人。管理人自破产申请受理之日起二个月内未通知对方当事人,或者自收到对方当事人催告之日起三十日内未答复的,视为解除合同。管理人决定继续履行合同的,对方当事人应当履行;但是,对方当事人有权要求管理人提供担保。管理人不提供担保的,视为解除合同。"

还已缴纳的土地出让金(至少是拍卖保证金),当然也可能存在受让方违反出让合同需支付违约金,甚至因受让方超过2年未动工开发建设被出让方收回土地(此情形其实已无须解除合同)等极端情形,但多数情况下解除出让合同伴随返还土地出让金。而在继续履行合同的情况下,才存在破产企业需缴清结欠的土地出让金的问题。

二、土地出让金债权的认定

(一)出让方之合同义务

厘清合同双方的义务,是解决能否继续履行合同的前提条件。自然资源部门作为国有土地使用权出让方,除了履行按出让合同约定将符合合同约定的土地交付受让方等主要义务外,还有办理土地使用权证、续期审批、续签出让合同、未获续期时地上建筑物、构筑物及其附属设施的补偿等非主要义务,同时还有土地分户登记及担保不受第三人追索等附随义务。国有土地使用权出让合同的出让方,在交付土地后被诉违约,法院判决出让方未完全履行合同义务赔偿受让方的案件实践中比比皆是,从反向亦可以证明仅交付土地并不能认定为出让方合同义务已经履行完毕。因此,不能以土地已经交付(通常是以签订国有建设用地交地确认书来确认交付土地的事实)就认定出让方的合同义务已履行完毕。

有反对观点认为,出让方的自然资源部门将出让土地交付受让人之日起,出让方的合同义务就算履行完毕,至此就不符合"双方均未履行完毕"的前提条件。[1] 如(2021)川05民终19号、(2020)浙01民终7534号等文书中的内容。

(二)"双方均未履行完毕"的理解与适用

首先,由于国有土地出让合同的出让方交付土地并不等于合同义务已履行完毕,通常情况下均符合"双方均未履行完毕"的条件,则不能以土地已交付来否

---

[1] 贾丽丽、王巍:《浅谈破产案件中国有土地出让金债权的认定问题》,载微信公众号"破产重整那些事"2021年5月21日。

定土地出让金公益债权的法律性质。

其次，本文重点讨论的是破产管理人或债务人要求国有土地使用权出让方继续履行出让合同时，对国有土地出让金债权是否有优先权的问题，而不讨论出让合同解除的相关问题。特别存在消费性购房合同需要继续履行时，管理人或债务人没有选择解除国有土地出让合同的现实空间，即使出让方的合同义务已履行完毕，不符合"双方均未履行完毕"的条件，管理人或债务人也应当通知出让方继续履行合同，而出让方居于出让合同客观上无法解除合同也只能同意继续履行。同时，根据《企业破产法》第18条第2款规定，管理人决定继续履行合同的，对方当事人应当履行；但是，对方当事人有权要求管理人提供担保。这里所指担保应指特定财产的担保，具有优先受偿权，否则担保就毫无意义。因此，继续履行合同的同时，国有土地出让金债权的优先受偿权无法排除。

（三）土地出让金应为共益债务

《企业破产法》第42条第1项规定，因管理人或者债务人请求对方当事人履行双方均未履行完毕的合同所产生的债务为共益债务。

"税务之债"说似乎也有其合理性，特别是2021年财政部、自然资源部、国家税务总局、中国人民银行四部门《关于将国有土地使用权出让收入、破产资源专项收入、海域使用金、无居民海岛使用金四项政府非税收入划转税务部门征收有关问题的通知》发布后改由税务部门征收。但是征收部门的划转并未改变土地出让金性质、归属和使用，不能因此认为土地出让金债权在破产案件中的债权性质发生变化。政府收入分价、税、费三大类，土地出让金是政府以土地所有者身份收取的土地使用权交易价款，是土地使用权的交易价格，属于价的范畴，不具有税收属性，因为税收是凭借国家政权强制收取的。目前为止，已经有"五险一金"、水土保持补偿费、地方水库移民扶持基金、排污权出让收入、防空地下室易地建设费、土地闲置费、城镇垃圾处理费等近20项非税收入划转税务机关统一征管，[①]因此不能以此认为是土地出让金属于税收。而参照"其他社会保险费

[①] 土小语：《土地出让金征收部门、流程大变，但别想太多了！》，载微信公众号"土言土语"2021年6月5日。

用"说在法理上存在明显缺陷,不仅法律上没有相关规定,同时土地出让金的性质和功能与社会保险费用完全不同。"普通之债"说亦不足取,因为土地出让金不仅带有公共利益性质,实务中将其列为普通债权亦会出现实际问题,如出让方以提供新的担保为继续履行合同的前提条件,等等。

三、土地出让金的违约金债权的认定

(一)土地出让金的违约金客观上具有补偿和惩罚的双重属性

从《中华人民共和国民法典》(以下简称《民法典》)规定分析。《民法典》第585条第1款①规定,当事人可以约定一方违约时应当根据违约情况向对方支付一定数额的违约金,也可以约定因违约产生的损失赔偿额的计算方法。该款体现违约金主要功能是弥补损失,显然是补偿性的。但第2款又规定,过分高于损失才可以请求予以适当减少,而依据《最高人民法院关于适用〈中华人民共和国合同法〉若干问题的解释(二)》(已失效)(以下简称《合同法司法解释(二)》)第29条第2款规定,是否过分高于的标准是超过30%,没有超过30%就不算过分高于损失,此时的违约金就有惩罚性因素。而第3款规定,违约金明显以惩罚为主。从《民法典》第585条规定的整体看,我国的违约金既有惩罚性又有补偿性质的,但是以补偿性为主惩罚性为辅。

从《国有建设用地使用权出让合同》约定分析。合同共有六条约定了违约金。现行使用的《国有建设用地使用权出让合同》(示范文本 GF-2008-2601)第30条、第33~37条规定了违约金。从条款的内容分析,基本是以弥补损失为主,惩罚性为辅,但很难在补偿性还是惩罚性作出单项选择。

违约金是补偿性还是惩罚性,还需针对个案具体分析。如法院的生效裁判文书和仲裁委的生效仲裁文书,以实际损失为标准,特别有一些判决或仲裁案

---

① 《民法典》第585条规定:"当事人可以约定一方违约时应当根据违约情况向对方支付一定数额的违约金,也可以约定因违约产生的损失赔偿额的计算方法。约定的违约金低于造成的损失的,人民法院或者仲裁机构可以根据当事人的请求予以增加;约定的违约金过分高于造成的损失的,人民法院或者仲裁机构可以根据当事人的请求予以适当减少。当事人就迟延履行约定违约金的,违约方支付违约金后,还应当履行债务。"

件，还以损失为主要考量因素，降低了合同约定的违约金标准，此时违约金的属性就是补偿性质的，例如（2018）闽民终1093号判决书。如果裁判文书仅是依据出让合同约定了违约金而给予支持，根本不考虑实际损失情况，则该违约金主要体现的是惩罚性质。

（二）土地出让金的违约金与土地出让金之关系

根据《国务院办公厅关于规范国有土地使用权出让收支管理的通知》（国办发〔2006〕100号）第7条第2款①规定，土地出让金的违约金与出让金性质相同，但是在法院裁判文书中，通常又将土地出让金的违约金与其他案件的违约金同等对待，因此目前争议较大，需要在司法实践中给予明确。

（三）土地出让金的违约金应认定为优先债权、普通债权还是劣后债权

（1）优先债权说：主张出让金的违约金与出让金性质相同，应当认定为优先债权，主要依据是国办发〔2006〕100号《国务院办公厅关于规范国有土地使用权出让收支管理的通知》第7条第2款的规定。

（2）普通债权说：主张土地出让金与出让金的违约金类似本金与利息的关系，通常在破产清算案中本金的优先不能及于利息，因此土地出让金的违约金宜被认定为普通债权。

（3）劣后债权说：主张土地出让金的违约金就是滞纳金，主要依据是《最高人民法院关于适用〈中华人民共和国企业破产法〉若干问题的规定（三）》（法释〔2019〕3号）第3条。②

因法律法规对土地出让金的违约金的债权性质规定不明确，将其应认定为

---

① 《国务院办公厅关于规范国有土地使用权出让收支管理的通知》第7条第2款规定："土地出让合同、征地协议等应约定对土地使用者不按时足额缴纳土地出让收入的，按日加收违约金额1‰的违约金。违约金随同土地出让收入一并缴入地方国库。对违反本通知规定，擅自减免、截留、挤占、挪用应缴国库的土地出让收入，不执行国家统一规定的会计、政府采购等制度的，要严格按照土地管理法、会计法、审计法、政府采购法、《财政违法行为处罚处分条例》（国务院令第427号）和《金融违法行为处罚办法》（国务院令第260号）等有关法律法规进行处理，并依法追究有关责任人的责任；触犯刑法的，依法追究有关人员的刑事责任。"

② 《最高人民法院关于适用〈中华人民共和国企业破产法〉若干问题的规定（三）》第3条规定："破产申请受理后，债务人欠缴款项产生的滞纳金，包括债务人未履行生效法律文书应当加倍支付的迟延利息和劳动保险金的滞纳金，债权人作为破产债权申报的，人民法院不予确认。"

优先债权、普通债权还是劣后债权争议很大。优先债权的法律依据不足,旧的国有土地出让合同范本曾称其为滞纳金,但新的合同范本已将其改称为违约金,因此仍将其归类为滞纳金明显不妥。笔者主张宜按普通债权处理。但如果是管理人,为慎重起见,将其认定为劣后债权更为保险,因为如果土地出让方不服,则可以通过申请管理人复核和向法院起诉的方式寻求救济。

破产撤销权与民法典债权人撤销权的衔接

袁雨萌[*]

一、破产撤销权制度中的可撤销行为

我国《中华人民共和国企业破产法》(以下简称《企业破产法》)第 31 条、第 32 条对可行使破产撤销权的情形进行了列举,主要包括无偿转让财产、以明显不合理的价格进行交易、对没有财产担保的债务提供财产担保、对未到期的债务提前清偿、放弃债权及个别清偿六种情形。可撤销行为作为破产撤销权制度的核心内容,依据其可撤销的正当性基础不同在学术研究中通常被分为两大类:诈害行为及偏颇清偿行为,其中偏颇性清偿行为的撤销是破产法所特有的。简言之,诈害行为是指无差别损害全体债权人利益的行为,当事人取得的利益本身即为非法利益;偏颇清偿行为是指,当事人取得的利益虽为合法利益,但由于处在特殊的破产程序,个别债权人的获益将导致破产财产分配不公,降低其他债权人的清偿率,因此亦当予以撤销。[①]

---

[*] 江苏盛望律师事务所律师。
[①] 吴欣霖:《论破产撤销权》,云南财经大学法学院 2020 年硕士学位论文,第 11 页。

(一)诈害行为

1. 无偿转让财产

无偿转让财产行为的构成要件有二:一是客观行为,债务人将其财产转让给交易相对人且未获得对价;二是行为发生时间,债务人作出的无偿转让财产行为需发生在人民法院受理破产申请前一年内。[①] 无偿转让财产行为具有明显的逃避债务意图,同时也是民法中债权人行使撤销权的对象,存在权利竞合,因此根据特别法优于一般法的原则,应当优先适用破产撤销权。但现实中往往存在以隐晦的方式如通过形式上的交易对价进行无偿转让,或其他非转让的无偿行为如无偿设立用益物权等,同样会导致债务人财产的不当减少。《中华人民共和国民法典》(以下简称《民法典》)第538条较之前的《中华人民共和国合同法》(已失效)(以下简称《合同法》)第74条规定更为准确、全面、合理,在无偿转让财产的情形下,管理人参照《民法典》的有关规定行使破产撤销权更为合理,也更有利于维护债权人的利益。

2. 放弃债权的行为

债权虽然不是债务人现实拥有的财产,但属于可得利益,所以放弃债权行为与上述无偿转让财产行为本质相同,均是减少了本应用于清偿债权人债务的财产使相对人纯获利益。通常情况下债务人放弃债权是对自己权利的处置,法律不予干涉,但放弃债权的行为如果发生在破产临界期内,必然导致破产财产减少而损害债权人的利益,因此属于可撤销行为。

3. 以明显不合理的价格进行交易

债务人以明显不合理的低价转让财产时,尽管相对人支付了一定的对价,但显然不符合交易规律且在一定程度上减少了破产财产,客观上损害了全体债权人的合法权益。在破产程序中,出于利益平衡,此时不再考虑相对人是否有主观恶意,或者理解为直接将不合理低价转让财产行为的相对人推定为恶意。债务人以明显不合理的高价受让财产,本质上与债务人以明显不合理的低价转让财产是一致的。

[①] 王东敏:《新破产法疑难解读与实务操作》,法律出版社2007年版,第189~190页。

(二) 偏颇清偿行为

1. 个别清偿行为

清偿债务原本是债务人的法定义务,但债务人在资产不足以清偿债务或者明显缺乏清偿能力时仍对个别债权人进行清偿,就可能导致其他债权人的清偿受到影响,扰乱破产财产分配秩序。《企业破产法》第32条中还有"但书"条款,即个别清偿使债务人财产受益的除外,《最高人民法院关于适用〈中华人民共和国企业破产法〉若干问题的规定(二)》(以下简称《企业破产法解释(二)》)第16条进一步细化了个别清偿中排除适用破产撤销权的情形,对于个别清偿中使债务人财产受益的情形及其解释将在后文中详细说明。

2. 对没有财产担保的债务提供财产担保

在破产清算中享有担保债权的债权人的清偿顺位在普通债权人之前,因此破产临界期内债务人对没有财产担保的债务提供财产担保,就会使普通债权人一跃成为具有优先受偿顺位的担保债权人,这样做违背了公平有序的清偿原则。但如果债务人是为债务提供不具有财产属性的保证担保,保证担保在破产程序中不享有优先受偿权,就不会导致清偿顺位的变化。因此,在不造成破产财产不当减少,不影响债权人公平受偿的前提下,债务人为债务提供保证担保不属于应当行使破产撤销权的情形。

此外,留置权虽然也属于财产担保,但留置权的成立与抵押、质押不同,并不需要债务人与相对人间达成合意,只要债务履行期限届满且债权人合法占有该动产,在债务履行宽限期届满后,债权人即可行使留置权。因此,在破产临界期内债权人取得留置权的不应属于行使破产撤销权的情形。[①]

在此情形中,还涉及同时担保行为的问题,也就是在债权债务关系成立之时即存在财产担保,如签订主债权合同的同时签订物权担保合同的情形。浙江省绍兴市中级人民法院在审理浙江神鹰集团有限公司管理人、浙江菲达环保科技股份有限公司破产撤销权纠纷一案中的观点是同时担保行为不应被撤销,因为其不具有改善某一债权人原有清偿地位的不公允性,且物权担保行为与债务人

[①] 王勘原:《浅析破产撤销权对债权人的影响》,载微信公众号"东方法律人"2021年5月10日,https://mp.weixin.qq.com/s/Tp5z9kqYzi_pM2Njtykf_Q。

因此而取得的利益价值对等。① 但物权担保合同与主合同间是否具有对价利益目前只是一种主观价值判断，具体的判定标准尚不清晰，因此实践中也存在同时担保行为被撤销的情形。

与同时担保行为非常相似的另一情形，为金融机构在借新还旧中新设财产担保，借新还旧问题在实务中普遍存在，即银行向债务人发放新贷款用于偿还旧贷款。严格说来，借新还旧并不属于发生新的借贷关系，债务仍属于既存债务。② 在借新还旧过程中提供新的担保，从理论上来讲符合债务人对没有财产担保的债务提供财产担保的情形，但在此处应当区别对待。借新还旧是目前银行借贷中的常用方法，银行在对债务人借新还旧时要求其提供财产担保以降低贷款风险无可厚非，且如果借新还旧中提供的财产担保可撤销，那么银行很有可能不愿继续借新还旧，导致债务人丧失了融资渠道，也近乎丧失了起死回生的可能，只会更快地进入破产。基于对此种因素的考量，目前倾向于将债务人为金融机构在借新还旧中新设财产担保的行为排除管理人行使破产撤销权的情形。

3. 对未到期的债务提前清偿

在破产临界期内债务人通常已经出现经营状况持续恶化，资产不足以清偿债务或者明显缺乏清偿能力的情形，在此种情形下，债务人清偿到期债务都力有不逮，更加不可能清偿未到期债务。因此债务人在破产前夕提前清偿未到期债务，一方面，减少了债务人财产，使得债务人的生产经营更加困难，不利于债务人经济状况的改善，从而间接导致破产财产的不当减少；另一方面，债务人的提前清偿改变了债权清偿顺序，使个别债权人优先得到清偿，不符合破产法的公平清偿原则，应当行使破产撤销权予以撤销。

但此处讨论的提前清偿未到期债务，通常是指债务人单方面对债权人负有清偿义务的情形。如果是双方对待给付且债权人也给付了对等条件，此时不宜认定为提前清偿，因为此时既不会不当减少债务人财产，也不会影响其他债权人的合法权益。

---

① 浙江省绍兴市中级人民法院民事判决书，(2017)浙06民终4134号。
② 王东敏：《新破产法疑难解读与实务操作》，法律出版社2007年版，第198页。

二、破产撤销权制度存在的问题

(一) 可撤销行为列举不周延

《企业破产法》第31条穷尽式列举了五种可撤销行为,但列举模式具有不可穷尽性,因为法条中规定的五种情形并不能囊括所有可撤销行为的类型。如第一项中仅规定了债务人无偿转让财产的行为可撤销,而财产性权益如用益物权、商标权等在破产法中则没有明确的规定。且无偿行为并不是只有转让这一种手段,无偿设立用益物权、对已经超过诉讼时效的债权予以清偿等行为在本质上与无偿转让财产行为相同,都会导致债务人财产的不当减少。① 列举式规定固然指引明确且适用范围清晰,但实践中的情形绝非一成不变,出现新情况时法律的僵化问题就尤为明显,单一的列举模式显然不能满足我国目前司法实践的需求。列举的不周延导致无偿转让财产性权益行为及不以转让形式所为的无偿行为等不能受到法律有效的规制,这一疏漏阻碍了破产案件中撤销权的行使,使债权人的权益难以得到充分保障。

(二) 可撤销行为的例外规定存在欠缺

《企业破产法解释(二)》在第14～16条中规定了破产临界期内出现个别清偿行为而不被撤销的情形,分别是:(1)债务人对以自有财产设定担保物权的债权进行个别清偿,且债务清偿时担保财产的价值高于债权额;(2)债务人经诉讼、仲裁、执行程序对债权人进行的个别清偿;(3)债务人为维系基本生产需要而支付水费、电费等;(4)债务人支付劳动报酬、人身损害赔偿金;(5)使债务人财产受益的其他个别清偿。

尽管在司法解释中补充了个别清偿行为不被撤销的例外规定,但此规定仍不够完善,因为只是规定了个别清偿行为中的例外情况,对于无偿转让财产行为、以明显不合理的价格进行交易、对没有财产担保的债务提供财产担保等情况并没有作出例外规定。

---

① 王欣新:《民法典债权人无偿行为撤销权对破产撤销权的影响》,载《人民法院报》2020年9月24日,第7版。

无偿转让财产行为在实践中通常表现为赠与,严格来说公益捐赠也属于无偿转让财产行为,债务人在破产临界期内做出的公益性捐赠行为是否属于可撤销行为本质上是一场公共利益与债权人利益的博弈。由于我国《企业破产法》及相关司法解释未对公益捐赠作出例外规定,也就意味着公益捐赠是可撤销的,但这样的规定并不完全合理,若是债务人在经济状况恶化前作出的公益捐赠行为,即便发生在破产临界期内,也不应属于可撤销的情形,而是要遵循公共利益优先的价值判断。

债务人对没有财产担保的债务提供财产担保是可撤销行为这一点毋庸置疑,那么在原本有财产担保但担保金额小于债权金额的情况下,债务人在破产临界期内追加财产担保的行为是否属于可撤销行为呢,这一点在破产法中并没有明确规定。此外,实践中还存在反担保的问题:担保人在为债务人提供保证责任后要求债务人向其提供反担保,此时债务人的反担保行为是否应视为可撤销行为,法律亦没有明确规定。但通常来讲,对债务人而言反担保行为并不是一个纯粹的增添负担的行为,债务人也因反担保获得了一定利益,未必会发生破产财产的不当减少。

(三)可撤销行为的例外规定抽象模糊

《企业破产法》第 32 条为撤销权的行使作了"受益除外"的但书规定,但"受益"二字仅是一个抽象笼统的概念,没有列举和释义。受益应作何种解释,包含何种情形,在实践中尚没有一个统一明确的标准。

目前更倾向于将"受益"解释为"无损",包括财产的持平和消极增加,因为严格来讲任何形式的清偿都只会使债务人财产减少,而不会使其财产积极增加,将受益解释为无损是合乎逻辑的在字义范围内的扩张解释。[①]

判断个别清偿是否使债务人财产受益,关键在于个别清偿行为作出后债务人财产有无恢复或因个别清偿避免了债务人财产的减少。《企业破产法解释(二)》第 16 条规定的债务人为维系基本生产需要而支付水费、电费等作为可撤销行为的例外情形,因为其金额通常较小,能够在不过分减少债务人财产的同时

---

① 李鸣捷:《论破产危机期间个别清偿撤销的"受益除外"规定——〈企业破产法〉第 32 条但书的解释论》,苏州大学 2019 年硕士学位论文。

保证企业正常的生产经营，可以带来更大的收益，从整体来看无损于债务人财产。

此外，基于同时履行行为的个别清偿及获得"后位新价值"的个别清偿也属于无损债务人财产的类型。同时履行行为是指双方基于同一双务合同互负债务，且同时履行各自义务的情形，他的构成要件有二，一是给付与对待给付间具有等值性，二是同时发生。获得"后位新价值"则是指债务人对债权人进行个别清偿后，债权人又向债务人提供了无负担的新价值，且债务人嗣后未对该新价值予以清偿。司法实践中以获得"后位新价值"作为《企业破产法》第 32 条使债务人财产受益的解释事由的情形并不少见，且就其适用可以达成共识。在获得"后位新价值"的交易中，虽然先发生了个别清偿使得债务人财产减少，但随后债权人基于此信用向债务人继续供货或放贷，后续价值与先前清偿相抵，债务人的责任财产并未减少，甚至会有增加。①

(四)破产撤销权缺失主观构成要件

我国有关破产撤销权的立法采客观主义，在《企业破产法》及其司法解释中仅规定了可撤销行为，而没有对主观意思作出规定。虽然如此规定使管理人行使破产撤销权更加简便，但也存在着影响交易稳定和经济发展的不利因素。可撤销行为的情形多种多样，不同的可撤销行为对债权人利益的损害程度也有很大差别，应当加以区分；且破产法在保护债权人利益的同时，也应考虑善意相对人的利益，权衡利弊综合考虑，避免破产撤销权的滥用。

三、《民法典》中债权人撤销权制度对破产撤销权的影响

(一)对可撤销行为的规定更为全面

《民法典》第 538 条规定："债务人以放弃其债权、放弃债权担保、无偿转让财产等方式无偿处分财产权益，或者恶意延长其到期债权的履行期限，影响债权人的债权实现的，债权人可以请求人民法院撤销债务人的行为。"此条款相较于《企

---

① 黄益强：《获得"后位新价值"的个别清偿不应被撤销——浙江瑞安法院判决润隆公司管理人诉平安银行瑞安支行请求撤销个别清偿行为纠纷案》，载《人民法院报》2016 年 12 月 1 日，第 6 版。

业破产法》第 31 条增加了放弃债权担保行为、恶意延长其到期债权的履行期限行为,并且将可撤销行为的范围由无偿转让财产行为扩大到放弃债权、放弃债权担保、无偿转让财产等无偿处分财产权益的行为,可见《民法典》中债权人撤销权制度的立法逻辑更为严谨、完整。

由于《企业破产法》第 31 条列举的可撤销行为情形不周延,因此实践中破产撤销权的行使常常受到阻碍,而《民法典》中债权人撤销权的规定则给管理人提供了新的思路及补救措施,可以将放弃财产权益的期限利益、无偿转让财产及财产性权益等行为共同纳入可行使破产撤销权的情形,使债权人利益得到进一步保障。其中,放弃债权担保属于无偿处分财产权益的行为,管理人可适用民法典中的规定,请求人民法院予以撤销。尽管恶意延长其到期债权的履行期限属于放弃财产权益的期限利益的行为,在行使民法上的撤销权时需考虑债务人主观上是否为恶意,但由于我国破产法采客观主义,因此债务人进入破产程序后无论其主观上有无恶意,只要其行为客观上有损于债权人权益,管理人就可以行使破产撤销权请求人民法院予以撤销。

(二)明确债权人行使撤销权的费用性质

有关管理人行使撤销权费用性质的规定在《企业破产法》第 41 条,人民法院受理破产申请后,管理人执行职务的费用、报酬和聘用工作人员的费用为破产费用,但在《企业破产法》及相关司法解释中并未规定债权人行使破产撤销权所产生费用的性质。

债权人行使破产撤销权是建立在管理人怠于行使或不能行使破产撤销权基础之上的,结合《民法典》第 540 条"债权人行使撤销权的必要费用,由债务人负担"的规定,在破产案件中,债权人为维护自身合法权益代为行使破产撤销权的必要费用应当认定为公益债务。

(三)完善可撤销行为的主观构成要件

我国破产撤销权制度设立是采纯粹的客观主义,不考虑债务人和相对人的主观意思。《民法典》第 539 条规定:"债务人以明显不合理的低价转让财产、以明显不合理的高价受让他人财产或者为他人的债务提供担保,影响债权人的债权实现,债务人的相对人知道或者应当知道该情形的,债权人可以请求人民法院撤销债务人的行为。"可见,民法中债权人撤销权的构成要件是包含相对人主观意思的,破产撤销权作为民法中债权人撤销权的延伸,将主观意思纳入考量范围并无不妥。

但基于破产程序的特殊性,破产撤销权制度相对于民法中债权人撤销权制度可采用更加缓和的主观主义。理由如下:首先,破产撤销权的行使不必考虑债务人的主观意思,债务人对企业的经营状况最为了解,几乎不会出现主观善意的情况,且将主观意思作为可撤销行为的构成要件本意是为了保护善意相对人的合法利益而非保护债务人。其次,并非所有可撤销行为都需考虑主观意思,对于债务人的无偿行为不必考虑主观意思,只要客观上造成债务人财产不当减少就可以直接撤销,此仍旧适用客观主义的标准;而对于有偿行为,直接撤销可能失之偏颇,因此将主观为善意的举证责任倒置给相对人,既为相对人提供了抗辩的机会,又不会损害债权人的合法利益。

破产撤销权制度是破产法中的一项重要制度,也是在破产程序中保障债权人权利的一个关键环节。但由于我国破产法研究和实践起步较晚,破产撤销权制度还不够完善,在司法实践中仍存在许多悬而未决的问题。而《民法典》历经多年的推敲和打磨,其中的债权人撤销权制度相较于《合同法》已经有了很大程度的完善。破产撤销权制度则可以根据破产法自身特色,结合司法实践,合理借鉴《民法典》中债权人撤销权的相关规定,以更好地完善破产撤销权制度,使债权人利益得到更为充分的保障,创造更好的营商环境。

破产程序中对仲裁裁决确认债权的审查及救济

何江文[*]

破产是对全体债权人的集体公平、有序的清偿程序,对债权的审查和确认是破产程序中最关键的程序,也是管理人最重要的职责之一,因为这直接关系到破产程序能否真正实现对全体债权人的公平有序清偿。管理人对破产债权的审查必须处理好与生效法律文书之间的关系,既要尊重生效法律文书的既判力,保持生效法律文书的稳定性,也要尽可能地对捏造的债权进行识别,进而维护全体债权人合法权益。《最高人民法院关于适用〈中华人民共和国企业破产法〉若干问题的规定(三)》(以下简称《破产法解释三》)第7条对此明确规定,"已经生效法律文书确定的债权,管理人应当予以确认。管理人认为债权人据以申报债权的生效法律文书确定的债权错误,或者有证据证明债权人与债务人恶意通过诉讼、仲裁或者公证机关赋予强制执行力公证文书的形式虚构债权债务的,应当依法通过审判监督程序,向作出该判决、裁定、调解书的人民法院或者上一级人民法院申请撤销生效法律文书,或者向受理破产申请的人民法院申请撤销

---

[*] 北京宜度律师事务所律师。

或者不予执行仲裁裁决、不予执行公证债权文书后,重新确定债权。"囿于仲裁程序的特殊性和救济路径的局限性,破产程序中对仲裁裁决确认债权的审查、辨析和救济更具挑战。

一、对仲裁裁决确认债权的审查

破产程序对生效法律文书的处理原则总体为,管理人依据生效法律文书直接确认该债权,或者依据法定程序否定该生效法律文书的效力后重新确认或者不确认该债权。易言之,对于仲裁裁决确认的债权,管理人原则上应当确认,若管理人认为债权错误,应当申请撤销仲裁裁决或者申请不予执行仲裁裁决。

关于管理人对债权的审查,实质上是审查该债权是否真实且合法。实践中,虚假诉讼、"套路贷"等形成的生效法律文书确认的债权,尽管具有"合法"外观,但实质系捏造债权,不仅不应认定,还应当追究当事人法律责任。仲裁裁决属于生效法律文书,具备"合法"要件,但若该债权不真实,管理人也不应确认。管理人应向受理破产申请的人民法院申请撤销仲裁裁决或者申请不予执行仲裁裁决。

对确有错误的仲裁裁决,管理人是申请撤销,还是申请不予执行?笔者认为,鉴于撤销仲裁裁决的法定事由和不予执行仲裁裁决的法定事由实质相同,因此在同时符合程序要求情况下,管理人既可以申请撤销仲裁裁决,也可以申请不予执行仲裁裁决,此二者没有本质区别。

由于撤销仲裁裁决的程序要求较为严苛,如必须在收到裁决之日起6个月内提出等,若不具备撤销仲裁裁决条件,管理人只能申请不予执行该仲裁裁决。鉴于不予执行仲裁裁决的救济路径相对完善,因此在破产程序中,管理人启动不予执行仲裁裁决则较为有利。

对于撤销仲裁裁决与不予执行仲裁裁决之间的选择,还需注意以下两个问题:

1."禁止重复起诉"

法律规定,相同当事人就同一案件事实、同一诉讼标的,在判决、裁定、调解书发生效力后,不能再次提出起诉,只能申请再审。① 这就是禁止重复起诉的诉讼规则。②

对于同一份仲裁裁决,若当事人撤销仲裁裁决的申请被人民法院裁定驳回的,原则上不能再以同一事由再次申请不予执行该仲裁裁决。③ 实践中有相当比例的不予执行仲裁裁决申请被驳回的裁决,就是当事人此前已就同一事由提出过撤销仲裁裁决申请且已被驳回。例如,在(2018)冀执监13号案中,法院审理认为,本案在执行中,项目办以"争议没有仲裁协议及仲裁条款"等为由,向邯郸中院申请撤销(2015)邯仲裁字第101号-1号裁决书,2017年7月12日邯郸中院立案审理,并于2017年8月4日作出了驳回项目办撤销仲裁裁决申请的(2017)冀04民特272号民事裁定书。之后,项目办又于2017年8月10日向该法院申请不予执行该仲裁裁决书,其理由亦为其与任东旭双方没有仲裁协议及仲裁条款不符合受理条件,其申请符合《民事诉讼法》第248条第2款第(1)项规定的法定情形。可见,项目办系在向邯郸中级人民法院申请撤销仲裁裁决书,并被该法院裁定驳回后,又以相同理由提出了不予执行的抗辩,故根据相关法律规定,对于项目办不予执行的抗辩不予支持。④

因此,管理人在选择救济路径和组织证据、事由时,应充分考虑"禁止重复起诉"规则,合理确定不予执行仲裁裁决的事由,避免因重复起诉而被驳回。

2. 与撤销仲裁裁决事由不同可以申请不予执行

若执行程序中提出的不予执行仲裁裁决的抗辩事由,与申请撤销仲裁裁决

---

① 《民事诉讼法》第127条第5项规定:"对判决、裁定、调解书已经发生法律效力的案件,当事人又起诉的,告知原告申请再审,但人民法院准许撤诉的裁定除外。"

② 《最高人民法院关于适用〈中华人民共和国民事诉讼法〉的解释》第247条规定:"当事人就已经提起诉讼的事项在诉讼过程中或者裁判生效后再次起诉,同时符合下列条件的,构成重复起诉:(一)后诉与前诉的当事人相同;(二)后诉与前诉的诉讼标的相同;(三)后诉与前诉的诉讼请求相同,或者后诉的诉讼请求实质上否定前诉裁判结果。"

③ 《最高人民法院关于适用〈中华人民共和国仲裁法〉若干问题的解释》第26条规定:"当事人向人民法院申请撤销仲裁裁决被驳回后,又在执行程序中以相同理由提出不予执行抗辩的,人民法院不予支持。"《最高人民法院关于人民法院办理仲裁裁决执行案件若干问题的规定》第20条第1款规定:"当事人向人民法院申请撤销仲裁裁决被驳回后,又在执行程序中以相同事由提出不予执行申请的,人民法院不予支持;当事人向人民法院申请不予执行被驳回后,又以相同事由申请撤销仲裁裁决的,人民法院不予支持。"

④ 邯郸市交通局公路项目办公室申请不予执行仲裁裁决案,河北省高级人民法院(2018)冀执监13号执行裁定书。

并非同一事由的,则不受禁止重复起诉规则的限制。如在(2016)津执复13号案中,霍某海曾以没有仲裁协议为由申请撤销仲裁裁决被裁定驳回,霍某海在执行程序中以仲裁事项超出仲裁裁决书补正的范围为由申请不予执行并提出抗辩,最终天津市高级人民法院复议审查后裁定不予执行天津仲裁委员会作出的(2013)津仲裁字第367号裁决书。①

对"同一事由"的豁免,还存在其他特殊情形。如以某事由申请撤销仲裁裁决被驳回,但在执行程序中发现新的证据的,则可以继续申请不予执行该仲裁裁决。

3. 管辖法院

关于地域管辖。撤销仲裁裁决与不予执行仲裁裁决的管辖不同,但《破产法解释三》第7条将二者管辖归为"受理破产申请的人民法院"。当"仲裁委员会所在地"与"受理破产申请的人民法院"不一致时,即存在管辖冲突问题。笔者认为,《破产法解释三》第7条实际是最高人民法院依据《中华人民共和国民事诉讼法》(以下简称《民事诉讼法》)第38条规定②的指定管辖权,将应由仲裁委员会所在地的撤销仲裁裁决案件,指定由"受理破产申请的人民法院"管辖。因此,在"仲裁委员会所在地"与"受理破产申请的人民法院"不一致时,应由"受理破产申请的人民法院"管辖。

关于级别管辖。根据规定,破产案件可以由基层人民法院管辖,③那么由基层人民法院受理破产申请时对撤销仲裁裁决和不予执行仲裁裁决案件的管辖如何确定?笔者认为,仍应由中级人民法院管辖,理由如下:第一,《中华人民共和国仲裁法》第58条明确规定了撤销仲裁裁决案件由中级人民法院管辖,即使指定管辖也不能变更法律规定的级别管辖。第二,不予执行仲裁裁决与撤销仲裁裁决的法定理由实质相同,应被同等对待,因此在撤销仲裁裁决案件应当由中级人民法院管辖的情况下,不予执行仲裁裁决案件应当由中级人民法院管辖。第三,法律明确规定在针对仲裁裁决的执行程序中,即使仲裁裁决指定由基层人民

---

① 天津市高级人民法院(2016)津执复13号执行裁定书。

② 《民事诉讼法》第38条规定:"有管辖权的人民法院由于特殊原因,不能行使管辖权的,由上级人民法院指定管辖。人民法院之间因管辖权发生争议,由争议双方协商解决;协商解决不了的,报请它们的共同上级人民法院指定管辖。"

③ 《最高人民法院关于审理企业破产案件若干问题的规定》(2002年9月1日)第2条第1款规定:"基层人民法院一般管辖县、县级市或者区的工商行政管理机关核准登记企业的破产案件。"

法院管辖,但对不予执行仲裁裁决的审查,仍应由中级人民法院管辖。① 由于破产程序比一般仲裁裁决的执行程序审查更为严格,举轻以明重,因此在破产程序中对于不予执行仲裁裁决的审查,也应当由中级人民法院管辖。

二、重新确定债权

管理人申请撤销仲裁裁决或者申请不予执行仲裁裁决会有三种可能的结果:一是全部获得支持,即裁定不予执行该仲裁裁决或者裁定撤销该中裁决;二是法院裁定驳回管理人撤销仲裁裁决或者不予执行仲裁裁决的申请;三是其他处理方式,如部分撤销仲裁裁决,或者变更仲裁裁决的某一项内容等。在管理人对仲裁裁决实施救济后,即面临重新确定债权的问题。

若最终人民法院裁定撤销或裁定不予执行仲裁裁决,即意味着债权人申报债权所依据的生效法律文书已被否定法律效力。依据《破产法解释三》第7条规定的程序,此时管理人应当"重新确定债权"。"重新确定债权"是管理人的职责,管理人应根据实际情况审查、确认该债权。"重新确定债权"并不意味着管理人一定要确认该债权,而是既可以确认或部分确认债权,也可以不确认债权。"重新确定债权"的成果就是管理人重新编制或修订的债权表。

《中华人民共和国企业破产法》第58条第3款规定:"债务人、债权人对债权表记载的债权有异议的,可以向受理破产申请的人民法院提起诉讼。"也就是说,如债务人、债权人对管理人"重新确定债权"的结果有异议,可以向"受理破产申请的人民法院"提起诉讼,该类诉讼即为债权确认之诉。进入债权确认之诉程序后,则意味着管理人对该债权的审查使命暂告一段落,人民法院的最终裁判结果即为最终的债权确认结果。债权确认之诉是破产程序中债权人最重要的救济手段。若债权人申报债权所依据的仲裁裁决被依法否定法律效力,且债权人对管理人重新确定债权的结果有异议,则可依法提起债权确认之诉。

需要注意的是,在程序衔接上,仲裁裁决未被否定法律效力前,当事人不能

---

① 《最高人民法院关于人民法院办理仲裁裁决执行案件若干问题的规定》第2条第3款规定:"被执行人、案外人对仲裁裁决执行案件申请不予执行的,负责执行的中级人民法院应当另行立案审查处理;执行案件已指定基层人民法院管辖的,应当于收到不予执行申请后三日内移送原执行法院另行立案审查处理。"

提起债权确认之诉。债权确认之诉所审查的对象仍然债权人与债务人之间的法律关系,与仲裁裁决审理的是同一诉讼标的。若仲裁裁决未被人民法院裁定撤销或者裁定不予执行,则意味着当事人之间争议的法律关系已经生效法律文书确认,若再启动债权确认之诉,即构成重复起诉。因此,在仲裁裁决未被否定法律效力之前,债权人提起债权确认之诉不符合起诉要件。

若经人民法院审理后,最终裁定驳回管理人提出的撤销仲裁裁决申请或不予执行仲裁裁决申请,即意味着该仲裁裁决的法律效力已经受住司法程序的检验,其效力应当继续被维持并尊重,那么管理人应当确认该债权。

三、其他债权人对仲裁裁决确认债权的救济

《破产法解释三》第 7 条规定了破产管理人对仲裁裁决确认债权的审查规则及救济路径,但破产程序并不仅是管理人与关联债权人之间的游戏,而是全体债权人集体公平有序的清偿,相当于是"吃大锅饭"。若对于仲裁裁决确认的债权,管理人没有申请撤销仲裁裁决或者申请不予执行仲裁裁决,而是直接确认该债权,但其他债权人对该债权有异议的,则可以选择以下救济途径。

(一)对他人债权有异议,可以提起债权确认之诉

依据《破产法解释三》第 8 条、第 9 条规定,债权人对债权登记表中的他人债权有异议的,有权提起债权确认之诉。在(2019)冀民终 1061 号案中,河北省高级人民法院审理认为,关于上诉人石家庄盛平公司是否有权提起债权确认之诉问题。依据《破产法解释三》第 8 条、第 9 条的规定。另外,"上诉人石家庄盛平公司作为邢矿硅业的债权人,邢矿硅业的职工债权是破产清算中需要考虑的重要因素,直接关系到上诉人在破产程序中的受偿比例,上诉人有权以自己的名义提起债权确认之诉。"[①]因此,对他人债权提出异议并启动债权确认之诉,是破产程序中债权人的重要救济权利。

---

① 石家庄盛平自动化设备工程有限公司、河北邢矿硅业科技有限公司破产债权确认纠纷案,河北省高级人民法院(2019)冀民终 1061 号民事判决书。

(二)若是对仲裁裁决确认债权有异议,则不能提起债权确认之诉

其他债权人对仲裁裁决确认的债权有异议的,在仲裁裁决被依法否定法律效力之前,不能直接提起债权确认之诉。直接提起债权确认之诉将构成重复起诉,人民法院不予受理,已受理的应裁定驳回起诉。不仅针对仲裁裁决,对民事判决书、民事调解书等其他生效法律文书确定的债权,其他债权人有异议时也不能直接提起债权确认之诉,而应首先启动审判监督程序处理。

(三)以案外人身份申请不予执行该仲裁裁决

案外人否定仲裁裁决效力的救济路径唯有申请不予执行仲裁裁决,因此若破产程序中其他债权人对仲裁裁决认定的债权有异议的,在管理人未申请撤销仲裁裁决或申请不予执行仲裁裁决之时,有异议的债权人应申请不予执行该仲裁裁决。

但案外人申请不予执行仲裁裁决的证明标准更高,需有充分的证据证明仲裁裁决错误,或者违背社会公共利益。有两则案外人申请不予执行仲裁裁决并获支持的案例值得借鉴:

案例1:秦皇岛市中级人民法院强制执行秦皇岛仲裁委员会(2012)秦仲调字第007号仲裁调解书过程中,秦皇岛市香湾房地产开发有限公司、倪某全作为案外人向秦皇岛市中级人民法院申请不予执行该仲裁调解书。香湾公司、倪某全认为建业公司和安盛公司存在恶意串通、捏造案件事实,隐瞒案件重要事实的行为,意在骗取仲裁文书,虚构、扩大债权,严重侵害其合法权益。对此,秦皇岛市中级人民法院作出(2018)冀03执异74号执行裁定书,认为建业公司、安盛公司违反《最高人民法院关于人民法院办理仲裁裁决执行案件若干问题的规定》第9条、第18条等规定,裁定不予执行秦皇岛仲裁委员会(2012)秦仲调字第007号仲裁调解书。建业公司不服,向河北省高级人民法院申请复议,河北省高级人民法院于2018年12月27日作出(2018)冀执复433号执行裁定书,裁定驳回建业公司的复议申请,维持秦皇岛中院(2018)冀03执异74号执行裁定。[①]

[①] 秦皇岛银行股份有限公司新世纪支行申请不予执行仲裁裁决案,河北省高级人民法院(2018)冀执复432号执行裁定书。

案例 2："根据湖北省长阳土家族自治县公安局向陈某萍、李某应、覃某红调查的讯问笔录、向湖北省当阳农村商业银行长坂坡支行查询的银行转账流水等证据以及湖北省长阳土家族自治县人民检察院鄂长检刑不诉〔2017〕3号不起诉决定书，充分说明了陈某萍与覃某红、李某珍、方山县新兴矿业有限公司、远安县摇钱树垭煤炭有限公司、湖北长阳清江国际酒店管理有限公司、宜昌清江尚景投资开发有限公司、长阳云海泥炭矿业有限公司并不存在真实的借款担保合同关系，足以证明宜昌仲裁委员会作出的（2015）宜仲调字第46号调解书是当事人采取虚列债务、虚构事实的手段虚假仲裁的结果。"据此认为，申请人长阳汇丰和公司的申请符合相关法律规定，应予支持。经本院审判委员会讨论，决定裁定本案不予执行。①

上述两则案例关于不予执行仲裁裁决的共同点在于其中仲裁案件本身为虚假仲裁，属于当事人捏造债权的情形，因此对于这类债权的处理，不仅是不确认那么简单，还应当追究虚假诉讼罪的刑事责任。这也给破产程序中的管理人和债权人一个启示，在技巧上，通过虚假诉讼罪的刑事程序，配合对仲裁裁决确认债权的审查和识别，会更有效率。

四、捏造事实仲裁与虚假诉讼罪

依据《中华人民共和国刑法》第307条之一规定，以捏造的事实提起民事诉讼，妨害司法秩序或者严重侵害他人合法权益的，构成虚假诉讼罪。② 捏造事实向仲裁机构申请仲裁并取得仲裁裁决尽管也违背诚信，但只要未向人民法院申请执行该仲裁裁决，便欠缺社会危害性而不构成虚假诉讼罪。只有在向人民法院申请执行基于捏造的事实作出的仲裁裁决时，才具备社会危害性和妨害司法

---

① 长阳汇丰和中小企业投资担保公司申请不予执行仲裁裁决案，湖北省宜昌市中级人民法院（2019）鄂05执异11号执行裁定书。

② 《刑法》第307条之一规定："以捏造的事实提起民事诉讼，妨害司法秩序或者严重侵害他人合法权益的，处三年以下有期徒刑、拘役或者管制，并处或者单处罚金；情节严重的，处三年以上七年以下有期徒刑，并处罚金。单位犯前款罪的，对单位判处罚金，并对其直接负责的主管人员和其他直接责任人员，依照前款的规定处罚。有第一款行为，非法占有他人财产或者逃避合法债务，又构成其他犯罪的，依照处罚较重的规定定罪从重处罚。司法工作人员利用职权，与他人共同实施前三款行为的，从重处罚；同时构成其他犯罪的，依照处罚较重的规定定罪从重处罚。"

程序的要件,构成虚假诉讼罪。① 这是"虚假诉讼"与"虚假仲裁"的一个重要区别。如在(2019)津0110刑初762号案中,法院审理认为"被告人芦某伙同他人向人民法院申请执行基于捏造的事实作出的仲裁裁决,妨害司法秩序,其行为已构成虚假诉讼罪,应予以处罚,公诉机关指控罪名成立,予以采纳"。② 妨害仲裁程序并不意味着妨害司法秩序。换言之,若芦某未向人民法院执行该仲裁裁决,即未妨害司法秩序,则不构成虚假诉讼罪。

管理人对仲裁裁决确认的债权进行审查时,应向持仲裁裁决的债权人明晓虚假诉讼罪的利害,并奉劝虚假仲裁的"债权人"悬崖勒马,因一旦持虚假的仲裁裁决向管理人申报债权,即视为向人民法院申请执行,完成了"虚假诉讼罪"的最后一环。在破产程序中,如条件允许,由人民法院、检察机关、公安机关可对破产程序中涉嫌虚假诉讼罪的行为类别进行宣讲释明,更能触及实际虚假仲裁的"债权人"的灵魂。

五、结　　语

破产程序中对仲裁裁决确认债权的审查,是一个复杂的系统工程。对仲裁裁决效力之否定,需要较高证明标准,既要依赖于管理人的勤勉尽职和"火眼金睛",也要借助于审计机构的专业意见。尽管案外人也有申请不予执行仲裁裁决的权利,但囿于天然的举证能力不足,对一些可能构成虚假的仲裁裁决,均因证据问题而不能实现最终救济。如(2019)津执复38号案中,案外人申请不予执行仲裁裁决被驳回的理由为"复议申请人刘某主张徐某庭出具的收条中有1950万元系从张某升账户中取款,同日又转入张某升之女张某甲、之子张某乙账户中的事实,不足以证明当事人之间存在虚构法律关系、捏造案件事实的情形。"③因此,对于仲裁裁决确认债权的审查和对虚假仲裁的识别,主要根据管理人,管理人应结合对债务人财务状况审计以及债务人陈述,并根据调取的仲裁卷宗进行综合

---

① 《最高人民法院、最高人民检察院关于办理虚假诉讼刑事案件适用法律若干问题的解释》(2018年9月26日,法释201817号)第1条第3款规定:"向人民法院申请执行基于捏造的事实作出的仲裁裁决、公证债权文书,或者在民事执行过程中以捏造的事实对执行标的提出异议、申请参与执行财产分配的,属于刑法第三百零七条之一第一款规定的'以捏造的事实提起民事诉讼'。"
② 芦某虚假诉讼罪案,天津东丽区人民法院(2019)津0110刑初762号刑事判决书。
③ 刘芳申请不予执行仲裁裁决案,天津市高级人民法院(2019)津执复38号执行裁定书。

审查判定。对欠缺银行流水或者"资金空转""循环转款"等形成的仲裁裁决书，应当申请不予执行，并报告人民法院，将该涉嫌虚假诉讼的线索移送公安机关处理。通过刑事威慑和调查取证，尽可能查明债权真伪。其他债权人如认为仲裁裁决确认的债权错误的，应首先向管理人提出异议，要求管理人申请撤销仲裁裁决或者申请不予执行该仲裁裁决。若管理人不启动救济时，其他债权人再以自己名义申请不予执行仲裁裁决。总之，债权人应当团结，借助管理人平台共享信息，在破产的寒冬里，抱团取暖。

四、管理人履职与破产监督

破产程序权利人推荐管理人制度问题研究

丁希军[*]　夏文杰[**]

管理人制度是破产法的一项重要法律制度,而管理人选任则是该制度的关键环节。根据《中华人民共和国企业破产法》(以下简称《企业破产法》)第 22 条规定,我国采用了法院指定与债权人会议申请更换相结合的模式选任管理人。然而《企业破产法》自公布至今已 16 年,其间,我国社会主义市场经济体制不断完善,市场主体的破产法治理念不断深入,我国管理人选任模式缺乏对市场主体意思自治的关注等局限性越来越凸显。2021 年 10 月,国务院发布《关于开展营商环境创新试点工作的意见》(国发〔2021〕24 号),"完善破产管理人选任制度,允许破产企业的相关权利人推荐管理人并由人民法院指定"被列入首批营商环境创新试点改革事项清单。在当前背景下,如何在管理人选任环节引入市场主体意思自治理念,并构建破产程序权利人推荐管理人制度,已成为需要深入探讨的问题。

---

[*] 法学硕士,浙江省杭州市中级人民法院破产法庭一级法官。
[**] 法学硕士,浙江省杭州市中级人民法院破产法庭庭长。

一、管理人选任方式的域外立法例及我国的立法选择

(一)域外立法例

1.法院选任模式。大陆法系国家如日本、韩国、法国、意大利等多采用该立法模式。在该模式下,法院在破产程序中居主导地位,有权决定管理人人选,即使债权人会议认为管理人不能公正履职时,也只能向法院提出异议申请更换,最终决定权仍在法院。如《日本破产法》第157条,破产管理人由法院选任;《韩国破产法》第147条也作了相同的规定。[①] 该模式的法理基础在于破产程序是法院主导下的司法程序,管理人非债权人、债务人的代理人,具有中立性,不宜由债权人会议选任。[②] 该模式的优点是及时产生管理人推进破产程序,保证管理人中立地位,但忽略了权利人对管理人选任的意思自治。

2.债权人会议选任模式。英美法系国家如美国、加拿大、瑞士等多采该模式。该模式认为破产法最重要的价值目标是保护债权人利益,由债权人会议选任管理人方能实现该目标。该模式充分关注了债权人在管理人选任中的意思自治,但忽视了债务人及其他利害关系人的利益,管理人的中立性也难以保证,且债权人之间会因利益冲突而无法及时选出管理人,从而影响破产程序推进。

3.法院选任和债权人会议选任相结合的双轨制模式。该模式并非双轨平行,而是有主次之分,又分为两种方式:一是以法院选任为原则,以债权人会议选任为补充,如德国采用该方式,具体是先由法院选任,同时又为了体现债权人意思自治,允许债权人会议另行选任;二是以债权人会议选任为原则,以法院等机构选任为补充,如英国采用该模式,一般由债权人会议选任,特殊情况下才由法院等机构选任。该模式吸收了上述前两种模式的优点,但仍未解决管理人的利益平衡与监督关系,管理人的轻易更换还可能导致事权不一,致使破产程序复杂多变。

[①] 王立挺、周凯军:《浅析破产管理人制度的若干问题》,载《合肥工业大学学报(社会科学版)》2003年第4期。

[②] 陈荣宗:《破产法》,台北,三民书局1994年版,第148页。

(二)我国的立法选择

我国1986年《企业破产法(试行)》并未规定管理人,而是规定了清算组。虽然清算组制度在当时的社会背景下对国企破产发挥了重要作用,但清算组选任具有以下弊端:法院直接指定,完全忽视权利人的共同意志;清算组在宣告破产后成立,时间滞后,导致债务人财产在受理申请至宣告破产期间无人监管,易产生逃废债;清算组成员是兼职工作,专业化低,程序推进缓慢。

进入21世纪后,为适应市场经济发展趋势,2006年《企业破产法》正式确立了管理人制度并规定了选任方式。该法在起草过程中关于管理人选任存在两种意见。主导意见认为管理人是法律为实现破产程序的目的而设定的履行法定职能的机构,应保持独立和中立,应由法院选任;另一种意见认为管理人是债权人利益的代表,可由债权人会议选任。[①]《企业破产法》最终采用了法院指定与债权人会议申请更换相结合的选任模式。明确了法院对管理人选任的主导地位,并赋予债权人会议申请更换权,能及时产生管理人,高效推进破产程序。

二、我国管理人选任方式存在的困局

(一)当事人自治理念缺失

我国管理人选任模式以法院选任为主导,当事人自治理念在选任的初始环节没有充分体现。在管理人中心主义的语境下,破产当事人若无法介入对管理人的选任,则丧失了对破产程序的自治。[②]《企业破产法》试图通过赋予债权人会议申请更换权来克服这一弊端,但效果欠佳。首先,依照破产法规定债权人必须以债权人会议决议的方式申请更换,而不同债权人之间会存在利益冲突,形成决议困难。其次,债权人会议行使更换权的法定条件严格,仅限管理人不能公正、依法履职或不能胜任的情形,而该类情形的举证困难。最后,法院指定管理人未考虑权利人的利益诉求,用形式公平掩盖了实质不公平,然而仅靠申请更换

---

① 参见王卫国:《破产法精义》,法律出版社2020年版,第54、83页。
② 陆晓燕:《破产管理人制度中司法控制与当事人自治之间的制衡——破产管理人选任制度价值探究》,载《人民司法》2015年第1期。

权无法弥补不足。① 当前模式会对债权人自治权利造成较大束缚,有违破产法最大程度保护债权人利益的目的,且法院直接选任过多干预了私权关系。② 如东星航空破产案中,法院选任的管理人与破产各方当事人在破产程序选择上形成激烈对抗,管理人认为东星航空不存在重整基础,坚持破产清算;而多数债权人、债务人、投资人以及100多名职工均强烈支持重整,该案最终以管理人坚持的破产清算程序而终结。该案管理人与权利人对破产程序选择的重大分歧引发了对管理人选任权集中于法院模式的质疑。③

(二)管理人指定方式机械

根据《最高人民法院关于审理企业破产案件指定管理人的规定》的规定,法院指定管理人的方式包括随机、竞争、清算组和推荐方式,其中随机指定是主要方式。随机指定形式上看似公平,实际上却将被指定为管理人的机会被动地归于摇号、抽签时的运气或按部就班的轮候,管理人竞争机制无法形成,也不利于激励管理人队伍整体素质的提高。采用随机方式直接指定管理人的"拉郎配"模式,难以在管理人的履职能力与破产权利人之间建立匹配关系,特殊的破产案件往往需要具有特殊专业知识和执业经验的管理人,但被随机指定的管理人可能不具备相应能力。随机指定与中介机构本身的市场化运作不适应,与不同破产案件对管理人能力素质的不同要求不匹配,管理人队伍健康发展的优胜劣汰机制无法真正形成。

三、构建权利人推荐管理人制度的必要性分析

(一)是实现市场主体意思自治与司法规制之间有效平衡的有效举措

破产法的价值目标经历了一个从"以债权人为中心的单面保护"到"债权人与债务人利益双重保护"再到"债权人、债务人、社会公共利益多重利益之兼顾"

---

① 董士忠:《法院指定管理人制度的不足与完善》,载《安阳工学院学报》2011年第10卷第5期。
② 姚彬、孟伟:《破产程序中管理人制度实证研究》,中国法制出版社2013年版,第99页。
③ 胡靖:《完善我国破产管理人制度之构想——兼评新〈企业破产法〉第三章》,载《重庆科技学院学报(社会科学版)》2009年第7期。

的过程。① 不同的破产案件类型涉及的当事人利益重点亦不同。清算案件更加注重债权人利益保护;重整案件立足于企业救治目标,更加注重债务人利益;和解案件更加注重债权人、债务人利益的协调。破产法具有私法属性,将民法中的意思自治原则延伸至管理人选任领域,允许权利人对管理人选任提出意见,能够有效弥补当前我国管理人选任模式对当事人意思自治理念关注不足的困局,充分发挥市场主体的作用。在不影响案件公正处理的前提下,应给予债权人、债务人在指定管理人方面一定参与权。② 当然,这并不是鼓励民事主体绝对自由与放任,而是应受到一定限制。③ 具体而言:权利人可推荐管理人人选,同时法院仍需引导、审查、规制当事人意志的介入,包括对推荐方式、推荐时间和对象的释明、被推荐对象是否满足任职条件等。在尊重市场主体意思自治理念的同时,对权利人的推荐权进行适度的司法规制,能够形成市场主体意思自治与司法规制之间的良性互动局面。

(二)是提升管理人队伍整体水平的必然要求

实践中,管理人的知识、能力、经验参差不齐,个别管理人工作拖拉,甚至不接受法院监督,导致能够完全胜任管理工作的比例并不乐观;④少数管理人的职业道德水平不高,滥用职权、故意拖延、谋取不当利益、怠于追收资产的现象时有发生。因此,通过权利人推荐选任管理人,能够有效弥补随机指定管理人带来的困局,改变传统的"拉郎配"模式,实现权利人与管理人之间的双向选择,也更有利于选出符合案件实际办理需要的管理人。

(三)是进一步优化营商环境的题中之义

"办理破产"是优化营商环境的一级指标,具体是由"破产框架力度指数"和"回收率"两项子指标构成。首先,债权人参与指数是"破产框架力度指数"内容之一,因我国破产法并未规定债权人可参与管理人选任,故该项指标在世界银行

---

① 康晓磊、仲川:《对破产管理人法律地位的思考》,载《法学论坛》2007 年第 6 期。
② 王欣新:《破产法》,中国人民大学出版社 2019 年第 4 版,第 105 页。
③ 最高人民法院民法典贯彻实施工作领导小组主编:《中华人民共和国民法典总则编理解与适用(上)》,人民法院出版社 2020 年版,第 55 页。
④ 夏正芳、李荐、张俊勇:《管理人选任机制实证研究——以江苏法院管理人选任机制改革实践为蓝本》,载《法律适用》2017 年第 15 期。

评价中并未得分。① 因此，允许权利人推荐管理人，恰好可以补强上述弱点，从而提高我国营商环境评价中债权人参与指数的分数。其次，回收率由办理破产的结果、时间和成本三要素构成，而这每一项要素都与管理人履职相关。因此，允许权利人推荐其信赖的、履职能力强的、满足个案需要的管理人，才能高效推进破产效率，从而提升"回收率"。

四、构建权利人推荐管理人制度的具体建议

（一）关于适用范围

关于适用权利人推荐管理人制度的破产案件范围，一种意见认为，为体现创新改革力度，所有破产案件均可使用。另一种意见认为，"无产可破"案件仅有少量资产，权利人推荐无积极性，应将该类案件排除。上述两种观点均值得商榷。首先，权利人推荐管理人系法律未明确规定的新生制度，其可能产生的利益输送风险、对管理人市场的整体影响尚不明朗，初期探索应当秉持积极稳妥原则，在适用范围上考虑循序渐进，不宜直接全面铺开。其次，债务人若对破产有异议，易产生对权利人推荐制度合法性、公允性的质疑，且债务人在该情形下通常配合度低，若其不配合提供主要债权人信息，行使推荐权的主体难以明确且易引发争议。最后，"无产可破"案件虽然财产较少，但该类案件的权利人仍有推荐的积极诉求，如权利人推荐信赖的、履职能力较强的管理人调查债务人是否存在逃废债行为，或推荐会计师事务所以对债务人财务资料进行全面审计；"无产可破"案件占破产案件比重较大，若将该类案件排除适用，则会大大降低权利人在管理人选任环节的参与度。综上，适用范围建议规定如下：债务人申请破产或债权人提出破产申请且债务人无异议的破产案件和预重整案件。

（二）关于享有推荐权的权利人范围

1. 债权人享有当然的推荐权。债权人是破产程序中最为重要的权利主体，赋予其推荐权系应有之义。关于债权人范围，若只对提出破产申请的债权人赋予推荐权，虽然操作上简便快捷，但范围过窄；若对全部债权人均赋予推荐权，因

---

① 王欣新：《营商环境破产评价指标的内容解读与立法完善》，载《法治研究》2021年第3期。

债权人数量往往庞大而缺乏可操作性,故应限定为主要债权人。但主要债权人的范围仍有争议。有观点认为,主要债权人的认定标准应详细明确,以减少认定分歧,如债务清册中债权金额位列前两位的优先债权人和位列前三位的普通债权人。还有观点认为,债权额占已知债权总额1/4以上的债权人均是主要债权人。笔者认为,破产程序中债权类别、债权性质往往复杂多样,仅按债权金额大小作为认定标准可能会对其他类别的债权人利益造成影响。另外,因债权人数不一,无法确定是否存在达到一定数量的优先债权人或普通债权人,故无法从数量角度制定统一的认定标准。因此主要债权人的认定标准,应综合考虑债权金额、性质、类别、债权人数量等因素,交由破产案件的承办法官在个案中综合判断更为妥当。同时,被推荐的人选还应作出相应承诺。

2. 债务人也应享有推荐权。有观点认为,破产程序是主要保护债权人利益的程序,若赋予债务人推荐权,则管理人可能难以尽职调查债务人财产,而有可能损害债权人利益。该观点值得商榷。原因是:债务人在破产程序中享有知情权、债权异议权等权利,赋予其推荐权,既有利于推荐制度本身的实行,也有利于激励债务人提升对破产程序的配合度。另外,破产重整、和解程序的目的在于维持破产企业持续经营的能力并帮助企业走出困境,在关注债权人得到公平清偿的前提下更应关注债务人的利益,更应赋予债务人推荐权。因为除债务人欲借破产逃避债务等情况,债务人对自身经营状况和资产负债情况更为了解,也具备走出困境的愿望和动力,所以应给予其充分的话语权。

3. 关于属地政府、重整投资人的推荐权问题。首先,关涉国家利益、社会公共利益的破产案件,应赋予属地政府推荐权。如大型疑难复杂的房企、建设公司等破产案件,通常涉及大量职工安置、购房户生存权保障,社会矛盾凸显,此时很有必要在管理人选任环节听取属地政府意见,选择贴合实际需要的管理人也更为妥当。其次,重整、预重整案件中,在当事人申请重整、预重整时已经出现意向重整投资人的情况下,可考虑给予重整投资人推荐权,既可提高重整投资人参与破产案件的积极性,又可降低沟通谈判成本,以便在较短时间内拟定重整计划草案并获通过,提高重整成功率。当然,对于债权人、债务人的股东与重整投资人之间可能存在的潜在的利益冲突应如何平衡,潜在的重整投资人最终能否成为正式投资人存在的不确定性等问题,需要在实践中具体把握。

综上,权利人范围建议规定如下:破产程序相关权利人如主要债权人、债务人可以共同向人民法院推荐管理人。参与推荐管理人人选的主要债权人应当综合考察债权金额、债权性质、债权类别等因素确定。特殊案件亦可赋予属地政府、重整投资人一定的推荐权。被推荐的管理人人选应当符合任职条件并承诺不存在违反《企业破产法》第24条第3款规定的情形。

(三)关于权利人推荐管理人的时限

一种观点认为,债权人意志须通过债权人会议决议表达,故推荐管理人的时限应在债权人会议召开期间;在破产受理后至债权人会议召开前这一期间,可由法院指定临时管理人,待债权人会议召开时再将临时管理人选举为正式管理人或者重新选举管理人。另一种观点认为,应在破产申请审查阶段至迟应在法院裁定受理破产申请之前推荐管理人。笔者赞同第二种观点。第一种观点虽然可充分体现债权人意愿,但存在较大弊端:若债权人会议受控于大额债权人,则可能选出与大额债权人存在利益关联的管理人,而可能会损害其他债权人利益;另外,多个债权人之间可能意见不统一而无法达成共识①;债权人会议仅能代表债权人利益,忽视债务人及其他利害关系人的利益,其意见难以通过债权人会议表达;若临时管理人与债权人会议选举产生的管理人不一致,则会涉及工作交接、临时管理人报酬及债权审核结果是否认可等诸多问题,影响破产程序高效推进。故第二种观点更符合当前我国破产法关于管理人选任的规定。一方面,根据《企业破产法》第13条规定,管理人应在法院裁定受理破产申请时指定,而权利人在破产审查期间推荐管理人后,法院经审查可在裁定受理破产申请时即可指定管理人,符合上述规定。另一方面,法院在破产审查阶段引导权利人推荐管理人,可有效弥补当前模式对权利人意思自治关注度不足的弱点,且如此操作成本低,效率高。

关于权利人在破产审查阶段提出推荐申请的具体时间,也存在三种不同意见:在法院裁定受理破产之前提出;在法院组织听证时提出;在破产申请立案之日起15日内提出。笔者赞同第三种观点。首先,权利人推荐后法院需要对推荐程序是否合法、被推荐人选是否符合履职条件进行审查。第一种观点原则性规定在法院裁定受理破产之前提出,若提出推荐的时间较晚,则给法院预留的审查

---

① 种林:《破产管理人选任制度:中欧比较研究》,载《政法论丛》2015年第4期。

时间较短,不利于法院裁定受理破产后及时指定管理人。其次,举行听证的时间不统一,若听证时间过早,则权利人协商推荐的时间可能不够充分,导致权利人无法及时达成一致意见。最后,综合考虑给予权利人协商推荐的时间、预留法院完成指定程序的时间,关于推荐时间建议可规定如下:破产程序权利人申请推荐管理人人选的,应当在破产申请审查案件立案之日起15日内以书面方式提出。

(四)关于管理人推荐和指定的方式

权利人推荐管理人的方式和指定是构建该制度的重中之重。推荐和指定的方式可总结为三种:一是协商一致推荐,即权利人经协商一致推荐一名管理人人选并由法院指定。协商不一致的,由法院组织协商,协商一致的,直接指定;协商不一致的,法院依照相关规定指定。二是各自推荐,即权利人各自推荐一名管理人人选,法院从中随机指定。三是协商一致推荐多名人选,即权利人可协商一致推荐多名(如3~5名)人选,最终由法院从推荐人选中随机摇号指定。上述模式各有优缺点。模式一操作方便,市场化明显,但在一些资产较多的破产案件中可能存在权利人与被推荐的管理人之间利益勾兑风险,有损害其他权利人利益的可能性。模式二、模式三从推荐的多名人选中最终通过随机摇号确定管理人可达到实质上公平,对利益勾兑风险起到一定防范作用,但该两种模式未区分破产案件类型,对"无产可破"案件仍无法绕开摇号环节,且拉长管理人指定时间,市场化程度偏低。笔者建议,参照浙江省高级人民法院《破产案件管理人指定工作规程(试行)》关于破产案件类型的划分的规定,区分不同案件类型,采用不同的方式分别推荐和指定。具体如下:

1. 小额破产案件。建议在小额破产案件中采用"协商一致推荐+直接指定"模式,即在小额破产案件中,权利人经协商一致推荐1家管理人人选并由法院直接指定管理人。因为小额破产案件与普通、重大案件相比,资产规模较小,管理人预期可收取的报酬金额有限,权利人与被推荐的管理人之间"暗箱操作"、利益输送的风险相对较小。该模式市场化程度较高,减少了法院摇号环节,操作方便,缩短了指定时间。故建议规定如下:小额破产案件,应通过主要债权人和债务人经协商一致,可以向人民法院推荐1家管理人人选,由人民法院直接指定管理人。

2. 普通破产案件。建议在普通破产案件中,采用"协商推荐+随机指定"模式,即在普通破产案件中,权利人经协商可推荐多家人选,最终由法院随机指定管理人。因为该类案件资产规模相对较大,管理人报酬金额预期较高,由权利人推荐数家人选后再由法院随机指定,可防范利益输送风险。同时,为培育管理人市场,让更多的中介机构参与,推荐人数不宜过少。若推荐范围过窄,易形成部分机构"垄断",也不利于管理人队伍的整体健康发展。故该类案件推荐范围不宜过小,推荐数量保持相当规模更易在权利人之间达成一致,确定为5~7家较为妥当。故建议规定如下:普通破产案件,应通过主要债权人和债务人经协商可以推荐5~7家管理人人选,由人民法院以摇号、抽签等随机方式指定管理人。

3. 重大破产案件。建议在重大破产案件中,采用"协商推荐+竞争指定"模式,即在重大破产案件中,权利人经协商推荐多家人选后,由法院通过竞争方式指定管理人。该类案件重大疑难复杂,对管理人履职能力要求较高,只有通过充分的竞争比选才能选出最优管理人。为保证竞争选任的充分、公平,给予相对多数量的中介机构参与竞争的权利,推荐人数亦不宜过少,确定为7~10家较为妥当,且可以是联合体。故建议规定如下:重大破产案件,应通过主要债权人和债务人经协商可以推荐7~10家管理人人选(推荐人选可以是不超过3家中介机构组成的联合体),由人民法院通过竞争方式指定管理人。

(五)未能协商推荐管理人人选的处理

实践中,也存在权利人虽有意向推荐但未能及时协商一致,或推荐方式、数量与案件类型及规则不符、被推荐人选不符合履职条件等情况,为确保管理人指定工作依法及时进行,建议对该情形的处理规定如下:权利人未能及时协商推荐管理人人选或者人民法院认为权利人推荐方式、被推荐人选等不符合规定的,应当依照相关规定另行指定管理人。

论破产监督及其"六元"体系构建

宋 洋[*] 陈钦昱[**]

一、源起:基本问题引出

随着我国供给侧结构性改革的持续深化及"双循环"的大势推进,如何着力补齐对应于市场准入和市场存续的市场退出这一当下"最大短板",已然成为维系营商环境法治化的关键所在,破产法也因此受到前所未有的高度关注。特别是近几年来,中央政策文件多次强调要推进破产审判机制的完善,而这必然要求一套系统且本身包括不可或缺之破产监督在内的制度机制——破产审判机制。不仅如此,正如无监督便无制约,破产审判机制的有效运行本就有赖于破产监督必要支持。从现实来看,在近年来破产案件"井喷式"高速增长之下,破产审判中若失却必要监督则危害甚远。然而,聚焦我国破产法现行规定,尽管对于破产监督之监督主体、监督对象、监督内容等有所规定,但就整体而言仍然存在法院单一主导、债权人监督不到位、缺乏专门监督机构等突出问题。再者,即便也有一些关于完善破产监督的实践探索,但由于相关制度的缺失,这些探索实践中的做法实则处

---

[*] 法学硕士,中国人民银行宜宾市分行纪委办公室四级主任科员。
[**] 法学硕士,四川明炬律师事务所律师。

于"无法可依"的境况中。因此，亟待进行体系构建。唯有如此，才能真正彰显破产法立法的宗旨及目标，推动经济高质量发展，进而使营商环境法治化中的破产这一"短板"得以补齐并成为经济高质量持续发展的强有力支撑。

尽管破产监督在立法层面上一直都受到关注，但有关破产监督的相关规定却主要围绕破产管理人作出，并且缺乏多元化与系统化规定。实践中，破产监督重任常常落在法院这一监督主体身上，但囿于破产案件数量多，加之破产案件审理时间长、程序复杂，法院破产监督的落实情况并不理想。[①] 而理论上，国内学者对有关破产监督的系统化研究鲜少涉及。总之，导致我国在破产监督的理论上及实践中均不尽完善。为切实维护社会主义市场经济秩序，行之有效的破产监督对于破产程序必不可少，故关于破产监督也不应当仅止步于破产管理人监督的研究，如何构建系统化的破产监督体系实乃破产法制完善的重点。

二、探索：破产监督的现状分析

（一）对管理人监督

纵观我国破产法律制度的发展历程，对于管理人的监督一直是破产监督的重点。早在最初的1986年《中华人民共和国企业破产法（试行）》（以下简称《企业破产法（试行）》）以及1991年《最高人民法院关于贯彻执行〈中华人民共和国企业破产法（试行）〉若干问题的意见》中便有全民所有制企业中债务人破产要经过上级部门的同意，债务人的法人代表要出席债权人会议并接受询问的等自然涉及监督的相关规定。[②] 此后在2002年最高人民法院《关于审理企业破产案件若干问题的规定》第18条中特别明确地规定了法院作为监督主体对企业监管

[①] 在实践中，由于债权人会议召开困难，担负日常监督而作为债权人会议常设机构但却非必设机构之债权人委员会这一"破产监察人"，其专业性不强（如《企业破产法》第67条规定为"债权人委员会由债权人会议选任的债权人代表和一名债务人的职工代表或者工会代表组成"）因此破产监督工作主要由法院负责。

[②] 《最高人民法院关于贯彻执行〈中华人民共和国企业破产法（试行）〉若干问题的意见》第32条规定："债务人的上级主管部门可以派员列席债权人会议。债务人的法定代表人必须列席债权人会议并有义务回答债权人的询问，拒绝列席的，人民法院可以依照民事诉讼法第一百条的规定拘传。"

组进行监督,以及该监管组本身所具的监督主体意义。① 其后在 2006 年《企业破产法》中首次引入了破产管理人制度,将 1986 年《企业破产法(试行)》实行的"清算组制"②改为"破产管理人制",并首次明确将法院、债权人会议以及债权人会议决议设置的债权人委员会定为管理人的监督主体。值得关注的是,2019 年公布的《最高人民法院关于适用〈中华人民共和国企业破产法〉若干问题的规定(三)》进一步对债权人会议这一破产管理人监督主体的重大事项决定权作出规定,此规定在一定程度上扩大了债权人会议权力,分散法院的权力。

(二)对债务人监督

除了对破产管理人这一重要主体的监督外,现行《企业破产法》对于破产程序中债务人的监督也作了相应规定。如其第 73 条关于重整期间管理人需对经申请并获批的债务人之经营管理行为进行监督的规定,③明确了管理人在特定情况下可以对债务人进行监督。此外,第 78 条还规定了三种"重整失败"情形下管理人或者债权人有权向法院申请终止该程序。④ 第 90 条还规定了在重整计划通过后的监督期内,管理人也应当对债务人进行监督。除了上述条款,根据《企业破产法》第 125 条、第 126 条、第 127 条的规定,对于债务人董监高所导致的破产、债务人不配合法院依法进行破产处分的行为,法院有权采取相应措施或要求其承担法律责任,均体

---

① 《关于审理企业破产案件若干问题的规定》第 18 条规定:"人民法院受理企业破产案件后,在企业原管理组织不能正常履行管理职责的情况下,可以成立企业监管组。……企业监管组向人民法院负责,接受人民法院的指导、监督。"
② 在 1986 年《企业破产法(试行)》中实行的是清算组制度,该法律文件第 24 条规定,清算组成员由法院在法律规定的范围内选定,对法院负责,确立了人民法院对于清算组成员之监督。
③ 《企业破产法》第 73 条第 1 款规定:"在重整期间,经债务人申请,人民法院批准,债务人可以在管理人的监督下自行管理财产和营业事务。"
④ 《企业破产法》第 78 条规定,重整期间,在以下三种情况下经管理人或者利害关系人请求,人民法院应当裁定终止破产程序。一是债务人的经营状况持续恶化,缺乏挽救的可能性;二是债务人有欺诈、恶意减少债务人财产或者其他显著不利于债权人的行为;三是由于债务人行为致使管理人无法执行职务。

现对债务人的必要监督,①但总体而言关于债务人监督的规定偏少。

(三)对法院监督

如前所述,由于法院主导着破产案件的进程,并扮演着重要角色,因此在破产程序中理应对法院这一审判主体进行监督。然而,根据我国现行法律规定,破产程序作为一种特别的司法程序,不能对法院进行审判监督。也正基于此,对于法院的监督主要体现在两个方面:一是利害关系人的监督。具体而言:利害关系人可以根据《企业破产法》第58条规定,债权人、债务人对于债权登记有异议可以向受理法院提起诉讼,行使起诉权、上诉权。此外,利害关系人对于不予受理的案件可向上级人民法院提出上诉。② 不仅如此,利害关系人对于破产宣告有异议还可以向上级法院申诉。二是上级法院对于下级法院的监督,主要采取主动监督和被动监督两种方式。关于主动监督,如最高人民法院《关于审理企业破产案件若干问题的规定》第104条规定,最高人民法院、各上级法院对于下级法院确有错误的裁定应通知其纠正。③ 关于被动监督,即通过当事人、利害关系人向法院提出异议后进行监督。

三、困境:破产监督的突出困难

(一)法院单一主导

一直以来,法院在破产过程中不仅扮演着主导破产程序"从进到退"、决定破

---

① 如《企业破产法》第125条第1款规定:"企业董事、监事或者高级管理人员违反忠实义务、勤勉义务,致使所在企业破产的,依法承担民事责任。"又如第126条规定:"有义务列席债权人会议的债务人的有关人员,经人民法院传唤,无正当理由拒不列席债权人会议的,人民法院可以拘传,并依法处以罚款。债务人的有关人员违反本法规定,拒不陈述、回答,或者作虚假陈述、回答的,人民法院可以依法处以罚款。"再如第127条第1款规定:"债务人违反本法规定,拒不向人民法院提交或者提交不真实的财产状况说明、债务清册、债权清册、有关财务会计报告以及职工工资的支付情况和社会保险费用的缴纳情况的,人民法院可以对直接责任人员依法处以罚款。"

② 《企业破产法》第12条第1款规定:"人民法院裁定不受理破产申请的,应当自裁定作出之日起五日内送达申请人并说明理由。申请人对裁定不服的,可以自裁定送达之日起十日内向上一级人民法院提起上诉。"

③ 最高人民法院《关于审理企业破产案件若干问题的规定》第104条规定:"最高人民法院发现各级人民法院,或者上级人民法院发现下级人民法院在破产程序中作出的裁定确有错误的,应当通知其纠正;不予纠正的,可以裁定指令下级人民法院重新作出裁定。"

产管理人的选任及解聘等事项的重要角色,在司法实践中更是承担着最主要监督责任。不可否认的是,法院作为监督核心主导破产程序有其独有的优势。但是,由于法院同时扮演着审判主体和监督主体的双重角色,因此既审判又监督难以真正发挥监督的作用,不利于破产程序高效推进。此外,在我国专门的破产审判法庭仅设置在几个地区,其他大多数地区的破产案件仍由一般的法院进行审理。同时我国各级法院案件数量较多,法院本就承受着很大压力,加之破产案件的审判周期长、涉及事务繁杂,特别是近年来在供给侧结构性改革背景下破产案件数量急剧上升,这就让本就压力很大的法院"雪上加霜"。如若在此之下仍将法院作为主要的监督主体,让其既掌握着实体审判权又拥有宽泛的监督权,既容易导致审判效率低下,又易导致监督不客观、不中立,加上一些法官"个人主义"倾向明显,从而使得监督效果最终落空。

(二)债权人监督难以落实

虽然破产法中规定了债权人会议作为管理人的监督主体,但债权人监督存在着难以落实的较大缺陷。一方面,债权人会议召集困难。根据我国破产法相应规定,债权人会议作为会议机构,债权人需开会进行决策,然而实践中债权人来自四面八方难以召集债权人会议,债权人会议不能频繁地召开,因此无法对破产程序进行日常性监督。另外,召开债权人会议需要大量的时间成本、经济成本,频繁地召开债权人会议于经济不利,也不利于破产程序的推进。此外,在我国,只有没有特殊财产担保的破产债权人才有表决权,其他债权人不享有表决权,对其他有利害关系的债权人而言,债权人人会议的表决难免会失之偏颇。①

另一方面,管理人信息披露不全面导致债权人难以了解管理人的履职情况。及时、充分了解管理人的履职状况及破产程序的进展情况有助于债权人更全面地掌握破产案件信息,进而更好地行使监督权。但是《企业破产法》对管理人信息披露的相关规定较为宽泛,对于是否公开管理人执业内容、采取什么方式公开、在什么时候公开以及不公开需要承担的后果等均未作细致规定。如在《企业破产法》第14条规定,法院在破产申请受理之日起的25日对管理人的名称、办公地址进行公告,以及第57条规定利害关系人可以查阅债权表及债权申报材

---

① 韩长印:《债权人会议制度的若干问题》,载《法律科学》2000年第4期。

料。此外，由于债权人获取信息途径极为有限，信息获取不全面则导致债权人对管理人难以实现有效的监督。

(三) 缺乏专门的破产监督机构

关于是否在我国设立专门的破产监督机构的问题，一直是学者探讨的重点。如李曙光教授早在 2010 年就曾提到"破产管理局的破壳"势在必行，许多专家学者也提倡设立专门的破产监督机构以规范破产监督。然而，现实中我国关于设立专门的破产监督机构的措施却迟迟未落地，这使我国的许多破产程序中诸如管理人考核、管理人选任、管理人及债务人违法行为调查等行政事务没有统一的管理机构，也缺乏统一的管理标准。在实践中，行政事务一般由法院一并管理，即法院集审判、管理、监督于一身，此举进一步加重了法院的负担，如此导致恶性循环。因此，基于企业破产案件涉及面广、程序复杂、专业性强，是否设立专业的监管机构进行管理监督，以查清事实，推进破产案件公正，正是当前亟须解决的问题。[1]

(四) 对破产管理人监督缺乏统一标准

在我国破产法律制度发展过程中，集中监督破产管理人成为我国破产监督的主要特点。在司法实践中破产监督对象较为单一，聚焦于管理人的监督，且各个监督主体的监督措施大多围绕破产管理人作出。[2] 就破产管理人监督而言，仍然存在如下主要问题：

首先，破产管理人选任标准不统一。在管理人的选任方面，各地方管理人由地方高级人民法院或者中级人民法院进行选任，有些地方自行制定了其辖区内的管理人选任标准、考核方式。以四川省为例，要想成为破产管理人必须经过法院组织的统一考试才能进入破产管理人库。但由于缺乏统一的规范，各地区的考核标准也不统一，因此这样的管理人选任容易导致地方化差异化情况明显，不利于管理人队伍的长久发展。

其次，破产管理人考核机制不健全。在破产进程中，管理人的执业行为与利

---

[1] 王静、蒋伟：《破产管理人自治模式实证研究》，载《法律适用司法案例》2018 年第 14 期。
[2] 田源：《破产管理人监管过程中的阻却因素与现实进路》，载《宜宾学院学报》2016 年第 7 期。

害关系人的利益息息相关,管理人履职行为关系到他们的直接利益甚至关系着企业的"生死"。但是在实践中,对于管理人的考核却没有统一的标准,也没有专门标准来检验管理人履职情况。虽然在司法实践中有些地方法院有实行定期考核检验,但这并非常态化、规范化的工作。

最后,破产管理人行业协会定位不一。在破产案件高速增长、破产法制度愈发受到重视的背景下,破产管理人行业协会也成为司法实践中对于管理人监督的重要主体。但由于尚缺乏统一的规范,以致各地区在破产管理人协会的定位、主要监督管理单位、协会职责职能等方面存在着较大差异,甚至在同一个地区成立的不同破产管理人协会都存在差异。如有的破产管理人协会被定位为学术性质的协会,而有的协会又被定位为商业信息交流行业协会。又如,在协会的监管主体的确定上,有的协会以当地社会科学界联合会作为主管单位,也有的协会以当地司法局作为主管单位,有的协会甚至以当地法院作为主管单位。① 事实上,这些协会或多或少都有关于监督职能的厘定,但其主要职能的定位不一导致对于破产管理人的监督效能上存在差异,使这一司法实践新兴的监督主体难以真正发挥其应有功效。

(五)其他监督行使的可操作性不强

虽然《企业破产法》第73条规定了破产管理人对于自行管理的重整程序债务人进行监督。但对于破产管理人如何进行监督,在《企业破产法》中有且仅有第78条对此有所涉及,且对于破产管理人行使监督权的规定笼统,缺乏关于管理人应履行哪些具体的监督职能,以及如何行使这些监督职能的规定。也因此,在司法实践中破产管理人监督的落实并不理想。

此外,在检察监督方面,虽然我国法律规定了检察机关全面监督民商事案件这一原则,但是在实际中,检察机关监督破产案件的情况较少,鲜有检察机关对破产案件提出检察建议、检察抗诉等情形的案件出现。以吉林省为例,在2012年《中华人民共和国民事诉讼法》修改后,2013年1月至2016年12月,全省共受理了116件破产案件。值得关注的是,在这些案件中,检察机关没有提起过一次

---

① 在协会监管主体上,深圳、无锡以当地社科联作为主管单位,南京则以司法局作为主管单位。参见王静、蒋伟:《破产管理人自治模式实证研究》,载《法律适用》2018年第14期。

抗诉,也没有针对案件发出过检察建议,更无对审判人员可能涉及违规等行为进行监督的情况。① 因此,虽然对破产程序中的以上三类主体都需要进行监督,但在实践之中仅仅单一地着重于破产管理人的监督。虽然近年来有些地区法院与检察机关开始联合出台检察院监督破产案件的相关文件,但毕竟还处在初步探索阶段,整体上操作性不强。

四、出路:构建"六元"破产监督体系

破产监督制度的体系构建是推进破产审判机制有效运行的关键所在。然而,根据破产监督的现状分析考察可以看到,我国破产监督制度存在法院单一主导、债权人监督不到位、缺乏专门的监督机构等诸多问题。鉴于此,本章以破产监督主体"多元化"为切入点,集中从专门机构监督、检察机关监督、法院监督、利害关系人监督、行业协会监督、破产管理人监督六个方面进行破产监督的制度构建,以期实现对破产程序行之有效的监督。②

(一)设立专门的破产监督行政机构

关于是否在我国设立专门的破产监督行政机构一直都备受关注,且有许多学者也提议设立专门的破产监督机构,然而囿于机构设置在哪里,职能为何等原因使得这一构想迟迟没有落实。事实上,设立专门的破产监督行政机构是破产法治完善的应然选择。目前,深圳市成立的首家个人破产事务管理署已成为设立专业的破产监督行政机构的良好开端。概括而言,设立专门的破产监督行政机构有如下好处。一方面,设立此机构可以维护司法中立。在破产程序中,法院作为审判主体行使审判权,若再由其担任核心监督主体,赋予其监督权,则不利于维护司法的公正性。另一方面,设立此机构有助于实现府院联动。企业破产往往涉及税务清理、安置职工等问题,解决这些问题离不开政府的管理和服务,需要充分发挥政府作用,与法院形成有效联动。虽然国家政策正在积极推进府院联动,但在实践之中哪些属于政府职责、哪些属于法院职责的规定笼统,缺乏

---

① 梁伟:《破产案件检察监督新构造》,载《西南政法大学学报》2017年第3期。
② 诚然,在破产程序的监督中,监督主体完全不仅限于以上六个方面,但结合我国现状而言,通过这六个主体职能的行使,实现对破产程序的监督是必要且可行的。

细化操作。因此,建议设立破产监督行政机构,并由其作为专门破产监督行政机构统一协调处理破产过程中涉及与政府的对接事务。这样,有助于府院联动政策的落实,提高破产审判效率,加快破产进程,推进"僵尸企业"等破产出清及破产市场化的落实。此外,一些域外实践也充分证明,设立专门的破产管理机构是切实可行的,①由此看来,设立专门的破产监督机构恰逢其时。

(二)设置重点职能

第一,由破产监督行政机构进行管理,统一破产管理人的准入,制定相应的考核规则对破产管理人的执业活动进行监督,有助于规范破产管理人行为。在管理人队伍中形成竞争机制,促进管理人队伍提高质量,也便于管理人的常态化监督管理。

第二,追究高级管理人员信义责任,调查不端行为。企业破产原因众多,能归因于企业本身的责任主体主要为高级管理人员。为了实现破产法的目标,维护当事人的合法权益,有必要由专业的破产监督行政机构对其破产原因进行调查——若高级管理人员的个人行为是导致该企业破产的主要原因,则要追究其个人责任。

第三,设置破产基金。鉴于任何一个企业破产案件管理人都会花费大量精力厘清企业财务状况、债权债务关系、职工安置等问题,由此势必会产生大量经费。若连自己的报酬都不能保障,管理人自然不愿意去承接这样的案件,即使迫于某些原因接管也难以做到尽职尽责。所以,建议由各级破产监督行政机构负责设立并管理破产基金,可为破产管理人工作提供保障,提高管理人工作积极性。

(三)推进检察监督

一直以来,由于受到市场经济状况、社会稳定性维护、法官受理积极性不高等因素影响,破产案件一直存在"受理难立案难"的问题。② 因此,需要从两方面

---

① 在域外破产法治较为发达国家都设置了专门的破产管理机构,例如美国、英国破产管理署、加拿大的联邦破产管理署。

② 最高人民法院专职委员、国家二级大法官杜万华在 2016 年 11 月 26 日在北京举办的"第四届公司法高端论坛"上题为《破产审判的成绩、困境与展望》的发言。

加强检察机关对破产程序的监督,以敦促法院及时受理破产案件,切实规范法院审判工作。

一方面,检察监督受理实体进行破产原因审查。破产案件的受理对利害关系人利益的实现、企业的经营活动、企业信誉等多方面都有影响。为此,法院对企业破产原因的审查应限于形式审查,即以债务人"不能清偿到期债务"这一一般破产原因为审查的核心。① 于此之下,当法院作出是否受理破产申请的裁定与债务人企业是否具备破产原因不一致时,也即受理破产申请涉及对实体性权益处分时,检察机关应当通过提起抗诉的形式来履行监督职责。

另一方面,检察机关应对受理程序进行重点监督。一是检察机关对破产案件受理的法定期限进行监督,也即对法院没有在法律规定的时间内作出是否受理破产申请的监督,通过监督促使法院尽快作出决定,推进破产审判的进程。二是检察机关对法院破产案件法院管辖权的监督,对于不应该由该法院受理却受理了、破产申请人在多个法院申请立案等违反管辖权规定、滥诉行为进行纠正,从而保障破产案件受理的专属性也即由专门的法院对于破产案件及其衍生诉讼进行审理,进而保障破产程序的效率价值。

(四)规范法院监督

长久以来,我国形成了以人民法院为核心的破产监督工作格局,法院在监督过程中发挥着主导作用。但如之前所述,对于作为破产审判主体的法院其监督权应当给予合理限制。因此,有学者主张法院的监督权行使需在不损害公正审判的前提下厘定,其主要为审判权之衍生监督权。

目前,我国债权人会议召集困且对于具体案件了解相对较少,由他们进行管理人选任并不符合我国的实际情况。事实上,在具体的个案中,法院对于案件情况了解最多,若将管理人的准入权、考核方式统一交与破产监督行政机构管理后,法官则可以根据具体案件的情况与破产监督行政机构进行沟通,由破产监督行政机构推荐相关管理人给法院,法院再根据具体案件的情况从推荐的管理人中选定个案管理人。这样既能保证破产管理人的监督由破产监督行政机构行使,维护了法院在破产程序中的中立地位,又能具体情况具体分析,选任出更贴

---

① 齐明:《我国破产原因制度的反思与完善》,载《当代法学》2015年第6期。

合破产案件具体情况的管理人。

此外,《企业破产法》第23条中明确规定管理人需定期向法院汇报其工作。法院掌握着个案的进度,因此,为了保证个案的顺利推进,在具体案件中法院应当对管理人的执业行为进行监督。对于管理人的不当行为法院有权指出,对于管理人不认真履职的行为法院应要求改正并向破产监督行政机构反映,由其作出相应惩处。对于债权人会议或债权人委员会提出的管理人执行不当的行为,法院有权进行调查核实并作出相应处理。对于不能胜任管理人工作的个案管理人,有权责令其退出个案的处理工作并交由破产监督行政机构处理。

(五)强化债权人监督

首先,增加债权人行使权利的方式。打破现有模式,债权人可充分利用互联网,创新债权人会议召开方式,《关于推进破产案件依法高效审理的意见》中指出,债权人会议可以采用灵活的方式召开,要提高债权人会议表决的效率。则除了第一次债权人会议外,后续债权人会议可以采取诸如传真、短信、电子邮件等灵活的方式进行。明确可以采取便利债权人的方式召开会议,使得债权人能够更为有效、便捷地行使权利。①

其次,强化异议权。《企业破产法》第22条规定债权人会议可以向法院申请更换管理人。② 第28条规定,债权人会议可以向人民法院提出管理人报酬异议。③ 虽然法律规定债权人会议可以行使这两项权利,但实践中债权人会议由于信息披露不到位、会议召开困难等,异议权并没有落实到位。故通过扩大异议权行使的主体范围,规定债权人委员会享有提出异议的权利,以此强化债权人对于管理人的日常监督,切实行使权利。④

---

① 在司法实践中,如自2019年起,江苏省、河北省、湖北省等各省陆陆续续探索采用网络会议方式召开债权人会议。利用互联网优势提高债权人会议效率、落实债权人权利已是大势所趋。
② 《企业破产法》第22条第2款规定:"债权人会议认为管理人不能依法、公正执行职务或者有其他不能胜任职务情形的,可以申请人民法院予以更换。"
③ 《企业破产法》第28条规定:"管理人的报酬由人民法院确定。债权人会议对管理人的报酬有异议的,有权向人民法院提出。"
④ 张澄芳:《论我国破产管理人监督机制的完善——以温州司法实践为样本》,华东政法大学2019年硕士学位论文,第27页。

(六)加强破产管理人行业协会自律监督

在破产管理人的监督上,行业协会作为新兴的自我监管组织对我国破产制度的发展具有重要意义。如前所述,我国各地正积极地建立管理人行业协会,但是仍没有组建一个统一的全国性行业协会。各地行业协会的发展状况也参差不齐。为了能够更好地发挥破产管理人行业协会的作用,切实做好管理人自我监督,应当建立统一的全国性破产管理人协会。由此,全国性破产管理人行业协会对各地区行业协会进行统一管理、规范行业协会的职能已然成为大势所趋。总的来说,全国性破产管理人行业协会的职能主要包括两个:一是制定统一的行业协会管理规范,对各地行业协会进行统一监督管理,使其有序、规范运行。二是对各地区破产管理人行业协会的具体职能范围作出规定,使其自我监督有序化进行。

重塑破产管理人履职风险的边界

叶国庆[*]

一、引　言

《中华人民共和国企业破产法》(以下简称《企业破产法》)首次引入破产管理人制度。随着我国全社会对优化营商环境、调整产业结构、清理"僵尸企业"等工作的重视,近年来全国的破产案件立案数量持续上升。随之而来的是,破产管理人因履职行为被提起赔偿诉讼的案件也越来越多,并且赔偿金额动辄百万元、千万元,其中被诉管理人也不乏国内知名律师事务所。究其原因,管理人被赋予了较大的履职权限,而对管理人的履职责任和义务却存在规范供给不足的问题,《企业破产法》第130条仅原则性地规定"当管理人违反勤勉和忠实义务,给债权人、债务人或者第三人造成损失的,应承担赔偿责任"。而破产实务中所面临的具体问题错综复杂,以至于实务中许多利益相关方,特别是破产案件的债权人,对破产管理人履职行为的正当性、合理性存在一定误解,为此发生了大量的破产管理人责任纠纷案件,为破产管理人的执业带来了很大的不确定性因素。本文试图通过剖析

---

[*] 浙江银湖律师事务所副主任。

破产管理人的法律地位、履职义务的认定标准等问题，探索进一步解决目前制度中存在的缺陷与不足的路径，为构建破产管理人更加清晰的履职风险边界提出若干建议，促进破产管理人执业环境的优化。

二、破产管理人的法律地位

(一)破产管理人履职的基本特征

破产管理人是由人民法院在符合条件的中介机构中指定的,在法院指导和监督之下接管债务人企业财产并开展调查、核实、处分债务人财产,以及决定债务人内部管理、日常开支、代表债务人参加诉讼、仲裁、提议召开债权人会议等各项事务的专门机构。根据该定义,破产管理人履职具有以下基本特征：

1.专业性。根据《最高人民法院企业破产案件指定管理人的规定》,担任破产案件管理人应当具备相应的专业知识,并通过一定程序获取任职资格。

2.独立性。破产管理人是人民法院在法定的中介机构中选任的,并不代表任何一方当事人的利益,根据现行法律的规定,破产管理人与债务人、债权人之间不应当具有利害关系,或适用任职回避情形。

3.权责统一性。在破产程序中,破产管理人负责管理债务人的全部财产和债权债务核查、变现、分配等一系列工作,其履职行为既要向法院负责并报告,同时也要接受债权人会议的监督,并且在执行职务的过程中因违反相关法律规定造成损失的,应当承担相应的法律责任。

(二)破产管理人的法律性质

在破产案件中,可以说整个破产程序就是以破产管理人为中心推进的,破产管理人是破产程序中所有利益的交点,他们的许多决定将直接影响债权人、债务人以及有利害关系第三人的利益。因此,研究破产管理人的法律地位,对于合理界定破产管理人的职责及责任具有重要的理论意义和实践价值。当前,理论界对破产管理人的法律性质的研究主要有以下几种学说：

1.代理说。该学说认为,破产管理人实质上是代表被代理人的利益、以被代理人的名义参与破产事务、行使破产程序中的职务权限,其行为后果实际上均归属于破产当事人一方。根据其代理对象的不同,代理说又可分为破产人代理说、债权人代理说①、共同代理说②三种。

2. 职务说。该学说认为,破产程序为概括性的强制执行程序,管理人是由法院选任和指定的,它不代表债权人和债务人等任何一方的利益。在管理人履行职务过程中,其部分职责类似于司法机关,如管理人可强制变卖破产人财产。③破产管理人在处理破产事务履行职责时,债权人及债务人的利益均要依法得到保护。

3. 破产财团代表说。该学说认为,债务人的财产因破产程序而成为独立存在的财产集合,对这些财产进行整体人格化处理则形成具有独立法律地位的破产财团,破产管理人则是这种人格化财产的代表机构。破产管理人作为该独立财产的代表被赋予承担信义义务。破产管理人作为代表,须本着破产财产价值最大化的原则,应采取一切必要措施,保护利害关系方的利益。

笔者主张"破产财团代表说",理由在于:首先,破产财团已经实际从债务人企业中剥离并在破产程序中形成特定的独立集合体,从而取得破产程序中的主体地位。破产管理人管理和处分破产财产,其职责内容充分体现了其独立法律地位。其次,该学说有利于合理界定破产管理人在执行职务中,对破产财产的管理、变价和分配所需的费用、破产管理人报酬等相关破产费用和共益债务类型,为优先清偿提供理论基础。再次,该学说也可以进一步确认破产管理人的独立性和中立性,不仅能够调动管理人的主动性和积极性,也有助于形成对管理人的监督机制,更加充分维护债务人及债权人的合法权益。

三、管理人履职义务的认定标准

各国破产立法普遍规定,破产管理人应当勤勉尽责,忠实履行职务,应尽善良管理人的注意义务。相关规定在不同法系国家的表述方式不同,在大陆法系国家的破产立法中一般规定破产管理人负有善良管理人的注意义务,在英美法系国家中破产管理人的注意义务适用信托法关于受托人的注意义务的规定,主

---

① 李永军:《破产法律制度》,中国法制出版社2000年版,第158页。
② 叶军:《破产管理人制度理论与实务研究》,中国商务出版社2005年版,第52页。
③ 陈荣宗:《破产财团之法律性质与破产管理人之法律地位》,载《台大法学论丛》第11卷第2期。

要包括谨慎义务和忠实义务,其中,谨慎义务是以善良管理人的注意义务为底线的。① 结合大陆法系与英美法系关于破产管理人履职义务的认定标准的规定,其实质上可以归纳为勤勉义务与忠实义务两项。为进一步明确破产管理人义务的判断标准,应当将勤勉尽责和忠实执行职务这两项不同的义务进行合理区分。因为勤勉尽责义务是法律规定应当积极作为的行为,而忠实执行职务义务则更多地强调不得实施或禁止实施的行为,二者之间是组成管理人履职义务体系中的两个相向的判断标准,不得将二者混为进行判断。

(一)破产法语境下的勤勉义务标准

《中华人民共和国公司法》规定的勤勉义务有明确的对象,即公司利益或者股东利益。但是破产管理人面对的是纷繁复杂的、趋于分化冲突的不同债权人利益,以及破产债务人的利益。从破产管理人的法律性质的界定可以看出其作为破产财团的代表人,破产管理人基于信托关系为破产财团提供服务。而综观各国对破产管理人应尽的勤勉尽责义务,主要要求破产管理人在执行职务的过程中,应当以善良、专业的第三人的标准,谨慎、合理、高效地管理破产事务。显然,破产管理人基于善意第三人的身份,所应承担义务的底线是不得因故意或者重大过失给他人造成损失,这也是目前司法实践中所采用的审判标准,如在上海佳和化工厂有限公司与上海汇同清算事务有限公司、上海上审会计师事务所有限公司清算责任纠纷二审民事判决书中,主审法官采用一般过失不应承担赔偿责任,即以管理人是否具有故意或者重大过失的主观状态作为其是否承担赔偿责任的认定标准。②

根据我国《企业破产法》第 130 条规定,管理人违反勤勉尽责义务造成损失的,即应承担赔偿责任。显然,该条文采取了一般民事侵权责任秉持的过错责任原则,即有过错就应当承担赔偿责任,哪怕是轻微过失,也应当承担赔偿责任。这也是目前我国实务中一些债权人针对管理人的一般过失行为提起民事赔偿之诉的基本认识和依据。当然,如此也造成了实务中破产管理人履职的担心。为了防止这种一般性过失行为,而在破产程序中过分注重程序要求,而忽略了破产

---

① 王欣新:《破产法》(第 4 版),中国人民大学出版社 2019 年版,第 122~123 页。
② 上海佳和化工厂有限公司与上海汇同清算事务有限公司、上海上审会计师事务所有限公司清算责任纠纷案,上海市第二中级人民法院(2017)沪 02 民终 6077 号民事判决书。

案件的高效、合理的实质正义要求,从而出现了因过当的追责风险所造成的异化现象。破产管理人勤勉义务标准内容的不当设置切实影响了管理人的正常履职,不利于破产案件处理效果的提升。

(二)破产法语境下的忠实义务标准

传统意义上的忠实义务是指,代表人必须着重考虑投资者的利益最大化,而不是自己个人利益的最大化。破产程序中的破产管理人要恪守忠实义务,则要求破产案件与管理人自身不存在利害关系、不能利用管理人的职权为自己谋取私利、不能收受贿赂谋取不正当利益、不得透露商业秘密等。[①] 显然,违反该等义务,只要是给他人造成损失,均应当承担返还不当得利或赔偿损失的责任。在实践中,法院对被声称违反忠实义务的行为的审查相当严格。目前,法院对破产管理人的监督贯穿于破产程序始终,并形成"法院中心主义"的态势。[②] 在该态势下,形成了一套较为完备的备案与报告制度。对于在破产程序推进过程中遇到的疑难情况,管理人会主动向法院报告,并将处理方案报备,以供法院监督,在事实上取得法院对破产案件的管理行为的认可。在此基础上发生的关于管理人履职责任之纠纷,势必会影响法院对该破产案件的审判工作,严重的甚至会有渎职之嫌,因此法院严格审查此类控诉理所当然。而我国《企业破产法》将管理人的忠实义务等同于勤勉义务,二者在责任认定标准上等同,然而对于责任承担方式也就是针对非法获利是否应当予以返还的问题尚未作出明确的规定。

(三)区分破产管理人因执行职务所形成的共益债务与赔偿责任

共益债务是在破产程序进行中,为全体债权人利益或破产程序进行之必需而产生的一切请求权的统称,即管理人或重整程序中的自行管理债务人为全体债权人的共同利益,具体是指管理、变价和分配债务人财产而负担的债务。[③] 根据我国《企业破产法》第42条的规定,根据形成路径的不同,共益债务可以大致分为两类:第一类包括管理人因解除双方均未履行完毕合同、破产财产发生无因管理或不当得利以及继续经营期间所发生的债务;第二类是管理人因执行职务

---

① 刘思佳:《论我国破产管理人制度的不足与完善》,吉林大学2014年硕士学位论文。
② 刘文婷:《论我国目前破产管理人监督制度与完善机制》,载《特区经济》2020年第11期。
③ 李曙光:《破产费用与共益债务》,载《法制日报》2007年9月23日,第11版。

致人损害的行为而发生的债务。

破产管理人因执行职务致人损害行为发生共益债务与管理人因过错行为产生的赔偿责任在行为主体、因果关系、损害后果之间存在重叠性。二者的区分主要在于过错程度，若该等行为并非管理人故意或重大过失所致损害，则应列为共益债务，由债务人财产优先清偿。如果损害后果是管理人故意或重大过失所致，虽然对受损害一方而仍构成共益债务，但对内而言，则构成管理人责任赔偿。

四、规制管理人履职风险的完善路径

针对现阶段破产管理人因执行职务而屡屡被诉的实践现象，除应当对管理人加强培训，切实提高履职的能力和水平外，应当结合现行法律规定过于原则、各地法院和管理人协会对勤勉和忠实义务的内容把握宽严不一以及履职保障制度缺失等现状，[①]在以下方面予以完善。

（一）明确管理人承担赔偿责任的认定标准

由于我国《企业破产法》第130条将管理人的勤勉尽责和忠实履职义务这两种不同的过错责任，直接以同样的法律后果标准予以认定，不仅给管理人履职增加了执业风险，同时也造成了诸多债权人理解的偏差，因此结合现行司法实践的需求，应当修改《企业破产法》第130条并将其调整为三款。

其中第1款，建议修改为"管理人因故意或者重大过失未履行勤勉尽责义务，给债务人、债权人或第三人造成损失的，应当承担赔偿责任"；其中第2款，建议调整为"管理人未依照本法规定忠实执行职务的，所获得的非法利益应当予以返还；给债权人、债务人或者第三人造成损失的，依法承担赔偿责任"；其中第3款，建议修改为"管理人未依照本法规定执行职务，情节严重的，人民法院可以依法处以罚款，或取消管理人资质；构成犯罪的，依法追究刑事责任"。

（二）制定统一的履职规范

我国《企业破产法》第25条对破产管理人的履职义务作出了相对集中规定，

---

① 陈胜利：《浅析我国破产管理人指定制度的完善》，载《法制博览》2017年第21期。

由于该条款所确认各项义务实质上是主要的工作任务或工作内容,则表现出该规定相对原则和笼统,因此在实务中,对于管理人是否履职到位,以及如何确定管理人履职标准等难以作出准确判断,当然也无法正确认定管理人是否应承担相应的赔偿责任。目前,一些地方法院,已经充分认识到破产管理人履职标准的重要性,陆续推出管理人工作指引。然而各地工作指引虽在主要、基本的工作内容方面规定得相对一致,但也因地域性问题及侧重点的不同,个别细节规定仍有区别;且地方法院出台的破产管理人工作指引文件往往存在着适用范围相对局限,以及破产管理人跨区域执业的适用性不强等缺点。目前,在全国统一适用的相关规定,也仅为中华全国律师协会于 2009 年 8 月发布的《律师担任破产管理人业务操作指引》,该操作指引在效力上还不能作为司法裁判的引用依据,在适用范围上仅限于指导律师作为破产管理人办理破产案件,甚至其对于会计师事务所与清算公司等管理人主体类型都不具有适用性。更为重要的是,随着 3 部破产法司法解释的出台及一系列最高人民法院办理破产案件的会议纪要的形成,以及司法实践价值取向标准的变化等,该操作指引的许多内容也已经不合时宜。为此,急需由最高人民法院出台统一的破产管理人履职细则或操作指引,以进一步细化破产管理人在办理具体事务的操作指引。

(三)加强管理人的履职保障

1. 建立限额赔偿机制。由于破产企业的实际状况各不相同,破产财产和破产债权失衡状况各异,设置有物权担保负担的破产财产与非设置担保的破产财产的比例有别,破产企业所涉的维稳压力与历史遗留问题不同,民营企业的财务混乱程序与企业规模经常成反比。而破产管理人所收取的报酬却仅是按可供分配的未设置担保负担的破产财产的法定对应比例,致使与案件的难易程度难以形成匹配,以至在破产实务中,涉及各项矛盾突出的中小规模破产企业的破产管理人不仅需要投入大量的精力,同时也面临着各种不确定的履职风险。但他们往往收取的报酬非常低,甚至在一些破产案件中仅能从破产费用保障基金或政府财政补贴中按付出的成本获取微薄的报酬,但可能面临的被诉赔偿金额却是成百上千倍的。担任破产案件的管理人为此需要承担的履职风险与其预期收益严重不成比例,不仅打压了许多中介机构担任破产管理人的积极性,也不利于破产业务的长期发展。为此,有必要根据风险收益平衡原则,通过修改破产立法相关法律规定来建立限额赔偿机制,以降低破产管理人的执业风险,确保破产管理人的赔偿额度在一个科学合理的范围之内。例如,可以参照《中华人民共和国民用航空法》《中华人民共和国海商法》等关于承运人的限额赔偿制度,对破产程序中管理人承担的赔偿金额进行规制。具体可根据实际收取的管理人报酬金额,确定不同的赔偿限额区间,做到权责对应。

2. 设立强制保险机制。我国《企业破产法》第24条规定,个人可以担任破产管理人,其应当参加执业责任保险,①但对于各类中介机构担任管理人的情形,其是否需要参加执业保险,却未作出任何规定。现实状况是,绝大多数破产案件所指定的管理人主要是律师事务所及会计师事务所等中介机构。随着我国破产案件数量的逐年大幅增长,相对应的担任破产管理人的各中介机构被提起赔偿诉讼的案件也是逐年增加,对于如何解决管理人责任问题也日益凸显出来。当前,我国多数的破产管理人主要是律师事务所,而律师事务所往往又是合伙组织,一旦涉及债务赔偿责任,通常要追究到合伙人的个人资产,因此,从行业的正常发展的主体诉求的角度而言,破产管理人具有转嫁其责任风险的客观需求。② 当前,在我国破产业务开展比较成熟的地区,已经由当地省市级法院或者省市级破产管理人协会牵头与商业保险公司开展破产管理人执业责任保险的合作业务。但当前,能够提供管理人责任保险的保险经营主体仅有中国人民财产保险公司一家,且其相应的保险产品中所设置的理赔条款及免责事由仍存在不合理之处,但因为缺乏充分的同业产品竞争,管理人一方与之谈判力度有限,管理人责任险条款的优化动力也不足。为此,有必要在国家立法和行政管理层面,推行管理人强制责任险,由法律规定该险种保险条款的必要保障范围与免责条款的限制条件。同时,建议由保险监管部门严控该保险产品的费率,保险公司做到盈亏平衡或微利即可,强化对定责定损等理赔过程的监督检查,切实合理分担与转移管理人的履职风险,降低管理人购买保险以及理赔的成本。

---

① 潘红艳:《破产管理人执业责任保险制度研究》,载《中国保险》2021年第5期。
② 吴潇玮:《破产管理人执业风险控制机制研究》,载《法制与经济》2015年第2期。

破产案件无法清算责任裁判规则研究

梁　斌[*]

一、立法综述：请求权基础之解读

根据2019年11月发布的《全国法院民商事审判工作会议纪要》（以下简称《九民会议纪要》）第118条的规定，破产程序无法清算责任追究是与解散清算程序无法清算责任追究相平行，其主要依据《中华人民共和国企业破产法》（以下简称《企业破产法》）追究相关责任主体不履行配合破产清算义务，导致公司资产、负债状况无法计算、核实，[①]造成债权人损失的损害赔偿之诉的规定。该类诉讼在《九民会议纪要》出台前，各地法院主要依据《最高人民法院关于债权人对人员下落不明或者财产状况不清的债务人申请破产清算案件如何处理的批复》（以下简称《08年批复》）及《最高人民法院关于适用〈中华人民共和国公司法〉若干问题的规定（二）》（以下简称《公司法解释二》）第18条第2款判定债务人的清算义务

---

[*] 浙江省临海市人民法院杜桥人民法庭庭长。
[①] 高春乾：《"无法清算"的类型化与程序规则完善》，载《山东法官培训学院学报》2018年第3期。

人向债权人承担赔偿或连带赔偿责任。① 但这种判决的弊端也是显而易见的：一方面，混淆了公司解散清算与破产清算的本质差异，任意"刺破法人面纱"，动摇了公司法的立法基石；另一方面，允许债权人在破产清算终结后提起个别清偿之诉，违背了破产程序秉承的"集中清偿"这一根本性原则，对其他债权人是一种实质上的不公平。为此，最高人民法院在《九民会议纪要》第 118 条对破产案件无法清算案件司法适用作了修正性规定。②

1. 确立两项基本原则。《九民会议纪要》第 118 条第 1 款明确"人民法院在审理债务人相关人员下落不明或者财产状况不清的破产案件时，应当充分贯彻债权人利益保护原则，既要避免债务人通过破产程序不当损害债权人利益，也要避免不当突破股东有限责任原则"，从而也确立了两项基本原则，"债权人利益保护原则"和"避免不当突破股东有限责任原则"。同时，也明确了"债权人利益保护"与"避免不当突破股东有限责任"之间需要做到利益平衡，这也为构建破产案件无法清算责任的诉讼结构提供了指引和界限。

2. 区分不同程序的司法适用。《九民会议纪要》第 118 条第 2 款明确"判定债务人相关人员承担责任时，应当依照企业破产法的相关规定来确定相关主体的义务内容和责任范围，不得根据《公司法解释二》第 18 条第 2 款的规定来判定相关主体的责任"，将《公司法解释二》第 18 条第 2 款明确排除在破产案件无法清算责任追究的司法适用之外，也是对《九民会议纪要》出台前在破产案件无法清算责任追究司法适用的纠偏，指明了公司解散清算与破产清算两种程序中不同的司法适用，统一了请求权基础。

3. 对《08 年批复》第 3 款作出解释。《08 年批复》对如何追究清算义务人法律责任及其如何承担民事责任等问题均未回应。为此，《九民会议纪要》对《08 年批复》第 3 款作了明确解释：一是明确"债务人的有关人员"系依照《企业破产法》第 15 条确定的企业法定代表人及经人民法院认定的财务管理人员和其他经营管理人员；二是明确司法强制措施的依据为《企业破产法》第 126 条、第 127

---

① 如深圳市中级人民法院作出的(2018)粤 03 民终 19378 号民事判决、上海市第二中级人民法院作出的(2018)沪 02 民终 7471 号民事判决、上海市第一中级人民法院作出的(2017)沪 01 民终 11819 号民事判决以及温州市中级人民法院作出的(2018)浙 03 民初 334 号民事判决等。

② 参见傅莲芳、张少东：《破产程序无法清算责任案件相关实务问题研究——基于〈九民纪要〉规定及民事审判的实例考证》，载微信公众号"云上锦天城"，https://mp.weixin.qq.com/s/2N4O4h0byyX09CbOsjXs_g，最后访问日期：2021 年 5 月 26 日。

条,《中华人民共和国民事诉讼法》(以下简称《民事诉讼法》)第 111 条,《中华人民共和国出境入境管理法》(以下简称《出境入境管理法》)第 12 条的规定;三是明确追责主体是依照破产法履职的管理人,在管理人不主张的情形下,由个别债权人代表全体债权人提起,且最终的诉讼利益作为破产财产,归属于全体债权人;四是明确破产程序终结后,破产清算责任人提供财务资料并愿意配合清算的情况下,基于破产程序及清算配合义务责任认定具有不可逆性质,不得变更或推翻,但可以对配合清算所新发现的公司财产,由债权人请求人民法院追加分配。

二、数据分析:司法实务困境之呈现

(一)案件数量呈井喷式增长

为确保对《九民会议纪要》出台后破产案件无法清算责任追究现状分析准确、科学和客观,笔者以"无法清算""中华人民共和国企业破产法第十五条"同时作为关键词,在中国裁判文书网进行检索,共筛选 2018 年至今,各地各类破产案件无法清算责任追究生效判决、裁定 595 件,其中 2018 年 1 件、2019 年 17 件、2020 年 113 件、2021 年 137 件、2022 年 112 件、2023 年 108 件、2024 年 107 件。从上述数据可以看出,自 2019 年 11 月《九民会议纪要》出台后,破产案件无法清算责任追究的案件量从原来的个位数跃至三位数,案件数量呈井喷式增长,这与《九民会议纪要》明确破产案件无法清算责任追究规则有着密切联系。

(二)案件追责比例小

虽然破产案件无法清算之诉的数量上升明显,但与"无产可破"的破产案件数相比,进入无法清算追责程序的数量仍然偏少。以笔者所在浙江省台州市辖区法院为例,2021 年台州两级法院以无法清算为由终结破产程序的案件有 236件,而同期进入破产案件无法清算责任之诉的案件 32 件,仅占 13.56%。

(三)诉讼案由不相统一

经对中国裁判文书的生效裁判文书的梳理,笔者发现对于在破产案件中追究无法清算责任的案由各地不相统一,涉诉案由主要集中在"股东损害公司债权人利益责任纠纷""清算责任纠纷""与破产有关的纠纷",其中以"股东损害公司债权人利益责任纠纷"为案由主要集中在北京、江苏、浙江等地;以"清算责任纠纷"为案由主要集中在北京、江苏和重庆;以"与破产有关的纠纷"主要集中在浙江。出现上述现象,笔者认为,主要是《九民会议纪要》出台后,各地法院对破产案件无法清算责任追究的内涵外延认识不一,导致所立案由也不相统一而造成的。

(四)责任主体认定混乱

各地法院除了在认定案由不相统一外,在无法清算责任主体认定上也存在分歧。主要分歧集中在除法定代表人、财务管理人员外,对"其他管理人员"的范围认定上。以监事是否属于"其他管理人员"并承担破产企业无法清算责任为例,在这个问题上,浙江省台州市中级人民法院作出的(2020)浙10民终1899号民事判决书中(以下简称1899号案)以监事作为公司经营管理人员为由将公司持股50%并担任监事的股东作为破产案件无法清算责任的承担人。① 同属台州的路桥区人民法院作出的(2020)浙1004民初2044号民事判决书则以公司股东出现符合公司法相关损害债权人利益行为,亦可援引公司法规定判定其存在"清算义务不作为的责任"为由也将公司持股并担任监事的股东判决承担无法清算责任;但同属台州的临海市人民法院作出的(2021)浙1802民初359号民事裁定书(以下简称359号案)以监事仅履行公司监督职责,并不具体从事公司经营管理,亦不负有保管公司印章、账册等职责为由,对管理人要求监事承担无法清算责任的诉讼请求不予支持。②

(五)责任范围确定不一

根据《九民会议纪要》第118条的规定,确定破产案件无法清算责任范围的依据是《企业破产法》第15条、第126条、第127条和《民事诉讼法》第111条(现为《民诉法》第114条)、《出境入境管理法》第12条,但《企业破产法》第15条并没有规定债务人有关人员违反义务的责任;第126条和第127条仅规定了罚款的责任后果;《民事诉讼法》第111条(现为《民诉法》第114条)和《出境入境管理

---

① 临海市人民法院民事判决书,(2020)浙10民终1899号。
② 临海市人民法院民事裁定书,(2021)浙1802民初359号。

法》第 12 条仅规定了拘留和限制出境等责任后果。对于债务人有关人员违反破产法义务导致破产企业无法清算,仅以《08 年批复》第 3 款为依据,但该条并没有明确"相应民事责任"的范围。经梳理,笔者发现,管理人提起无法清算责任之诉确定赔偿数额大致有两种方式:一是以破产程序中确认的未清偿债权作为赔偿数额,这是目前实践中最为普遍的做法。二是以债务人企业最后向税务部门申报的税务报表中的公司财产作为赔偿数额。如浙江省平阳县人民法院作出的(2021)浙 0326 民初 356 号民事判决,就是以此确定破产企业的破产财产,并明确以破产财产数额作为赔偿数额。然而实务中对于破产案件无法清算情况下,无法清算责任主体所应承担的"相应民事责任"范围仍然存在争议。

三、追根索源:类案异判原因之剖析

(一)立法维度:"先天不足"的指导性规范

《08 年批复》不仅解决了对社会普遍存在的"皮包公司"和"三无企业"破产难的问题,更是最早确立了破产案件无法清算责任追究规则。更重要的是,《08 年批复》第 3 款对"债务人的有关人员""不履行法定义务""承担相应民事责任"三个方面均没有明确内涵和外延,导致司法实践中很少适用《08 年批复》第 3 款来追究债务人有关人员的民事责任。相反,正因为该批复的不明确,所以更多法院愿意适用《公司法解释二》第 18 条来追究全体股东的责任。分析其原因主要是《公司法解释二》第 18 条规定的明确具体、具有可操作性。

《九民会议纪要》第 118 条同样存在法律位阶低的问题,该纪要仅仅是最高人民法院的内部文件,不具有法律或司法解释的法律效力,在司法实践中不能作为裁判引用依据,而且《九民会议纪要》在实务中仍存在诸多亟待明确的问题,如管理人追责履职的诉讼费用、报酬等如何解决,个别债权人代表全体债权人行使的程序如何,等等。这些问题也是在大量无法清算破产案件进入追责程序比例偏低的重要原因。又如对于责任主体中法定代表人、财务管理人员之外的"其他经营管理人员"的认定范围或裁判标准均没有明确,这也导致在《九民会议纪要》出台后,各地法院对无法清算担责主体的判定结果各不相同;再如由于对无法清算的赔偿范围在纪要中没有提及,因此各地法院对无法清算赔偿范围判定不一。

(二)司法维度:"缺乏约束"的自由裁量权

作为大陆法系国家,我国的法官不能像英美法系国家的法官那样造法,但立法速度永远跟上社会的变化,所以这也赋予大陆法系国家法官巨大的自由裁量权。破产案件无法清算责任追究亦是如此,由于规范性文件本身不明确,各地在适用《九民会议纪要》第118条时出现不同做法,如对于管理人提起追责之诉,浙江省台州市的做法是由全体债权人预付诉讼费用和报酬,如不预付的,则在追责成功后不能参与分配,然而这样的做法是否符合破产法"集体受偿"的原则,值得商榷。有些因债权人不愿付相关费用,导致管理人怠于提起追责之诉,从而损害了全体债权人的利益。同样,在判定无法清算责任主体和赔偿范围时,各地法院裁判尺度不统一。如前所述,有的法院认定监事系经营管理人员,有的法院则不予认定;有的法院不管是否超出注册资本,只要是未清偿的已确认债权均列入赔偿范围;从既得的判例来看,有的在同一法院出现了同一类案件以不同案由作出两种不同的判决,这些都是自由裁量权"缺乏约束"的表现。

(三)价值维度:"价值取向"的倾向性差异

司法实践中,法官的"价值取向"对落实法律制度和规则起着关键性作用,不同的价值取向所带来的利益选择存在倾向性差异。在破产程序中,无法清算责任追究也同样如此。以前文引用的判决为例,1899号案认为监事的监督职责本身就是管理行为,故监事属于"其他经营管理人员";而359号案则认为监事本身不参与公司管理,故监事不属于"其他经营管理人员"。上述两个判例就是法官在司法裁判过程中价值取向不同,所延伸的对相关主体的利益保护产生倾向性差异的表现明显。在1899号案中主审法官对公司相关人员的责任义务明显较为严格,认为只要参与到公司的运营包括监督职能,均是经营管理行为;而359号案则采取较为宽松的司法政策,认为对公司运营具有实质性影响,才能称之为经营管理行为。与此同时,对无法清算赔偿范围的不一致,也体现了主审法官对相关主体利益保护存在倾向性差异。

四、统一标准：责任追究规则之重塑

(一)确定诉讼类型，统一纠纷案由

《九民会议纪要》出台后，对于破产程序的无法清算责任明确适用《企业破产法》的规定，但各地法院对案由的确定不一，有沿用"股东损害公司债权人利益责任纠纷"，也有定"清算责任纠纷"的，有的法院则直接定"与破产有关纠纷"。案由纷杂是对破产案件无法清算责任法律类型认识不一的具体表现。随着《九民会议纪要》第118条的出台，可以预见在破产程序中，无法清算责任追究将成为最为主要的破产衍生诉讼。为此，有必要统一此类诉讼的案由。从既往实践来看，破产案件无法清算责任追究是破产程序的衍生诉讼，故应当作为"与破产有关纠纷"案由下的一类纠纷，设置在"与破产有关纠纷"案由之下。同时，破产企业无法清算直接损害全体债权人的利益，导致债权人的债权无法得到有效清偿。在现有的案由下已设置了"损害债务人利益赔偿纠纷"和"管理人责任纠纷"，有必要将在破产程序中追究无法清算责任的诉讼统一案由为"损害债权人利益赔偿纠纷"，这样既能充分体现对债权人利益的保护，又与"损害债务人利益赔偿纠纷"和"管理人责任纠纷"构建严密的企业破产程序的损害赔偿责任追究体系。

(二)厘清内涵外延，重塑诉讼结构

《九民会议纪要》第118条基本回应了破产案件无法清算责任追究中"由谁追究？何是追究？向谁追究？追究什么？"这四个问题，但不够细化。为此，笔者结合当前司法实践，做如下回应：

1. 向谁追究

根据《九民会议纪要》第118条第4款对"有关权利人"的解释系管理人提起诉讼并将因此获得的赔偿归入债务人财产。只有当管理人不行使权利的情况下，才能由个别债权人提起诉讼，但获得的赔偿归全体权人所有。据此，管理人作为启动无法清算责任追究程序的诉讼主体是明确的，但个别债权人启动无法清算责任追究程序则需要一定的程序设计。个别债权人要提起诉讼应当具备三方面条件：一是管理人决定不予提起诉讼或在个别债权人明确表示愿意预付相关诉讼费用的情况下，管理人仍不提起诉讼的；二是基于代表诉讼的基本特性，

个别债权人提起诉讼之前应当经债委会授权，未设置债委会的应得到占无担保债权半数以上的债权人书面授权；三是在提起诉讼时，应在诉讼请求中明确获赔财产归入债务人财产，由管理人依据《企业破产法》第 123 条的规定追加分配。笔者认为，个别债权人只有符合上述三个条件才有诉讼主体资格，这也符合《九民会议纪要》中关于"管理人未主张上述赔偿，个别债权人可以代表全体债权人提起上述诉讼"这一表述的立法意图。

2. 何时追究

对于管理人什么时候行使诉权，《九民会议纪要》没有明确规定，因此引起了实务上的争议。笔者认为，管理人及个别债权人应当在破产程序终结后两年内行使诉权，理由有四：一是根据《九民会议纪要》第 118 条第 5 款的规定，在破产程序终结后，若主要财产、账册、重要文件等重新出现，相关责任人申请对破产清算程序启动审判监督的，人民法院不予受理。换言之，在破产案件未终结，若债务人的账册、重要文件等重新出现，可能对破产清算造成影响，因为无法清算的事实并不固定。只有在破产程序终结后，基于破产程序的不可逆性，无法清算的事实才得以固定，这也是依据《九民会议纪要》第 118 条提起责任追究的前提。二是允许管理人在破产程序终结前提起诉权。因为漫长的诉讼势必拖长整个破产案件的审限，这与当前的营商环境测评体系是相悖的，对法治化营商环境的营造具有负面效果。三是依据《企业破产法》第 122 条的规定，管理人在办理注销登记后，存在诉讼或者仲裁未决情况的可以继续执行职务，这也为破产程序终结后管理人提起诉讼，提供了法律依据。四是依据《企业破产法》第 123 条，追加分配的时间为破产终结后两年内，故管理人及个别债权人启动诉讼时间也应当在破产终结后两年内。

3. 向谁追究

根据《九民会议纪要》第 118 条，向未履行配合清算义务破产企业的法定代表人、财务管理人员追责是较为明确的。然而实务上对于"其他经营管理人员"存在判断标准不一致的问题。有观点认为，因果关系不仅是强制清算程序中清算义务人是否承担责任的重要构成要件，[1]也是破产程序中确定"其他经营管理人员"这一担责主体的重要考量，即除法定代表人、财务管理人员之外的人员积极或消极行为是否对公司无法清算产生影响。具体把握以下三个方面：一是具

---

[1] 参见翟雨桐：《公司清算义务人的责任探讨》，载《法律适用》2020 年第 22 期。

有保管公司主要财产、账册、重要文件职能的董事、监事、高级管理人员等。这一点可以依据公司章程、董事会和股东会决议来确定,举证责任应当归于管理人。二是相关人员在破产清算过程中已将自身所掌握的财产、账册及文件提交管理人的可以免责。三是如果破产清算前存在《公司法》第180条规定的股东会或股东大会决议解散和依法被吊销营业执照、责令关闭或者被撤销的情况,基于全体股东均属于清算义务人,无法清算系清算义务怠于强制清算导致的,依据《企业破产法》第7条第3款的规定下,此时全体股东也应承担破产法上的无法清算损害赔偿后果。[①]

4. 追究什么?

这是关系到无法清算责任损害赔偿数额认定的问题。当前主流裁判将所有未清偿的确认债权作为赔偿数额,但笔者认为这样的做法已经动摇了公司股东有限责任的立法基石,也与《九民会议纪要》第118条第1款的规定不符。据此,合理确定无法清算责任损害赔偿数额应当综合评价企业破产原因、责任主体不履行清算相关认定与无法清算结果之间的因果关系;[②]换言之,要结合责任主体不配合清算的行为对无法清算的影响力和企业破产的其他原因进行价值评估,最终确定责任主体不配合清算的行为对造成企业破产及无法清算的原因力来确定赔偿数额;同时,应当参考破产法院同类案件或同类企业的平均清偿率。[③] 另外,若通过税务申报材料及其他财产申报材料能查明破产企业进入破产前的资产情况,则应当以该资产数额为限。

(三)建立辅助机制,完善诉讼配套

1. 实行诉讼费用缓交政策

如前所述,在无法清算追责之诉中,99%是无产可破案件,而因破产企业没

[①] 参见王欣新:《论清算义务人的义务及其与破产程序的关系》,载《法学杂志》2019年第12期。

[②] 参见傅莲芳、张少东:《破产程序无法清算责任案件相关实务问题研究——基于〈九民纪要〉规定及民事审判的实例考证》,载微信公众号"云上锦天城",https://mp.weixin.qq.com/s/2N4O4h0byyX09CbOsjXs_g,最后访问日期:2021年5月26日。

[③] 参见傅莲芳、张少东:《破产程序无法清算责任案件相关实务问题研究——基于〈九民纪要〉规定及民事审判的实例考证》,载微信公众号"云上锦天城",https://mp.weixin.qq.com/s/2N4O4h0byyX09CbOsjXs_g,最后访问日期:2021年5月26日。

有资产,管理人提起诉讼中的诉讼费用是实务难以解决的问题。为此,笔者建议对管理人提起的追责之诉实行诉讼费缓交政策。主要理由有以下三点:一是破产企业无产可破的客观情况符合《诉讼费用交纳办法》第47条第4项"确实需要缓交的其他情形"的立法精神。二是管理人通过破产清算程序,对于责任主体的无法清算责任已有充足证据,即使部分责任主体担责诉讼请求可能被驳回,但法定代表人等明确主体的担责诉讼请求基本能被支持,胜诉后诉讼费用由败诉方承担,故实质上对国家的诉讼费用不会造成流失。三是对无法清算责任追究实行诉讼费缓交有利于降低破产成本,而胜诉后追得的财产又可以提高破产清偿率,对提升营商环境水平有利好作用。另外,实行诉讼费用缓交政策,将扫清管理人起诉的客观障碍,并极大推动此类诉讼进入追责程序,从而有效保护债权人合法权益。

2. 采用破产原因评估机制

科学合理确定无法清算赔偿数额是破产案件无法清算责任追究平衡债权人与债务人利益的关键,也体现了公平原则。在具体案件中,只有由第三方评估机构将责任主体不配合清算的行为与企业破产原因之间的参与度作一个客观的评估,才有利于法官合理确定无法清算赔偿数额。据此,建议设立破产原因评估机制。具体由管理人在破产程序终结前,委托专业会计师事务所结合破产程序中所掌握的破产企业相关情况,作出企业破产原因评估意见,为破产程序终结后合理确定无法清算担责主体承担民事赔偿责任的具体数额提供科学依据。

破产程序中无法清算的赔偿问题探析

李 慧[*]

一、赔偿主体范围之界定

(一)溯源特定义务

1. 基于逻辑关系确定保管、移交企业账册、重要文件等资料义务为特定义务

"无法清算"属于事实状态,是探讨本文赔偿问题的前提条件。但是,很遗憾的是我国现行立法中暂时尚未有对"无法清算"这一概念明确且统一的定义,它叙述性、模糊性的特点,给实务判断增添了困难。实务中,有的法院按照《最高人民法院关于适用〈中华人民共和国公司法〉若干问题的规定(二)》(以下简称《公司法司法解释二》)第18条的表述,认为只要企业资产、负债情况的账册、重要文件下落不明、毁损或灭失,即可认定无法清算。有的法院认为应当参考《最高人民法院关于审理公司强制清算案件工作座谈会纪要》第28条的规定,在满足前述条件的情况下,还要符合"人员下落不明"这一要求才可认定为无法清算。还有的法院注重对账册、文件实体内容的审查,一旦出现文载内容与实际经营情况

---

[*] 广东省佛山市中级人民法院民五庭副庭长。

矛盾的情形,即以账册、重要文件等资料真实性、合法性、完整性存疑为由,认定无法清算或无法全面清算。但不论实务中采取哪一种判断标准,无一不是以企业账册、重要文件等资料作为客观基础进行审查。事实上,借助适当的客观标准,即能否通过对企业账册、重要文件等资料计算、核实的方式全面掌握企业资产、负债情况,来对企业作出"无法清算"与否的判定,本身也就是确定该类叙述性概念的方法论。① 至此,我们可以得出一个结论:对企业账册、重要文件等资料负有保管、移交义务的人若未履行保管、移交的义务,其最有可能成为无法清算的赔偿主体,因此,保管、移交企业账册、重要文件等资料属于我们讨论赔偿问题时应当重点考量的特定义务。

2. 基于信义义务确定及时启动破产程序义务为特定义务

信义义务是一个源自英美信托理论的概念,来源于对企业的管理和控制。在我国公司法、破产法等经济法中,信义义务以忠实、勤勉义务为表现形式。忠实义务是指公司中的管理者、经营者应当以维护公司利益作为自己行为的准则,不得利用自己的地位、职位谋取私利。而勤勉义务是指公司中的管理者、经营者应当审慎处理公司事务以免公司利益受损。② 当企业同时出现解散事由和破产原因时,对企业负有信义义务的主体应当及时启动破产程序,对企业的资产、债权债务关系进行全面清理,避免债务人企业财产流失,保障债权人等利益主体的合法权益。

(二)具体特定义务主体的确定

1. 配合破产义务人

配合破产义务,顾名思义就是在企业破产程序中全面配合和协助管理人开展资产清理、债务回收、债权核实等清算工作的义务,包括妥善保管债务人企业财产、账册、重要文件等,提供财务会计报告、会计账簿、原始凭证、公司财产清单等义务。实务中,困扰大家的问题是如何识别负有配合破产义务的主体,即哪些主体属于配合破产义务人呢?《中华人民共和国企业破产法》(以下简称《企业

---

① 高春乾:《"无法清算"的类型化与程序规则完善》,载《山东法官培训学院学报》2018年第3期。

② 陈旭、林寿兵:《在破产程序中债务人无法清算情况下有限责任公司股东民事责任的实然与应然之探析》,载王欣新、郑志斌主编:《破产法论坛》第13辑,法律出版社2018年版。

破产法》)第 15 条对妥善保管债务人财产、印章和账簿、文书等资料的主体范围作出了规定,即债务人的法定代表人以及债务人的财务管理人员或其他经营管理人员。这一规定与在企业日常经营过程中的公司法定代表人、董事、高级管理人员及财务管理人员等相关人员掌管公司财产、账册、重要文件等资料的实际情况基本相符,也是信义义务的体现。在确定具体配合清算义务人时,法定代表人的概念非常明确,工商登记信息可以直接反映。但财务管理人员和其他管理人员在公司法或破产法中并没有明确定义,工商登记信息也不能完整反映,所以要结合企业的实际经营情况予以确定。一般认为债务人中从事占有或管理该企业财产、印章、账簿、文书等有关工作的管理人员都应当纳入配合破产义务人范畴。

需要特别指出的是,若债务人企业的法定代表人、财务管理人员或其他经营管理人员在企业进入破产程序之前已经不再占有、保管企业账册、重要文件等资料,则其不应被认定为负有配合破产义务人。从保护劳动者合法权益的角度出发,在企业出现解散事由无法继续经营的情况下,劳动者当然有权解除劳动合同关系,另谋高就。从事占有或管理该企业财产、印章、账簿、文书等有关工作的管理人员也不例外,只是由于该类人员持有财产和材料的特殊性,其应当在企业解散成立清算组后及时向清算组移交相关财产或材料。但是,实务中存在着大量出现解散事由却超出法定期限迟迟不成立清算组进行清算的企业,而此时苛求前述财务管理人员或其他管理人员一直留守保管该企业财产、印章、账簿、文书等材料显然不甚合理。因此,应当给财务管理人员或其他管理人员设定合理的留守期间。留守期间届满后,若仍未成立清算组,财务管理人员或其他管理人员只要证明其在离职前已向清算义务人移交其持有的企业财产、印章、账簿、文书等资料,就不再负有保管责任,亦不负有配合破产义务。[1]

另外,不参与经营的股东不属于配合破产义务人。判断配合破产义务人最重要的标准是该主体是否具备"妥善保管其占有和管理的财产、印章和账簿、文书等资料"的义务。股东基于自己的出资或持有的股份,对公司享有剩余利润分配权等所有权性质的权利。然而,在以现代公司治理结构为基础的企业制度设计框架中,所有权与经营权是分离的,因此,正常经营模式下公司的具体经营应该是由公司经营管理人员负责,股东除非是在同时兼任经营管理人员的情况下,

---

[1] 王欣新:《论清算义务人的义务及其与破产程序的关系》,载《法学杂志》2019 年第 12 期。

不可能以其股东身份占有和管理公司的财产、印章、账簿、文书等资料,自然也不用承担妥善保管的配合破产义务。

2. 未及时申请破产的清算义务人

清算义务人是基于其与公司之间存在特定的权利义务关系,在公司解散或者破产时负有及时启动相关程序的主体。从《中华人民共和国民法典》(以下简称《民法典》)第70条、《公司法司法解释二》第18条的规定来看,法人的董事、理事等执行机构或者决策机构的成员(有限责任公司的股东、股份有限公司的董事和控股股东)为该法人的清算义务人,在公司出现除合并或者分立的情形外的其他解散事由时,应当及时成立清算组对该公司进行清算,否则应当承担怠于启动清算的责任。因此,当债务人企业已经出现解散事由但未能在法定期限内成立清算组进行清算,并且出现破产原因时,清算义务人应当向人民法院及时提出破产清算申请。《中华人民共和国公司法》(以下简称《公司法》)修订前,学界对于清算义务人的范围一直以来都有争议,但2024年7月1日正式实施的新《公司法》已明确将清算义务应由董事履行。

需要特别说明的是,只有在债务人企业既具备解散事由又出现破产原因的特殊情形下,才存在负有清算责任的人及时申请破产的义务。公司解散是指引起公司法人人格消灭的法律事实。从《民法典》第69条、《公司法》第229条的规定来看,章程规定的存续期间届满、法人的权力机构决议解散、法人合并或者分立、法人被吊销营业执照、登记证书或被责令关闭或者被撤销、法院判决予以解散等情形出现时,我们认定该企业出现了解散事由。而破产原因是指满足《企业破产法》第2条规定的情形,即企业出现了不能清偿到期债务且资产不足以清偿全部债务的情形,或者出现了不能清偿到期债务且明显缺乏清偿能力的情形。由此可知,债务人企业出现破产原因并等同于其具备解散事由,所以只有债务人企业既具备解散事由又出现破产原因的特殊情形下,清算义务人才有义务及时申请破产。

3. 未及时转换破产程序的清算组

在企业出现解散事由时,清算义务人也有可能已经履行了启动清算程序、组织成立清算组的义务。此时如果发现该企业出现破产原因,具有申请破产义务的主体便不再是清算义务人。从《公司法》第237条、第238条的规定来看,当债务人企业已经成立清算组进行清算但未清算完毕时,该企业出现破产原因的,清算组应当负有及时申请破产的义务。这是因为在公司因出现解散事由而启动清算程序的情形下,公司的管理和控制权均由清算组行使,此时公司负有信义义务的主体成为了清算组。此时,如果因为清算组怠于履行及时启动破产程序的义务,而导致企业财产、账册、重要文件等资料灭失,无法清算的,清算组应当承担赔偿责任。值得注意的是,解散清算时已经认定无法清算的情况下,清算组可以免责。

上述第2、3点的论述也正好印证了《企业破产法》第7条第3款关于负有清算责任的人及时申请破产的义务的规定。

二、侵权赔偿责任之认定

(一)关于违法行为的认定

违法行为是指客观上违反法律规定的行为,包括违反法律规定不作为义务的积极作为和违反法律规定积极作为义务的消极不作为。如前所述,《企业破产法》要求债务人公司中具有配合清算义务的人员妥善保管其占有和管理的财产、印章、账簿、文书等资料并及时向管理人移交。因此,一旦配合清算义务人消极不作为,即应认定其存在消极不作为的违法行为。同样,当债务人企业既具备解散事由又出现破产原因时,该企业负有清算责任的人若未能依照《企业破产法》第7条第3款及时申请破产,也应被认定为存在消极不作为的违法行为。

(二)关于过错的认定

依据《民法典》侵权责任编的规定,行为人因实施侵害他人合法权益行为而承担的赔偿责任应以过错责任为原则,除非法律明确作出适用无过错责任的特别规定。我国现有法律并没有对无法清算破产案件中的民事赔偿应当适用无过错责任作出明确规定,因此,仍应当严格适用过错责任原则。

过错是指行为人对于其行为引发损害后果的主观心理状态,通常通过认识要素和意愿要素来判断。认识要素是指行为人明知或者能够预见到其行为将会导致损害结果的发生;而意愿要素则是指行为人主动追求或放任损害结果的发生。由于配合清算义务或及时申请破产义务都属于法定义务,所以当行为人不履行相应义务时,其必定明知或者能够预见到其行为将会导致损害结果的发生,满足认识要素。因此，判断行为人是否存在过错，关键还是要对其是否满足意愿要素进行分析。由于主观状态最终只能通过客观化行为进行衡量，因此，对行为人有否采取避免损害结果发生的积极措施，理应成为判断其是否存在主动追求或放任损害结果意愿的标准之一。

（三）对于损害后果的认定

在认定损害后果这个问题上，存在两个难点，一是何为无法清算，二是如何确定损失范围。对于"无法清算"的认定，前文已有论述，此处不再赘述。至于"无法清算"的举证责任分配问题，笔者认为应当遵循我国《民事诉讼法》"谁主张，谁举证"的一般举证责任分配的规定，由主张无法清算的权利人承担举证责任。虽然表面上看"无法清算"这一待证事实属于消极事实的范畴，且权利人对于该事实的证明存在难度，但是事实上，破产程序中管理人基于其独特的法律地位，能够根据前文中提及的客观标准适时作出是否存在"无法清算"的认定。因此，权利人完全有能力完成自己的举证责任。

从《最高人民法院关于债权人对人员下落不明或者财产状况不清的债务人申请破产清算案件如何处理的批复》（以下简称 10 号《批复》）第 3 款的表述来看，赔偿责任应以该行为给债权人造成的损失为限。但实务当中如何确定损失范围却成为了法院判断的难题。通过类案检索查询案例，笔者发现不少法院会将债权人在破产程序中未获得清偿的债权部分推定为损失，并以该损失金额确定赔偿金额。虽然这种操作既简单、直接，一定程度上还能契合保障债权人合法利益的立法初衷，但由于破产企业不能清偿到期债务本身存在多重原因，且权责对等原则下配合清算义务人或及时申请破产义务人承担的民事赔偿责任也应当适当、有限，所以此种损失范围的确定方式值得商榷，也有待改进。目前，在各地均大力推行破产信息化、一体化平台的大背景下，统计和公布某一时间周期内同一地区同类企业的平均清偿率并不困难。因此，关于损失范围认定和赔偿数额计算，可以考虑引入破产平均清偿率作为参考基准，充分贯彻债权人利益保护原则的同时，避免不当突破行为人有限责任原则，以更好地平衡债权人与行为人之间的权利义务关系。

（四）因果关系的认定

因果关系是指违法行为与损害结果之间的关联关系。行为人若要承担无法清算破产赔偿责任,应当满足因果关系,即具有配合清算义务的主体或具有及时申请破产义务的主体违反相关义务的行为,导致了债务人企业无法清算,债权人无法获得债权清偿的后果。

我国侵权法在因果关系认定上采取了相当因果关系说,即只要依照一般理性第三人的认识水平和知识经验就能作出原因事实与损害结果之间存在关联关系的判断,就应当认定存在因果关系。虽然破产程序中债务人企业不能清偿到期债务确实存在多种原因,但是行为人违反配合清算义务或及时申请破产义务,确实与债务人企业"无法清算"进而债权人无法获得债权清偿的后果之间存在高度盖然性。因此,因果关系的举证责任方面可适用因果关系推定原则,权利人只要举证证明行为人存在违反配合清算义务或及时申请破产义务的行为,以及债务人企业出现"无法清算"的情况使债权人无法获得债权清偿,就可推定前述行为和损害结果之间存在因果关系。当然,行为人可以举证证明否定前述行为和损害结果之间的因果关系,且一旦其抗辩成立,推定的因果关系即不成立。

三、实现权利路径的考量

(一)案由的确定

破产衍生诉讼,简单来讲就是与破产案件有关的案件。权利人起诉主张债务人中的相关人员违反配合清算义务或及时申请破产义务对其损失承担赔偿责任,系基于维护债务人利益或全体债权人利益所引发的诉讼,属于破产延伸诉讼范畴。最高人民法院《民事案件案由规定》以纵向和横向体系共同编排设置民事案件案由,该规定第八部分"与公司、证券、保险、票据等有关的民事纠纷"设计了"与破产有关的纠纷"二级案由,而"与破产有关的纠纷"项下又列出"请求撤销个别清偿行为纠纷""请求确认债务人行为无效纠纷""对外追收债权纠纷""追收未缴出资纠纷""追收抽逃出资纠纷""追收非正常收入纠纷""破产债权确认纠纷""取回权纠纷""破产抵销权纠纷""别除权纠纷""破产撤销权纠纷""损害债务人利益赔偿纠纷""管理人责任纠纷"等13个司法实践中最常见和广泛使用的三级案由。在案由的确定上,应当根据当事人诉争的法律关系的性质,并按照由低到高的顺序确定适用个案案由。前述三级案由中,"损害债务人利益赔偿纠纷"是指债务人的有关人员不当执行职务或有破产法规定的损害债权人利益行为,造成债务人财产利益的损失,在破产程序中被要求承担损害赔偿责任而引发的纠纷。债务人中负有配合清算义务或及时申请破产义务的有关人员,违反相关义务导致债务人企业在破产程序中无法清算,给债权人造成无法受偿损害后果的,本质上还是对债务人整体责任财产的损害,可将其纳入"损害债务人利益赔偿纠纷"的案由适用范围。

(二)诉讼主体的确定

从《全国法院民商事审判工作会议纪要》第118条第4款"'有关权利人起诉请求其承担相应民事责任',系指管理人请求上述主体承担相应损害赔偿责任并将因此获得的赔偿归入债务人财产。管理人未主张上述赔偿,个别债权人可以代表全体债权人提起上述诉讼"的规定可知,管理人有权提起诉讼要求相关主体承担赔偿责任,在管理人未主张赔偿的情况下,个别债权人也可以作为提起诉讼的主体。

破产管理人作为全面接管并负责债务人财产保管、清理、估价、处理和分配等实务的专门机构,被《企业破产法》赋予了代表债务人参加诉讼等法律程序的职责,所以在诉讼主体列明问题上首先要解决的是原告应当列债务人企业还是管理人的问题。基于程序的特殊性和诉讼经济原则,从破产衍生诉讼的类型上进行分析,在为追求公平清偿和集体清偿而提起的诉讼中,因为涉及监督和纠错,为避免债务人和管理人因利益不一致而产生分歧,影响破产程序顺利推进,法律常常会赋予管理人行使权利的主体资格;而在为维护债务人利益而提起的诉讼中,债务人与管理人的利益指向通常存在一致性,法律没有另行赋予管理人相关权利的必要性,故该类案件一般仍由债务人企业作为诉讼主体,管理人担任诉讼代表人。综观《企业破产法》,该法将行使权利的主体资格赋予管理人的案件类型仅为请求撤销个别清偿行为纠纷、请求确认债务人行为无效纠纷、破产撤销权纠纷三种。因此,管理人主张赔偿责任的情况下,原告应列债务人企业,管理人以其诉讼代表人身份参与诉讼。

个别债权人有权在特殊情况下提起赔偿诉讼,此时应该以个别债权人作为原告,但由于个别债权人实际上仍是代表全体债权人主张权利,且获得的赔偿款最终还是要归入债务人财产的,因此,此时债务人企业应当作为必要第三人参与诉讼。另外,个别债权人有权提起诉讼的前提是管理人未主张赔偿,因此,该债权人在立案时应当提供必要的证据予以证明。

关于被告,应当列债务人的相关人员为被告。关于第三人,由于判决胜诉的赔偿财产应当归入债务人财产,因此当个别债权人起诉时,应同时列债务人企业为第三人(管理人为诉讼代表人)。

(三)判项的表述

《人民法院民事裁判文书制作规范》明确要求裁判主文内容必须明确、具体、便于执行。由于"无法清算"类案件以获得损害赔偿款弥补债务人利益损失、增加全体债权人受偿比例为目的,因此不论启动损害赔偿责任诉讼的权利人是管理人还是个别债权人,最终通过诉讼所获得的赔偿款都应当归入债务人财产,进行集体清偿,所以该类案件裁判主文的制作应当注意两个问题,一是明确胜诉利益归于债务人;二是写明赔偿主体承担责任的形式、范围以及履行期限。

对于主文的表述,有几个实务中容易出现的误区值得注意。首先,管理人对破产财产具有管理和处分权利,通过诉讼获得的赔偿款归入债务人财产由管理人统一进行管理和分配,但破产财产的所有权人并不是管理人,而是债务人企业,所以有些法院在正文表述时将胜诉利益归于债务人的表述为归于管理人,显然混淆管理者和所有者的概念。其次,主文具体、便于执行的要求,并不意味着判项对支付方式、划款账号等细枝末节的内容都予以明确。赔偿款通过何种途径归入债务人财产,可由管理人、责任主体沟通后自行确定,因此,主文中没有载明赔偿款直接划入具体账户或者交由法院代转的必要性。

破产企业经营者相关民事责任之现状考察与司法规制

孔 政[*] 祝继萍[**] 高 雅[***]

司法实践中,大量破产企业时常遭遇如下情景:一是企业陷入经营困境后,企业经营者通过隐匿转移财产、低价转让、个别清偿等方式"掏空"企业,待企业进入破产程序,已是空壳;二是企业濒临破产,企业经营者一走了之,任由资产被偷被抢,公司财务资料损毁灭失,待管理人接管后发现无法清算;三是企业资金链断裂后,具有股东身份的企业经营者通过恶意减资、转让股权给老年人或精神病患者等方式规避责任,且在公司进入破产程序后拒绝配合法院、管理人工作;四是公司陷入财务困境后,企业经营者放任公司亏损或实施极其冒险的行为致使公司损失扩大。以上情景反映了企业经营者在面临破产时的两种心态:一种是事不关己、高高挂起;另一种是心理抗拒、百般阻挠。在此情景下,债权人面对的则是人"跑路",财产转移的"人财两空"局面,这一定程度上折射出当前破产企业"逃废债"现象频发,企业经营风险扩大化并向债权人转移等问题,也凸显了建立健全破产企

---

[*] 浙江省杭州市余杭区人民法院二级高级法官。
[**] 浙江省杭州市余杭区人民法院民三庭(破产审判庭)庭长。
[***] 浙江省杭州市余杭区人民法院民三庭(破产审判庭)副庭长。

业经营者民事责任追究机制的必要性。让企业经营者在特定情形下对债权人负责,惩戒其不负责任的行为,将促使其谨慎勤勉履职,推动公司规范经营。民事责任追究机制一定程度上是悬在企业经营者头上的"达摩克利斯之剑"。

一、破产企业经营者民事责任追究的法理分析

(一)有限与无限的界限

有限责任制度将经营的风险控制在股东出资责任范围内,极大促进了投资者的投资热情和经济社会发展。然而,有限责任制度的运行如果没有破产制度的约束,债务人(尤其是发展过程中的债务人)、债务人的股东、债务人的管理层本身蕴含的商业扩张的冲动容易失去必要的限制。[①] 当企业进入破产程序,有限责任一定程度上将破产企业的风险从股东转移给债权人,这会导致实践中一些企业经营者通过抽逃出资、转移资产、关联交易等方式逃避债务,利用有限责任制度盘剥、掠夺债权人,将严重损害债权人利益,也带来极大社会危害。由此可知,有限责任制度是一把"双刃剑":一方面,必须尊重法人的独立性,调动更多利益主体参与公司治理;另一方面,应当关注法人独立性的限制问题,避免有限责任成为逃避债务的工具。有限责任制度的限度是不能使该制度成为"逃债者"的"庇护伞",而是要在特定情形下,使企业经营者的有限责任具备"无限化"的可能。

(二)经营者与债权人之间的利益衡平

破产清算程序中,债权清偿率较低导致企业经营管理过程中的问题被暴露,债权人追究企业经营者责任的动机被激发,尤其在无产可破案件中,逾80%的债权人要求追究企业经营者的相关民事责任。企业破产法以各主体之间的利益衡平为宗旨,以避免某些主体以损害其他主体利益的方式实现自己的不正当利益,从而维护正常的破产秩序。建立企业经营者对债权人责任制度的宗旨与目标是什么?一方面,保护企业经营者的自主经营行为,使其对自身负责任经营行为的法律后果具有可预见性,限制一旦企业进入破产即对企业经营者提起诉讼,增加

---

① 杨忠孝:《破产法上的利益平衡问题研究》,北京大学出版社2008年版,第148页。

企业经营者承担责任的风险而给债权人过多补偿。另一方面,为提升债权人与公司进行业务往来的信心,需要在破产程序中对企业经营者的不当经营行为进行必要审查,让因自身过错给债权人造成损害的企业经营者承担相应责任,从而为与企业进行诚信交易的债权人提供适当保护。正如学者指出,对破产企业董事的此类追责机制,既要能够有效约束董事在企业濒临破产后采取风险过大的行为,鼓励其及时地致力于缓解财务困境和破产危机,又要避免对企业家经营意愿的负面激励,导致过早地启动企业破产,应当实现维护债权利益与保护企业董事正常行为的平衡。[1]

(三)法律义务与法律责任的统一

经营者对企业破产的个人责任是企业法和公司法关于经营者义务在破产法上的延伸。[2] 企业破产情形下,企业经营者的法律义务主要包括以下三方面:一是破产申请义务,《中华人民共和国企业破产法》(以下简称《企业破产法》)第7条第3款规定,企业法人已解散但未清算或者未清算完毕,资产不足以清偿债务的,依法负有清算责任的人应当向人民法院申请破产清算。企业经营者最清楚企业的"好"与"坏",在企业濒临破产时,有义务及时申请企业破产而避免债权人损失的进一步扩大。二是勤勉、忠实义务,《企业破产法》第125条规定,企业董事、监事或者高级管理人员违反忠实义务、勤勉义务,致使所在企业破产的,依法承担民事责任。该条文被视为《中华人民共和国公司法》(以下简称《公司法》)董监高信义务在破产法上的延伸,强调在企业进入破产程序前经营者忠实、勤勉义务的履行,及该义务的"不履行"或"怠于履行"与企业破产之间存在因果关系,具体又包括监督股东出资义务、破产财产减少防止义务等。三是配合破产程序的义务,《企业破产法》第15条规定了破产程序中债务人的有关人员需承担配合移交财产及物品、接受相关询问、限制必要行为等义务。有义务即有责任,与之相对应,企业经营者怠于申请破产,实施欺诈交易或偏颇交易,违反协助义务时则须承担相应的民事责任。

---

[1] 金春:《破产企业董事对债权人责任的制度建构》,载《法律适用》2020年第17期。

[2] 韩长印:《经营者个人对企业破产的责任》,载《法学评论》2003年第1期。

二、破产企业经营者民事责任追究的立法现状

司法实践中,破产企业经营者承担民事责任主要包括以下六种情形:一是补足未缴出资、返还抽逃出资的民事责任;二是因不当行为导致企业财产减少的民事责任;三是违反破产申请义务而承担的民事责任;四是违反破产配合义务而承担的民事责任;五是企业经营者为公司债务提供担保而承担民事责任;六是个人独资企业、一人有限公司的股东对公司债务承担无限责任。相关规定散见于《中华人民共和国民法典》(以下简称《民法典》)、《公司法》、《企业破产法》、《中华人民共和国个人独资企业法》等法律及相关司法解释中,其中后两种情形下企业经营者承担民事责任主要非因企业破产所致,在此不予赘述,前四种情形系破产语境下企业经营者承担民事责任的典型情形,探究立法现状对分析实践问题具有重要意义。

(一)因违反监督出资义务而承担民事责任

《公司法》及相关司法解释明确规定,股东负有履行全面出资的义务,董事、高级管理人员负有监管、督促股东出资的义务。《最高人民法院关于适用〈中华人民共和国企业破产法〉若干问题的规定(二)》(以下简称《企业破产法司法解释二》)第20条第2款规定:"管理人依据公司法的相关规定代表债务人提起诉讼,主张公司的发起人和负有监督股东履行出资义务的董事、高级管理人员,或者协助抽逃出资的其他股东、董事、高级管理人员、实际控制人等,对股东违反出资义务或者抽逃出资承担相应责任,并将财产归入债务人财产的,人民法院应予支持。"由此可知,协助抽逃出资(积极作为)或不履行监督股东出资义务(消极不作为)的企业经营者将被追究相应民事责任,该条款不要求企业经营者的行为与股东未出资之间存在法律上的因果关系。

(二)因不当行为致财产减损而承担民事责任

该民事责任的具体表现形式有两种:一是返还非正常收入和侵占资产的民事责任。《企业破产法》第36条规定:"债务人的董事、监事和高级管理人员利用职权从企业获取的非正常收入和侵占的企业财产,管理人应当追回。"该条款赋

予管理人在企业经营者存在恶意侵占公司资产、超额获取报酬等情况下的财产追回权,但对"非正常收入"的定义、责任的实现机制等缺乏明确规定。二是因无效、可撤销行为承担的民事赔偿责任。《企业破产法》第 128 条规定:"债务人有本法第三十一条、第三十二条、第三十三条规定的行为,损害债权人利益的,债务人的法定代表人和其他直接责任人员依法承担赔偿责任。"该条款规定的"其他直接责任人员"突破了责任主体为企业经营者的限制,但表述过于模糊易引发争议。此外,该条款缺乏对民事赔偿责任构成要件、责任承担方式及追究程序的规定,尚待进一步立法完善。

(三)因违反破产申请义务而民事责任

《企业破产法》第 7 条第 3 款规定,企业法人已解散但未清算或者未清算完毕,资产不足以清偿债务的,依法负有清算责任的人应当向人民法院申请破产清算。该条款明确了负有破产清算责任的人的破产申请义务。《全国法院民商事审判工作会议纪要》(以下简称《九民会议纪要》)第 118 条规定,依法负有清算责任的人未依照《企业破产法》第 7 条第 3 款的规定及时履行破产申请义务,导致债务人主要财产、账册、重要文件等灭失,致使管理人无法执行清算职务,给债权人利益造成损害,管理人可请求上述主体承担相应损害赔偿责任并将因此获得的赔偿归入债务人财产。那么,哪些人是企业法人已解散未清算或者未清算完毕情形下负有清算责任的人?结合《公司法》第 237 条之规定,未清算完毕情形下,清算组发现公司财产不足清偿债务的,应当向法院申请破产。但关于如企业已解散但未清算情形下,负有清算责任的人如何确定,《公司法司法解释二》第 18 条规定了有限责任公司的股东、股份有限公司的董事和控股股东的相关清算义务。然而,清算义务人能否等同于破产申请义务人?实践中,股东的清算义务人地位备受质疑。有学者指出,基于股东、董事、监事、直接责任人等在公司治理结构中地位与职权的分析,有限责任的清算义务人不是股东,只有董事才是妥当的清算义务人。① 《民法典》第 70 条第 2 款规定:"法人的董事、理事等执行机构或者决策机构的成员为清算义务人。法律、行政法规另有规定的,依照其规定。"可见,《民法典》对"清算义务人"的定义区别于公司上的定义,因该条款亦规定

---

① 梁上上:《有限公司股东清算义务人地位质疑》,载《中国法学》2019 年第 2 期。

"法律、行政法规另有规定,依照其规定",故实践中如何定义"清算义务人"仍存争议。

(四)因违反破产配合义务而承担民事责任

《企业破产法》第126条、第127条、第129条规定了债务人有关人员违反配合义务的,法院可给予训诫、拘留、罚款。关于违反配合义务的民事责任规定,《最高人民法院关于债权人对人员下落不明或者财产状况不清的债务人申请破产清算案件如何处理的批复》(法释〔2008〕10号)明确,债务人的有关人员不履行法定义务,人民法院可依据有关法律规定追究其相应法律责任,其行为导致无法清算或者造成损失,有关权利人起诉请求其承担相应民事责任的,人民法院应依法予以支持。其中的"有关人员"如何确定,"有关法律"具体指什么,"导致无法清算或者造成损失"如何认定等问题困扰着实践,原因是该批复内容过于原则而缺乏可操作性。为此,《九民会议纪要》第118条明确了无法清算案件的审理与责任承担。具体规定债务人的法定代表人、财务管理人员和其他经营管理人员不配合清算的行为导致债务人财产状况不明,给债权人利益造成损害,管理人请求上述主体承担相应损害赔偿责任并将因此获得的赔偿归入债务人财产。然而,就主张破产申请及配合责任是否限于破产程序内,损失赔偿金额的确定等问题未作明确规定,因此在实践中存有较大争议。

三、破产企业经营者民事责任追究的实践考察

(一)样本分析——以余杭区人民法院2020年以来受理的破产企业为例

2020年至2024年,余杭区人民法院共受理企业破产案件249件,涉及衍生诉讼(民事且不包括破产债权确认纠纷)173件,其中追收未缴出资、追收抽逃出资纠纷130件,占比为52.21%,破产撤销权、请求撤销个别清偿行为纠纷13件,占比为5.22%,损害债务人利益赔偿纠纷、与破产有关的纠纷、清算责任纠纷17件,占比为6.83%。

诉讼过程中,与破产企业经营者相关的民事纠纷主要存在以下问题:一是举证分配难。出庭应诉的多系小股东,他们通常会提出不参与公司经营、系名义股东、不持有公司财务账册等抗辩,而该等消极事实往往难以举证证明;二是法律

适用难。以清算责任纠纷案件为例，《九民会议纪要》出台前，法院多适用《公司法司法解释二》第 18 条等相关规定，但在《九民会议纪要》出台后此类案件的法律适用存在较大困惑。三是实际履行效果不佳。该类案件以判决结案为主，调解结案占比 14.45%，且自动履行率、实际执行到位率总体较低，同期同类案件以执行完毕结案的占比 6.82%。

以上数据统计一定程度上反映了破产企业经营者承担民事责任的现状，但尚无法称之为"全貌"，主要原因如下：一是实践中针对企业经营者提起的部分诉讼使其他诉讼失去必要性，如针对股东提起的追收未缴出资诉讼所涉标的额远足以覆盖公司债务，针对股东提起其他诉讼已无必要；二是破产程序中，企业经营者与全体债权人自行达成和解，相关民事责任得以"豁免"；三是在一些无产可破案件中，企业经营者已被列入被执行人确认无清偿能力，提起相应诉讼的成本大于可获得的收益，经债权人会议表决同意不再提起相应诉讼；四是提起衍生诉讼的时间与破产案件受理存在一定的时间差，基于破产案件进程及管理人履职进展，时间上具有相对滞后性。

（二）诉讼困境

1. 立法不明确导致裁判不统一

因立法不明确所导致的裁判不统一既包括横向不统一也包括纵向不统一。例如，横向方面，各地法院对股东在企业无法清算时应承担连带责任还是损害赔偿责任认识不一；纵向方面，《九民会议纪要》出台前，因股东未提交财务账册等资料导致企业无法全面清算的，债权人在破产程序终结后向法院起诉要求股东对破产企业所欠债务承担连带清偿责任，法院通常依据《公司法司法解释二》第 18 条判决支持债权人的诉请，《九民会议纪要》出台后，将无法清算划分为公司解散清算与破产清算两种情形，明确在判定破产企业相关人员承担责任时，应当依照《企业破产法》有关规定确定相关主体的义务和责任范围，不得再依据《公司法司法解释二》第 18 条第 2 款。

2. 诉讼成本高与回报率低之间的矛盾

诉讼成本方面，如经调查认为企业经营者存在违反法定义务情形的，管理人基于履职必要性，需提起相应诉讼，但在一些破产案件中，管理人未能接管到财务账册导致举证难度大，诉讼涉及的诉讼费、人员投入、时间成本较高；回报率方面,因股东下落不明,或为公司提供担保等原因,其自身往往负债累累,甚至已经被纳入失信被执行人名单,故即使通过诉讼取得可执行的裁判文书,最终清偿情况往往不尽理想。诉讼成本高与回报率低之间的矛盾影响了管理人提起相关诉讼的积极性,也影响了追究企业经营者民事责任的实际效果。

3.破产简化审理与衍生诉讼周期长之间的矛盾

破产案件简化审理是破产制度改革发展的重要趋势,提高破产效率、降低破产程序成本是优化营商环境的应有之义。《最高人民法院关于推进破产案件依法高效审理的意见》(法发〔2020〕14号)第15条规定:"对于适用快速审理方式的破产案件,受理破产申请的人民法院应当在裁定受理之日起六个月内审结。"而涉及衍生诉讼的破产案件,衍生诉讼的审理、执行周期较长,余杭区人民法院审结的上述破产衍生诉讼,一审的平均审理期限为111.41天,考虑到二审、执行时间,最终受偿的周期更长,一定程度上会影响破产案件的简化审理。

四、破产企业经营者民事责任追究的司法规制及立法完善

追究破产企业经营者民事责任需要考虑各种因素,如追究时间、起诉主体、责任主体、责任性质及承担方式、免责抗辩等。然而司法实践中争议较多,尽管《九民会议纪要》第118条的出台一定程度上解决了法律适用、诉讼程序等方面的现实困惑,但仍有"留白"有待实践探索和立法完善。

(一)起诉主体

追究企业经营者民事责任的诉讼应由谁提起?根据《九民会议纪要》第118条之规定,一般由管理人提起诉讼,管理人未主张的,个别债权人可以代表全体债权人提起上述诉讼。由此可知,管理人、债权人均可成为起诉主体。然而,由债权人提起此类诉讼的制度存在诸多不足,首先,由债权人启动诉讼的费用负担重,尤其是涉案标的额较大时,由个别债权人预交诉讼费、另行聘请诉讼代理人加重了债权人行使权利的负担,而实践中针对无产可破企业有相应的诉讼费缓交政策;其次,债权人并不直接掌握相关证据,案件审理过程中法院仍需向管理人调查了解相关情况,大大增加了查明事实的难度;最后,由个别债权人代表全体债权人提起诉讼的"代表性"难以体现,且当债权人人数众多时,难以形成统一

意志，不利于保护债权人的合法权利。故有学者认为，于我国国情看，债权人不宜作为追究高级管理人员民事赔偿责任的适格主体，即使管理人在接到债权人请求后拒绝提起追究债务人高管人员民事赔偿责任的诉讼，或在合理期限内未予答复，仍不应允许债权人自行提起诉讼，而应由债权人会议申请人民法院撤换管理人。① 追究企业经营者相关民事责任既是债权人的权利，也是管理人的职责所在。因此建议立法明确规定，管理人发现企业经营者存在违反法定义务情形的，应及时提起相应诉讼，除非债权人会议决议不提起相关诉讼。

(二) 责任人员

当前立法对责任人员范围的界定存在一定混乱，因违反监督出资义务而承担民事责任的人员范围包括公司的发起人、董事、高级管理人员及实际控制人；因无效、可撤销行为承担民事赔偿责任的人员范围为债务人的法定代表人和其他直接责任人员；因违反配合清算义务而承担民事责任的人员范围为债务人的法定代表人、财务管理人员和其他经营管理人员；因违反破产申请义务而承担民事责任的人员范围为依法负有清算责任的人。由此可知，违反不同法定义务而承担民事责任的主体范围不尽相同，这也是本文采用"企业经营者"表述而非"董事"表述的原因所在。实践中，前述"其他直接责任人员""其他经营管理人员"的认定难度较大，因此在司法裁量时需结合相关人员在公司所任之职务及所负职责，主观过错及行为与损害之间的因果关系等作综合判断。另《企业破产法》第 128 条突出强调法定代表人因无效、可撤销行为损害债权人利益的须承担民事赔偿责任，然而事实上许多法定代表人并未实际参与公司经营管理，故该表述与公司法上对公司管理人员的表述不协调。建议在《企业破产法》修改时，弱化法定代表人的表述，从公司机构设置和治理机制出发，将《企业破产法》第 128 条承担民事责任的人员范围明确为董事、监事、高级管理人员。

(三) 责任性质及承担方式

企业经营者因违反法定义务所承担的民事责任系损害赔偿责任，侧重为造

---

① 王欣新、王雷祥：《论企业高管人员对破产可撤销行为的民事赔偿责任》，载《法治研究》2013 年第 6 期。

成的损失提供补偿,系补偿性的而非惩罚性的。关于损害赔偿金额如何确定?一种计算方法是以企业应当停止经营时与企业进入破产程序时的差额为计算依据进行计算,另一种计算方法为因破产企业无法清算而未获清偿的债权总额进行计算。实践中多采用第二种计算方法,因第一种计算方法涉及"应当停止经营"及"应当停止经营时企业的资产价值"等因素的认定,难度较大。相较而言第二种计算方式简单明确,但能否准确反映因经营者违反法定义务而造成的实际损失存疑,存在扩大损害赔偿责任的可能。因此建议立法明确损害赔偿金额的计算方式,同时允许法院对责任数额进行调整,以使企业经营者的违反法定义务行为与损害赔偿责任相称。企业经营者的民事责任承担方式,过去存在直接承担与间接承担之争,《九民会议纪要》出台后,实践中对企业经营者通过企业间接对债权人承担民事责任达成共识,相关赔偿归入债务人财产,用于分配给全体债权人,这样则有利于保护全体债权人的利益。

(四) 免责条款

免责条款存在的意义是给善意的企业经营者以必要的保护,避免企业经营者因担心个人责任过早关闭企业,而不是积极采取重组、和解、预重整等方式努力摆脱经营困境;避免企业经营者陷入"穷途末路"后采取不当行为,包括不当处分企业资产;避免企业经营者辞职或一走了之,使企业进一步陷入难以挽回的困境。目前立法并未规定破产企业经营者承担民事责任的相关免责条款。联合国国际贸易法委员会在《破产法立法指南》建议,"董事在破产临近之时确实负有义务的,仍然可以依赖某些抗辩,如商业判断规则,以证明他们已经合理行事。略有不同的一种做法是对可疑情况无把握时不对董事作不利判定,以以下假设为基础,即商业风险不可避免,并且是管理工作的附带组成部分。法院对董事是否履行谨慎、忠心的义务不愿加以猜测,也不愿凭借后见之明作出裁定"[1]。司法实践中追究企业经营者民事责任时建议把握以下豁免原则,只有明显不负责任的企业经营者才应被认为须承担责任,企业经营者如果采取了应当采取的旨在减少公司债权人潜在损失的措施,则无须对公司承担赔偿责任。

---

[1] 联合国国际贸易法委员会《破产法立法指南 第四部分:临近破产期间董事的义务(包括企业集团的董事在内)第二版》,第19页。

五、结　　语

破产企业经营者民事责任追究机制的建立与完善并不会改变企业法人的独立地位,"特定情形"的限定恰表明了建立该机制的立法基调,即旨在引导企业经营者对自己行为的种种后果有充分认知,做到规范经营、诚信经营,提升企业效益。从长远看,破产企业经营者民事责任追究机制的完善除需要有力的司法规制外,还需要法律的硬约束,如董事破产申请义务、民事赔偿责任构成要件、民事责任追究机制等内容在立法中的完善,以及文化的软约束,如正视破产、宽容失败、诚信经营、忠实信义等理念融入社会文化,真正形成"诚信破产"的良好氛围。

简单破产清算案件独任审理的实践需求与制度完善

张宏宇*

一、实践检视：简单破产清算案件审理现状及问题

(一)破产案件数量增长速度较快

据统计,2020年至2024年5年间,破产案件数量分别为43,036件、52,231件、80,208件、99,570件、103,551件,5年间增长140.61%,案件数量增长速度较快。以2024年为例,注册资本在100万元以下的有12,459家,100万~500万元的有13,460家,1000万~5000万元的有12,088家。中小型企业在破产案件中的占比较高。[①]

(二)破产案件中的审判人力资源未能充分利用

1. 受理审查阶段

在案件受理阶段,审判人员的相关工作已经开始启

---

* 北京市第一中级人民法院清算与破产审判庭、北京破产法庭法官助理。

① 资料来源:《独家|55,268家涉破企业！2024年度全国破产行业大数据报告发布》,载百度网2025年1月23日,https://baijiahao.baidu.com/s?id=1822021244090256257&wfr=spider&for=pc。

动。为全面展现每个具体人员的工作内容和工作时长，表1整理了法官、法官助理、书记员办理每个个案所花费的时间。

表1 受理审查阶段法院工作人员工作时长"全景扫描"

顺序	审理阶段工作内容	完成人员（/为或的含义）	平均工作时间/h				
			承办法官	合议法官1	合议法官2	助理	书记员
1	阅卷	承办法官	0.5				
2	送达异议通知	助理/书记员				0.4	0.4
3	听证/谈话	承办法官和助理/书记员	0.6			0.6	0.6
4	合议记录	承办法官和法官1、法官2、助理/书记员	0.4	0.2	0.2	0.4	0.4
5	出具文书	承办法官	0.8				
6	校核	助理/书记员				0.4	0.4
7	送达	助理/书记员				0.2	0.2
	审理合计用时		2.3	0.2	0.2	2	2
	用时比例		1	0.1	0.1	0.87	0.87

资料来源：在本表格和下述表格关于工作时长的统计，数据源于作者本人工作单位审判及辅助人员在相关工作中所花费时间，根据法官、法官助理、书记员的不同分工，计算出各项工作时长的平均值，四舍五入后得出。

注：考虑到不同法官办理案件风格和案件难度不同，具体案件的审理时间也不尽相同，用时间来衡量工作量可能会带来误差。对此，采取工作时长比例来比较工作量更客观。如将承办法官的工作用时定为1，经对比测算，合议法官1、合议法官2的工作用时为0.1，助理或书记员为0.87。

2. 进入破产程序后

案件进入破产程序后法院工作人员工作时长见表2。

表2 破产阶段法院工作人员工作时长"全景扫描"

顺序	审理阶段工作内容	完成人员（/为或的含义）	平均工作时间/h				
			承办法官	合议法官1	合议法官2	助理	书记员
1	确定管理人+出具手续	承办法官和助理/书记员	0.5			1	1
2	查询并反馈管理人	承办法官	1				
3	召开债权人会议	承办法官、法官1、法官2、助理/书记员	1.5	1.5	1.5	1.5	1.5
4	合议+出具确认无异议债权文书	承办法官、法官1、法官2、助理/书记员	1	0.4	0.4	0.4	0.4
5	文书校核、送达	助理/书记员				0.6	0.6
6	合议+出具宣告破产文书	承办法官、法官1、法官2、助理/书记员	1	0.4	0.4	0.4	0.4
7	文书校核、送达	助理/书记员				0.6	0.6
8	合议+出具确认财产分配方案文书	承办法官、法官1、法官2、助理/书记员	1	0.4	0.4	0.4	0.4
9	文书校核、送达	助理/书记员				0.8	0.8
10	合议+出具终结破产程序文书	承办法官、法官1、法官2、助理/书记员	1	0.4	0.4	0.4	0.4
11	文书校核、送达	助理/书记员				0.6	0.6
	合计用时		7	3.1	3.1	6.7	6.7
	用时比例		1	0.44	0.44	0.96	0.96

假设将承办法官的工作量定为1,经对比测算,合议法官1和合议法官2参与案件办理的工作用时为0.44,合议法官所花费的时间已经几乎可以完成0.5个破产案件审理。

综上所述，承办法官对于简单案件可以作出准确、快速的判断，但在现行条件下，需要与合议庭成员进行合议。在简单案件中，实质性争议内容少或者不存在实质争议，案件合议时间短、内容简单，合议庭职能则不能充分发挥。尽管案情简单，但承办法官仍然需要完成合议前准备、召集合议庭合议、研究案件结果等事宜，法官助理或书记员仍然需要记录合议过程并制作合议笔录签字等，工作时间浪费在流程性和事务性工作中。

(三) 简单破产案件审结时间较长

各国都致力于采取有效措施提高司法效率，以缓解因案件积压、久拖不决而导致社会公众对司法工作的失望。[①] 据统计，B 市破产清算案件中，有 1/2 以上的企业破产财产较少，债权平均受偿率在 1% 以下。从目前情况看，由于审判资源有限、案多人少矛盾突出，简单破产案件审结时间仍然较长，有限的破产司法资源不能用到疑难、复杂破产案件审理中。

二、原因剖析：法律供给、制度设计和审判管理存在不足

(一) 法律供给不足

与普通商事案件相比，破产案件具有法律关系多维化、利益主体多元化、矛盾纠纷复杂化的特点，是司法裁判与社会管理相糅合的系统工程。[②] 但是，破产企业的经营、财产状况、社会影响、所涉法律关系等特征上存在繁简之分、难易差别，而《企业破产法》未针对简单案件制定专门的简易破产程序，也未能在程序上明确简单案件审理流程。

(二) 制度设计不完善

《全国法院破产审判工作会议纪要》明确要求建立破产案件审理繁简分流机制。2020 年，最高人民法院发布《关于推进破产案件依法高效审理的意见》，就降低破产程序成本，构建简单破产案件快速审理机制等程序问题提出指导意见。

[①] 徐阳光、殷华：《论简易破产程序的现实需求与制度设计》，载《法律适用》2015 年第 7 期。

[②] 姚志坚、王静、荣艳、焦明明：《破产案件简易审的具体构建——江苏南京中院关于破产简易审的调研报告》，载《人民法院报》2017 年 9 月 28 日，第 8 版。

但是从实践情况看,快审规则的适用大多局限在缩减程序性事项的审判中。而有关审理期限和管理人履行职务的时间、限定总体审理时限等,未能根据案件的繁简难易程度规定合适的审判组织形式。

近期各地法院虽开展了破产案件快速审理试点工作,但是由于《企业破产法》未明确规定独任制程序,因此各地的探索主要是集中于在合议制下的破产审判。简单案件不仅浪费了承办人和法官助理、书记员等审判团队内部成员的时间和精力,也占用了合议庭法官自身承办案件的人力资源。

(三)审判管理不到位

一是部分破产审判庭成立时间较短,破产审判司法力量配置有限,未能配齐"一审一助一书",而是"一审一书"的配置。二是限于审判资源紧张,审判团队内部分工不合理,法官仍然需要做大量流程性、事务性工作,不能将有限的时间和精力全身心投入到法律适用、经验总结、调查研究等工作中,从而影响了审判团队效能的发挥,也阻碍了破产案件整体审理水平的提高。

三、破解思路:简单破产清算案件独任审理的可行性和必要性

(一)简单破产清算案件特点适宜通过独任制审理

1. 破案清算程序属于非诉讼程序

除了破产程序中的衍生诉讼外,法官的主要工作为受理审查和指导监督管理人履行职责。较常规司法权类型,破产司法中蕴含着一定的传统行政权所覆盖的管理因素,其可以被视为案件审理、企业管理与一定程度的社会治理的融合,合法性、合理性与效益性的结合,不同部门法规范的耦合。在破产清算程序中,法官的角色主要为指导者、监督者而非实际参与办理者。

2. 独任制审理可提升单位时间内案件审理数量

案件负荷量、人力资源、配套措施三者间应当协调匹配,否则会造成司法资源的巨大浪费,导致审理效率降低。参照文章第一部分数据,如果破产案件由3名法官组成合议庭审理,按照一个合议庭每个法官承办1个案件、合议2个案件

来看,完成一轮案件办理,每个法官至少需要花费 13.2 小时,[①]而如果实行独任制,每名法官可在一轮案件办理中节省 6.2 个小时,这个时间几乎足以让法官再独立承办完成 1 个案件。因此,采用独任制可以让每位法官年均实际办案数量翻番。

3. 独任制审理为破产案件快审提供新思路

当前,各地都在推进实施破产案件快速审理工作,通过简化破产环节、压缩办理破产案件时限等方式提高审判效率。在独任制审理的模式下,由一名法官完成案件审查、受理、进入破产程序、终结程序等工作,则可以最大程度减少法官不必要的合议、"一债会"陪庭的时间和安排合议庭成员时间,同时减少法官助理和书记员记录、制作笔录、文书签字等时间。

(二)独任制审理顺应市场经济规律

1. "僵尸企业"亟须依法有序退出市场

近年来大量企业注册后进入市场,但是,由于市场环境变化等原因,有相当数量的经营不善的企业需要以破产清算的方式依法有序退出市场,其中不乏"三无企业"。以 B 市某破产审判庭法官审判数据看,2020 年,该法官审理进入破产程序的案件有 32 件,其中"无公章、无账册、无资产"的破产案件 12 件,占比近 37.5%。

2. 独任快速审有助于较快维护各方利益

中小企业的诉求是希望通过快速的破产清算程序,尽快厘清债权债务关系,尽早回归市场。而债权人的诉求是通过破产程序,尽快实现债权。中小企业的规模一般不大,债权债务关系通常比较简单。因此,如果能对简单案件推行独任制审理,原合议庭的法官可以腾出时间完成自身承办案件的审判工作。法官在相同的时间段内办理更多破产案件,有助于保护各方利益。

(三)破产审判专业化水平不断提高

1. 破产法庭建设逐步推进

自 2019 年 1 月 14 日起,最高人民法院先后批准在深圳、北京、上海、天津、广

---

① 工作时长的计算方法为:7 + 3.1 + 3.1 = 13.2(小时)。

州、温州等十几个城市设置专门破产法庭。破产法庭可集中管辖破产清算与重整案件,通过类型化的方式总结类型化案件的办理方法,提高破产案件审判效率。另外,破产法庭集中了破产审判力量和司法资源,进一步提升了破产审判的专业化审判水平,为简单破产案件独任制审理打下了坚实基础。

2.破产清算案件类型化审判方法已比较成熟

相对于重整案件,破产清算案件更容易实现类型化。随着破产案件数量的增长,各地起草施行了审判指南和规范性文件,形成了比较明确的类型化裁判思路和裁判方法,破产清算案件裁判结果的可预期性、可接受性和正确性均得到提高,极大降低了对于合议制集体决策的需求。对于破产清算案件,甚至是一般重整案件,承办法官基本可一人作出正确裁判。首先,浙江省高级人民法院在2013年6月28日通过的《浙江省高级人民法院关于企业破产案件简易审若干问题的纪要》,明确破产简易程序由一名审判员独任审理。其次,T法院适用独任制审理18件破产清算案件,有效减少了案件平均审理天数。最后,J破产法庭加强制度创新,建立破产案件简化审理机制,将独任制审理范围扩大且包括简单破产案件,压缩了破产案件的办案时间。2020年下半年,J破产法庭出清的9家"僵尸企业",终结破产程序平均用时55.4天,最短仅用时39天。

3.破产管理人执业水平逐渐提高

首先,部分地区通过编制管理人名册、管理人分级管理等方式,让破产管理人队伍逐步稳定。其次,许多地区通过发布破产案件管理人工作规范的方式,梳理管理人工作职责,指导、规范管理人工作行为。再次,从2014年11月24日全国第一家破产管理人协会在广州成立开始,温州、杭州、厦门、成都、北京等地也纷纷成立管理人协会,即规范、稳定的管理人行业组织逐步形成。最后,管理人办理破产案件数量不断增加,经验逐渐丰富,管理人队伍整体从业素质、业务水平逐步得到提高。

四、发展应对:独任制在《企业破产法》中的载入方式和司法进路

(一)立法层面:《企业破产法》中明确独任制及适用范围

破产程序的建构应当与案件的难易程度相适应,避免司法实践中出现"审判

资源不足"和"审判资源浪费"两种现象。

1. 法律层面明确独任制的适用条件

为了让破产案件实行独任制审理有明确的法律依据,可以将独任制的内容载入未来修订的破产法中。对于独任制破产程序的启动,应采取职权主义的方式,由人民法院根据案件的具体情况决定是否采用独任制审理。建议在破产法中明确:简单破产清算案件,人民法院可以采用独任制的方式进行审理。

2. 独任制案件的适用范围:"简单案件"的三个标准

第一,债务人无财产或财产较少。"三无"企业、"僵尸企业"和财产较少的企业,最大的需求是能够快速进入破产程序中,并及时通过破产程序清理债务。如果企业财产较少,破产案件被"宣告破产并终结程序"的概率较大,实行独任制审理更能达到快速出清"僵尸企业"的目的。

第二,债权债务关系较清楚。债权债务关系清楚是快速清理债务的前提,债务人企业债务关系不清晰可能导致程序中产生新的衍生诉讼等问题,拖慢案件审理进度。因此在破产受理审查阶段,根据债务人提供的财产状况说明、债务清册、债权清册、有关财务会计报告等材料,如果承办法官在初步调查中发现债权债务较清楚,可认为初步具备了适用独任制审理的前提。

第三,债权人人数较少。如债权人人数较多,将导致债权债务关系和案件处理复杂化,故债权人的数量也应当纳入适用独任制的考量范围。

3. 不适用独任制审理的范围:四个评价指标

为了更加明确可采用独任制程序审理案件的范围,可规定不适用独任制的标准,以排除部分疑难案件的适用。建议存在下列情形之一的,不宜采用独任制方式进行审理:第一,债务人存在未结诉讼、仲裁等情形,债权债务关系较为复杂的;第二,管理、变价、分配债务人财产可能期限较长或者存在较大困难等情形的;第三,债务人系上市公司、金融机构,或者可能存在关联企业合并破产、跨境破产等情形的;第四,可能存在破产无效行为和破产可撤销行为的。

4. 独任制向合议制的转换程序

在独任制审理过程中,部分案件可能会由于案情变化,出现不适宜独任制审理的情况。因此,应当明确独任制向合议制的转化程序和制度安排。具体而言,管理人发现下列情况:第一,在破产程序中发现较多财产的;第二,经调查发现债权债务关系复杂的;第三,申报债权人人数较多的;第四,发现存在其他不适宜采用独任制审理情形的,应当及时向承办法官报告。承办法官在听取报告后认为应当转为合议庭审理的,应将审判组织形式的变更情况和合议庭人员组成情况及时告知管理人,管理人应将上述事项通知已知债权人、债务人。为防止程序倒转和司法资源浪费,还应当明确转换为合议制后,已进行的破产程序继续有效。

(二)司法进路:发挥独任制在提升办理破产质效中的作用

适用独任制审理简单破产清算案件并非意味着每个案件中投入司法资源的减少,而是形成简案通过独任制快审、繁案通过合议制精审的模式,进而以更加高效精简的方式实现公平正义。

1. 原则:充分发挥破产程序的整体价值

为配合独任制审理,司法审判部门需要在确保利害关系人的程序和实体权利不受影响的前提下,完善现有的破产案件的繁简分流机制。具体而言:对于债权债务关系明确、债务人财产状况清楚的破产案件适用独任制快速审理,对于债权债务关系不清、财产状况复杂的案件适用合议制精细审理,以促进破产清算程序的良性运转。尽管各地区对破产案件管辖规则不同,但适用独任制审理程序的审级不应仅限于各基层法院,而是各建制在中级人民法院对破产案件进行集中管辖的破产法庭亦可实行独任制审理。

2. 破产审查阶段的繁简分流

通过建立破产审查快速通道,缩短简单破产清算案件的受理审查时间,提高破产审判效率。初步提出以下方案:

(1)收案阶段:主要职责为收取提交材料。

(2)分案阶段:一审法院原则上适用独任制审理案件,但在发现案件存在特殊困难的时候,独任法官可以将案件提交合议庭,由合议庭进行审查并决定是否承接,如果合议庭认为案件并不存在特殊困难,则可将案件退回独任法官。[1] 破产案件在分案前,由于对案件情况不熟悉,可先确定案件承办人,暂不确认合议庭组成人员,由承办人独任审理。如有关联案件,可交由同一承办人审理,便于协调开展工作。

---

[1] 陈琨:《扩大民事案件独任制适用范围的现实路径——基于B省近3年独任制适用情况的实践考察》,载《法律适用》2019年第15期。

(3) 案件审理阶段

①查阅卷宗：承办人通过阅卷初步判断案件难易程度，以及是否具备适用独任制审理的可能性。

②听证：承办人当面听取当事人陈述，并确认是否采用独任制方式进行审理。如果案情简单或当事人自行撤回破产清算申请的，可由承办法官独任审理；如果经审查，承办法官发现案件较为复杂，则应向负责从事审判管理工作的人员报告，管理人员应当按照合议制的标准，要求案件承办人组建合议庭进行审理。

(4) 出具裁判文书

①独任制审理的案件，可以由承办法官自行出具裁判文书。

②合议制审理的案件，经合议后出具裁判文书。

如破产案件经过独任制审理，可减少合议环节所花费的时间，具体流程和时长对比见表3。

表3　破产受理审查阶段独任制工作流程及工作时长对比

顺序	审理阶段工作内容	完成人员和内容（/为或的含义）	平均工作时间/h				
			承办法官	合议法官1	合议法官2	助理	书记员
1	阅卷	承办法官	0.5				
2	送达异议通知	助理/书记员				0.4	0.4
3	听证	承办法官和助理/书记员	0.6			0.6	0.6
4	合议记录	承办法官和法官1、法官2、助理/书记员	0.4	0.2	0.2	0.4	0.4
5	出具文书	承办法官	0.8				
6	校核	助理或书记员				0.4	0.4
7	送达	助理或书记员				0.2	0.2
	合议制用时		2.3	0.2	0.2	2	2
	独任制用时		1.9	0	0	1.6	1.6

3. 破产清算阶段

(1) 独任制工作流程

独任制可大幅减少合议法官办理案件所花时间，也可节约审判资源。详细情况见表4。

表4 破产清算阶段独任制工作流程及工作时长对比

顺序	审理阶段工作内容	完成人员和内容（/为或的含义）	承办法官	合议法官1	合议法官2	助理	书记员
			平均工作时间/h				
1	确定管理人	承办法官和助理/书记员	0.5			1	1
2	查询信息反馈管理人	承办法官	1				
3	召开债权人会议	承办法官、~~法官1、法官2~~、助理/书记员	1.5	~~1.5~~	~~1.5~~	1.5	1.5
4	出具确认无异议债权文书	承办法官、~~法官1、法官2~~、助理/书记员	1	~~0.4~~	~~0.4~~	~~0.4~~	~~0.4~~
5	文书校核、送达	助理或书记员				0.6	0.6
6	出具宣告破产文书	承办法官、~~法官1、法官2~~、助理/书记员	1	~~0.4~~	~~0.4~~	~~0.4~~	~~0.4~~
7	文书校核、送达	助理或书记员				0.6	0.6
8	出具确认财产分配方案文书	承办法官、~~法官1、法官2~~、助理/书记员	1	~~0.4~~	~~0.4~~	~~0.4~~	~~0.4~~
9	文书校核、送达	助理或书记员				0.8	0.8
10	出具终结破产程序文书	承办法官、~~法官1、法官2~~、助理/书记员	1	~~0.4~~	~~0.4~~	~~0.4~~	~~0.4~~
11	文书校核、送达	助理或书记员				0.6	0.6
	合议制用时		7	~~3.1~~	~~3.1~~	~~6.7~~	~~6.7~~
	独任制用时		7	0	0	5.1	5.1

（2）独任制向合议制的转化

如经过破产管理人的前期调查,如发现存在债权债务等复杂的情况,应当向承办法官进行报告,承办法官在听取报告后,如认为存在债权债务关系复杂、涉及大量职工安置、债务人人数众多、财产处置存在困难、涉及刑民交叉等与已审查的事实不符的情况的,应当选择转为合议庭审理。另外,如未召开第一次债权人会议的,应当由合议庭 3 名法官参加第一次债权人会议;如已召开第一次债权人会议,承办法官可视案件情况,决定是否召开第二次债权人会议,是否由合议庭成员参加第二次债权人会议。如承办法官认为无须合议庭人员参加的,第一次债权人会议产生的决议仍然有效。

(三)配套措施:完善破产审判管理机制

1. 优化审判团队人员分工

随着破产案件数量逐年增加,承办法官承办案件的数量会出现上涨。为保证案件审理质量,需要加强审判团队建设,尽可能保证一个审判员、一个法官助理、一个书记员的人员设置。同时,要集中司法资源,优化审判团队内成员分工,将流程性、事务性工作交由法官助理或书记员处理,确保承办法官能有充足的时间和精力聚焦办案,以提升案件审理质量。具体分工见表 5 和表 6。

表 5　优化后的破产受理审查阶段审判团队分工及工作时长

顺序	工作内容	承办法官		法官助理		书记员	
1	阅卷	√	0.5				
2	听证	√	0.6	√	0.6		
3	出具文书	√	0.8				
4	文书校核			√	0.6		
5	送达					√	0.2
6	结案					√	0.3
7	归档					√	0.5
	用时	1.9		1.2		1	

表6 优化后的破产清算阶段审判团队分工及工作时长

顺序	工作内容	工作完成人员及用时/h					
		承办法官		法官助理		书记员	
1	确定管理人	√	0.5	√	0.5	√	0.5
2	查询信息反馈管理人			√	1		
3	召开债权人会议	√	1.5	√	1.5		
4	出具确认无异议债权文书	√	1				
5	文书校核、送达			校√	0.6	送√	0.2
6	出具宣告破产文书	√	1				
7	文书校核、送达			校√	0.6	送√	0.2
8	出具确认财产分配方案文书	√	1				
9	文书校核、送达			校√	0.6	送√	0.2
10	出具终结破产程序文书	√	1				
11	文书校核、送达			校√	0.6	送√	0.2
12	结案					√	0.3
13	归档					√	1
	用时	6		5.4		2.6	

2. 进一步加强专业化建设

在法院内部人员考核层面，可通过严格员额法官的选任和考核，提升法官业务水平和审理质量。在监督检查层面，应构建适合破产案件特点的司法人员违法裁判责任追究及惩戒机制，严格贯彻司法责任制，保障当事人的诉讼权利。在审判管理方面，应在案件审理过程中进一步探索适用独任制的条件，使独任制的适用具备更加合理性、科学的现实基础，实现破产案件与审判资源的合理对应。外部层面，可通过设置专门的破产事务行政服务机构，分流破产法官的非司法审判职能。

第十二届中国破产法论坛综述[*]

2021年9月4~5日,第十二届中国破产法论坛在北京成功举办,本届论坛由中国人民大学法学院、中国人民大学破产法研究中心、中国国际贸易促进委员会法律事务部、北京破产法庭、北京市破产法学会共同主办。最高人民法院民二庭庭长林文学应邀出席开幕式并发表主旨演讲。中国破产法论坛组委会主任王欣新教授,北京市法学会专职副会长、一级巡视员李宁,北京市高级人民法院副院长刘双玉,中国国际促进贸易委员会法律事务部部长刘超,北京市第一中级人民法院院长马强,中国人民大学法学院副院长高圣平教授等领导应邀出席开幕式并致辞。中国破产法论坛组委会秘书长徐阳光教授主持开幕式,北京破产法庭副庭长常洁主持闭幕式。来自全国各地的专家学者围绕《中华人民共和国企业破产法》的修改问题、个人破产立法问题、破产法与相关法律法规衔接协调问题进行了为期一天半的深入研讨。

本届论坛特别邀请人民法院新闻传媒总社、《人民司法》杂志社、《法律适用》编辑部、《中国审判》杂志社、《中国人民大学学报》编辑部、法律出版社法治与经济分社作为论坛的支持单位,并得到北京市金杜律师事务所、北京大成律师事务所、北京市中伦律师事务所、北京市康达律

---

[*] 参会人员职务均为时任职务。

师事务所、江苏新天伦律师事务所、浙江京衡律师事务所、北京华信破产清算服务有限公司的协办支持。中国人民大学破产法研究中心和北京市破产法学会在会上发布了五本"破产法文库"的新书:《破产王道:破产法司法文件解读》(王欣新著)、《破产法论坛(第二十辑)》(王欣新、郑志斌主编)、《破产重整法律制度研究》(徐阳光、王静主编)、《破产法与税法的理念融合及制度衔接》(徐阳光、范志勇、徐战成著)、《吴江法院破产审判全景报告》(陈晓君主编),并免费赠阅给全体与会嘉宾。浙江省法学会破产法学研究会为本届论坛赠阅了《浙江法院破产审判十年探索》,北京大学博士后研究人员黄圆圆为论坛嘉宾赠阅了专著《跨界破产承认与救济制度研究》,《法律适用》编辑部为论坛嘉宾赠阅了最新一期杂志。

本届论坛的总体议程包括开幕式、主旨演讲、大会主题演讲(一)、大会主题演讲(二)、六个分论坛研讨(主题演讲+对话交流)、大会主题演讲(三)、青年论坛、开放式交流、闭幕式(公布优秀论文获奖名单+闭幕总结)等九个环节。以下是本届论坛的详细报道。

一、开 幕 致 辞

2021年9月4日8:30,第十二届中国破产法论坛准时开幕,中国破产法论坛组委会主任、中国人民大学破产法研究中心主任、北京市破产法学会会长王欣新教授,中国人民大学法学院副院长高圣平教授,北京市法学会专职副会长、一级巡视员李宁,北京市高级人民法院副院长刘双玉,中国国际贸易促进委员会法律事务部部长刘超,北京市第一中级人民法院院长马强等领导先后致辞,最高人民法院民二庭庭长林文学发表主旨演讲。中国破产法论坛组委会秘书长徐阳光教授主持开幕式。

王欣新教授代表论坛组委会对各位参会嘉宾的到来表示热烈的欢迎。他指出,2021年,《中华人民共和国企业破产法》(以下简称《企业破产法》)的修改正式纳入了全国人大年度重点立法工作。《企业破产法》的修改是对其实施14年以来理论研究与实务经验的总结,是对破产法社会调整功能的全面深化和提升,也是与国际经济社会进一步接轨。《深圳经济特区个人破产条例》的制定与实施为我国个人破产立法提供了经验借鉴。最高人民法院于2021年5月通过的《关于开展认可和协助香港特别行政区破产程序试点工作的意见》开创了内地跨境破产协助专门文件的先河,在一定程度上为我国跨境破产制度的完善提供了具有可操作性的范本。此外,根据全国人大常委会执法检查组《关于检查〈中华人民共和国企业破产法〉实施情况的报告》,从 2007 年到 2020 年,全国法院共受理破产案件 59,604 件,审结破产案件 48,045 件。全国陆续设立了 14 个专门的破产法庭,近百个清算与破产审判庭以及专门的合议庭来集中审理破产案件,破产法的常态化、专业化实施取得了长足进步。值得一提的是,中国人民大学破产法研究中心、北京市破产法学会、浙江省法学会破产法研究会在 2021 年 8 月 18～20 日成功举办的第二届 MAX 价值云峰会吸引了 2000 万人在线观看,彰显了数字经济与破产事业相融合的独特魅力。本届中国破产法论坛共征集到 700 余篇文章,其中 513 篇收入论文集,反映出理论界和实务界对我国破产法治建设的热情与情怀。

高圣平副院长在致辞中指出,中国人民大学法学院一直坚持在巩固传统优势学科的基础上大力发展前沿学科、交叉学科、新兴学科的研究,中国人民大学法学院的破产法学科是在全国具有领先优势的学科。中国人民大学破产法研究中心在王欣新教授的带领下,以开放的态度、公益的精神,用中国破产法论坛、破产法文库等品牌凝聚力量,引领着破产法的发展。中国人民大学法学院将继续大力支持破产法研究中心的发展,继续与大家一起推动中国破产法制度的发展和进步。本届论坛恰逢《企业破产法》修改工作,与会嘉宾将围绕《企业破产法》修改重大问题、个人破产法制度构建以及破产法与相关法律法规相衔接等方面展开充分讨论,预祝本届论坛取得圆满成功。

李宁副会长在致辞中指出,本届论坛的召开,是在以习近平法治思想为指导,完善破产法治,优化营商环境,推动经济高质量发展的一次盛会。《企业破产法》是市场经济的一项法律制度,党的十九届四中全会明确要求健全破产制度,中共中央、国务院发布一系列重要文件对健全市场主体退出机制,进一步完善企业破产法制度作出战略部署,如《加快完善市场主体退出制度改革方案》为我国破产法律制度的改革与完善提出了全方位的具体要求。全国人民代表大会常务委员会执法检查组在《关于检查〈中华人民共和国企业破产法〉实施情况的报告》中指出《企业破产法》在实施过程中存在破产意愿不强、破产程序执行薄弱、审理周期较长、府院联动协调不落地、配套制度不健全、债权清偿率低、制度运行成本偏高等困难和问题,对此,执法检查组强调贯彻党中央的决策部署,推进破产法律制度深入实施,完善破产法制度体系。本届破产法论坛在这一背景下召开,聚焦破产法立法与实施的重点问题,是服务国家立法工作的生动实践。李宁副会长代表北京市法学会对北京市破产法学会长期以来的努力工作,对本届论坛所有主办单位及工作人员的精心筹备和辛勤付出表示衷心感谢。希望北京市破产法学会继续加强政治引领,坚持服务大局,坚持开拓创新,引领和繁荣破产法学研究。

刘双玉副院长在致辞中指出,北京法院紧紧围绕首都"四个中心"的功能定位,从促进市场要素自由流动、市场主体优胜劣汰的高度,全面深化改革"办理破产",积极推动首都经济社会高质量发展。一是着力共建"三元格局"体系,为深化"办理破产"改革注入新的动力;二是持续优化破产制度环境,为加强困境企业救助提供新方案;三是推动破产审判与信息化深度融合,为保障管理人履职提供新支持。当前,北京破产审判工作的各项改革正在有序推进,感谢最高人民法院、理论界与实务界的专家对北京法院破产审判工作的指导、关注和建言,感谢中国破产法论坛提供交流、探讨、凝聚共识的平台,祝愿本届论坛圆满成功。

刘超部长表示,中国国际贸易促进委员会作为在国际上代表工商界的组织,顺利地在联合国贸法会秘书长安娜女士的邀请下成为观察员,委员会从工商界、学界的角度共同支持联合国在破产法方面的工作。联合国贸法会第五工作组从历史上看非常重要,它相当于为联合国在全球破产领域制定规则,从而影响国内的破产立法与实施。2020年年底,在中国贸促会法律事务部的积极组织推动下,中国贸促会贸法会观察员专家团正式成立,其中包括破产法组的专家团。由于在破产法领域,尤其是在跨境破产方面,还存在诸多值得研讨的课题,因此,贸促会将积极推动中国,乃至联合国贸法会在跨境破产制度方面的研究。此外,非政府间国际组织——国际商事争端预防与解决组织已于2020年10月成立,该组织下一步将从全球的角度、非政府间国际的角度,从"跳出"中国因素的角度来推进破产法领域的工作,未来将与中国破产法论坛在该组织架构里推进关于跨境破产的工作,提供更多国际交流和合作的机会。

马强院长代表北京市第一中级人民法院对参会嘉宾表示热烈欢迎,并介绍了北京破产法庭近期相关工作情况:一是有效提升破产审判工作质效;二是积极推动健全破产审判规则体系;三是持续推进破产审判队伍能力建设;四是深化府院破产联动协调机制建设。下一步北京破产法庭将继续围绕提升"办理破产"指标要求，加强破产法庭体系化建设，推动破产审判提质增效，切实为首都经济高质量发展提供司法服务保障。

二、主旨演讲

最高人民法院民二庭庭长林文学应邀发表主旨演讲。徐阳光教授主持主旨演讲环节。林文学庭长首先代表刘贵祥专委对第十二届中国破产法论坛的召开表示热烈祝贺，并对关心、支持人民法院破产审判工作的社会各界表示衷心感谢。最高人民法院民二庭庭长林文学在主旨演讲中指出，近年来，人民法院围绕以下五个方面展开破产审判工作：第一，提升破产案件审判质效，为服务供给侧结构性改革服务。第二，健全法律适用规则，促进和规范破产审判工作有序开展。第三，推进破产审判组织建设，提升破产专业化水平。第四，进一步完善管理人制度，推动和保障管理人依法履职。第五，各地法院积极探索，为破产制度的完善不断积累实践经验。林文学庭长提出，对于《企业破产法》的修订，应当重点考虑：一是新增自然人破产制度、破产简易程序制度、关联企业合并破产制度以及预重整制度等四项法律制度；二是健全跨境破产制度及金融机构破产制度；三是优化管理人制度，优化债权人权利体系以及优化重整制度。林文学庭长强调，建立自然人破产制度是保障《企业破产法》顺利实施的关键，是维护社会秩序、焕发市场活力的基础性制度，更是市场经济发展的必然结果，可以有效防范个人通过破产"逃废债"。希望可以通过此次破产法修改，尽快在我国建立自然人破产制度。

三、大会主题演讲（一）

2021年9月4日上午的"大会主题演讲（一）"由中国政法大学民商经济法学院教授、北京市破产法学会副会长李永军教授和最高人民法院民二庭主审法官杜军共同主持。

中国人民大学破产法研究中心主任、北京市破产法学会会长王欣新教授发表题为"破产法修改完善建议"的演讲。《企业破产法》的修改完善需要从以下几个方面着手:一是将自然人纳入破产法的调整范围,把破产立法与破产立法后的相关社会制度完善同步进行,并利用《企业破产法》修改的时机,建立个人破产制度,不单独制定《个人破产法》。二是建立预重整制度,明确预重整是当事人在庭外自愿进行的协商重组程序,法院与政府应当对预重整予以协调和支持,但不能突破庭内和庭外的重大差别,同时,明确预重整的适用对象。三是基于小微企业与大中型企业的不同特点考虑,建立小微企业简易破产制度。2021年8月,全国人大财经委正式启动《企业破产法》修改立法工作,希望从事破产法研究和实务工作的同仁对《企业破产法》的修订提出宝贵意见。

最高人民法院研究室港澳司法事务办公室副主任刘琨发表题为"内地与香港跨境破产协助的重点问题解读"的演讲。最高人民法院与香港特别行政区政府律政司于2021年5月签署了《关于内地与香港特别行政区法院相互认可和协助破产程序的会谈纪要》,形成了两地跨境破产协助的原则性共识,最高人民法院颁布施行的《最高人民法院关于开展认可和协助香港特别行政区破产程序试点工作的意见》是两地首份跨境破产领域的细则。一方面,该意见规定了跨境破产协助中的普遍性问题,对于构建更普遍、更广泛意义上的跨境破产协助机制具有借鉴意义;另一方面,该意见是针对内地和香港特区施行的规则,具有两地协调互助的特殊性。此外,该意见是探索跨境破产协助的第一步,具有一定的开放性,并且需要在实践中不断探索完善。

浙江省高级人民法院副院长徐亚农发表题为"全面推进破产审判助力优化营商环境"的演讲。近年来,浙江法院破产审判工作取得一定的成效,为助力民营经济的发展、优化法治化营商环境和建设共同富裕示范区提供了有力的司法保障和服务。浙江法院将继续推动构建府院联动机制,推动完善破产财产处置市场、重整投资人市场以及破产管理人市场。此外,浙江法院将着力推动形成"审执破"一体化格局,推行以企业破产为破产审判主体,以具有个人破产功能的个人债务集中清理为突破口的破产审判工作格局,加强破产审判队伍以及管理人队伍建设,提高破产审判的专业化水平。

深圳市破产事务管理署副处长郑秀丽发表题为"深圳创新破产事务管理体制机制的探索与实践"的演讲。深圳市破产事务管理署的成立,标志着深圳在个人破产领域构建起法院裁判、机构管理、管理人履职、公众监督"四位一体"的破产办案体系。破产事务管理署是防止个人利用破产"逃废债"和维护社会公共利益的制度安排，提高了个人破产程序的透明度。破产事务管理署建立了破产事务管理领导小组，旨在高效率协同办理破产案件，深化府院联动，多渠道提供高效专业的咨询服务，有序组织办理个人破产和解案件，建立健全配套制度措施，高质量推进个人破产信息化。破产事务管理署将继续打通各部门之间的信息共享渠道，完善实施细则和配套制度，推动设立个人破产案件援助基金，完善管理人薪酬管理制度，落实中央赋予深圳先行示范区综合改革试点的任务。

中信银行法律保全部副总经理文建秀发表题为"金融机构关于大型企业债务危机化解及与破产程序衔接的思考"的演讲。目前，市场上债务危机发生了变化，一是出现债务危机的风险较大，二是债券违约的规模较大。在债务危机化解的过程中，最大的问题是大型企业出现债务危机时的集中管辖问题，由于集中管辖制度并没有一个明确的法律制度体系，如何构建明确的制度是值得研究的问题。另外，在金融机构方面已经建立金融专委会制度，希望在法律修改完善时可以形成一个有效的衔接机制。

上海市破产管理人协会会长刘正东发表题为"管理人行业自治规范化与府院协调法治化"的演讲。在管理人行业自治规范化方面，存在主管部门不一致、会员标准不一、管理人行业独立性不一以及人财物紧缺等问题。因此，一是希望管理人协会法定，在立法中作出明确规定；二是优化会员准入机制；三是管理人职责法定，同时明确对管理人执业的投诉、受理、调查、处分方面的规定。在健全管理人制度方面，应当考虑在管理人分级、管理人互认、管理人选任方面进行制度完善。在府院协调方面，应当在破产法制度中确定政府的职责，在破产法中形成对政府部门的约束力。府院联动方面还存在财产保全及执行措施方面、破产企业车辆查控、刑民协调、"三无"企业的强制清算及企业注销、打击逃废债的协同等问题，须进一步推动制度构建与完善工作。

中国拍卖行业协会会长黄小坚发表题为"网络拍卖与破产法修改的建议"的演讲。随着后疫情时代的到来，网络拍卖与现场拍卖相结合的模式备受欢迎，"线上+线下"的融合发展趋势明显，中国拍卖行业具有近30年来的破产资产处置经验，具有遍布全国8000多家企业形成的全国性处置渠道，同时，融合互联网技术形成了新的服务优势。中国拍卖行业协会是市场化水平较高的交易主体，协会积极参与《企业破产法》修订的工作，建议立法坚持破产资产处置拍卖优先原则，坚持破产资产处置采取"线上+线下"双轮驱动的原则。同时建议破产资产处置应当坚持委托具有相应拍卖资质的拍卖人的原则。

四、大会主题演讲(二)

2021年9月4日上午的"大会主题演讲(二)"由北京市破产法学会副会长刘兰芳与河北省高级人民法院二级高级法官戴景月共同主持。

东营市中级人民法院院长赵国滨发表题为"关联企业合并破产处置的实践探索与创新"的演讲。东营法院立足企业挽救、债权人利益保护以及经济高质量发展三个基点,探索总结了八个关联企业合并破产、分业处置、分类整合、风险隔离相结合的多元化处置方法:一是破产程序内外的联动式处置;二是重整中有清算、清算中有重整的混合式处置;三是关联企业的"分业化"处置;四是优劣产业阶梯式处置;五是重整转清算下的继承式处置;六是优势企业的斩断式处置;七是重整清偿方式多元化处置;八是重整清偿风险分割式处置。

温州市中级人民法院执行局局长陈斌发表题为"温州个人债务集中清理实践探索"的演讲。关于破产管理人制度在个人债务清理实践的问题:一是个人债务清理案件与管理人报酬之间存在矛盾;二是个人债务清理案件与管理人履职能力之间的矛盾;三是个人债务清理的长期性与管理人监管之间的矛盾。以上问题反映出现有管理人制度的短板,本质上是司法、行政与市场三个因素的相对失衡。在温州管理人制度的本土化探索中,温州市中级人民法院尝试采取"个人担任、机构管理"的模式,以及"管理人公职化与市场化相结合"的模式。结合温州破产审判本土化的探索,提出以下三点建议:一是应当在坚持市场化导向的基础上构建与国际接轨的破产法律制度;二是深化府院联动的基础上推动确定行政部门来承担破产事务的行政职能;三是深入研究破产法制度中司法、行政与市场的三者关系,建立符合我国国情的个人破产制度。

深圳破产法庭庭长曹启选发表题为"个人破产制度改革的深圳实践与展望"的演讲。曹启选介绍,截至2021年8月31日,深圳市中级人民法院共收到个人破产申请699件,系统后台还有2000余件尚未提出正式申请,目前已立案审查40件,其中,12件启动了破产程序。深圳法院对个人破产制度改革秉持严肃认真的态度,确保"诚实而不幸"的债务人得到救济和保护。深圳法院已逐步建立分流识别机制,完善审查审理规则,加强审判信息化建设,健全配套制度,积极推进个人破产改革试点。根据上述机制,正式进入破产程序的债务人将经历管理人接管调查、债权人会议检查、破产信息公开公示等一系列法律措施,发现债务人具有破产欺诈行为的,法院将撤销免责,依法追究责任。在全国建立个人破产制度方面,建议加快建立全国统一的个人破产制度,加强建设专业化的破产审判队伍,建立涉及破产纠纷化解的前置机制,建立破产信息登记公开制度,完善破产刑事责任制度以及明确政府相关部门在办理破产事务的协调、监督和管理方面的职能。

广州破产法庭庭长刘冬梅发表题为"新时代破产审判信息化的建设与发展"的演讲。破产信息化建设不仅是"十四五"时期全面深化"智慧法院"建设的要求,也是破产审判对市场主体实际需求的切实回应。然而破产信息化建设还存在以下几个问题:一是信息化建设呈碎片化现象,资源整合能力不足;二是破产案件资金监管有待加强;三是破产企业信息披露不充分;四是破产信息化建设对互联网大数据分析功能的利用有待加强。因此,广州中院在破产审判信息化建设做出一些探索:一是着力构建多功能、全流程的破产案件办理平台;二是整合涉及破产事务的各方资源,打造多方参与、集约高效的一站式破产交流服务平台;三是通过开发破产案件资金管理系统,加强破产案件资金监管,保障破产案件资金安全。

重庆破产法庭庭长吴洪发表题为"重庆'四创新四提升'探索预重整实践样本"的演讲。重庆五中院在经过系列实践、论证和调研后,于2021年1月正式出台《预重整工作指引(试行)》。重庆预重整模式的总体特点为强调庭外重组本质属性,以市场主体意思自治为基础,由债务人主导,法院不过度干预。重庆预重整模式主要是"四创新""四提升"模式:一是创新性将中小企业一并纳入预重整范围,提升中小企业脱困重生的整体功能;二是创新介入模式,提升制度科学性;三是创新履职方式,提升制度可接受性;四是创新程序衔接,提升制度效率性。我国立法与司法解释尚未对预重整作出规定,希望在《企业破产法》修改中增加预重整相关规定,为司法实践提供法律依据。

上海铁路运输法院副院长俞巍发表题为"民法典视阈下破产债务人的担保责任与权利保障"的演讲。《中华人民共和国民法典》担保制度与破产案件审判具有密切联系,其在破产审判的适用中存在以下几个问题:一是通过调解协议清偿债务属于保证还是债的加入?二是如果将其认定为担保,那么在破产程序中担保责任的范围应如何认定？三是若行使担保追偿权，追偿权的范围应如何认定？对于涉及担保的破产案件，我们应当充分关注两点：一是对于担保债务人破产后债权申报中的债权性质，如果这些债权是利息债权，那么利息债权的哪个时间段以及利息本身是否包含惩罚性赔偿金的劣后债权性质；二是对于已经履行担保责任的破产债务人而言，管理人要充分关注并及时行使现行《民法典》担保制度中所赋予的法定代位权。

五、分论坛研讨

第一分论坛：破产审判·府院联动·营商环境

第一分论坛第一单元"主题演讲"由湖南师范大学法学院教授、湖南省法学会破产与重组研究会会长刘兴树与北京金融法院副院长李艳红共同主持。中国人民大学民商事法律科学研究中心兼职研究员李志刚的发言题目为"好的破产法治与好的营商环境：理念、制度与实践"；清华大学法学院副院长、副教授高丝敏的发言题目为："破产法的指标化进路及其检讨——以世界银行'办理破产'指标为例"；浙江省杭州市富阳区人民法院民四庭副庭长黄赛琼的发言题目为"数字化改革背景下营商环境'办理破产'指标提升的困境与突破"；四川省简阳市人民法院平泉法庭副庭长叶朦朦的发言题目为"社会治理视域下'僵尸企业'破产处置工作的'破'与'立'研究——以J市的'僵尸企业'破产处置情况为样本"；北京市炜衡律师事务所高级合伙人、北京市破产法学会副会长尹正友的发言题目为"破产拯救法治体系完善的几点思考"；浙江振邦律师事务所主任李乐敏的发言题目为"新时代'枫桥经验'在预重整实践中的探索与创新——以越美预重整案为视角"；河北省企业破产管理人协会副秘书长李闯的发言题目为"府院联动机制在预重整程序中的作用"；浙江京衡律师事务所律师杨冰洁的发言题目为"预重整向重整转换的规则"。

自由讨论后，苏州大学王健法学院副教授、江苏省法学院破产法学研究会秘书长刘思萱和河北省高级人民法院民二庭法官王倩作了精彩点评。

第一分论坛第二单元"对话交流"由广西壮族自治区高级人民法院环境资源审判庭庭长蒋太仁主持，交流主题为"办理破产指标提升与营商环境优化"。对话嘉宾包括：北京市高级人民法院民二庭法官孙兆晖，山东省青岛市中级人民法院破产法庭三级高级法官冯梅,湖南省衡阳市中级人民法院清算与破产审判庭庭长齐国安,北京市康达律师事务所债务重组部主任彭伟,长沙市破产管理人协会会长、湖南云天律师事务所首席合伙人粟宝珍,湖南天地人律师事务所副主任刘玉春,成都市破产管理人协会秘书长、成都竞择破产清算事务所总法律顾问牛建国,豪诚企业智库集团法律总顾问、四川方法律师事务所律师刘艳。与会嘉宾就该主题项下的具体问题进行了深入交流。

第二分论坛:管理人履职·债权保护·破产监督

第二分论坛第一单元"主题演讲"由浙江省绍兴市中级人民法院常务副院长周剑敏和北京市高级人民法院民二庭法官容红共同主持。中国政法大学讲师郭帅的发言题目为"债权人视角下破产信息的获取与保密性问题研究";合肥铁路运输法院民庭庭长肖统瑞的发言题目为"实际施工人类型及其权益在破产程序中实现路径";山东省淄博市中级人民法院民二庭法官助理王艳的发言题目为"管理人选任市场化改革的路径探析——以淄博法院改革实践为样本";重庆市破产管理人协会会长、重庆丽达律师事务所主任徐丽霞的发言题目为"关于企业破产法修法中涉及管理人制度的相关建议";北京中恕重整顾问有限公司执行董事左北平的发言题目为"破产管理人制度的改革与完善建议";北京市中咨律师事务所合伙人宋全胜的发言题目为"融资租赁承租人破产实务与理论探析";上海交通大学凯原法学院研究生周楚航的发言题目为"定期付息行为的破产法效力审视";宁夏方和圆律师事务所高级合伙人李志伟的发言题目为"债权人会议表决规则研究——以一般表决规则为视角"。自由讨论后,华东师范大学法学院副教授李帅与江苏百年东吴律师事务所主任、苏州市破产管理人协会会长陆诚作了精彩点评。

第二分论坛第二单元的"对话交流"由江苏省启东市人民法院清算与破产审判庭庭长朱志亮主持,交流主题为"管理人履职与债权人利益最大化"。对话嘉宾包括:辽宁省高级人民法院民二庭四级高级法官郭云峰,北京市企业清算事务所有限公司总经理康阳,北京天驰君泰律师事务所高级合伙人李芳,湘潭市破产管理人协会会长、湖南金州(湘潭)律师事务所律师王莹,绍兴市破产管理人协会会长、浙江大公律师事务所主任冯坚,湖南天地人律师事务所合伙人陈宇,上海锦天城(合肥)律师事务所高级合伙人、破产事业部总经理许华满,兰州市破产管理人协会会长张润丁。与会嘉宾就该主题项下的具体问题进行了深入交流。

第三分论坛:破产重整·庭外重组·重整投资

第三分论坛第一单元"主题演讲"由北京理工大学法学院教授张艳丽与山东省东营市中级人民法院常务副院长冯俊海共同主持。河南省南阳市中级人民法院审判委员会专职委员王付令的发言题目为"破产重整中企业价值识别与判断的规范化";泰和泰(重庆)律师事务所高级合伙人陈国富的发言题目为"困境企业重整价值的识别";北京化工大学见习教授赵惠妙的发言题目为"我国预重整制度衔接规则研究";宜宾市中级人民法院执行局协调处处长罗润的发言题目为"上市公司预重整实证分析——以21家上市公司预重整为样本";宣城市中级人民法院民五庭庭长储全胜的发言题目为"人民法院批准重整计划问题研究——以安徽宣城中院审理实践为例";南通市海门区人民法院常务副院长黄燕的发言题目为"蛋糕莫惦——五问投资人团队之于重整期间利润";平安信托有限责任公司特殊资产事业部北方区域中心总经理郑艳的发言题目为"论服务信托在破产重整中的运用与价值";北京中企华资产评估有限公司执行总裁高文忠的发言题目为"实际控制人随重整企业破产之综合偿债能力分析方法"。自由讨论后,长安大学破产法研究中心主任、教授贺桂华与江苏新天伦律师事务所合伙人蒋瑜作了精彩点评。

第三分论坛第二单元"对话交流"由辽宁省大连市中级人民法院清算与破产审判庭负责人任延光主持,交流主题为"预重整与重整投资"。对话嘉宾包括:安徽省宣城市中级人民法院民二庭副庭长魏牟莉,苏州资产管理有限公司副总裁陈静英,北京市中闻律师事务所企业重整与清算业务部主任张继军,北京海润天睿律师事务所高级合伙人姚明,安永华明会计师事务所(特殊普通合伙)合伙人曹春烨,四川省破产管理人协会会长、四川发现律师事务所执行主任王春生,北海市破产管理人协会会长、广西嘉友律师事务所副主任莫积奎,南京睿金企业管理咨询有限公司创始合伙人曹振新。与会嘉宾就该主题项下的具体问题进行了深入交流。

第四分论坛:财产处置·简易破产·数字化建设

第四分论坛第一单元"主题演讲"由成都理工大学副教授、四川省破产法学研究会副会长兼秘书长刘宁与原重庆市第三中级人民法院副院长陈洪共同主持。河北大学国家治理法治化研究中心研究员张思明的发言题目为"破产重整DIP模式下债务人财产处置问题研究";湖南省长沙市中级人民法院清算与破产审判庭法官徐鹏宇的发言题目为"破产程序提速的三个维度";沈阳铁路运输法院法官刘妍的发言题目为"论钢铁行业产能指标的破产财产属性——关于《钢铁行业产能置换实施办法》施行后破产债务人财产范围的变化";江苏省淮安经济技术开发区人民法院民庭副庭长邵爱静的发言题目为"中小微企业退出机制的反思与优化";阿里巴巴集团拍卖事业部破产业务总监姜天萃的发言题目为"论《人民法院在线诉讼规则》对破产案件办理便利化的提升作用";北京大成律师事务所高级合伙人高美丽的发言题目为"破产财产网络拍卖的现状及改进路径";重庆汇融拍卖有限公司总经理游佳的发言题目为"用资产处置综合服务助力打通投资人'从想买到敢买'的'最后一公里'"。自由讨论后,湖南云天律师事务所高级合伙人李忠伟与浙江嘉瑞成律师事务所高级合伙人孙万里作了精彩点评。

第四分论坛第二单元"对话交流"由广东胜伦律师事务所律师王超主持,交流主题为"资产处置与数字化(信息化)"。对话嘉宾包括:长春汽车经济技术开发区人民法院副院长梁琳琳,浙江中兴会计师事务所所长助理朱华军,北京通商(成都)律师事务所合伙人唐华,北京德恒(福州)律师事务所高级合伙人徐宇丹,浙江银湖律师事务所副主任、湖州市破产管理人协会秘书长叶国庆,无锡市金顺经济咨询有限公司总经理张浩宇,中拍平台网络科技股份有限公司常务副总经理刘燕,京东集团拍卖部破产业务总监冯赫。与会嘉宾就该主题项下的具体问题进行了深入交流。

第五分论坛:房企破产·合并破产·跨境破产

第五分论坛第一单元"主题演讲"由中国政法大学民商经济法学院副教授苏洁澈与内蒙古自治区高级人民法院民二庭庭长王彦凯共同主持。江苏省镇江市中级人民法院民二庭法官季晖的发言题目为"房企破产程序中'以房抵债'问题研究";辽宁省鞍山市中级人民法院民四庭法官于森的发言题目为"房地产企业破产不动产买受人权利保护研究——与案外人执行异议之诉衔接协调视角",锦天城(北京)律师事务所合伙人申林平的发言题目为"企业破产与个人破产的实质合并";浙江省常山县人民法院行政庭庭长李强的发言题目为"实质合并破产情景下重整计划草案提交期限的滞后与完善——以'银田系重整'为切入口;北京德恒律师事务所高级合伙人范利亚的发言题目为"关联企业实质合并重整的实证研究——兼谈企业集团重整特殊行政规则的构建";南宁市青秀区人民法院执行局法官黄晨熙的发言题目为"母子公司处置规则在破产审判实务中的适用研究"；池州市破产管理人协会会长、安徽天贵律师事务所主任黄中梓的发言题目为"'一带一路'倡议下我国民营企业跨境破产实务问题探究——以某建筑集团企业跨境破产为例"；北京大成(苏州)律师事务所律师李新一的发言题目为"关于《企业破产法》跨境破产承认与协助制度的完善"。自由讨论之后，桂林市中级人民法院审判委员会专职委员吴小嫦与广西智迪尔破产清算有限公司董事长袁公章作了精彩点评。

第五分论坛第二单元"对话交流"由广州破产法庭副庭长年亚主持，交流主题为"房企破产与合并破产"。对话嘉宾包括：河北省邯郸市中级人民法院民四庭法官助理赵鹏，浙江省绍兴市中级人民法院金融庭副庭长孙世光，北京市中伦律师事务所合伙人王冰，国浩(石家庄)律师事务所合伙人谷景生，江苏濠阳律师事务所主任韩建，江苏神阙律师事务所合伙人宋炜，山东环周律师事务所高级合伙人孙家磊，广东金轮律师事务所高级合伙人郑飞虎。与会嘉宾就该主题项下的具体问题进行了深入交流。

第六分论坛：执破衔接·个人破产·集中清理

第六分论坛第一单元"主题演讲"由浙江省高级人民法院民五庭庭长徐峻峰与成都破产法庭副庭长冯帅军共同主持。江苏省苏州市吴江区人民法院清算与破产审判庭庭长郝振的发言题目为"个人破产免责制度的构建"；浙江省龙游县人民法院审判委员会专职委员李浙西的发言题目为"论个人债务集中清理程序对'诚实而不幸'债务人的认定——兼论个人破产立法中的适格债务人"，浙江省江山市人民法院四级高级法官徐根才的发言题目为"个人破产与债务人人格权保护"，浙江省绍兴市柯桥区人民法院民三庭副庭长王萍的发言题目为"个人破产制度对个人消费领域的影响"，江苏省邳州市人民法院执行局副局长吴振宁的发言题目为"个人破产制度的构建路径探析"；北京大学经济学院博士后黄圆圆的发言题目为"个人破产制度中的主要利益中心规则"；温州理工学院教师季中旭的发言题目为"刍议经商型夫妻核心家庭破产"；中钞区块链技术研究院创新业务拓展经理邹雨铮的发言题目为"个人破产法理念的塑造——基于个人财富管理视角"。自由讨论之后，中国人民大学法学院博士后李忠鲜与泰和泰律师事务所高级合伙人蔡斌作了精彩点评。

第六分论坛第二单元"对话交流"由中国人民银行参事室副主任张韶华主持，交流主题为"个人破产与债务清理制度"。对话嘉宾包括：北方工业大学文法学院教授王斐民,温州破产法庭庭长方飞潮,浙江省台州市中级人民法院破产审判业务庭庭长钱为民,深圳破产法庭综合事务办公室主任景晓晶,山东达洋律师事务所律师孙瑞玺,北京市炜衡律师事务所高级合伙人王兆同,广东金轮律师事务所合伙人陈联书。与会嘉宾就该主题项下的具体问题进行了深入交流。

六、大会主题演讲(三)

2021年9月5日上午的"大会主题演讲(三)"由武汉大学特聘教授曹守晔主持。

江苏省无锡市中级人民法院金融审判庭庭长陆晓燕发表题为"预重整制度的实践与思考"的演讲。首先,预重整有两种模式:一是准庭内重整,二是衔接庭内重整的庭外重组,前者有很强的司法介入,但欠缺国内法的立法依据,相较而言,第二种模式较为妥当。其次,庭外重组应如何衔接庭内重整:一是提出以庭外重组成功为前提的庭内重整申请;二是形成一系列可在庭内重整中继续适用的中介机构工作成果;三是组织债权人认可的对债权申报的审查结论、评估结论、审计结论,并承诺将该认可延伸到重整程序中,转化为认可管理人所作的债权表和债务人财产状况报告的依据;四是组织债权人同意重整预案,并承诺将该同意延伸到重整程序中,转化为同意重整计划草案;五是通过协商、招投标等多种方式,与投资人达成附生效条件的重整投资协议。此外,前期聘请的法律顾问与后期的破产管理人应予以区分。

北京大学教授、北京市破产法学会副会长许德峰发表题为"破产程序中的信义义务"的演讲。我国将信义义务区分为"忠实"和"勤勉"两类,在实务操作中还有很多安排直接涉及信义义务的履行,在重整案件中,对于具有复杂构成的资产或产权不明确的资产,需要设立信托来管理资产。设立信托需要解决一系列法律问题,涉及信托管理人、受益人、企业股东、企业雇员等。信义义务在法律上既清楚又模糊,前者表现为信义义务通过"忠实""勤勉"文字表达,后者表现为内涵不清晰。信义义务中的积极义务是勤勉义务,消极义务是忠实义务,忠实义务是信义义务最重要的一项义务,核心是禁止利益冲突。信义义务是利他义务,在破产法上还有很多可以拓展的空间。

浙江省遂昌县人民法院院长陈裕琨发表题为"个人破产'庭外重整'制度的

遂昌样式"的演讲。在遂昌进行个人破产"庭外重整"制度是由两个因素决定：一是遂昌曾发生重大的社会集资案，由于民间融资活动发达，遂昌法院受理的民商事案件以借款类纠纷为主；二是通过对遂昌法院"终本库"的大数据分析，发现当中的被执行人并非都是恶意逃债的"老赖"，因此需要通过制度构建来激励被执行人清偿债务。个人债务清理遂昌模式的主要特点是建立一种促使债务人自愿尽最大努力偿还债务获得重生的机制，实现债权人、债务人共赢。其主要创新之处不仅在于引入第三方投资者促使共赢的实现，还在于债权人与债务人达成重整协议后不设债务人行为考察期。建议在未来的个人破产立法中，将庭外的个人债务重整制度作为破产清算的前置程序，并最大限度放开个人破产管理人的资格限制，允许调解组织担任管理人。

浙江省诸暨市人民法院院长陈键发表题为"多跨协同 数字赋能——破产数字化改革的探索与实践"的演讲。为响应中共浙江省委关于数字化改革和最高人民法院关于"智慧法院"建设的部署要求，诸暨法院积极应用数字平台，一是便于债权人行使权利，二是加快资产变现，三是优化对管理人履职的监管。数字化办理破产的核心是要解决破产工作多跨协同的难题，解决以下三个层面的问题：一是债权人、管理人与法院的多跨协同问题，二是上下级法院和法院内部各部门的多跨协同问题，三是法院、管理人与政府相关部门的多跨协同问题。目前，诸暨法院正在牵头搭建"智破在线"的场景应用，包括"企业联审""企业接管""资产变价""涉税办理""协作共享""风险门诊"，希望通过上述应用以及健全配套机制彻底打破部门之间的壁垒，真正实现府院联动。

浙江外国语学院特聘教授、继续教育学院副院长沈芳君发表题为"浙江个人债务集中清理司法实践与个人破产立法设想"的演讲。个人债务集中清理主要存在以下四个问题，包括债务人诚信问题突出、社会接受度较低、社会征信体制不健全以及破产事务管理制度不健全等。对此，首先应明确制度构建应遵循自愿原则、诚实信用原则、审慎从严原则以及公开透明原则等基本原则，其次建立完善的自然人信用制度，完善个人财产登记制度，最后建立严格的许可免责、有限免责和信用限制制度，构建严格的失权和复权制度，以及探索创设政府破产事务管理部门。

北京破产法庭法官王玲芳发表题为"论混合型企业救援程序"的演讲。混合型企业救援程序是纯粹的合同解决范畴与正式的重整程序之间的程序，具有法院介入的特征,其优势在于可以尽早开展企业救援,通过有限的司法介入,简化流程,保障债权人利益。关于混合型救援程序的分类,可分为混合程序与正式重整程序,在欧洲的研究报告中,把庭外重组与正式程序之间的程序称为破产前程序。破产前程序具有的提前介入、成本较低、司法有限介入特点,促使其与其他司法重整程序、司法清算程序都有明确的衔接制度和适用范围,不会产生功能混同的效果。构建多元化的企业救援制度离不开国内的市场经济发展状况、既有的法律制度环境、企业拯救文化以及实际需求的共同作用,对此,我们应进一步地关注和研究。

北京市中伦(深圳)律师事务所合伙人、北京市破产法学会副会长许胜锋发表题为"重整程序中推荐管理人制度的探索与实践"的演讲。管理人作为破产程序的主要推动者和破产事务的具体执行者,在重整程序中居于中心地位。随机指定管理人方式难以保证管理人专业水平与破产案件难易程度相匹配。竞争选任方式则不仅成本高,且评选机构和评选标准的不确定性亦难以保证结果的客观公正。近年来,我国深圳等地法院积极探索推荐管理人制度在预重整、重整实务中的应用。重整程序在启动前往往需要专业机构提前介入,对重整可行性以及具体重整路径进行充分策划和论证。参与前期策划和论证的管理人被推荐为管理人有利于顺利地将庭外重组或预重整的工作成果承接至重整程序中,进而提升重整的效率和成功率。同时,相对于由法院或者政府确定管理人,采取推荐方式更有利于推动管理人的市场竞争。为此,应当在法律层面上认可推荐管理人制度的价值,由债权人、债务人推荐管理人,并赋予债权人会议申请更换管理人的权利。

七、青年论坛

2021年9月5日上午的"青年论坛"由首都经济贸易大学法学院院长、北京市破产法学会副会长张世君教授与山东华信清算重组集团有限公司董事长、山东省法学会企业破产与重组研究会副会长兼秘书长提瑞婷共同主持。

广州破产法庭法官石佳发表题为"社会主义核心价值观导入破产法的机理与规范路径"的演讲。《企业破产法》的修订不仅涉及底层逻辑及为民众树立正确的破产观念的问题,还需要上层对完善制度设计的支持,而社会主义核心价值观恰好是底层逻辑与上层建筑的最大公约数。社会主义核心价值观与破产制度有着天然的联系，破产制度保护"诚实而不幸"的债务人，破产制度是给予债务人"重生"的机会，重新参与市场经济活动。破产制度在构建与实施的过程中可以逐一体现社会主义核心价值观的内涵。因此将社会主义核心价值观导入破产制度中具有其必要性，既表现为是破产法制度中国化的现实需要，也表现为是破产法制度内在的驱动力。为此，《企业破产法》在修订中应当借鉴《民法典》的规定，明确立法宗旨，确立立法原则，引入个人破产制度，维护企业的营运价值，加大对逃废债的惩戒力度，发挥重整与预重整的功能。

北京破产法庭法官樊星发表题为"实质合并重整中出资人表决相关问题"的演讲。关于出资人的表决权，现行立法仅有一条规定，而实际上司法实践中需要处理的问题很多，如出资人怎么设置组别等，需要进一步研究出资人表决的正当化依据。经研究，实施合并不意味着必须把所有出资人设置为同一组别进行表决，而是应当根据案件需要加以区分。实施合并重整出资人的处理方式与对债权人的处理方式没有本质区别，对于内部出资人既不能完全剥夺他们的表决权，也不能完全让他们进行投票，在涉及关联企业的情况时，让外部出资人代替内部出资人进行投票是可行的方案。而关于外部人出资用于表决的额度，以加权方式计算更为妥当。

北京市金杜律师事务所合伙人胡荣杰发表题为"破产法有效实施与金融监管规则之完善"的演讲。破产法以非破产法为基础，破产程序中债务清偿与权益调整的各种安排与尝试均须符合我国金融监管规则的要求。金融监管规则对破产制度实施产生以下影响：包括贷款分类等规则影响部分金融机构主动适用破产程序规则的积极性，重整程序中债转股的资本占用问题存在不同理解，破产程序中不良资产处置路径相对有限，破产程序中金融债权人委员会运作机制有待完善，以及金融机构支持重整企业信用恢复的相关制度亟须建立。对此，建议明确"破产友好型"的贷款监管规则改革方向，完善金融债权人委员会运作机制，建立系统的重整企业信用恢复制度。

中国银行业协会主管陈婧发表题为"个人破产制度时代的银行个贷业务思维"的演讲。在中国个人破产时代到来之际，银行业需顺应这一时代洪流，明确自身定位。银行应当重视个人破产制度，领悟个人破产制度对于防范逃废债的意义，关注个人破产制度对债务人的行为限制措施，重视行政机构对个人破产案件的介入，重视各类型破产程序对债权清偿的现实经济意义。个人破产制度有利于促进银行优化个贷业务，提升债务清偿的处置效率，优化/完善个贷业务的管理。为此，银行业应当组建专业的个人破产事务管理团队，加强银行信息化建设和个贷风险评估。此外，在制度立法上应当结合宏观金融稳定来考虑，同时加强对个人破产制度的宣传工作，促使社会各界形成正确的个人破产观念。

北京航空航天大学法学院博士生龚淋发表题为"破产法调整个人信息出售的法律逻辑与实现路径"的演讲。针对企业破产程序中个人信息的出售问题，我国现行法并没有明确的规定，从而产生企业客户信息的性质难以认定、个人信息出售存在法律适用的空白等问题。因此，可以研究制定对信息控制者明确要求指定隐私政策，对信息主体赋予知情权和选择权，对破产管理人设定对个人信息保护的特殊义务等规定，在司法审判方面则应当建立健全个人信息保护的诉讼机制。

北京市康达律师事务所律师石德禄发表题为"从债权人利益保护维度思考实质合并破产"的演讲。随着司法实践的发展，部分实质合并破产案件中债权人合法权益受到损害的现象也逐渐增多，各界对于实质合并破产规则的质疑也逐渐显现。即使最高人民法院已经明确提出了"慎用"的要求，实践中，实质合并破产滥用的情况仍未得到缓解，也确实存在个别法院及管理人以实质合并破产当作是从事破产业务的亮点，甚至在没有事实依据或不符合实质合并条件的情况下轻易地突破法人独立主体的资格。对此，建议应当将实质合并破产规则纳入《企业破产法》，例如，慎用实质合并破产规则，实质审查财务混同报告，适用协调审理制度。此外，应当细化异议债权人的知情权、复议权等程序性权利。

浙江京衡律师事务所律师王建业发表题为"'债务人财产受益'问题探析"的演讲。债务人财产受益在既有立法中是低频词汇，但在实践中是重要的概念。通过对司法裁判的观察和梳理，认为目前存在以下问题：一是对"债务人财产受益"的关注和分析较少，甚至将个别清偿完全等同于损害债务人财产；二是在相当数量的案例中存在不同的认定标准；三是债务人财产受益作为撤销清偿的抗辩事由，其概念内涵不明确将导致债权人全力清收，坚壁清野，制度规范的引导功能落空。因此，由管理人以经济利益为核心衡量是否对债务人财产受益的做法，在某种程度上是最客观、最有公信力的。建议对于相关主体的信息披露及利害关系人的异议程序应当给予一定的程序保障。

八、开放式交流

本次论坛的开放式交流由北京市破产法学会副会长、北京大成律师事务所高级合伙人郑志斌主持。开放式交流的嘉宾包括：中国人民大学破产法研究中心主任、北京市破产法学会会长王欣新；无锡市中级人民法院金融审判庭庭长陆晓燕；乐山师范学院法学与公共管理学院副教授、四川省管理人协会秘书长董璐；北京市中咨律师事务所合伙人韩传华，天同律师事务所破产重组事业部主任、上海办公室执行主任池伟宏，北京市海问律师事务所合伙人张坚键。现场嘉宾自由提问，台上嘉宾专业解答，现场气氛十分热烈。

九、闭幕总结

论坛闭幕式环节由北京破产法庭副庭长常洁主持。

常洁副庭长提出，在全国各地同仁的大力支持下，本届论坛精彩纷呈，为我国破产法治建设提供了更多维、更全面、更深层次的智力支持，为构建新发展格局，推动经济高质量发展贡献力量。破产审判工作的发展与实践是一项系统性、全局性的工作，需要社会各界共同参与，北京破产法庭将继续努力，期待与社会各界一道继续沟通、交流、合作与共享。常洁副庭长代表主办方衷心感谢全国人大、最高人民法院以及相关政府部门的关心与指导；感谢全国法院系统、高校、科研院所、新闻媒体、金融机构、管理人团队、拍卖协会、平台公司的大力支持与积极参与。特别感谢徐阳光教授及其会务团队为论坛的筹办与顺利举行提供的精心组织和热心服务。

中国破产法论坛组委会秘书长徐阳光教授介绍了论文评选过程和评审标准，宣读了第十二届中国破产法论坛优秀论文征文评选获奖名单，并对本届论坛进行了闭幕总结。

徐阳光教授指出，第十二届中国破产法论坛能够如期召开，是各家主办单位共同努力、勇于担当的结果，也是全体"破人"无比热爱破产法治和充满专业情怀的生动体现，在场的和未能到场的很多嘉宾都对本届论坛给予了重要的理解和支持。本届论坛继续坚持不采取线上直播的方式，以为各位嘉宾畅所欲言提供良好环境。本届论坛继续坚持公益理念,并免费赠阅了价值不菲的文库新书。本届论坛特别邀请了破产事务管理机构、金融投资机构等单位的嘉宾参与讨论,体现了以问题为导向、兼容并蓄、跨学科跨领域交流的办会理念。本届论坛继续坚持评选优秀论文,引导大家进行理论与实践相结合的破产法研究。通过论文评选,凸显论坛对问题意识、学术要求和写作规范的重视。本届论坛以《企业破产法》修改、个人破产立法、破产法与相关法律法规的衔接协调问题为研讨主题,研讨形式多样,既有大会主题演讲,又有分论坛研讨;既有演讲+评议的传统模式,又有对话交流的茶座漫谈形式,还有轻松活泼的开放式交流。研讨内容归纳起来,包括三个方面:一是现有制度的理解适用问题;二是现有制度的改进完善问题;三是尚未立法的制度补白问题。大家在一天半的时间中畅所欲言,贡献出宝贵的思想和智慧,会务组将在会后通过"中国破产法论坛"微信公众号分享发言嘉宾的内容,扩大论坛的传播面和影响力,也希望大家在会后继续总结自己的研讨成果,为全国人大财经委正在进行的《企业破产法》修改立法工作提供参考。

徐阳光教授最后代表论坛组委会特别鸣谢,感谢全国人大财经委、最高人民法院、中国国际贸易促进委员会、中国人民银行、商务部、中国银行业协会、北京市法学会、北京市高级人民法院、浙江省高级人民法院、河北省高级人民法院、广西壮族自治区高级人民法院、内蒙古自治区高级人民法院、辽宁省高级人民法院、北京市第一中级人民法院、北京金融法院、宣城市中级人民法院、宜宾市中级人民法院、东营市中级人民法院、绍兴市中级人民法院、淄博市中级人民法院、泉州市中级人民法院、邯郸市中级人民法院、无锡市中级人民法院、大连市中级人民法院、台州市中级人民法院、桂林市中级人民法院、南阳市中级人民法院、廊坊市中级人民法院、镇江市中级人民法院、鞍山市中级人民法院、衢州市中级人民法院、深圳破产法庭、广州破产法庭、重庆破产法庭、温州破产法庭、成都破产法庭、青岛破产法庭、江苏省苏州市吴江区人民法院、浙江省杭州市富阳区人民法院、浙江省诸暨市人民法院、浙江省遂昌县人民法院、江苏省海门市人民法院、河北省临漳县人民法院、上海铁路运输法院、合肥铁路运输法院、沈阳铁路运输法院、北京市企业退出办、深圳市破产事务管理署、中信银行、信达资产管理公司、苏州资产管理公司、平安信托公司、中国拍卖行业协会以及阿里巴巴、京东、中拍平台、各地破产法学研究会和破产管理人协会等单位对本届论坛给予的大力支持;感谢人民法院新闻传媒总社、《人民司法》杂志社、《法律适用》编辑部、《中国审判》杂志社、《中国人民大学学报》编辑部、法律出版社法治与经济分社作为本届论坛的支持单位；感谢北京市金杜律师事务所、北京大成律师事务所、北京市中伦律师事务所、北京市康达律师事务所、江苏新天伦律师事务所、浙江京衡律师事务所、北京华信破产清算服务有限责任公司等七家团体会员单位的协办支持；感谢法律出版社沈小英团队为我们编辑出版精美的文库新书；感谢江苏省苏州市吴江区人民法院、浙江省法学会破产法研究会、《法律适用》编辑部、黄圆圆博士为我们赠阅最新书籍和杂志期刊；感谢由人大破产法中心和北京破产法庭小伙伴组成的会务组为我们提供热情、高效、优质的会务服务，感谢友谊宾馆全体工作人员的辛苦付出。希望我们通过每一届论坛，巩固和发展我们在友谊宾馆结下的深刻友谊。破产立法、破产司法或者说"办理破产"，事关国家供给侧结构性改革和营商环境优化建设，事关市场经济体制改革和法治国家建设，道阻且长，但"使命在肩，奋斗有我"，让我们共同为破产法治事业的进步继续努力奋斗。

最后，主持人常洁副庭长宣布，第十二届中国破产法论坛顺利闭幕，期待下届论坛再相聚。

已发表的会议论文检索清单

1. 鲍国:《担保人破产实务问题探究——债权人"双重受偿"和破产人追偿》,载绍兴市律师协会网站,2022年7月27日。

2. 蔡军良、孙钰婷:《论我国个人破产制度的构建——以浙江省个人债务集中清理案件为视角》,载微信公众号"智仁律师"2022年4月7日。

3. 蔡雄强、夏旭丽、郑拓、郑菲菲:《个人债务集中清理的实务难点与思考——以温州瓯海法院审结的李某个人债务集中清理案为视角》,载《人民司法》2020年第10期。

4. 曹明哲:《论债券发行人破产对债券投资者损失认定的影响》,载《投资者》2022年第1期。

5. 陈冠兵:《重整计划执行失败情形下重整计划执行期间债务性质初探》,载《上海律师》2022年第3期。

6. 陈广贺:《建设工程优先权在破产程序中的确认及保护》,载微信公众号"北京市破产管理人协会"2020年9月14日。

7. 陈捷奕、胡峻豪:《东隅已逝,桑榆非晚——破产和解制度的精细化之路》,载微信公众号"环球律师事务所"2021年8月11日。

8. 陈联书:《关联企业实质合并破产重整的判断标准》,载微信公众号"金轮律师事务所"2021年11月

13日。

9. 陈巧巧:《破产过程中违约金的审核认定规则》,载微信公众号"智临律师"2021年9月8日。

10. 陈文姣:《个人破产失权制度的规范路径研究》,载《湖南广播电视大学学报》2021年第2期。

11. 陈文通、林娴:《司法保障营商环境背景下破产便利化的实证研究与路径建构——以司法如何保障营商环境为视角》,载《上海法学研究》集刊2021年第8卷。

12. 陈晓星、彭东城:《债务人财产处分权配置的反思与重构——以〈破产法解释三〉第15条为视角》,载《厦门大学法律评论》2022年第2期。

13. 陈瑜:《家庭破产还是个人破产?——从个人与家庭财产的界别出发》,载微信公众号"智仁律师"2021年9月13日。

14. 陈裕琨:《关于个人破产重整制度的探索与实践》,载微信公众号"中国破产法论坛"2020年12月21日。

15. 陈之明、郑兴华:《论个人破产制度建构中的行政治理机制——以守信激励和失信惩戒措施为例》,载微信公众号"泰和泰律师"2021年8月11日。

16. 成珊:《破产程序中建设工程价款优先受偿权的行使期限起算点的研究》,载微信公众号"大成成都办公室"2022年1月12日。

17. 程淑娟、杨春平:《中国破产法律制度的现代化及发展路径》,载微信公众号"中国破产法论坛"2021年9月6日。

18. 崔增平:《破产企业管理人抵销权运用初探》,载微信公众号"成功金盟管理人在线"2021年6月4日。

19. 范利亚、王泽钧:《关联企业实质合并重整的实证研究——兼谈企业集团重整特殊行政规则的构建》,载微信公众号"破产法实务"2022年6月23日。

20. 范志勇、唐晓庆:《重整中"债转股"对证券虚假陈述责任的影响》,载《经贸法律评论》2024年第1期。

21. 冯韵东:《关联企业实质合并破产规则的思辨与创建》,载微信公众号"至正研究"2023年8月14日。

22. 郑艳、高莉丽、梁娜:《破产重整难?"白衣骑士"带秘密武器来了》,载微信公众号"平信而论"2021年7月7日。

23. 高小理、胡应梅:《浅析我国破产管理人选任制度》,载微信公众号"泰和泰律师"2021年8月18日。

24. 龚淋:《破产法调整个人信息出售的逻辑与路径》,载微信公众号"破产法快讯"2022年6月10日。

25. 谷景生、李刚《关联企业实质合并破产启动阶段及申请主体》,载微信公众号"国浩律师事务所"2021年1月26日。

26. 桂亚巍:《论〈企业破产法〉第53条的修改》,载微信公众号"大成成都办公室"2021年1月7日。

27. 桂亚巍:《论〈企业破产法〉第十三条的修改》,载微信公众号"大成成都办公室"2022年1月11日。

28. 郭靖祎:《破产管理人对犯罪的举报和移送义务》,载微信公众号"QDFX破产法研究会"2021年2月7日。

29. 郭帅:《破产程序中的债权人信息获取和信息保密问题》,载微信公众号"天同诉讼圈"2021年6月3日。

30. 郭云峰:《程序正义视角下的共益债务认定》,载《人民司法(应用)》2021年第22期。

31. 杭州中院课题组:《优化营商环境视野下破产财产处置问题研究》,载微信公众号"至正研究"2023年5月4日。

32. 郝志鹏、周江:《破产程序中扣押船舶费用的优先清偿问题研究》,载《中国海商法研究》2021年第4期。

33. 候曼曼:《破产程序中担保债权暂停行使规则的检视与完善》,载《西安电子科技大学学报(社会科学版)》2021年第3期。

34. 胡俊:《破产重整企业信用修复之检视与探索》,载微信公众号"尚公重庆律师"2021年10月25日。

35. 胡巧莉:《破产中抵押预告登记的效力》,载《中国不动产法研究》2022年第2期。

36. 胡珊:《浅议深石原则在我国企业破产中的应用》,载微信公众号"德恒温州快讯"2022年10月20日。

37. 黄彦杰、郁苏:《9号指导案例废止后的裁判规则:有限责任公司股东清算责任的变化》,载微信公众号"审判研究"2021年4月6日。

38. 季如莉：《个人破产立法的目的性探究——基于多维度价值偏好的分析》，载微信公众号"一语道破"2022年7月9日。

39. 金锐鹏：《破产中无法清算责任的实证分析与路径探索》，载微信公众号"海昌律师所企业破产与重整团队"2022年5月31日。

40. 孔凡诚、丁燕：《关联企业实质合并破产听证会制度的建构》，载《齐鲁金融法律评论》2021年第00期。

41. 兰英、吕启民：《浅论管理人解除合同损害赔偿请求权的范围——一个破产法与民法典的交叉》，载微信公众号"大成成都办公室"2022年1月13日。

42. 李宾宾：《破产程序中配合清算义务人的民事赔偿责任分析》，载微信公众号"威科先行"2021年2月23日。

43. 李全振：《论债务人自行管理中内部权责与外部监督的重构》，载微信公众号"中豪法苑"2022年10月28日。

44. 李晓雅：《预重整的操作模式及法律适用研究》，载《法制博览》2023年第11期。

45. 李志伟、孙海萍：《债权人会议表决规则研究——以一般表决规则为视角》载微信公众号"宁夏方和圆律师事务所"2021年12月13日。

46. 林兴勇：《个人破产失权制度的本土化构建：前提、核心与具化》，载《安徽警官职业学院学报》2022年第1期。

47. 刘畅：《刍议破产劳动债权的立体保护》，载微信公众号"大连市破产管理人协会"2021年10月29日。

48. 刘迪：《破产债权确认诉讼之十五日期间与破产法修改建议之刍论》，载微信公众号"国浩律师事务所"2021年10月12日。

49. 刘开坛：《"顺位"法律术语应当废止使用（上下篇）》，载微信公众号"尚宽法讯"2021年10月1日。

50. 刘茂通、张希虎：《破产管理人制度的现状、缺陷分析、修订和完善》，载微信公众号"不良资产行业思考"2023年4月7日。

51. 刘霞：《我国构建个人破产制度的法律对策》，载微信公众号"求正沃德律师事务所"2021年11月4日，https://mp.weixin.qq.com/s/TVn78cC9JE00l7FuhVYSag。

52. 刘志锐、肖维欣：《关税保证保险债权在破产程序中的受偿顺位分析——

以保险人代位求偿权为视角》,载微信公众号"QDFX 破产法研究会"2021 年 2 月 19 日。

53. 卢林华、吴正彦:《试论重整中出资人权益调整》,载微信公众号"贵达律师事务所"2021 年 9 月 9 日。

54. 罗厚华、郑永钧:《浅谈破产共益债务制度的修改》,载微信公众号"广西璟开律师事务所"2021 年 11 月 17 日。

55. 罗敏:《破产管理人纳税身份厘定与立法完善》,载《中国注册会计师》2022 年第 9 期。

56. 梅婷:《应收账款质押的法律争议分析》,载微信公众号"海川企业清算"2021 年 2 月 5 日。

57. 闵祥双:《对破产"逃废债"行为的法律规制与完善》,载微信公众号"尚公重庆律师"2021 年 10 月 19 日。

58. 乃菲莎·尼合买提、王荐芹、季思倩:《破产管理人对债务人企业涉商业秘密信息的披露原则》,载微信公众号"上海市破产管理人协会"2021 年 5 月 13 日。

59. 倪斌:《破产财产网络拍卖税费承担问题探究》,载微信公众号"上海市法学会 东方法学"2022 年 2 月 11 日。

60. 钱宁:《论破产程序中惩罚性债权的法律定位与规则建构》,载微信公众号"个人破产法研讨"2024 年 3 月 15 日。

61. 乔博娟:《破产法视野下商业银行扣款抵债的效力认定与法律构成》,载《苏州大学学报(法学版)》2021 年第 3 期。

62. 曲宗洪:《商标许可协议在许可人破产程序中的效力——美国 Tempnology 案评析》,载微信公众号"中华商标杂志"2021 年 12 月 6 日。

63. 饶景丽、孔红、朱凤春:《破产债权审核确认制度的修订与完善略论——兼评〈企业破产法〉第 57 条、58 条之规定》,载《中国注册会计师》2022 年第 11 期。

64. 邵建波、马恺羚:《大型星级酒店破产重整案件疑难问题探析》,载微信公众号"海泰律师"2021 年 6 月 29 日。

65. 沈芳君:《个人债务集中清理司法探索与个人破产立法设想——以浙江省为主要视角》,载《法治研究》2021 年第 6 期。

66. 宋美慧子:《论破产情形下以房抵债协议的效力问题》,载微信公众号"江西姚建律师事务所"2022年3月21日。

67. 宋琴、龙泳宏:《破产程序中撤销权制度研究》,载微信公众号"慧资产网"2022年3月11日。

68. 宋琴、熊雅洁:《被挂靠企业破产后挂靠项目工程款 所有权问题实务研究》,载微信公众号"慧资产网"2022年2月25日。

69. 宋炜、吴建锋:《破产程序中港口码头抵押权认定问题探析》,载《楚天法治》2021年第36期。

70. 宋炜:《破产债权确认之诉适用问题探析》,载《法制博览》2021年第29期。

71. 宋小保:《别除权与共益债务之优先性:一个法经济学解释》,载微信公众号"浙江省破产管理人协会"2022年12月22日。

72. 粟宝珍、李忠伟:《我国重整计划执行与监督制度及其完善路径研究》,载微信公众号"云天说法"2022年8月25日。

73. 孙家磊、王康:《共益债务:破产企业的再生之路》,载微信公众号"山东环周豪才律师事务所"2022年1月10日。

74. 孙立尧:《〈民法典〉中代位保存行为在破产程序中的适用》,载《中国审判》2022年第15期。

75. 孙瑞玺、王滨:《自然人破产制度主体之构造》,载《民商法争鸣》(第21辑),四川大学出版社2023年版。

76. 汤玲洁:《房地产企业破产重整中管理人对商品房买卖合同衍生诉讼的应诉要点》,载微信公众号"淄博市破产管理人协会"2023年2月4日。

77. 汤维建、胡守鑫:《个人破产制度构建的难点与对策研究》,法律出版社2022年版。

78. 唐苏敏:《我国破产宣告制度的缺陷分析及立法对策思考》,载微信公众号"江西鸿韵律师事务所"2022年11月27日。

79. 汪勇刚、洪澄江、夏群佩、赵玲燕、林娴、潘慧斌:《执行移送破产程序的实证图景及路径规范——以浙江法院"执转破"运行机制为样本》,载微信公众号"浙江省破产管理人协会"2022年12月30日。

80. 王超、杨焕章:《刍议我国后续重整程序申请机制之扩容与限制——对

〈企业破产法〉第 70 条的立法缺失分析及完善建议》，载《法治论坛》2022 年 1 期。

81. 王琛:《从解释到诠释:破产法上工资概念的反思和重构——以老工业基地国有企业重整为背景》，载微信公众号"同方律师"2021 年 9 月 21 日。

82. 王进江、高文忠、张维军:《实际控制人随重整企业破产之综合偿债能力分析方法》，载《中国资产评估》2021 年第 12 期。

83. 王康:《我国预重整制度的归位运行》，载《上海法学研究》集刊 2021 年第 9 卷(上海市法学会破产法研究会文集)。

84. 王玲芳:《混合企业救援实践下的预重整制度构建》，载《法治研究》2022 年第 4 期。

85. 王露钰:《预重整程序中的法定管理人介入的正当性及职责范围》，载微信公众号"江苏神阙律师事务所"2023 年 1 月 4 日、2023 年 1 月 13 日。

86. 王晓华:《论清算义务人对公司债务应否承担清算赔偿责任的利益平衡——以债权人和有限公司股东的双重保护为视角》，载微信公众号"海泰律师"2021 年 6 月 8 日。

87. 王兆同:《实质合并破产制度的滥用与规制》，载微信公众号"破产圆桌汇"2021 年 10 月 22 日。

88. 王治超:《〈民法典〉第三人清偿制度在破产程序中的适用》，载微信公众号"破产法实务"2020 年 12 月 29 日。

89. 翁启标:《破产受理前未开具发票的法律分析及管理人处置思路》，载微信公众号"海峡浩"2021 年 9 月 28 日。

90. 巫冬兰:《以管理人视角探讨第三方垫付职工债权在破产案件中的问题处理》，载微信公众号"四川省律师协会"2022 年 3 月 30 日。

91. 吴华彦:《破产法范畴内的居住权保护问题——以破产管理人为视角》，载微信公众号"金诚同达"2021 年 12 月 16 日。

92. 吴杰、赵伟:《论自行清算下清算义务人的清算责任》，载微信公众号"隆安律师事务所"2021 年 3 月 8 日。

93. 吴解元、王铜:《实际施工人在承包人破产时权利实现的样态、逻辑与路径——兼论合同相对性在破产程序中的限制》，载微信公众号"破产重整那些事"2021 年 4 月 7 日。

94. 吴翔、石佳:《社会主义核心价值观融入破产审判的路径探析——以司法可视化为切入点》,载微信公众号"中国审判"2022年4月20日。

95. 吴长波、梁宵、李姿萱:《困境企业重整价值的识别》,载《菏泽学院学报》2020年第6期。

96. 肖玲、李昊:《公司破产清算中股东出资追缴程序的异化与反思》,载《人民司法(应用)》2022年第25期。

97. 肖薇、阮学武:《以管理人接管为视角浅析债务人财产的执行回转》,载微信公众号"盈科成都律所"2021年9月7日。

98. 薛恒:《论重整投资人遴选权的配置——基于全国企业破产重整案件信息网100份重整投资人招募公告的考察》,载《投资者》2022年第1期。

99. 薛恒:《论重整投资人遴选权的配置——基于全国企业破产重整案件信息网100份重整投资人招募公告的考察》,载《投资者》2022年第1期。

100. 杨浩月:《关于破产法93条重整计划不能执行的法律后果及实践操作浅析》,载微信公众号"四川省破产管理人协会"2021年11月22日。

101. 杨娟:《房地产企业破产重整中消费性购房者权利探析》,载《租售情报》2023年第8期。

102. 杨敏、罗润:《上市公司预重整实证分析——以21家上市公司预重整为样本》,载微信公众号"一语道破"2022年6月5日。

103. 杨文:《依职权执转破情形下案件移送审查标准的立法构建》,载微信公众号"尚公重庆律师"2021年9月15日。

104. 姚彬、黄良军:《对破产衍生诉讼之集中管辖原则的思考》,载微信公众号"博士达律师圈"2023年4月25日。

105. 叶建平、叶子涵:《关于制定我国现代新型破产法典的建议》,载微信公众号"中国破产法论坛"2021年9月27日。

106. 叶玮昱:《功能与规范视角下破产可撤销行为的类型化分析》,载《法学》2024年第8期。

107. 英雄:《破产法第七十七条第二款重整股权禁止交易规则的适用分析与疑议》,载微信公众号"破产法码"2021年10月28日。

108. 于新循、薛贤琼:《论"空壳社"的破产退出:基于土地经营权入股的考量》,载《四川师范大学学报(社会科学版)》2021年第4期。

109. 余江波:《个人破产自由财产立法模式选择》,载微信公众号"浙江省破产管理人协会"2021年12月2日。

110. 俞巍、高建清、王亚萌:《〈民法典〉视阈下破产债务人承担担保责任的认定与权利保障——W公司与史某追偿权纠纷案评述》,载微信公众号"跨区法观"2022年7月11日。

111. 袁健洋:《论破产程序中新借款融资作为准共益债务的认定标准及其清偿顺位》,载微信公众号"法盛金融投资"2023年1月11日。

112. 袁梓绮:《后疫情时代市场化破产中"府院联动"机制运作纾困探讨》,载微信公众号"开炫公勤破产管理人联合体"2021年10月9日。

113. 张冰冰:《律师在破产重整业务中的机会与挑战》,载微信公账号"国浩律师事务所"2021年1月18日。

114. 张海征、符佳慧:《个人破产程序中的税收债权问题研究》,载《北外法学》2021年第1期。

115. 张琳、吴潇雪:《破产程序中共益债务融资优先受偿问题的研究》,载"云南省法学会破产法学研究会"2022年6月13日。

116. 张善斌、翟宇翔:《论我国个人破产庭外程序的体系建构》,载《山东大学学报(哲学社会科学版)》2023年第3期。

117. 张婷:《试论破产管理人民事责任及其防范》,载微信公众号"破产法实务"2021年12月31日。

118. 张芯瑜、杨念:《市场化破产现状与预重整新机会研究》,载微信公众号"泰和泰律师"2021年3月19日。

119. 张议伟:《我国破产程序中购房人权利之顺位研究——以J公司破产案件为例》,载微信公众号"上海市破产管理人协会"2021年7月15日。

120. 张志远:《浅析破产程序中违法建筑的处置》,载微信公众号"企业破产与重组研究会"2021年8月13日。

121. 赵超宇:《关于取消清算组管理人的立法建议》,载微信公众号"河南律师赵超宇"2022年10月20日。

122. 赵国滨、胡祥英、郭月:《重整程序中逾期申报债权处理制度的完善——以重整计划执行期新发现债权处理为切入点》,载《人民司法》2022年第1期。

123. 赵敏凯、冯栖、刘鸿翔:《论债务人"诚实而不幸"身份识别机制的构建》,

载微信公众号"浙江省破产管理人协会"2021年12月10日。

124. 浙江省瑞安市人民法院课题组:《困境小微企业拯救制度的集成构建》,载《人民司法》2024年第25期。

125. 仲杰:《上市公司破产重整案件中债权人的权利选择与救济——以庞大汽贸集团股份有限公司破产重整案为例》,载微信公众号"破产法快讯"2021年7月29日。

126. 周杰、郭颖思:《规避〈企业破产法〉第九十二条第二款条款效力研究》,载微信公众号"德恒律师事务所"2021年9月9日。

127. 周圣:《执行案件移送破产审查制度的法经济学探索——基于上海法院"执转破"运行态势之实证考察》,载《中山大学法律评论》第2022年第2期。

128. 朱本霞:《试论破产和解程序中的和解协议》,载微信公众号"金轮律师事务所"2021年11月12日。

129. 朱和平、姜艳:《刍议破产管理人之民事赔偿责任》,载微信公众号"泰和泰律师"2021年8月27日。

130. 朱华军、蒋文军、张奕君:《浅议破产清算程序中的"新生税款"》,载《中国注册会计师》2022年第6期。

131. 朱梦云:《浅议破产撤销权制度的完善——基于〈民法典〉对债权人撤销权制度革新的启示》,载微信公众号"尚公重庆律师"2021年10月11日。

132. 朱庆、籍瑞华:《失衡与协调:论执转破程序与终本程序的比较研究》,载《执行法与破产法论丛》2021年第1卷。

133. 朱文龙、陈炳香:《破产管理人积极资格的制度完善》,载《黑龙江省政法管理干部学院学报》2024年第5期。